Elmar Hertrich
Joseph Berglinger

Quellen und Forschungen
zur Sprach- und Kulturgeschichte
der germanischen Völker

Begründet von

Bernhard Ten Brink und Wilhelm Scherer

Neue Folge

Herausgegeben von

Hermann Kunisch
Stefan Sonderegger und Thomas Finkenstaedt
30(154)

Walter de Gruyter & Co
vormals G. J. Göschen'sche Verlagshandlung — J. Guttentag, Verlagsbuchhandlung
Georg Reimer — Karl J. Trübner — Veit & Comp.

Berlin 1969

Joseph Berglinger

Eine Studie zu Wackenroders Musiker-Dichtung

von

Elmar Hertrich

Walter de Gruyter & Co

vormals G. J. Göschen'sche Verlagshandlung — J. Guttentag, Verlagsbuchhandlung
Georg Reimer — Karl J. Trübner — Veit & Comp.

Berlin 1969

Gedruckt mit Unterstützung der Stiftung Volkswagenwerk

Archiv-Nr. 43 30 68/4

©

Satz und Druck: Hildebrandt & Stephan, Berlin

„Wenn ich untröstbar scheine,
Lieb ich doch meinen Schmerz"

(J. F. W. Zachariä: Das Clavier)

„Der tiefe Schmerz, der ... sein
eigenes Leiden liebend ausbildet"

(W. H. Wackenroder: Das eigentümliche innere Wesen der Tonkunst)

„... grand miroir / De mon désespoir!"

(Ch. Baudelaire: La musique)

Vorwort

Die vorliegende Studie ist eine für den Druck stellenweise überarbeitete und erweiterte Dissertation, die im Wintersemester 1963/64 von der Philosophischen Fakultät der Universität München angenommen wurde. Angeregt und betreut wurde sie von Herrn Professor Dr. Hermann Kunisch, dem ich für alle Förderung, die ich von ihm als meinem Lehrer erfahren habe, besonders aber für die Aufnahme der Arbeit in die „Quellen und Forschungen" dankbar verpflichtet bin. Dank schulde ich sodann vor allem Herrn Professor Dr. Richard Alewyn, ohne dessen persönliches Entgegenkommen die Studie nicht entstanden wäre. War es doch ein von ihm bestelltes Feld, auf dem ich arbeitete, und um so hilfreicher mancher Hinweis, den ich von ihm empfing. Herrn Professor Dr. Walter Müller-Seidel und allen, die als Verwalter öffentlicher Bibliotheken an meiner Arbeit förderlichen Anteil haben, möchte ich gleichfalls meinen Dank aussprechen.

Zu danken habe ich nicht zuletzt der Stiftung Volkswagenwerk, die mir durch die Gewährung einer Druckbeihilfe die Veröffentlichung der Arbeit in dieser Form ermöglicht hat.   E. H.

Inhalt

2. Berglinger und die Musik

flexion des Klosterbruders S. 151. — Berglingers Vorläuferschaft
in romantischem Künstlertum S. 152.

Religion und Götzendienst 154

Erlösung und Schuld 163

3. Berglinger und die Schöpfung

Die Naturanschauung des Klosterbruders und Berglingers 192

Harmonie und Willkür 196

Sein und Schein 199

Weltverklärung und Weltangst 205

IV. Schluss 219

Literaturverzeichnis 224

I. Einleitungskapitel

Unter dem Titel „Herzensergießungen eines kunstliebenden Klosterbruders" erschien zu Weihnachten 1796[1] anonym ein kleines Buch im
Verlag Johann Friedrich Ungers in Berlin. Es enthielt eine Reihe von
Aufsätzen vor allem über Maler des Cinquecento und verkündete eine
allem rationalistischen Erklären abgeneigte Auffassung von der Kunst
und dem Wesen des Künstlertums. Unter den Künstlergestalten, deren
Leben und Wirken es darstellt, begegnen uns wohlbekannte Namen, daneben aber auch einige, die wir vergeblich in der Kunstgeschichte suchen
würden. Unter diesen erfundenen Künstlergestalten ist die wichtigste ein
Musiker namens Joseph Berglinger, dessen Leben am Schluß der „Herzensergießungen" erzählt wird.

In einer Vorrede an den Leser hatte der Klosterbruder, der sich als
Verfasser der Aufsätze ausgab, angekündigt: „Wenn sie nicht ganz miß-
fallen, so folgt vielleicht ein zweiter Teil" (I, 204)[2]. Das Buch wurde
„wohl aufgenommen, viel gelesen", wie uns ein Zeitgenosse berichtet[3],
und zwei Jahre später kam unter dem Titel „Phantasien über die Kunst,
für Freunde der Kunst" bei Friedrich Perthes in Hamburg eine Fortsetzung der „Herzensergießungen" heraus. Als Herausgeber nennt sich
diesmal auf der Titelseite Ludwig Tieck. Aber auch der Klosterbruder

---

[1] Das Titelblatt der „Herzensergießungen" trägt die Jahreszahl 1797. Das Buch
wurde aber von seinem Verleger Unger bereits im siebenten Stück des im gleichen Verlag erschienenen Journals „Deutschland" (3. Bd., Berlin 1796, S. 111)
als Novität zur Michaelismesse angekündigt. Daß es tatsächlich im Herbst
1796 erschienen ist, ergibt sich aus einem Brief August Wilhelm Schlegels vom
5. Januar 1797, mit dem dieser Vasaris „Vite" erbittet, um, wie er sagt, „bei
einer gewissen Arbeit das Werk zu Rathe zu ziehn, die ich gleich jetzt vornehmen möchte." (A. W. Schlegel an C. A. Böttger. In: Archiv für Litteratur-
geschichte. Hrsg. v. Franz Schnorr von Carolsfeld, 3. Bd., Leipzig 1874, S.
158.) Wie schon Paul Kodewey (Wackenroder und sein Einfluß auf Tieck,
S. 106) vermutet hat, handelt es sich bei dieser Arbeit um die Besprechung der
„Herzensergießungen", die Schlegel in der „Jenaischen allgemeinen Litteraturzeitung" veröffentlichte. (Vgl. August Wilhelm Schlegels sämmtliche
Werke. Hrsg. v. Eduard Böcking. 10. Bd., Leipzig 1846, S. 363 ff.) Von
Schlegel erhielt auch Goethe die „Herzensergießungen" bereits Anfang Ja-
nuar 1797. Dieser ließ sich das ihm unliebsame Büchlein aber sogleich abhan-

kommt wieder zu Wort. Nicht nur insofern, als wir in den Kunstaufsätzen der „Phantasien" seinen eigentümlichen Tonfall wieder zu vernehmen glauben. Er selbst wendet sich im zweiten Abschnitt des Buches
an uns mit einer Vorerinnerung, worin er uns das Leben seines früh verstorbenen Freundes, des Musikers Joseph Berglinger, ins Gedächtnis zu-
rückruft, um uns so auf die Lektüre „einiger musikalischen Aufsätze von
Joseph Berglinger" vorzubereiten.

Weder die „Herzensergießungen" noch die „Phantasien" tragen den
Namen Wackenroders. Er bleibt verborgen hinter seinem Werk und
dessen Gestalten. Doch wissen wir, daß die „Herzensergießungen" von
Wackenroder geplant wurden, der seinem Freund Tieck erst auf einer
Reise nach Dresden im Sommer 1796 seine Aufsätze zeigte.[4] Tieck, der
sie zum Druck beförderte, vermehrte sie nicht nur um eigene Beiträge,
sondern unternahm es auch, wie sein Biograph Rudolf Köpke mitteilt[5],
Wackenroders Aufsätze zu überarbeiten. Eine klare Scheidung der An-
teile Tiecks und Wackenroders ist daher bei manchen dieser Aufsätze
äußerst schwierig, wenn nicht unmöglich. Was jedoch die Gestalt des Mu-
sikers Joseph Berglinger angeht, so besteht heute kein Zweifel, daß sie
Wackenroders Eigentum ist. Tieck hat im Jahre 1814 seinen Anteil an
den „Phantasien" und den „Herzensergießungen" von demjenigen seines
Freundes zu scheiden versucht. Als Herausgeber der „Phantasien über die
Kunst, von einem kunstliebenden Klosterbruder" sammelte er in einem
Band alles, was in den „Herzensergießungen" (Impressum 1797) und in
den „Phantasien" (von 1799) von Wackenroders Hand stammte. In der
Vorrede zu dieser Ausgabe sagt Tieck:

> „Diejenigen Aufsätze, welche von mir in oben genannten Büchern ab-
> gedruckt waren, habe ich weggelassen, um den Eindruck, welchen die Worte
> meines verewigten Freundes machen können, nicht zu stören, da ich sie
> mehr hinzugefügt hatte, um mit ihm etwas Gemeinschaftliches zu arbeiten,
> als daß ich sie notwendig gefunden hätte, seine Gedanken zu erklären."
>   (I, 201)

denkommen, wie aus einem Brief vom 11. Januar 1797 an Schiller hervorgeht: „Mit dem Buche, das mir Rath Schlegel mitbrachte, geht es mir wun-
derlich. Nothwendig muß es einer der damals gegenwärtigen Freunde ein-
gesteckt haben, denn ich habe es nicht wiedergesehen und deshalb vergessen"
(W. A., IV. Abt., 12. Bd., S. 5). Noch am selben Tag fragt Goethe Knebel
nach dem Verbleib des Buches. (W. A., IV. Abt., 12. Bd., S. 6.)
[2] In Klammern stehende römische und arabische Zahlen ohne Zusatz bezeichnen Band und Seite in Friedrich von der Leyens Ausgabe der Werke und
   Briefe Wackenroders.
[3] J. H. Meyer, Neu-deutsche religios-patriotische Kunst, 1817. W. A., I. Abt.,
   Bd. 49, 1, S. 33.
[4] Köpke, Ludwig Tieck. 1. Tl., Leipzig 1855, S. 219.
[5] Köpke, a.a.O., S. 221.

Wir finden in den „Phantasien" von 1814 außer der Lebensgeschichte
Joseph Berglingers folgende vom Klosterbruder herausgegebene Nachlaßschriften des Musikers: „Ein wunderbares morgenländisches Märchen
von einem nackten Heiligen" (I, 156—162), „Die Wunder der Tonkunst"
(I, 163—169), „Von den verschiedenen Gattungen in jeder Kunst und
insbesondere von verschiedenen Arten der Kirchenmusik" (I, 170—177),
„Fragment aus einem Briefe Joseph Berglingers" (I, 178—181), „Das
eigentümliche innere Wesen der Tonkunst und die Seelenlehre der heutigen Instrumentalmusik" (I, 182—194) und schließlich „Ein Brief Joseph
Berglingers" (I, 274—280). Von allen diesen Schriften einschließlich der
„Vorerinnerung" (I, 155) des Klosterbruders hat die ältere Forschung
nur das zuletzt genannte Stück, den Brief Joseph Berglingers, Wackenroder absprechen wollen. Man stützte sich dabei auf eine Angabe Tiecks
in der Vorrede der „Phantasien" von 1799, die jedoch nicht eindeutig ist,
da sie, wörtlich verstanden, die Herkunft des die „Phantasien" abschlie-
ßenden Gedichtes „Der Traum. Eine Allegorie" unberücksichtigt zu
lassen scheint. Die meisten Forscher und Herausgeber haben auf Grund
dieses mißverständlichen Zeugnisses den Brief Berglingers Tieck zu-
schreiben wollen[6], ungeachtet der Tatsache, daß Tieck 1814 den Brief als
Eigentum Wackenroders in die Sammlung der Schriften seines Freundes
aufnahm. Erst Richard Alewyn[7] hat 1944 nachgewiesen, daß der scheinbare Widerspruch zwischen dem Zeugnis von 1799 und der Aufnahme des
Briefes in die „Phantasien über die Kunst, von einem kunstliebenden
Klosterbruder" 1814 auf einem kleinen Versehen Tiecks beruht: Tieck
hatte den „Traum" mit unter die Aufsätze Joseph Berglingers gerechnet.[8]
Die inneren Gründe, die Alewyn für die Autorschaft Wackenroders an-
führt, stützen das Ergebnis seiner kritischen Prüfung der äußeren Zeugnisse und weisen den Brief einwandfrei als Eigentum Wackenroders aus.

Die falsche Zuordnung des Briefes durch die Gelehrten hatte ihren
tieferen Grund in einer einseitigen Beurteilung Wackenroders. Man traute
Wackenroder eine „leidenschaftliche Unruhe" und ein „Komödiantentum
der Empfindung"[9] — dergleichen glaubte man hier zu finden — einfach

---

[6] So Jacob Minor, Tieck und Wackenroder (Deutsche National-Litteratur, 145),
S. 75; Paul Koldewey, a.a.O., S. 209 f.; Friedrich von der Leyen in seiner
Ausgabe I, 274; Ernst Ludwig Schellenberg, dessen Ausgabe (Herzensergie-
ßungen eines kunstliebenden Klosterbruders. Phantasien über die Kunst für
Freunde der Kunst von Wilhelm Heinrich Wackenroder, 14.—18. Tsd.
Potsdam 1925) den Brief nicht bringt. Hingegen möchte Helene Stöcker den
Brief „mit Haym doch Wackenroder zuweisen". (Stöcker, Zur Kunstanschau-
ung des 18. Jahrhunderts, S. 24.)

[7] Alewyn, Wackenroders Anteil. In: The Germanic Review 19 (1944) S. 52
bis 58.

[8] Alewyn, a.a.O., S. 57 f.

[9] Minor, a.a.O., S. 75.

nicht zu. Wackenroder galt denen, die ihm günstig gesinnt waren, als der liebenswürdige, ahnungsvolle, von frühem Tod umschattete Initiator der deutschen Romantik, an dem man nur zu beanstanden hatte, daß er manchmal „gar zu kindlich und einfältig"[10] war, zu wenig Heroismus an den Tag legte[11] und keine Schöpferkraft hatte.[12] Wer ihn nicht leiden mochte, konnte sich auf Friedrich Gundolfs erledigende Feststellung berufen:

> „Wackenroder war ein reiner Tor, einer der rührenden deutschen Jünglinge, empfindsam weich ohne jede sinnliche Stärke . . hingebend innerlich ohne Gestaltungskraft, ja selbst ohne Haltekraft . . ein frommes Gemüt ohne Organe des Sonderns und Greifens. . . ."[13]

Es war dasselbe Wackenroderbild, das der Zustimmung und der Ablehnung zugrundelag.

Im Jahre 1944 erschien Richard Alewyns Aufsatz über „Wackenroders Anteil"[14]. Von dieser Zeit an änderte sich das Wackenroderbild. Waren bis dahin Frömmigkeit, Sanftmut, weiblich anmutende Hingabefähigkeit und eine schier unbegreifliche Naivität die herrschenden Züge, die man in den spärlichen biographischen Quellen vorgezeichnet und in den „Herzensergießungen" bestätigt fand, so entdeckte man nun, nach dem Kriege, einen gefährdeten, von nihilistischen Gedanken angefochtenen Wackenroder. Sein Verhältnis zur Wirklichkeit fand man „dem Nihilismus gefährlich verwandt"[15]. Man sprach von einem „Nihilismus der Zeitangst"[16], in den Wackenroder durch sein Kunsterleben geraten sei. Dieser andere Wackenroder bezeugte sich den Forschern weniger in den „Herzensergießungen", deren Kunstfrömmigkeit für das ältere Bild des rührend Kindlichen die Farben hergegeben hatte, sondern hauptsächlich in den „Aufsätzen Joseph Berglingers" (I, 310) der „Phantasien über die Kunst".

Wohl hat der problematische Wackenroder der „Phantasien" den schlichten, kunstfrommen der „Herzensergießungen" nicht verdrängen können. Aber je nachdem, auf welchen Teil der Werke man sich nun vornehmlich stützt — auf die Aufsätze über bildende Kunst oder die über

---

[10] Friedrich von der Leyen, II, 254.
[11] Friedrich von der Leyen, II, 255; Gladow, Größe und Gefahr der Wackenroder-Tieckschen Kunstanschauung. In: Zeitschrift für deutsche Bildung 14 (1938) S. 165.
[12] Minor, a.a.O., S. II; Friedrich von der Leyen, II, 155.
[13] Gundolf, Romantiker. Neue Folge, Berlin-Wilmersdorf 1931, S. 43.
[14] S. Anm. 7.
[15] Gerhard Fricke, Wackenroders Religion der Kunst. In: Fricke, Studien und Interpretationen. Frankfurt a. M. 1956, S. 210.
[16] Werner Kohlschmidt, Nihilismus der Romantik. In: Kohlschmidt, Form und Innerlichkeit. München 1955, S. 164.

Musik — hat man es mit einem anderen Wackenroder zu tun: diesen verwirrenden Eindruck erweckt die Wackenroder-Forschung heute. Und womöglich noch mehr verwirrt es uns, wenn wir dazu bedenken, daß Wackenroder nach dem Erscheinen der „Herzensergießungen" nicht viel über ein Jahr mehr zu Verfügung hatte, um seine Beiträge zu den „Phantasien" zu schreiben, eine Zeit, in der er den Beruf eines Justizreferendars ausüben mußte und in die seine schwere Krankheit fiel, an der er, nach vorübergehender Besserung, am 13. Februar 1798 starb. Blieb da Zeit genung für eine innere Entwicklung, die sich in Wackenroders Werk hätte niederschlagen können? Diese Frage ist bis heute ungelöst. Das Licht, das Frickes Aufsatz „auf die merkwürdigen Wandlungen und Widersprüche innerhalb der doch auf so kurze Zeit zusammengedrängten Schriften Wackenroders"[17] zu werfen verspricht, hat sie nicht zu klären vermocht. Weshalb denn auch die jüngsten das Gesamtwerk Wackenroders behandelnden Arbeiten von Frickes Auffassung eines inneren Weges, der Wackenroder von anfänglicher Kunstfrömmigkeit aus einem Nihilismus zugeführt habe, sich wieder entfernen.

Dorothea Hammer unternimmt den von Frickes Konzeption aus unumgänglichen Versuch, die Widersprüche zu einer neuen Synthese zusammenzuschließen und ein stimmiges Wackenroderbild zu gewinnen.[18] Der Gesichtspunkt, unter dem Hammer die verlorene Einheit wiedergefunden zu haben glaubt, ist die Bedeutung, die sie der Zeit in Wackenroders Werk zuerkennt. Sie vertritt die Auffassung, daß in Wackenroders Werk die Kunstthematik dem Thema der Zeit untergeordnet sei. Erst aus Wackenroders Einstellung zur gegenwärtigen und vergangenen Zeit lasse sich „die Mehrschichtigkeit der Kunstauffassung Wackenroders erklären"[19]. Die Gegenwart sei in der Lebensgeschichte Berglingers und in den sich daran anschließenden Schriften des Musikers als eine Zeit dargestellt, „in der alle Lebensbereiche ... ihren Bezug zum Sinn verloren haben und nur noch von der Frage nach der Nützlichkeit und Zweckmäßigkeit bestimmt werden."[20] Deshalb sei auch die Kunst der Gegenwart für Wackenroder leer, und künstlerisches Schaffen, wie Berglingers Schicksal beweise, nicht mehr möglich. Hingegen sehe Wackenroder die in den Malergeschichten und theoretischen Kunstaufsätzen der „Herzensergießungen" vergegenwärtigte Vergangenheit „als eine in besonderer Weise bevorzugte und positive Zeit" an, „in der alle Lebensbereiche einer

---

[17] Fricke, a.a.O., S. 194.
[18] Dorothea Hammer, Die Bedeutung der vergangenen Zeit im Werk Wackenroders unter Berücksichtigung der Beiträge Tiecks. Phil. Diss., Frankfurt a. M. 1961.
[19] Hammer, a.a.O., S. 8.
[20] Hammer, a.a.O., S. 28.

sinnvollen Ordnung eingefügt sind, die ganz von der Religion bestimmt"[21] und die deshalb eine Zeit der Kunstvollendung sei. Wackenroder begnüge sich aber nicht damit, Gegenwart und Vergangenheit und
die damit verbundenen gegensätzlichen Kunstauffassungen einander bloß
gegenüberzustellen. „Wackenroders Ziel ist es, die Gegenwart aus ihrer
Starre und völligen Isolierung vom Transzendenten zu erlösen, indem er
die Kunst zum Mittler der Glaubensbotschaft erhöht."[22] Gegenwart und
Vergangenheit, Kunstverneinung und Kunstverherrlichung seien wie
Frage und Antwort aufeinander bezogen. Als Erzähler der Malergeschichten und in seinen theoretischen Aufsätzen wolle der Klosterbruder
„auf die Problematik Berglingers antworten".[23] — „Als Antwort für die
eigene Zeit gewinnt er seine Kunstreligion aus der Rückwendung zur Vergangenheit".[24]

   Es ist nicht zu leugnen, daß Hammers Deutung die widerspruchs-
voll erscheinenden Aussagen der „Herzensergießungen" und der „Phantasien über die Kunst" zu einer Synthese zusammenschließt. Aber ebenso
unleugbar verkennt sie die Struktur von Wackenroders Werk. In den
„Herzensergießungen" wie in den „Phantasien" f o l g t die Darstellung
des modernen Künstlers Berglinger der Rückwendung des Klosterbruders
zur Vergangenheit. Diese Reihenfolge ist nicht gleichgültig für den Sinn
des Werkes, abgesehen davon, daß sie wohl auch sein Entstehen wider-
spiegelt: Wir wissen, daß Wackenroder die in den „Phantasien" von Tieck
posthum veröffentlichten Aufsätze Berglingers „erst kurz vor seiner
Krankheit ausgearbeitet" hat. (I, 197) Wenn Hammer nun behauptet,
die Aussagen des Klosterbruders — die sich übrigens in den theoretischen
Aufsätzen der „Herzensergießungen" keineswegs auf die Kunst der Vergangenheit beschränken — hätten den Charakter einer Antwort auf
Berglingers „moderne" Problematik, so verkehrt und zerstört sie eines
beabsichtigten interpretatorischen Effektes wegen das Gefüge des Werkes
und unterlegt ihm einen Sinn, den es nicht haben kann. Wie sollte der
Klosterbruder antworten, ehe die Frage aufgeworfen ist?[25]

---

[21] Hammer, a.a.O., S. 47.
[22] Hammer, a.a.O., S. 75.
[23] Hammer, a.a.O., S. 70.
[24] Hammer, a.a.O., S. 61 f.
[25] Auch sonst springt Hammer recht sorglos mit den Texten um. Sie scheint nicht
   zu wissen, daß Wackenroder zu den „Phantasien" nicht nur die Aufsätze
   Berglingers, sondern auch die beiden Stücke „Schilderung wie die alten deutschen Künstler gelebt haben" (I, 106 ff.) und „Die Peterskirche" (I, 120 ff.)
   beigetragen hat. Hammers Behauptung, daß „von der Vergangenheit nur in
   den Herzensergießungen und nicht in den Phantasien über die Kunst gesprochen wird" (a.a.O., S. 8), ist irreführend. „Die Phantasien über die Kunst
   bestehen aus Musikaufsätzen" (Hammer, a.a.O., S. 8) — aber doch nicht nur!

Indem Hammer in der „Rückwendung zur Vergangenheit den Gipfel- und Wendepunkt im Schaffen Wackenroders"[26] erblickt, schließt sie sich mit ihrer Arbeit der älteren Richtung der Wackenroder-Forschung an. Hat diese Wackenroders Religion der Kunst für schlichte Frömmigkeit gehalten, so meint Dorothea Hammer, daß Wackenroder „die Kunst zum Mittler der Glaubensbotschaft erhöht".[27] Und wenn in einem 1961 erschienenen Aufsatz Wackenroders Wesen und geschichtliche Leistung mit dem einen Satz charakterisiert werden: „Wackenroder faltet die Hände in kindlich-musikalischer Andacht",[28] dann scheint es vollends, als sei die Forschung nunmehr zu jenem Wackenroder-Bild zurückgekehrt, das schon vor 30 Jahren Geltung hatte.

Diesen Eindruck können die jüngsten Wackenroder-Forschungen Kohlschmidts nur bestätigen. Schon in seiner früheren Interpretation des „Märchens von einem nackten Heiligen" äußerte Kohlschmidt Zweifel daran, ob es sich bei diesem Dokument nihilistischer Anfechtung um ein echtes Wackenroder-Stück handle.[29] In seinen neueren Arbeiten versucht Kohlschmidt in entschiedenem Widerspruch gegen Alewyn, Wackenroders Anteil an den „Phantasien" ganz auf das Einfältige und Besinnliche des Klosterbruders einzuschränken, wobei er die Konsequenzen dieser Tendenz für die Frage der Textzuweisung weit über die ältere Wackenroder-Forschung hinausführt.[30] Diese schied aus dem für Wakkenroder bezeugten Bestand von Berglinger-Texten nur das eine strittige Stück der „Phantasien" aus. Kohlschmidt hingegen spricht drei Stücke, die sich seiner Ansicht nach von der Grundhaltung der „Herzensergießungen", ihrem einfältig frommen, durch und durch positiven Kunstenthusiasmus zu weit entfernen, Wackenroder ab und teilt sie Tieck zu. Es sind dies: „Ein Brief Joseph Berglingers" (I, 274—280), „Ein wunderbares morgenländisches Märchen von einem nackten Heiligen" (I, 156—162) und „Fragment aus einem Briefe Joseph Berglingers" (I, 178—181). Aus den engen motivlichen Beziehungen, die zwischen dem „Brief Joseph Berglingers" und dem Märchen bestehen, schließt Kohlschmidt, daß für beide Stücke ein und derselbe Verfasser angenommen

---

[26] Hammer, a.a.O., S. 8.

[27] Hammer, a.a.O., S. 74. — Ein anderer Vertreter dieser Richtung ist Erich Ruprecht, auf dessen Deutung von Wackenroders Religion der Kunst wir erst später eingehen wollen.

[28] Emil Staiger, Das Problem des Stilwandels. In: Euphorion. 4. F., 55. Bd. (1961) S. 240.

[29] Kohlschmidt, Nihilismus der Romantik, a. a. O., S. 165 f.

[30] Kohlschmidt, Bemerkungen zu Wackenroders und Tiecks Anteil an den „Phantasien über die Kunst". In: Philologia Deutsch. Bern 1965, S. 89—99. — Ders., Der junge Tieck und Wackenroder. In: Die deutsche Romantik. Göttingen 1967, S. 30—44, bes. S. 41 ff.

werden müsse. Daß sich aber das beiden Stücken gemeinsame Motiv des
durch anscheinend wahnwitzige Pönitenzen an den Leiden der Welt teilnehmenden Asketen bereits in einem Brief Wackenroders an Tieck (II,
135 f.) vorgebildet findet, läßt Kohlschmidt außer acht. Damit wenden
sich die inneren Gründe, von denen seine Argumentation ausgeht, gegen
die eigene These von Tiecks Verfasserschaft. Was Kohlschmidt dann von
seinem Standpunkt aus folgerichtig veranlaßt, auch Berglingers Brieffragment Tieck zuzuschreiben, ist der plötzliche Stimmungsumschwung in
diesem Stück, den Kohlschmidt als typisch für den Tieck der Abfassungs-
zeit des „Lovell" ansieht. Wie nun aber, wenn diesen Umschlag nicht nur
das Brieffragment mit dem Märchen gemein hat? Wie, wenn sich der
antithetische Umschlag als ein durchgehendes Strukturprinzip schon der
Lebensgeschichte Joseph Berglingers und darüber hinaus der gesamten
Berglinger-Dichtung Wackenroders erweisen ließe? Daß dies tatsächlich
der Fall ist, wird sich im Laufe unserer Untersuchung herausstellen. Müßte
dann aber nicht der ganze Berglingerkomplex aus Wackenroders Werk
eliminiert werden? Zu dieser absurden Konsequenz führt eine Methode,
die sich auf innere Gründe beruft, über die literaturgeschichtlichen Zeugnisse aber sich hinwegsetzt.

Angesichts der Widersprüche, in die sich die Wackenroder-Forschung
verwickelt hat, ist es verwunderlich, daß der Aufsatz Alewyns von 1944
nur wenig beachtet und bisher weder von zustimmenden noch von ab-
lehnenden Forschern gründlich durchdacht worden ist.[31] Die neuen Gesichtspunkte, zu denen Alewyn im Zuge einer Neubegründung und Siche-
rung dessen, was wir fortan als Wackenroders Werk anzusehen haben,
gelangt ist, haben bisher keine Wandlung des traditionellen Wackenroder-
bildes bewirkt. Unsere Arbeit will Alewyns Neuansatz erproben.[32] Da
uns für eine Synthese die Voraussetzungen zu fehlen scheinen, solange
die gegensätzlichen Komponenten von Wackenroders Werk in sich selbst
noch nicht genügend geklärt sind, beschränkt sich unsere Untersuchung auf

---

[31] Fricke stellte seine Untersuchung nicht auf die weitere Textgrundlage, die
Alewyns Aufsatz der Wackenroder-Forschung gegeben hat. Kohlschmidt hat
es bisher unterlassen, sich mit Alewyns Argumenten im einzelnen auseinanderzusetzen. Die Dissertation von Lippuner „Wackenroder/Tieck und die bildende Kunst" (Zürich 1965) nimmt zu den kontroversen Fragen der Textzuweisung nicht Stellung und erwähnt Alewyns Beitrag mit keinem Wort.
Lediglich Schrimpf geht zu Beginn seiner Studie „W. H. Wackenroder und K. Ph. Moritz" (ZdPh 83, 1964, S. 384—409) ausführlicher auf
Alewyns Aufsatz ein.

[32] Alewyn hat in den „Veröffentlichungen der Arbeitsgemeinschaft für Forschung des Landes Nordrhein-Westfalen" eine Weiterführung seiner Forschungen auf diesem Gebiet angekündigt. Ebenso sind Kohlschmidts Beiträge Vorarbeiten zu einer geplanten Wackenroder-Monographie.

einen kleinen, verhältnismäßig geschlossenen Kreis von Schriften, wobei wir die Möglichkeit, daß sie nur eine Seite von Wackenroders Werk faßt, nicht von vornherein ausschließen können. Die von uns zu untersuchenden Schriften haben eine dichterische Gestalt, den Musiker Joseph Berglinger, zum Mittelpunkt. Während die Forschung bisher auch diesen Teil von Wackenroders Werk in erster Linie als eine Quelle frühromantischen Gedankenguts betrachtet hat, fragen wir zuerst nach dem Sinn der Berglinger-D i c h t u n g , worunter wir nicht nur die in den „Herzensergießungen" erzählte Lebensgeschichte des Musikers, sondern den ganzen Kreis der von Berglinger handelnden oder der Fiktion nach von ihm herrührenden Schriften Wackenroders verstehen. Erst einem Verfahren, das die Berglinger-Texte in ihrer Gesamtheit als Dichtung begreift, erschließt sich auch die in diesem Dichtungskreis niedergelegte A u f f a s s u n g v o n K u n s t u n d K ü n s t l e r t u m , deren geschichtliche Stellung genauer, als dies bisher geschehen ist, zu erkennen, das zweite Ziel dieser Arbeit ist.

II. Der Klosterbruder

Die Maske des Klosterbruders

Zwischen Berglinger und uns Lesern seiner Lebensgeschichte und seiner Schriften steht als vermittelnde Instanz der Klosterbruder. Er ist es, der uns in seinen „Herzensergießungen" die Geschichte seines Freundes erzählt. Er veröffentlicht in den „Phantasien" nachgelassene Schriften des Musikers und fügt einiges aus seiner Korrespondenz mit ihm hinzu. Es ist wichtig zu sehen, daß Wackenroder die Fiktion des Klosterbruders wenigstens für Berglingers Aufsätze auch in den „Phantasien" aufrecht erhält, während Tieck, der die „Phantasien" ein Jahr nach Wackenroders Tod herausgab, auf eine solche Einkleidung für die Kunstaufsätze verzichtet. Daß sie auch für diese geplant war, scheint uns aus der Vorrede Tiecks hervorzugehen: „Alle diese Vorstellungen sind in Gesprächen mit meinem Freunde entstanden, und wir hatten beschlossen, aus den einzelnen Aufsätzen gewissermaßen ein Ganzes zu bilden; — aber da ich nunmehr bei der Ausarbeitung selbst seinen Rat und seinen Beistand vermißt habe, so hat mir auch der Mut gefehlt, der mich in seiner Gesellschaft beseelt haben würde." (I, 198)

Wackenroder selbst spricht nirgends unmittelbar. Er verbirgt sich hinter einer doppelten Maske: der des Klosterbruders und derjenigen Berglingers[1]. Wer aber die Gestalt Berglingers zu Gesicht bekommen will, muß sich zunächst der Figur des Klosterbruders zuwenden. Auch sie ist erst von Richard Alewyn ins rechte Licht gerückt worden.[2] Denn wiederum mißtrauten die meisten Gelehrten dem klaren Zeugnis Tiecks, der am Ende des ersten Teils von „Franz Sternbalds Wanderungen" (1798) in einer „Nachschrift an den Leser"[3] in bezug auf die „Herzensergießungen" geschrieben hatte: „Mein Freund suchte in diesem Buche unsre Gedanken und seine innige Kunstliebe niederzulegen, er wählte absichtlich diese Maske eines religiösen Geistlichen, um sein frommes Gemüt,

---

[1] Die autobiographischen Züge Berglingers sind ausführlich behandelt bei Koldewey, a. a. O., S. 96 ff.
[2] Alewyn, a. a. O., S. 48 ff.
[3] Tieck, Sternbald, S. 140.

seine andächtige Liebe zur Kunst freier ausdrücken zu können"[4]. Auf Grund einer Äußerung Rudolf Köpkes[5], die bei flüchtiger Lektüre leicht mißverstanden werden konnte, sahen die Forscher den Klosterbruder für eine Erfindung Johann Friedrich Reichardts an, in dessen Haus Tieck und Wackenroder verkehrten, als er noch in Berlin lebte, und der später auf seinem Gut Giebichenstein häufig von Tieck besucht wurde. Nun ist Reichardt allerdings nicht ohne Bedeutung für die „Herzensergießungen"[6], hat er doch in seinem Journal „Deutschland" einen der Aufsätze Wackenroders, das „Ehrengedächtniß unsers ehrwürdigen Ahnherrn Albrecht Dürers von einem kunstliebenden Klosterbruder"[7] vorabgedruckt. Darüber hinaus hat er — das geht aus Köpkes Notiz hervor — den Titel „Herzensergießungen eines kunstliebenden Klosterbruders" für das Werk vorgeschlagen. Das bedeutet, „daß Reichardt den Klosterbruder getauft, nicht aber, daß er ihn gezeugt hat."[8] Gezeugt hat ihn

---

[4] Vgl. auch Tiecks Vorrede zu den „Phantasien" von 1814: „. . . der Ausdruck in diesen seinen jugendlichen Versuchen ist kein erkünstelter und erzwungener, sondern ihm durchaus natürlich, wodurch er ohne alle Absicht darauf im Schreiben verfiel, seine Worte einem von der Welt abgeschiedenen Geistlichen in den Mund zu legen" (I, 199 f.).

[5] Köpke, a. a. O., Tl. 1, S. 221 f. Vgl. Alewyn, a. a. O., S. 50 f.

[6] Reichardt hat auch — was im Hinblick auf Berglinger bemerkenswert erscheinen muß — einen Musikerroman geschrieben: „Leben des berühmten Tonkünstlers Heinrich Wilhelm Gulden, nachher genannt Guglielmo Enrico Fiorino". Erster Teil, Berlin, bei August Mylius, 1779. Auf Wackenroders Berglinger hat jedoch dieser Roman nicht abgefärbt.

[7] Deutschland. 3. Bd., Berlin 1796, S. 59—73.

[8] Alewyn, a. a. O., S. 51. Vor Alewyn haben, soweit wir sehen, nur zwei Forscher unabhängig voneinander den Klosterbruder als Wackenroders Erfindung betrachtet. Sulger-Gebing schreibt in seinem Wackenroder-Artikel in der „Allgemeinen Deutschen Biographie" nur den Titel der „Herzensergießungen" Reichardt zu: „J. F. Reichardt, der wieder (sc. nach dem Besuch in Dresden) besucht wurde, nahm einen davon (sc. von Wackenroders Aufsätzen), »Das Ehrengedächtnis Dürers« sofort in sein Journal »Deutschland« auf, und er war es auch, der für das Kind den rechten Namen fand." (A. D. B., 40. Bd., Leipzig 1896, S. 446). Deutlicher noch A. Gillies unter ausdrücklicher Bezugnahme auf das Zeugnis Tiecks und Köpkes Mitteilungen: "It is well known, of course, that the actual title of the work was suggested by the musician Reichardt, who was reminded of the 'Klosterbruder' in Lessing's 'Nathan', and that Tieck supplied the preface with the fiction that the author was a member of a religious community. But the actual figure of the monk was Wackenroder's own idea, as Tieck himself states in the 'Nachschrift' to Sternbald." (Gillies, Wackenroder's apprenticeship to literature: His teachers and their influence. In: German Studies, presented to H. G. Fiedler. Oxford 1938, S. 198 f.) — Zu Köpkes Bericht, Reichardt habe sich durch Wackenroders Klosterbruder an die Figur aus dem „Nathan" erinnert gefühlt, vgl. Alewyn, a. a. O., S. 51.

Wackenroder. Er ist dem Werk keineswegs nachträglich eingefügt, sondern gehört zum genuin wackenroderschen Grundbestand der „Herzensergießungen."[9]

Durch die Gestalt des kunstliebenden Klosterbruders verleiht Wakkenroder seinem Werk die Einheit. Das im einzelnen zu zeigen, läge jedoch außerhalb der Grenzen unseres Themas. Wir betrachten den Klosterbruder nur in seiner Funktion als Erzähler der Lebensgeschichte Joseph Berglingers.

Von sich selbst spricht der Klosterbruder in den „Herzensergießungen" vor allem an zwei Stellen: in dem Vorwort „An den Leser dieser Blätter"[10] (I, 202 ff.) zu Beginn des Buches und bevor er das Leben Berglingers erzählt (I, 126). Beide Stellen beziehen sich aufeinander. Wir betrachten sie daher in ihrem Zusammenhang.

Die Stimme des Klosterbruders kommt aus der „Einsamkeit des klösterlichen Lebens" (I, 202), wohin er sich seit langem zurückgezogen hat, denn er denkt „nur noch zuweilen dunkel an die entfernte Welt zurück". Damit ist eine Perspektive der Distanz gegeben. Der Klosterbruder spricht aus einem weiten Abstand von der Welt. Er ist räumlich von ihr getrennt durch die Einsamkeit seines Lebens im Kloster; zeitlich infolge seines hohen Alters. Aus dieser Distanz schreibt er Erinnerungen an seine ferne Jugend nieder, an jene Zeit also, da er noch in der Welt

---

[9] Kohlschmidt hält gegen Alewyn an der hergebrachten Meinung fest, daß die Gestalt des Klosterbruders von Reichardt erfunden und dann unter Tiecks Einfluß in die „Herzensergießungen" eingefügt worden sei. (Kohlschmidt, Der junge Tieck und Wackenroder. In: Die deutsche Romantik, Göttingen 1967, S. 32.) Auf eine kritische Auseinandersetzung mit dem Bericht Köpkes und den Zeugnissen Tiecks in der Nachschrift zum ersten Teil des „Sternbald" (S. 140) sowie in der Vorrede zu den „Phantasien" von 1814 (I, 200) läßt sich Kohlschmidt jedoch nicht ein. Von Köpkes Bericht ausgehend, wäre zunächst zu fragen, was nach Eliminierung aller Stellen der „Herzensergießungen", an denen unverkennbar der Klosterbruder spricht, noch imstande sein könnte, an Lessings Klosterbruder im „Nathan" zu gemahnen: Hätte allein der Tenor der im übrigen unverbunden zu denkenden Aufsätze Wackenroders Reichardt an den Klosterbruder im „Nathan" zu erinnern vermocht? Diese Assoziation konnte doch nur dann aufkommen, wenn das Manuskript, das Tieck im Sommer 1796 nach Giebichenstein brachte, die Fiktion des Klosterbruders bereits enthielt. (Vgl. Köpke, a. a. O., Tl. 1, S. 222.)

[10] Tieck hat diese Vorrede als von seiner Hand geschrieben bezeichnet. (Sternbald, S. 140; vgl. auch Köpke, a. a. O., Tl. 1, S. 222.) Doch finden wir in ihr den Ton, der die „Herzensergießungen" trägt, in einer bestimmten Gestalt verkörpert und in einer bestimmten Situation verankert. Eine schallanalytische Untersuchung der Vorrede brachte ein der Angabe Tiecks wiedersprechendes Ergebnis. O. Walzel teilt in seiner Ausgabe der „Herzensergießungen" (Leipzig 1921, S. 30 f.) mit: „Der größte Teil der Zuschrift ‚An den Leser' käme nach Sievers auf Wackenroders Rechnung."

war und sich selbst als Künstler betätigte. „Nach dem Urteile einiger
Freunde war ich im Zeichnen nicht ungeschickt, und meine Kopien sowohl, als meine eigenen Erfindungen mißfielen nicht ganz." Hiermit ist
auch schon etwas über den Inhalt seiner Erinnerungen ausgesagt. Sie be-
treffen die Kunsterlebnisse seiner Jugend, in der er von den Kunstwerken,
vor allem aber auch von deren Schöpfern, den „großen, gebenedeiten
Kunstheiligen" allererst Kenntnis erhielt. Die charakteristische Verbindung eigener Lebenserinnerungen mit Erzählungen aus dem Leben der
alten Künstler, für die er sich auf einen Schatz von Briefen, Dokumenten
und Biographien stützt, begründet die chronistische Komponente der
„Herzensergießungen".

Indessen ist die Rolle des Chronisten, die der Klosterbruder hiermit
übernimmt, nicht Selbstzweck. Sie ist auf eine andere hingeordnet, die
ebenfalls schon in der Vorrede begründet wird. Was das jetzige Dasein
des Klosterbruders mit seiner Jugend verknüpft und seine Erinnerungen
trägt, ist seine Liebe zur Kunst. Sie veranlaßt ihn, „aus einem innern
Drange" seine Erinnerungen niederzuschreiben, zu veröffentlichen und so
mit der „heutigen Welt" in Verbindung zu treten. Diese „heutige Welt"
ist die Welt von 1796, in der zum Beispiel ein Herr von Ramdohr lebt
(I, 203), dessen Werke[11] der Klosterbruder offenbar kennt und ablehnt. Es
ist die Welt des „Lesers dieser Blätter", eine Welt, deren Ton ihm fremd
ist. Zur Weltferne des Klosterbruders im Sinne eines zeitlichen und räum-
lichen Abstandes kommt also noch eine innere Distanz hinzu. Die besondere Art seiner Liebe zur Kunst, die ihn mit seiner eigenen Vergangenheit
verbindet, trennt ihn zugleich von der „heutigen Welt". Sie bedingt seine
zeitkritische Haltung, seine Polemik gegen die „sogenannten Theoristen
und Systematiker" (I, 3), die Aufklärer, die er in seinen Aufsätzen bekämpft. Ein Gegengewicht zu dieser Kritik bilden des Klosterbruders
'laudes temporis acti', sein Preis der verflossenen Zeit der Kunstheiligen.
Aus Enthusiasmus und Kritik, Begeisterung für das vergangene „Heldenalter der Kunst" (I, 10) und Ablehnung der dürftigen Gegenwart setzt
sich jene andere, bekenntnishafte Grundhaltung zusammen, die der des
Chronisten übergeordnet ist. Was der Klosterbruder bekennt, ist sein besonders geartetes Verhältnis zur Kunst, mit einem Wort: seine Religion
der Kunst. Mit seinem Bekenntnis nun wendet er sich in pädagogischer
Absicht an eine ganz bestimmte Lesergemeinde. „Diese Blätter, die ich
anfangs gar nicht für den Druck bestimmt, widme ich überhaupt nur
jungen angehenden Künstlern, oder Knaben, die sich der Kunst zu wid-

---

[11] Friedrich Wilhelm Basilius von Ramdohr, Über Mahlerei und Bildhauer-
arbeit in Rom für Liebhaber des Schönen in der Kunst. 3 Tle. Leipzig, 1787.
— Ders., Charis oder Über das Schöne und die Schönheit in den nachbil-
denden Künsten. 2 Tle. Leipzig 1793.

men gedenken, und noch die heilige Ehrfurcht vor der verflossenen Zeit in einem stillen, unaufgeblähten Herzen tragen. Sie werden vielleicht durch meine sonst unbedeutenden Worte noch mehr gerührt, zu einer noch tiefern Ehrfurcht bewegt" (I, 203).[12]

Eine bekenntnishaft-pädagogische und eine chronistische Sprechweise vereinigen sich zu den „Herzensergießungen". Als Chronist bietet der Klosterbruder Dokumente und Erinnerungen: Anschauungs- und Belegmaterial, worauf er sich als Bekenner und Künder seines Glaubens an die Kunst und seiner Verehrung ihrer Heiligen stützt.

Der Ton des Klosterbruders

Ehe wir prüfen, ob sich auch im Bereich der Lebensgeschichte Berglingers neben dem chronistischen Bericht eine bekenntnishaft-pädagogische Sprechweise feststellen läßt, wollen wir noch genauer auf den Ton der „Herzensergießungen" achten. Dieser Ton kommt von weit her. Das hat mehrere Gründe, die wir bereits genannt haben. Klösterliche Abgeschiedenheit, hohes Alter und eine ablehnende innere Haltung entrücken den Klosterbruder der „heutigen Welt" (I, 202). Wo sich seine Stimme kritisch gegen diese wendet, klingt sie oft heftig und verächtlich. Hingegen liegt eine „wehmütige und träumerische Stimmung" (I, 92) in seinen Erinnerungen. Diese ziehen einen doppelten Bogen: Der eine führt aus der Jetztzeit des Klosterbruders über sein langes Leben hinweg in seine Jugend zurück. Der andere aus der biographischen Zeitebene in die Vorzeit, „die Säkula der alten Maler von Italien" (I, 84). Es gibt in Wackenroders Werk also nicht nur, wie Dorothea Hammer dargelegt hat, eine gegenwärtige und eine vergangene Zeit, die gegeneinander kontrastieren. Was Hammer die gegenwärtige Zeit nennt, ist bloß die „heutige Welt", mit der der Klosterbruder sich polemisch auseinandersetzt. Aber die Gegenwart als Raum der Lebenszeit des Klosterbruders zerfällt wieder — wie

---

[12] Merkwürdig, daß der Klosterbruder diese Worte keineswegs ins Blaue hinein gesprochen hat. Er fand tatsächlich eine bestimmte Lesergemeinde. Die Nazarener haben die „Herzensergießungen" zu einer Art Programmschrift ihrer künstlerischen Bestrebungen erhoben.

[13] Die folgenden Ausführungen über das Zeitgefüge, das den dreigeteilten Tonraum der „Herzensergießungen" trägt, fußen auf den Studien Günther Müllers zur epischen Zeitstruktur, ohne jedoch die Begriffe „Erzählzeit" und „erzählte Zeit" mechanisch zu übernehmen. (Vgl. Günther Müller, Die Bedeutung der Zeit in der Erzählkunst. Bonner Antrittsvorlesung 1946. Bonn 1947.) Eine scharf begrenzte Erzählzeit ist in den „Herzensergießungen" nicht faßbar, man könnte nur den Zeitbegriff Alter dafür nehmen. Aber auch eine Kontinuität der erzählten Zeit im ganzen gibt es hier nicht, da

in jeder Ich-Erzählung[13] — in zwei Zeitstufen, die hier, da sie weit auseinanderliegen, einen charakteristischen Kontrast bilden: dem sich Erinnernden steht der Erinnerte gegenüber wie dem Alter die Jugend.

Das Zeitgefüge, das die Gestalt des Klosterbruders, genaugenommen aber, da er ja als Gestalt kaum greifbar wird, seinen Ton, die Weise seines Sprechens trägt, ist dreifach abgestuft. Da ist zuerst in der eigentlichen Gegenwart die präsentische kritische oder enthusiastische Betrachtung des Klosterbruders. Seine Erinnerung erstreckt sich von hier aus einmal auf die biographische Zeitebene des eigenen Lebens, zum anderen auf die chronikalische,[14] auf der die Viten der alten Maler liegen. Die Form des Präteritums bezeichnet daher in den „Herzensergießungen" zwei ganz verschiedene Zeitstufen: die der biographischen Vergangenheit des Sprechenden und die der „Vorzeit" (I, 57), der chronikalischen Vergangenheit.

Für unsere Zwecke ist es nicht nötig, die Eigenart dieser drei Zeitebenen und ihr Verhältnis zu einander im einzelnen zu untersuchen. Das wäre Aufgabe einer Arbeit, die die Klosterbruder-Texte einmal nicht als einen Steinbruch benützen würde, aus dem Material für ideengeschichtliche Konstruktionen gewonnen wird, sondern die es unternähme, das Mosaik der Texte als Gestalt zu begreifen, die vom Ton des Klosterbruders geprägt ist. Wir kümmern uns indessen um den Klosterbruder nur, soweit er mit Berglinger zu tun hat. Wie ist dessen Leben den drei Zeitebenen der „Herzensergießungen" zugeordnet? Und welcher Art ist die Zeit der Berglinger-Vita, verglichen mit der ihr entsprechenden der Erinnerungen des Klosterbruders? Um diese Fragen beantworten zu können, müssen wir uns die drei Zeitebenen der „Herzensergießungen" noch ein wenig genauer ansehen.

Die „Herzensergießungen" als Ganzes kennen keinen zusammenhängenden epischen Zeitstrom. Dadurch unterscheiden sie sich von einem epischen Werk im traditionellen Sinn. Wir haben zwar einen Erzähler vor uns oder doch eine Stimme, die in einer Gegenwart von einer gestaffelten — chronikalischen und biographischen — Vergangenheit spricht,

die verschiedenen Maler-Viten in kein gemeinsames Zeitsystem gebracht sind und der Klosterbruder aus seinem Leben nur sporadisch und ohne Klärung der zeitlichen Abfolge erzählt. Folglich sind Günther Müllers Begriffe hier nicht anwendbar, Erzählzeit und erzählte Zeit lassen sich in kein Verhältnis zueinander bringen. — Stärker stützen wir uns auf die grundsätzlichen Erwägungen Richard Alewyns in seiner Untersuchung zur Zeitstruktur von Brentanos „Geschichte vom braven Kasperl und dem schönen Annerl", die in der Festschrift für Günther Müller erschienen ist. (Gestaltprobleme der Dichtung. Hrsg. v. Richard Alewyn, Hans-Egon Hass, Clemens Heselhaus. Bonn 1957, bes. S. 159 ff.)

[14] Von der chronikalischen Zeitebene ist natürlich die chronistische Sprechweise streng zu unterscheiden.

wenn sie abwechselnd das Leben der alten Maler und das Leben des sprechenden Ich zum Gegenstand ihres Berichtes macht. Aber wir gewinnen
weder den Eindruck, daß dieses Sprechen in einer gleichmäßig fließenden
Zeit geschieht, noch daß die Gegenstände der Künstlererzählungen in
einen umfassenden Zeitstrom eingebettet sind. Statt dessen erscheint jede
der drei Zeitebenen in sich unbewegt und von der nächsten durch eine
Kluft getrennt. Das läßt sich am deutlichsten an der chronikalischen Zeit,
der „Vorzeit" (I, 57), demonstrieren. Unbewegt ist die Zeit in einem
Erzählwerk dann, wenn in ihr nichts geschieht (sie also auch nicht etwa
selbst als Geschehen zum Gegenstand der Erzählung gemacht wird) oder
wenn sie „jeder faktischen Beziehung zu einer anderen Zeit enthoben
wird."[15] Nun sind die Lebensläufe der alten Maler ereignisreich genug,
um den Fluß der Zeit spürbar zu machen. Aber den einzelnen Maler-Viten,
auf deren innere Zeitstruktur hier nicht eingegangen werden soll, liegt
kein gemeinsames Zeitsystem zugrunde. Es gibt unter ihnen kein Früher
und Später, das in das „Heldenalter der Kunst" (I, 10) eine Zeitbewegung
brächte. Und von der biographischen Zeitebene, der Lebenszeit des Klosterbruders, ist es durch eine Kluft geschieden, die so tief ist, daß es besonderer Anstalten bedarf, um „über die Schranken der Gegenwart sich
in die Vorzeit hinüberzusetzen" (I, 57). Kein Menschenleben reicht dorthin zurück. Was allein eine auf der biographischen Zeitebene fort-
dauernde Verbindung mit der Vorzeit herstellt, sind die „bestäubten
Bücher und bleibenden Werke der Kunst" (I, 63). Aus ihnen ruft der
Klosterbruder die Vorzeit in sein Gemüt zurück. Sie verbinden die biographische Zeitebene über die Kluft hinweg mit der chronikalischen Zeit,
und wie ein Rapportobjekt den Hellseher mit einer abwesenden Person
in Kontakt bringt, verknüpfen sie die Gegenwart des zurückdenkenden
Schreibers mit seiner Jugend.

Auch die Erzählgegenwart ist ruhende Zeit. In ihr geschieht weiter
nichts als das Zurückdenken des Klosterbruders, das sich in seinen schrift-
lichen Erinnerungen niederschlägt. An diesen Erinnerungen aber befrem-
det, daß sie den Abstand zwischen Einst und Jetzt auf der biographischen
Zeitebene nicht vermindern, indem sie sich aus der Jugend dem Alter
nähern, um schließlich die biographische Vergangenheit in die Gegenwart
einmünden zu lassen. Statt dessen bleibt der Kontrast zwischen Alter und
Jugend, zwischen Beschaulichkeit und bewegtem, „in viele weltliche Geschäfte" verwickeltem Leben (I, 202), auch zwischen Kunstausübung und
bloßem Kunstgenuß (I, 202) unvermittelt bestehen. Alles was wir aus
dem früheren Leben des Klosterbruders erfahren — wir hören von seinem

---

[15] Alewyn, Brentanos „Geschichte vom braven Kasperl und dem schönen Annerl", a. a. O., S. 161.

unruhigen Wanderleben, zu dem ihn seine Begierde, Kunstwerke kennenzulernen, trieb (I, 91), hören von seinen Reisen, die ihn auch nach Italien führten (I, 53), von Besuchen in einer Bildergalerie (I, 60 f.) und in einem Schloß (I, 91) — dies alles hat keine zeitliche Folge und gehört ausschließlich in die Jugend des Klosterbruders, steht am Beginn der biographischen Zeitebene. Der eigentliche Lebensgang, den wir uns von seinen „Erinnerungen" (I, 202) erwarten, bleibt ausgespart. Sein Zurückdenken springt aus der Gegenwart in die Jugend und aus der nur am Anfang und Ende durch Jugend und Alter fixierten, dazwischen aber leeren biographischen Zeitebene in die ferne Vorzeit.

Auf diesem leer gebliebenen Stück der biographischen Zeitebene liegt nun Berglingers Leben, das der Klosterbruder am Schluß seiner Erinnerungen erzählt. Es setzt zu einem Zeitpunkt ein, da des Klosterbruders Jugend, soweit sie in seinen Erinnerungen zur Sprache kommt, vorüber ist, und ist lange zu Ende, bevor der Klosterbruder in seinem hohen Alter seine Erinnerungen niederschreibt. Der Klosterbruder kennt dieses Leben so genau, als sei es sein eigenes gewesen. Wann und wie er aber Berglinger kennengelernt habe, erfahren wir nicht. Nur soviel wird uns aus Berglingers Briefen bekannt, daß zu der Zeit, da dieser in der bischöflichen Residenzstadt Kapellmeister geworden ist, der Klosterbruder bereits in der Einsamkeit des Klosters lebt.

Für jenen ganzen Zeitraum, den das Leben Berglingers umfaßt, verschweigt uns der Klosterbruder sein eigenes Leben. Es ist, als führe er in dieser Zeit kein Eigendasein und komme als Person nur in Betracht, soweit Berglinger in seinen Briefen das Wort an ihn richtet.

Die Erinnerungen des Klosterbruders an seine Jugend enden mit dem letzten Stück der „Herzensergießungen" vor der Lebensgeschichte Berglingers und werden auch in den „Phantasien" nicht wieder aufgenommen. In jenem Stück, betitelt „Die Malerchronik" (I, 91), erklärt uns der Klosterbruder, wie er auf „das Studium der Künstlergeschichte geleitet" worden sei (I, 105). Von einem reisenden italienischen Pater, den er auf einer seiner Wanderfahrten in einer Schloßgalerie getroffen habe, sei er zum erstenmal darauf aufmerksam gemacht worden, daß „mehrere verdiente Männer Chroniken der Kunstgeschichte geführt, und die Leben der Maler ausführlich beschrieben" hätten (I, 95). — Damit wird das Verbindende, das die Vorzeit an die Gegenwart knüpft, noch einmal genannt, der Bogen wird in umgekehrter Richtung aus der chronikalischen in die biographische Zeitebene herüber gespannt, der Ton der „Herzensergießungen" kehrt aus der Ferne des „Heldenalters der Kunst" (I, 10) in die Jugend und von da schließlich in die Gegenwart des alten Klosterbruders zurück, die immer noch dem Studium der Künstlergeschichte ge-

weiht ist.[16] Was den Klosterbruder aber im folgenden Stück seiner Erinnerungen, dem letzten der „Herzensergießungen", beschäftigt, ist nicht
mehr die Künstlergeschichte der Vorzeit. Nicht die chronikalische, sondern
allein die leer gebliebene Strecke der biographischen Zeitebene trägt das
„Leben des Tonkünstlers Joseph Berglinger" (I, 126). Während der
Klosterbruder es erzählt, spricht er aus Berglingers Seele. Wie dies geschieht, soll noch erörtert werden.

Der Klosterbruder als Berglingers Biograph

Der Klosterbruder setzt zu Beginn der Berglinger-Biographie neu
ein und hebt das nun zu Sagende von allem Vorigen ab. Der Unterschied
liegt zunächst im Gegenstand selbst. Es handelt sich nicht mehr um das
Leben und Schaffen eines Malers, sondern um „Das merkwürdige musikalische Leben des Tonkünstlers Joseph Berglinger" (I, 126). Dieser
Titel[17] sieht aus wie ein Pendant zu einem früheren: „Der merkwürdige
Tod des zu seiner Zeit weit berühmten alten Malers Francesco Francia"
(I, 10). Tatsächlich hat das äußere Schicksal Francias mit demjenigen
Berglingers eine gewisse Ähnlichkeit. Beide Künstler sterben in der Sicht
des Klosterbruders als „Märtyrer des Kunstenthusiasmus" (I, 17). Be-
sonders aufschlußreich aber sind die von der Quelle,[18] den „Vite" Vasaris

---

[16] Formal bedeutet „Die Malerchronik" also einen Abschluß, inhaltlich aber
deutet sie an einigen Stellen bereits auf die Berglinger-Geschichte voraus. So
berichtet der reisende italienische Pater, unter dessen Maske sich vielleicht
Wackenroders Göttinger Lehrer Fiorillo verbirgt, von Knaben, „die in ganz
schlechtem Stande geboren und erzogen, und daraus gleichsam vom Himmel
zur Malerkunst berufen wurden." (I, 99) In Callots Jugendgeschichte (I,
100 f.) ist Berglingers Flucht aus dem Vaterhaus vorweggenommen. Wie
Domenichino fühlt auch Berglinger in sich selbst die „Empfindungen und
Affekte" (I, 97), die er in einem Kunstwerk ausdrücken will, im Gegensatz
zu jenem arbeitet er aber nicht bloß für sich und die Kunst, sondern will
die Menschen mit seinem Gefühl durchdringen und rühren. Albertinellis
Ablehnung des „mühseligen Studiums an den mechanischen Teilen der Kunst,
und der häßlichen Feindschaften und Verfolgungen der Nebenkünstler"
(I, 102) begegnet uns in einem Klagebrief Berglingers aus der Residenz
wieder, und wie an jenem Maler zeigt sich auch an dem Musiker, „was für
eine mächtige Gottheit die Kunst für den Künstler ist, und mit welcher
Gewalt sie ihn beherrscht" (I, 102). Alle diese vorausdeutenden Stellen
haben Vorbilder in Wackenroders Quellen. Daß Wackenroder sie aber in
dieser Weise unmittelbar vor Berglingers Geschichte zusammenstellt, ist sicher
kein Zufall.

[17] Vor allem die umständlich ausführlichen Überschriften sind es, durch die
ein altertümelnder Ton in die „Herzensergießungen" gebracht wird, ein Ton,
der sich bewußt von dem „Ton der heutigen Welt" (I, 202) unterscheiden
will. Die langen Titel, die mehr oder weniger detaillierte Inhaltsangaben
enthalten, scheinen uns eine bewußte Reminiszenz an die entsprechende

unabhängigen Stellen, wo der Klosterbruder nicht als Chronist, sondern bekenntnishaft spricht. Da nennt er die Zeit Francias „das wahre H e l - d e n a l t e r[19] der Kunst" und „möchte (wie Ossian[20]) seufzen, daß die Kraft und Größe dieser Heldenzeit nun von der Erde entflohen ist" (I, 10). Von dieser großen Zeit wendet sich der Klosterbruder zu Beginn der Geschichte Berglingers betont ab. „Ich habe mehrmals mein Auge rückwärts gewandt, und die Schätze der Kunstgeschichte vergangener Jahrhunderte zu meinem Vergnügen eingesammelt; aber jetzt treibt mich mein Gemüt, einmal bei den gegenwärtigen Zeiten zu verweilen, und mich an der Geschichte eines Künstlers zu versuchen, den ich seit seiner frühen Jugend kannte, und der mein innigster Freund war" (I, 126). Der zweite große Unterschied zu dem, was der Klosterbruder vorher geschrieben hat, besteht also in der zeitlichen Perspektive. Berglinger ist ein ausgesprochen moderner Künstler. Er ist so modern, daß er wohl sogar seiner eigenen fiktiven Lebenszeit voraus ist, wie sich noch zeigen wird. Der Klosterbruder stellt in ihm statt eines Künstlers jenes verflossenen Heldenalters einen Musiker der jetzigen dürftigen Zeit dar. Wie dürftig seine und Berglingers Zeit sei, unterstreicht er mit der Feststellung, daß „der Enthusiasmus, der jetzt nur in wenigen einzelnen Herzen wie ein schwaches Lämpchen flimmert, in jener goldenen Zeit alle Welt entflammte" (I, 11). Berglinger ist eines dieser wenigen Herzen. Deshalb ist das Verhältnis Berglingers zu dem Klosterbruder dasselbe wie das der alten Maler zu ihren Chronisten: „Ihr Leben und ihre Arbeiten hatten Gewicht, und waren der Mühe wert, in ausführlichen Chroniken, wie wir sie noch von den Händen damaliger Verehrer der Kunst besitzen, der Nachwelt aufbewahrt zu werden" (I, 10). Das bedeutet: das chronistische Element wird in der Berglinger-Geschichte in den Vordergrund treten. Dabei gilt weiterhin, daß der Klosterbruder Lebenserinnerungen niederschreibt. Aber noch enger und in einem noch entschiedeneren Sinn als bisher sind diese Erinnerungen jetzt mit Künstlergeschichte verquickt. Sie sind die

---

literarische Gepflogenheit des Barock zu sein. Sie stellen den Pater, den wir uns sehr alt zu denken haben, noch in eine spätbarocke Tradition, was im Hinblick auf Berglinger nicht ohne Bedeutung ist. Im übrigen aber ist es Wackenroder nicht darum zu tun, barocke Vorbilder nachzuahmen. Wo seine Vorlage eine ältere deutsche Sprachstufe einnimmt, modernisiert er und läßt sich die Gelegenheit, „barock" zu schreiben, entgehen. Man vergleiche die Gegenüberstellung von Wackenroder und Bohm bei Koldewey, a. a. O., S. 20 ff. Worauf es Wackenroder ankommt, ist vielmehr, den Ton pietistischer Erbauungsschriften zu treffen. Aber hierauf und auf des Klosterbruders pietistische Kunstfrömmigkeit können wir nicht näher eingehen.

[18] Vgl. Koldewey, a. a. O., S. 6 ff.
[19] Hervorhebungen durch Sperrung hier und im folgenden stets im Original.
[20] Der Hinweis auf Ossian zeigt wiederum, wie ‚modern' der Klosterbruder ist.

Geschichte eines Künstlers, der sein Freund war. Bisher dienten die
Künstlergestalten dem Klosterbruder dazu, seine unzeitgemäße Kunst-
anschauung durch sie zu verkünden und an ihnen zu exemplifizieren.
Daher hatte er sich in seiner Vorrede ausdrücklich an den Leser gewandt
mit der Bitte um Nachsicht für den von weither kommenden Ton seiner
Aufsätze. Nun tritt an die Stelle der Anrede „geliebter Leser" (I, 202)
die Apostrophe an den Verstorbenen: „Ach, leider bist du bald von der
Erde weggegangen, mein Joseph!" (I, 126). Keine Rede ist mehr von
„jungen angehenden Künstlern, oder Knaben", für die er schreibe. An ein
Publikum denkt er kaum mehr. Nur am Ende der kleinen Einleitung
erwähnt er es kurz. Nicht mehr als einen bestimmten Kreis, an den er
sich pädagogisch-bekenntnishaft wendet. Er erzählt Berglingers Geschichte
einfach „denen, die Freude daran haben" (I, 126). Entsprechend ist auch
die Reflexion über die Wirkung, die er sich von seinen Blättern erwartet,
nämlich zu einer noch tieferen Ehrfurcht zu bewegen (I, 203), wegge-
fallen. Der Klosterbruder spricht in der Berglinger-Biographie mehr für
sich als für einen Leser. Ohne pädagogisch-bekenntnishafte Absicht geht
er Berglingers Lebensgeschichte in seinen Gedanken nach.

Wir müssen uns fragen, was diese veränderte Erzählhaltung zu bedeuten habe. In welchem Verhältnis steht der Klosterbruder zu dem Gegenstand seines Berichtes, zu Joseph Berglinger? Warum schreibt er überhaupt dessen Lebensgeschichte? Er sagt: „ . . . aber jetzt treibt mich mein
Gemüt" (I, 126). Das entspricht dem Bekenntnis der Vorrede, er schreibe
„aus einem innern Drange" (I, 202). Was ihn drängt, ist zuvor die Liebe
zur Kunst gewesen und ist jetzt die Liebe zu einem bestimmten Künstler,
der ihm besonders nahestand. Er war sein „innigster Freund" (I, 126).
Mit der Erinnerung an ihn verbindet sich der Schmerz über seinen frühen
Tod. Durch die Erzählung will er sich trösten. „Aber ich will mich daran
laben, der Geschichte deines Geistes, von Anfang an, so wie du mir oftmals in schönen Stunden sehr ausführlich davon erzählt hast, und so wie
ich selbst dich innerlich kennengelernt habe, in meinen Gedanken nachzugehen" (I, 126). Mit diesen wenigen Worten ist die Erzählperspektive
genau festgelegt. Der Klosterbruder hat Berglinger, seinen „innigsten
Freund", „innerlich" kennengelernt und erzählt die Geschichte seines
Geistes. Er sieht seinen Gegenstand aus einer Innenperspektive, sieht
seinem Freund in die Seele und erzählt aus Berglingers Seele. Der Klosterbruder nimmt als Biograph keine distanzierte Haltung zu seinem Gegenstand ein, sondern identifiziert sich bis zu einem gewissen Grad mit
ihm. Wir werden darauf zu achten haben, ob die vom Klosterbruder hier
behauptete Innenperspektive als Erzählperspektive tatsächlich durchgeführt ist. Ist dies der Fall, so müssen wir uns darauf gefaßt machen, daß
wir Berglinger nicht als eine anschaubare, sinnlich faßbare Gestalt zu Ge-

sicht bekommen werden, sondern eben nur sein Inneres, seinen Geist. Indessen hat sich ja auch der Klosterbruder selbst nicht in seiner leiblichen Beschaffenheit vergegenwärtigt. Von seinem Aussehen, seiner Erscheinung erfahren wir nichts. Auch er ist wesentlich unkörperlich, ist ganz und gar jenes fromme Gemüt, das in den „Herzensergießungen" zu uns spricht. Dadurch wird es dem Erzähler erleichtert, sich mit dem Helden seiner Erzählung zu identifizieren. Beide können bisweilen ineinanderfließen.[21] Um so bezeichnender ist es, wenn gegen Ende des kleinen Romans der Erzähler sich von seinem Gegenstand lösen und, nachdem er den Tod seines Helden berichtet hat, über ihn zu reflektieren beginnen wird (I, 150 f.). Da nämlich begegnet uns von neuem das pädagogisch-bekenntnishafte Element, jedoch in einer seltsam abgewandelten Weise. Anstatt ein Beispiel und Muster abzugeben, worauf sich Bekenntnis und Verkündigung des Klosterbruders stützen könnten, wie dies bei den alten Malern der Fall war, stellt Berglingers Leben den Klosterbruder zunächst vor Fragen, auf die er keine Antwort zu geben weiß. Der Gegenstand der Erzählung, Berglinger als Künstler, scheint dem Klosterbruder fragwürdig zu werden (I, 151). Zwar kommt sein Glaube an die Kunst, den die ganzen „Herzensergießungen" verkündigt haben, nicht ins Wanken. Nach zweifelnden Fragen bekennt der Klosterbruder sich entschieden zur Göttlichkeit der Kunst als einem Mysterium, wenn er sagt: „Der Kunstgeist ist und bleibet dem Menschen ein ewiges Geheimnis, wobei er schwindelt, wenn er die Tiefen desselben ergründen will" (I, 151). Auch Berglinger ist dafür ein Beleg. Aber offenbart sich in dem kurzen Schwanken zwischen Frage und Bekenntnis nicht eine letzthinnige Inadäquatheit des Erzählers seinem Gegenstand gegenüber — trotz aller Seelenverwandtschaft? Der Problematik Berglingers ist der Klosterbruder am

---

[21] Aufs genaueste findet sich die Innenperspektive des Klosterbruders als Erzählerperspektive im „Andreas Hartknopf" von Karl Philipp Moritz vorgezeichnet. Der Erzähler sagt da auf einer der ersten Seiten von Hartknopf: „Weil ich das nun alles weiß, und ich mich fast eben so in seine Seele hineindenken kann, als in meine eigne Seele — so genau waren wir miteinander verwebt — so kann ich nun auch das alles von ihm erzählen, was gewiß sonst niemand leicht von ihm würde erzählen können: wie seine ganze Seele dabei arbeitete..." (Andreas Hartknopf. Eine Allegorie. Berlin 1786, S. 4.)

Moritz' Roman berührt sich sonst nicht mit der Berglinger-Geschichte, aber wie diese birgt er „in starkem Maße autobiographische Elemente in sich" (Rudolf Unger, Zur seelengeschichtlichen Genesis der Romantik. In: Nachrichten von der Gesellschaft der Wissenschaften zu Göttingen. Phil.-hist. Kl., Berlin 1930, S. 313). Das läßt vermuten, daß diese auf einer Seelenvermischung des Biographen mit seinem Sujet beruhende Erzählperspektive einer bestimmten Art des autobiographischen Romans eigentümlich ist.

Ende nicht gewachsen. Er bleibt bis zuletzt das fromme, der „heutigen
Welt" (I, 202) entrückte Gemüt, das in der Einsamkeit, in dem Frieden
und in der Sicherheit des Klosters sein Leben beschließt.[22]

---

[22] Wenigstens kurz hingewiesen sei auf die Ähnlichkeit, die zwischen dem
Klosterbruder und dem Erzähler in Thomas Manns „Doktor Faustus" besteht. Auch Dr. phil. Serenus Zeitblom, das humanistische Medium zwischen
Adrian und dem Leser, hat sich zu der Zeit, da er zu uns spricht, aus der
Welt zurückgezogen, und sein Bericht verknüpft deutlich die Haltung des
Chronisten mit einer bekenntnishaft-pädagogischen, die ihm schon sein Beruf auferlegt. Im einzelnen ließen sich manche Parallelen aufweisen, ausgehend von dem Untertitel des Romans, der ursprünglich lautete: „Das seltsame Leben Adrian Leverkühns, erzählt von einem Freunde" und später
die Form erhielt: „Das Leben des deutschen Tonsetzers Adrian Leverkühn,
erzählt von einem Freunde". Beide Fassungen scheinen an „Das merkwürdige musikalische Leben des Tonkünstlers Joseph Berglinger" ein wenig
anzuklingen. Allerdings finden wir Wackenroders Werk in „Die Entstehung
des Doktor Faustus. Roman eines Romans" mit keinem Worte erwähnt.

III. Joseph Berglinger

„Ein Roman wird desto höherer und
edlerer Art sein, je mehr inneres und
je weniger äußeres Leben er darstellt."
(Arthur Schopenhauer)

A. DIE GESCHICHTE SEINES GEISTES

Der Klosterbruder erzählt die Geschichte seines Freundes in zwei
Hauptstücken, die sich ihrerseits in je drei Teile untergliedern lassen.

Das erste Hauptstück behandelt Berglingers Lebensgeschichte von der
Geburt an bis zur Flucht in die bischöfliche Residenzstadt. Es stellt dem
Leser zunächst in einem knappen Bericht Josephs häusliche Verhältnisse
vor Augen und charakterisiert den Vater und den kleinen Joseph (I,
126—129). Sein Mittelteil enthält Berglingers Besuch und Musikerlebnis
in der Hauptstadt (I, 129—133). Im dritten Abschnitt berichtet der
Klosterbruder von Berglingers seelischem Kampf zwischen dem Drang zur
Musik und den Ansprüchen seiner Umwelt. Der Abschnitt gipfelt in der
Flucht nach der Residenzstadt (I, 133—141).

Zwischen dem Ende des ersten Hauptstücks und dem Anfang des
zweiten liegt ein Zeitraum von mehreren Jahren, den rückblickend der
Bericht des Klosterbruders, hauptsächlich aber ein eingeschalteter Brief
Berglingers zur Sprache bringt (I, 141—147). Den zweiten Teil des zweiten Hauptstücks nimmt das Geschehen um Berglingers Rückreise zu seinem Vater ein (I, 147—149), den dritten Berglingers letztes Werk und
sein früher Tod (I, 149).

Wir können eine gewisse Entsprechung zwischen den einzelnen Teilen des ersten und des zweiten Hauptstücks feststellen. Berglingers Leiden
in seinem Vaterhaus entspricht seine Situation am bischöflichen Hof. Seine
erste Reise in die Residenzstadt findet ihr Gegenstück in der Rückkehr
zu seinem Vater. Die Überwältigung durch die Macht der Musik am Ende
des ersten Hauptstücks wiederholt sich gesteigert in Berglingers letzter
Komposition. Indessen sagt uns die Aufzählung solcher äußerer Entsprechungen noch nicht viel über die Struktur der Erzählung. Sie kann nur
durch die Interpretation im einzelnen erhellt werden.

Der Klosterbruder setzt als Chronist mit dem Bericht über Joseph Berglingers Leben in äußerst gedrängter Sprechweise ein. An den Anfang stellt er den Namen Berglingers, dann nennt er die Gegend und die familiären und sozialen Verhältnisse, in die Joseph sich von Kindheit an gestellt findet. Es entsteht ein Bild des Mangels und der Dürftigkeit, von dem sich die Charakteristik des Vaters merkwürdig abhebt. Dieser Vater wird nicht von außen betrachtet und beschrieben, wir bekommen keine Vorstellung von seinem Aussehen. Nur von seinem Gemüt spricht der Klosterbruder. Er ist Arzt, seit Josephs Geburt verwitwet, verarmt, und dennoch unausgesetzt mildtätig. Die soziale Haltung des Vaters wird geradezu programmatisch in den Vordergrund gerückt. Sie ist der zentrale Zug in seinem Wesensbild, ruhend auf einer extremen Empfindsamkeit und Gemüthaftigkeit. Bezeichnend sind die Vokabeln: weich, sehr gutherzig, herzliche Rührung. Sie charakterisieren einen Mann, der „seinen Geist am liebsten mit rührenden Empfindungen nährte" (I, 127). So weit ist die Gestalt des Vaters ganz aus dem Geist der Empfindsamkeit geschöpft. Er geht in frommer Mildtätigkeit auf und genießt die Gefühle, die er daraus zieht. Seine soziale Haltung, sein Helfen, Raten, Almosengeben und alle seine guten Taten resultieren letztlich aus dem Bedürfnis, die „rührenden Empfindungen" seiner vertieften Innerlichkeit auszukosten, worauf er trotz der Not seiner Familie nicht verzichten mag. Diesen Vater bloß für einen rationalistischen Aufklärer zu halten, ist eine Fehldeutung, zu der jene neigen, die in ihm nur ein Portrait des alten Christoph Benjamin Wackenroder sehen wollen.[1] Parallelen zu Wackenroders persönlichen Verhältnissen werden wir nicht ziehen. Uns kommt es nur darauf an, die Funktion von Gestalten und Motiven innerhalb des kleinen Romans selbst zu erkennen.

[1] Es scheint uns ziemlich zweifelhaft, ob die Charakteristik des alten Berglinger auf Christoph Benj. Wackenroder paßt, wie Koldewey (a. a. O., S. 96) behauptet. Die Wohltätigkeit des alten Wackenroder verfolgte rein rationalistisch humanitäre Ziele, wenn es stimmt, was sein Biograph Klein darüber schreibt:

> „Fest überzeugt, daß ein bloßes, auch noch so reichliches Almosenspenden immer nur ein unkräftiges Mittel sey, der Armuth wirksam nützlich zu werden, war die Gabe, die er dem Einzelnen reichte, nur gering. Aber wo es darauf ankam, eine Familie zu neuer Wirksamkeit und Selbstthätigkeit sich aus der unverschuldeten Armuth herauszureißen, da steuerte er reichlich bei. Darum fanden Anstalten, die nützliche Thätigkeit bei Armen erwecken, befördern und belohnen, die der Straßenbettelei steuern, und Kinder bei zweckmäßigen (!) Unterricht, schon früh zur Arbeitsamkeit gewöhnen wollen, in ihm einen eifrigen Beförderer, einen willigen Rathgeber, und seine Hand nie verschlossen." (J. Klein, Erinnerungen an Christoph Benj. Wackenroder. Berlin 1809, S. 75 f.)

Die Charakteristik des Vaters veranlaßt den Klosterbruder, zum
erstenmal den chronistischen Bericht der Biographie zu unterbrechen, um
einer — wie es zunächst scheint — allgemeinen Erörterung Raum zu
geben.

> „Man muß in der Tat allemal von tiefer Wehmut und herzlicher Liebe er-
> griffen werden, wenn man die beneidenswerte Einfachheit dieser Seelen
> betrachtet, welche in den gewöhnlichen Äußerungen des guten Herzens
> einen so unerschöpflichen Abgrund von Herrlichkeit finden, daß dies völlig
> ihr Himmel auf Erden ist, wodurch sie mit der ganzen Welt versöhnt, und
> immer in zufriedenem Wohlbehagen erhalten werden." (I, 127)

Der Chronist scheint sich mit diesem Ausspruch reflektierend über seinen
Gegenstand zu erheben. Es ist keine bekenntnishaft-pädagogisch gefärbte
Reflexion. Sie ist nicht an ein bestimmtes Publikum gerichtet. Aber verläßt nicht der Klosterbruder mit ihr die Innenperspektive, in der er den
alten Berglinger bisher sah? Von dieser Meinung werden wir rasch ab-
kommen, wenn wir weiterlesen:

> „Joseph hatte ganz diese Empfindung, wenn er seinen Vater betrachtete".
> (I, 127)

Was zunächst als eine sich über den Gegenstand erhebende Reflexion des
Klosterbruders erscheint, ist eine Empfindung des kleinen Joseph. Die
Innensicht als Erzählperspektive bleibt damit vollkommen gewahrt. Sie
wechselt nur aus der Innerlichkeit des Vaters in die des Sohnes hinüber.
Hinter dem unpersönlichen „Man", das den Satz einleitet, stehen zugleich
der Erzähler und Joseph. Sie haben beide dieselben Gedanken und Empfindungen. Die Seelenverwandtschaft des Klosterbruders mit seinem
Joseph wird so im Gang des Berichtes verwirklicht. — Ähnliches wird
auch von den späteren Reflexionen des Klosterbruders zu sagen sein. Sie
enthalten Gedanken, die ebenso Berglinger wie dem Klosterbruder gehören, die der Klosterbruder zwar ausspricht, die aber Berglinger aus der
Seele gesprochen sind. Auf solche Weise dokumentiert der Klosterbruder
in seinem Bericht die Wahrheit dessen, was er anfangs über sein inniges
Verhältnis zu Berglinger gesagt hat.

Noch in einer anderen Hinsicht ist uns diese erste und gemeinsame
Reflexion des Chronisten und des kleinen Joseph wichtig. In der Tatsache,
daß Joseph über seinen Vater — natürlich mehr in der Empfindung als
gedanklich — reflektiert, liegt, auch wenn wir von dem Inhalt der Reflexion absehen, ein sich Gegenüberstellen, sich Entgegensetzen. Der Sohn
hebt sich von seinem Vater ab als ein anderer. Eine Distanz zwischen
Vater und Sohn, die sich später noch erweitern wird, tritt schon hier so
deutlich in Erscheinung, weil der Klosterbruder mitten in die Charakteristik des Vaters die gegensätzliche des Sohnes einschiebt: „— aber

i h n hatte der Himmel nun einmal so eingerichtet, daß er immer nach
etwas n o c h H ö h e r e m trachtete" (I, 127). Was sich zuerst formal in
der Reflexion als solcher ankündigt, wird nun inhaltlich bestätigt. Mit
einem „aber" wird der Sohn vom Vater abgehoben. Dieses „aber" meint
jedoch nicht einfach nur einen Gegensatz. Das Trachten des Sohnes nach
„noch Höherem" bedeutet, daß bereits im Wesen des Vaters Angelegtes
im Sohne gesteigert wiederkehrt.[2]

Gesteigert werden wir im Sohne die empfindsame Innerlichkeit des
Vaters wiederfinden, das Genießen rührender Empfindungen, die Joseph
freilich nicht aus einer karitativen Tätigkeit, sondern aus der Musik zieht.

---

[2] Einen Berufskollegen des alten Berglinger, der mit diesem einige auffallende
Züge seines Charakters und Lebens gemein hat, treffen wir in Karl Philipp
Moritz' Roman „Anton Reiser". Von dem in Erfurt lebenden, ebenfalls
schon recht bejahrten Doktor Sauer heißt es hier:

> „Als Arzt verdiente er nichts: denn er fühlte einen besonderen Hang
> in sich, gerade den Leuten zu helfen, die der Hülfe am meisten be-
> dürfen und denen sie am wenigsten geleistet wird. Und weil dies nun
> gerade diejenigen sind, welche die Hülfe nicht zu bezahlen vermögen,
> so geriet der Arzt selber in große Gefahr zu verhungern, wenn er nicht
> Wochenschriften herausgegeben, Korrekturen besorgt und Trauerspiele
> abgeschrieben hätte. Kurz, er ließ sich für seine Kuren nichts bezahlen
> und brachte auch dazu den armen Leuten noch die Arzenei ins Haus,
> die er selbst verfertigte und das Wenige, was ihm übrig oder nicht
> übrig blieb, darauf verwandte. Weil er sich nun dadurch gleichsam
> weggeworfen hatte, so hatten die Leute aus der großen und vornehmen
> Welt kein Zutrauen zu ihm". (Reiser, S. 404.)

Wir brauchen nicht erörtern, welche Bedeutung die Bekanntschaft mit
Doktor Sauer für Reiser gewinnt — wie er sich zunächst mit ihm und
seinem traurigen Schicksal identifiziert und wie der Tod des Arztes in Verkennung und Elend Reiser neue Impulse gibt, dem eigenen Schicksal zu
trotzen. Wackenroder hat, falls Doktor Sauer ihm tatsächlich zum Muster
des alten Berglinger gedient hat, nur bestimmte Züge aus dem Bild des
Arztes übernommen, vor allem seine Mildtätigkeit, sein selbstloses Helfen
trotz eigener Not. Diesen Zügen hat Wackenroder aber — immer vorausgesetzt, daß Doktor Sauer seine Vorlage war, was wir nicht beweisen können — eine neue Bedeutung verliehen, indem er sie mit der Sucht, rührende
Empfindungen zu genießen, verquickt. Dadurch vertieft Wackenroder das
Bild des alten Arztes gerade um die seelische Dimension, die auf dem
Grunde von Gegensätzen eine Wesensgleichheit zwischen Vater und Sohn
herstellt.

Wackenroder kann die Geschichte Doktor Sauers außer im „Anton Reiser"
auch in Moritz' „Magazin zur Erfahrungsseelenkunde" gelesen haben. Sie
steht hier im zweiten Stück des achten Bandes (S. 10 ff.). Auf Wackenroders Beziehungen zu Moritz werden wir später noch ausführlicher zu sprechen kommen.

Und ebenfalls in noch höherem Maße wird im Sohne der andere Wesenszug des Vaters wirksam werden, auf den der Chronist nun zu sprechen kommt. Er begann die Charakteristik des alten Berglinger: „Dieser Vater war ursprünglich ein weicher und sehr gutherziger Mann" (I, 127). Auf das „ursprünglich" folgte zunächst keine korrelative zeitliche Bestimmung, kein „aber dann" oder „später jedoch", wie wir erwartet hätten. Statt dessen hat sich in die Charakteristik des Vaters die gegensätzliche des Sohnes auf dem Wege über eine Reflexion eingeschoben. Nach dieser Unterbrechung, die als solche schon etwas von dem Vater-Sohn-Konflikt andeutungsweise vorwegnimmt, kehrt der Chronist zur Charakteristik des Vaters zurück und zeigt ihn uns von einer anderen, neuen Seite, — von eben jener, auf die das „ursprünglich" vorauswies.

Elend und Alter zehren an der „ursprünglichen Güte" (I, 128) des Arztes. Mehr noch aber sein Beruf, dem er leidenschaftlich hingegeben ist. Er ist ihm eine Passion und, obgleich dem äußeren Anschein nach selbstloser Dienst an der Menschheit, in gewissem Sinne Selbstzweck. „Dieses eifrige Studium nun war ihm, wie es öfters zu geschehen pflegt, ein heimliches, nervenbetäubendes Gift geworden, das alle seine Adern durchdrang, und viele klingende Saiten des menschlichen Busens bei ihm zernagte" (I, 128). Die nebensächlich oder überflüssig anmutende Bemerkung „wie es öfters zu geschehen pflegt", mit der der Erzähler sich wiederum über seinen Gegenstand, den von innen gesehenen Fall des alten Arztes zu erheben scheint, ist ein Gemeinplatz. Und dennoch erhält sie einen besonderen Klang, wenn wir sie auf das Wesen Josephs beziehen. Denn wie sein Vater wird er ein „heimliches, nervenbetäubendes Gift" in sich tragen, wird er von etwas, das wie Gift wirkt, völlig durchdrungen werden. Josephs Hang zur Musik wird wie des Vaters medizinische Passion als eine betäubende Droge wirken; „denn bei nicht starken Seelen geht alles, womit der Mensch zu schaffen hat, in sein Blut über, und verwandelt sein Inneres, ohne daß er es selber weiß" (I, 128). Mit dieser Bemerkung, die dem Vater gilt und zugleich Wesentliches über die Seele des Sohnes aussagt, schließt der Erzähler die Charakteristik des alten Berglinger.

Wir hoffen gezeigt zu haben, mit welcher Bewußtheit Wackenroder in diesem Vater den Sohn vorgebildet hat. Auf eine schwer durchschaubare Weise sind Vater und Sohn zugleich wesensverwandt und doch so verschieden, daß eine tiefe Kluft zwischen beiden aufbrechen kann. Beide sind viel zu problematische Gestalten, als daß sie in einem einfachen Schema wie: hier Aufklärer, dort Romantiker untergebracht werden könnten. Wenn man vom Vater Berglinger behauptet: „Mit viel Sorgfalt hat ihn Wackenroder als polaren Gegensatz zu Berglinger gezeichnet, als

Mann der Arbeit und Pflicht"[3], so faßt man damit längst nicht die Hintergründigkeit dieser Gestalt und Wackenroders Kunst der Konfiguration. Des Klosterbruders Bericht erwähnt Josephs Geschwister, um ihn selbst hiervon abzuheben. Überblickhaft-summarisch sagt er, sie „waren teils kränklich, teils von schwachem Geiste, und führten ein kläglich einsames Leben in ihrer dunklen kleinen Stube" (I, 128). Dann geht er sogleich zu Joseph über. Dabei zeigt sich, daß der Gegensatz zwischen Joseph und seinen Schwestern in seiner Mischung von Einklang und Widerspruch dem zwischen Sohn und Vater ähnelt. Joseph ist nicht einfach das Gegenteil seiner Schwestern, sie schwachen Geistes, er genial begabt — sein Vater hält auch ihn „ein wenig verkehrt und blödes Geistes" (I, 129). Und wenn seine Schwestern später noch tiefer in Elend sinken, so gelangt er zwar zu äußerlichem Glanz, beklagt aber, tief enttäuscht, sein „elendes Leben" (I, 141). Berglinger ist in Gefahr, dasselbe Schicksal zu erleiden, das zwei seiner Schwestern trifft, die nach ihm von zu Hause weglaufen (vgl. I, 148 f.). Seine Gefährdung deutet der Klosterbruder, ohne unmittelbar davon zu sprechen, durch die Abwandlung eines Bildes an. Von den Kindern des Arztes allgemein sagt er, sie seien aufgewachsen „wie Unkraut in einem verwilderten Garten" (I, 128). Demselben Bildbereich nun ist das Gleichnis entnommen, in dem er die Bedingung, unter der sich Berglingers Leben entfaltet, sinnbildlich darstellt. „Seine Seele glich einem zarten Bäumchen, dessen Samenkorn ein Vogel in das Gemäuer öder Ruinen fallen ließ, wo es zwischen harten Steinen jungfräulich hervorschießet" (I, 128 f.). Der Vergleich ist von seltsamer Erwähltheit. Das Bild des Samenkorns, das auf steinigen Grund fällt, erinnert an die Sprache der Bibel, ist aber in einem empfindsamen Bereich angesiedelt, den erst der Pietismus dem 18. Jahrhundert eröffnet hat. Ein zartes Bäumchen zwischen öden Ruinen: so findet sich Berglingers Innerlichkeit in dieser Welt, in einer Umgebung, in die sie durch Zufall geraten und die ihr fremd und ungemäß ist.

Wir erinnern uns, daß der Klosterbruder versprach, Berglingers Leben als die Geschichte seines Geistes zu erzählen. Hier, wo der Klosterbruder seinen Freund in seiner Eigentümlichkeit darzustellen beginnt, ist ausschließlich von Seele, Geist und Innerlichkeit die Rede. Alle charakterisierenden Vokabeln dieses Abschnittes bezeichnen Inneres, Gemüthaftes. „Seele", „Geist", „Inneres" (I, 128 f.) nennen den Raum, wo Berglinger fern der äußeren Welt, „einsam und still für sich", „heimlich

[3] Leitl-Zametzer, Der Unendlichkeitsbegriff in der Kunstauffassung der Frühromantik bei Fr. Schlegel und W. H. Wackenroder. Phil. Diss., München 1955, S. 76. — „Der Vater (sc. Joseph Berglingers), ein typisches Kind der Aufklärung" (Sorgatz, Musiker und Musikanten als dichterisches Motiv. Würzburg 1939, S. 16).

und verborgen", „in schöner Einbildung und himmlischen Träumen" lebt.
Das weiche Gemüt des Vaters ist bei Joseph um eine Dimension der In-
nenschau erweitert. Sein Blick ist immer nach innen gerichtet, er weidet
sich, wie der Klosterbruder in pleonastischer Wortfügung sagt, „nur an
seine inneren Phantasien". Ein Vergleich ähnlich dem obigen läßt diese
Innerlichkeit als eine vor aller Welt zu hütende Kostbarkeit erscheinen.
Der Preziosität dieses Inneren entspricht der Ton der Aussage. Der Vergleich ist syntaktisch verselbständigt, seine Bedeutsamkeit betont. Er löst
sich aus der berichtenden Redeweise und ist zu einer Art Reflexion erhoben, deren uns nun schon bekannte „Man"-Form Berglinger und den
Klosterbruder in eins zusammennimmt:

> „... sein Inneres schätzte er über alles, und hielt es vor andern heimlich
> und verborgen. So hält man ein Schatzkästlein verborgen, zu welchem man
> den Schlüssel niemandem in die Hände gibt." (I, 129)

Bei aller gefühlhaften Verniedlichung klingt doch das biblische Gleichnis
vom Schatz (Matth. 13, 44) an. Auch hierin zeigt sich, wie der Klosterbruder sein eigenes Sein und Wesen in Berglinger hineinnimmt, wie gerade
ihm das, was vor aller Welt verschlossen war, nicht unzugänglich blieb.
Er, der Erzähler, hat an der tiefsten Heimlichkeit des Berglinger-Wesens teilgehabt. — Berglinger macht sein Inneres, wenn wir das biblische
Gleichnis in diesem Sinne heranziehen dürfen, zu seinem Himmelreich,
in das er aus dem Irdischen einzugehen sucht. Während aber der Klosterbruder, an sich nicht weniger entrückt, auch äußerlich die Welt verlassen
hat, ist Berglinger ihren Härten und Zufällen in all seiner Verletzlichkeit
bis an sein Lebensende ausgesetzt.

Mit dem Thema der Innerlichkeit verknüpft der Klosterbruder in
seiner Erzählung aufs engste Berglingers Neigung zur Musik. Eins ist
nicht ohne das andere. Musik bedeutet für Berglinger stets gesteigertes
Innenleben. Darauf weist auch an dieser Stelle der Wortschatz der Innerlichkeit hin: „Inneres", „Gemüt", „poetische Empfindungen" (I, 129). In
der Rekapitulation von Berglingers „frühesten Jahren" (I, 129) wird beides, seelische Innerlichkeit und Empfänglichkeit für die Musik, zusam-
mengenommen und bildet die Disposition für die entscheidende Begegnung mit der Musik in der bischöflichen Residenzstadt.

Auf einer Reise, also in der Fremde, erfolgt die große Begegnung
mit der Musik. Wie der Chronist bisher realistische Details im Leben
Berglingers und in der Wirklichkeit seiner Umwelt ausgespart hat, so berichtet er auch von der Reise keine Einzelheiten. Nur dies bleibt als Tatsache, daß das Musikerlebnis Josephs nicht möglich ist, ohne daß er der
Wirklichkeit, in der er bisher leben mußte, seine engere Heimat, Vater
und Geschwister verläßt. Er verläßt diese Welt, in der er nicht heimisch

werden konnte, um dafür in seine Innenwelt der Empfindungen und
Phantasien, in die Welt der Musik einzukehren. Seine Begegnung mit der
Musik in der Residenzstadt vollzieht sich als ein verstärktes sich Zurückziehen in diese innere Welt. In dem Maße er sich aber nach innen zurückzieht, kommt ihm die alltägliche Wirklichkeit des gewöhnlichen Lebens abhanden. In der ausführlichen Schilderung von Berglingers Musikerleben in Kirchen (I, 129 ff.) und Konzertsälen (I, 132 ff.) veranschau-
licht der Klosterbruder diesen Vorgang, der in dem Motiv der Reise als
solcher schon angedeutet ist. Der Chronist tritt dabei ganz hinter den
Gegenstand seines Berichtes zurück, ja verschmilzt beinahe mit ihm, indem
er gleichsam in die Seele Berglingers eintaucht und aus ihr zu sprechen
scheint. Jede seelische Regung, die die Musik in Joseph hervorruft, wird
von ihm registriert:

> „... — da war es ihm, als wenn auf einmal seiner Seele große Flügel aus-
> gespannt, als wenn er von einer dürren Heide aufgehoben würde, der trübe
> Wolkenvorhang vor den sterblichen Augen verschwände, und er zum lichten
> Himmel emporschwebte. Dann hielt er sich mit seinem Körper still und un-
> beweglich, und heftete die Augen unverrückt auf den Boden. Die Gegen-
> wart versank vor ihm; sein Inneres war von allen irdischen Kleinigkeiten,
> welche der wahre Staub auf dem Glanze der Seele sind, gereinigt; die Musik
> durchdrang seine Nerven mit leisen Schauern, und ließ, so wie sie wechselte,
> mannigfache Bilder vor ihm aufsteigen." (I, 130)

Die Kluft, die sich für Berglinger zwischen der auf ihn wirkenden
Musik und dem gewöhnlichen Leben in der Residenzstadt auftut, wird
von dem Erzähler innerlich nachempfunden und schließlich in dem Satz
zusammengefaßt: „Diese bittere Mißhelligkeit zwischen seinem angebo-
renen Enthusiasmus, und dem irdischen Anteil an dem Leben eines jeden
Menschen, der jeden täglich aus seinen Schwärmereien mit Gewalt herabzieht, quälte ihn sein ganzes Leben hindurch" (I, 131). Intime Kenntnis,
verbunden mit souveränem Überblick, bestimmt die Erzählperspektive.
Wie sehr der Erzähler sich mit Berglinger identifiziert, zeigt sich daran,
daß diese Reflexion nicht aus der Sicht dessen gesprochen ist, der in den
Künstlergestalten eines Michelangelo und Dürer die alte, jetzt freilich
zerfallene Einheit von Kunst und Leben pries. Der Klosterbruder blickt
hier völlig aus der Sicht des an dem Zwiespalt zwischen Kunst und Leben
leidenden ‚modernen' Berglinger. Und wie weit der Erzähler sich sogar
Berglingers Musikerleben aneignet, verrät nicht zuletzt seine Bemerkung
über die „wunderbare Mischung von Fröhlichkeit und Traurigkeit"
(I, 132), die die Töne in Berglingers Herzen erregen. Es sei dies eine
Empfindung, „die uns auf unserm Wege durch das Leben so oft begegnet,
und die keine Kunst geschickter ist auszudrücken als die Musik" (I, 132).
Freilich kann es sich hier nicht um eine Reflexion des Knaben handeln,
der zum ersten Mal in einem Konzertsaal sitzt. So spricht jemand, der den

„Weg durch das Leben" schon gegangen ist und darauf zurückblickt, wie
der Klosterbruder es tut. Solche Überschau kommt aber auch dem erfah-
rener gewordenen Berglinger zu, der dem vertrauten geistlichen Freund
von sich erzählt. Die in der Einleitung begründete Einheit der Perspektive
Berglingers und des Klosterbruders ist auch in den Reflexionen über die
Musik und ihre Wirkung auf die Seele gewahrt.

Der Besuch Berglingers in der bischöflichen Residenzstadt, diese „vor-
zügliche Epoche in seinem Leben" (I, 129), bringt den Zwiespalt zwischen
der alltäglichen Lebenswirklichkeit und einem damit unvereinbaren Innenleben zum Aufbruch. Dieser Gegensatz verschärft sich von nun an zu
einem Konflikt, den Berglinger sein ganzes Leben hindurch austragen
wird.

Hat Joseph schon bisher mehr im Reich seiner Phantasien als in der
ihn umgebenden Alltagswelt gelebt, so wird er nun zwischen Musik und
Wirklichkeit, Kunst und Leben, Innen und Außen hin- und hergerissen.
Dieser Auseinandersetzung, die erst mit der Flucht aus der Vaterstadt zu
einem vorläufigen Schluß kommt, folgt der Biograph voll innerer Anteilnahme. Er nimmt seine eigene Bewegtheit in den chronistisch fortschrei-
tenden Bericht hinein: „Wie traurig war der Rückweg! Wie kläglich und
niedergedrückt fühlte er sich wieder in einer Familie, deren ganzes Leben
und Weben sich nur um die kümmerliche Befriedigung der notwendigsten
physischen Bedürfnisse drehte, und bei einem Vater, der so wenig in seine
Neigungen einstimmte!" (I, 133). Es ist nicht möglich, Berglingers primäre
Reaktionen auf Begebenheiten seines Lebens rein, d. h. gesondert von
denen des Erzählers zu betrachten. Aber eine solche Scheidung ist auch
unnötig, solange beide innerlich eins sind.

Berglingers Inneres wird der Schauplatz eines Kampfes zwischen
zwei Welten, die unvereinbar erscheinen: der gewöhnlichen Lebenswelt
und der Seelenwelt der Musik. Dieser Kampf vollzieht sich zunächst als
eine Auseinandersetzung Berglingers mit seinem Vater (I, 133 f.). Wir
erkennen die Wiederaufnahme eines Motivs, das von Anfang der Berglinger-Geschichte an wirksam gewesen ist, das zugleich mit der ersten Ver-
gegenwärtigung des alten Berglinger durch den Klosterbruder eingeführt
worden ist. Wir erinnern uns, wie die Reflexion des Erzählers über die
sich selbst genießende Mildtätigkeit des Vaters unversehens zu einer Empfindung des kleinen Joseph wurde, die das Kind zum ersten Mal seine
Verschiedenheit vom Vater spüren ließ (I, 127). Der Konflikt mit dem
Vater wird nun allmählich erweitert zum Konflikt zwischen der Welt der
Musik und der Welt des nützlichen und wohltätigen Berufs
(I, 134). Nützliche Wissenschaft und Enthusiasmus stehen im
Widerstreit. Nicht nur in der Weise, daß der Vater das eine und der

Sohn das andere vertritt; Josephs Inneres ist der Kampfplatz beider Par-
teien. Auf die Musik verzichten kann er nicht. So versucht er, nebenher
die nützliche Wissenschaft der Medizin zu erlernen. „Aber das war ein
ewiger Kampf in seiner Seele" (I, 134). Berglingers Inneres wird davon
zerrissen. Während er seinem Vater zuliebe sich überwindet und Lehr-
bücher studiert, singt „seine Seele innerlich ihre melodischen Phantasien
fort". Je mehr Joseph sich wehrt, desto mehr ergreift ihn die „Sehnsucht,
sich wieder von den Tönen begeistern zu lassen" (I, 134). Und so verschärft sich der Gegensatz zum Vater, der seinen Sohn „zur Medizin, als
zu der wohltätigsten und für das Menschengeschlecht allgemein-nützlich-
sten Wissenschaft, zu bekehren" sucht (I, 134). Diesen Worten des Chronisten entnehmen wir, daß der alte Berglinger seinem Sohn gegenüber
die humanitären Ideen der Aufklärung vertritt. Hier gibt er sich tatsächlich als reiner Gegensatz zu Joseph, nämlich als Philanthrop und nütz-
lichkeitsbedachter Philister, dem alle Kunst verdächtig ist. Allein gleich
darauf werden wir an eine andere und problematischere Seite des Vaters
erinnert, die im Sohn freilich völlig überhand nimmt. Der Chronist umschreibt Berglingers Hang zur Musik als „heftige Liebe", „rechte Sehnsucht", „heiße Begierde". Den Zustand, in den Joseph fällt, wenn er die
Musik entbehren muß, kennzeichnet er mit Wortverbindungen wie „Leer-
heit in seinem Innern", „am Gemüte krank" (I, 134). Berglinger ist auf
Musik angewiesen wie ein Süchtiger auf seine Droge. So aber ist auch dem
Vater seine medizinische Passion „ein heimliches, nervenbetäubendes Gift
geworden, das alle seine Adern durchdrang" (I, 128).

In der Not der Auseinandersetzung zwischen einem Beruf, der ihm
vom Vater aufgenötigt wird, und dem inneren Drang zur Musik denkt
Joseph an „die herrliche Zeit in der bischöflichen Residenz" (I, 135) zurück. Inbegriff dieser Zeit sind ihm die lateinischen Verse eines damals
gehörten Oratoriums,[4] die ihm immer wieder in den Sinn kommen. Sie
stehen in fremder Sprache als ein Fremdkörper in ihrem Kontext. Sie re-
präsentieren eine andere Welt, die jenseits der Angst liegt, in der Berglinger jetzt lebt; eine Welt, nach der er sich sehnt und die doch in seiner
Gegenwart keinen Platz haben dürfte.

---

[4] Es könnte Verwirrung stiften, daß Wackenroder das „Stabat Mater" ein
„Oratorium" (I, 135) nennt, obwohl es der Form nach keines ist. Aber auch
Wieland bezeichnet das 1779 von ihm ins Deutsche übersetzte „Stabat Mater"
als ein „Oratorio" (Der Teutsche Merkur vom Jahr 1781, S. 98). Wir halten
uns an Wackenroders zeitgebundene Terminologie, zumal der Klosterbruder
auch Berglingers letzte Schöpfung zunächst eine „Passionsmusik" und dann
ein „Oratorium" nennt (I, 149). Damit wird zwischen diesem letzten Werk
Berglingers und jenem als erstes von ihm vernommenen ein Zusammenhang
hergestellt, der über Berglingers musikalisches Leben einen großen Bogen
spannt.

Die Verse der Mariensequenz „Stabat Mater" betrachten die Schmerzen der Mater Dolorosa. Sie vergegenwärtigen der teilnehmenden und um
Teilhabe bittenden Seele, wie das Herz der Schmerzhaften Mutter unter
dem Kreuze vom Schwert des Schmerzes durchbohrt wird. „Cuius animam
gementem ... pertransivit gladius": dies ist das zentrale Motiv der von
Berglingers Biographen zitierten beiden Doppelstrophen des Eingangs. Sie
bewegen Berglingers Seele umso tiefer, als er sich selbst peinvoll bedrängt
fühlt. Unausgesprochen stellt sich zwischen dem Schmerz der Mutter-
gottes und Berglingers Bedrängnis eine Analogie her.

Wir erfahren nicht, welcher Anteil der Musik an dem „vorzüglich
tiefen Eindruck" (I, 135) zukommt, den auf Joseph dieses geistliche Oratorium macht, das er als erstes Musikwerk in der bischöflichen Residenz
gehört hat. Obwohl wir keinen festen Anhaltspunkt dafür haben, dürfen
wir annehmen, daß es sich bei der Musik um Pergolesis Komposition[5]
handelt. Unter den Vertonungen, die die Sequenz gefunden hat, war diejenige Pergolesis im 18. Jahrhundert weitaus am berühmtesten. In Kirchen
und Konzertsälen wurde das Werk häufig aufgeführt[6], vor allem im
Rahmen der Concerts spirituels, die in der Karwoche nach französischem
Vorbild in vielen Städten stattfanden. Als „Karfreitagshymnus eines einzelnen auf die Gottesmutter"[7] kam das Werk dem für die Frömmigkeits-
haltung des 18. Jahrhunderts charakteristischen Bedürfnis nach persön-
licher Erbauung des einzelnen in einem Kreis gleichgesinnter Seelen entgegen.

„Lieblich" und „rührend" — so empfindet Berglinger die Worte des
Oratoriums (I, 135), und so hat man auch Pergolesis Komposition im
18. Jahrhundert empfunden. Wilhelm Heinse läßt in seinem Musikerroman „Hildegard von Hohenthal" den Kapellmeister Lockmann, als er
auf Pergolesis „Stabat Mater" zu sprechen kommt, die Bemerkung machen: „Das Leiden guter schwacher Menschen drückt er (sc. Pergolesi)

---

[5] Stabat Mater für Sopran, Alt und Streichorchester von Giovanni Battista
Pergolesi. Nach dem Autograph in der Bibliothek des Klosters Monte-
cassino hrsg. v. Alfred Einstein. (Eulenbergs kleine Partitur-Ausg. Nr. 973.)
Leipzig o. J.
[6] Adam Hiller sagt von Pergoleses Vertonung des „Stabat Mater", sie sei
„eine Musik, die überall, wo sie bekannt geworden war, ... den größten
Beifall gefunden hatte". (Johann Baptist Pergoleses vollständige Passionsmusik zum Stabat Mater, mit der Klopstockischen Parodie; in der Harmonie verbessert, mit Oboen und Flöten verstärkt, und auf vier Singstimmen
gebracht von Johann Adam Hiller. Leipzig 1776. Vorbericht.) Auch Wieland bezeugt die Beliebtheit des „Oratorio's" und meint, es werde „ewig
das Erste in seiner Art bleiben" (a. a. O., S. 98).
[7] Einstein a. a. O., Sp. 4 des unpaginierten Vorworts.

hauptsächlich, aber auch ganz vortreflich aus".[8] Der Ausdruck des Leidens, von dem Berglinger gerührt wird, konzentriert sich innerhalb der
vom Klosterbruder zitierten beiden Doppelstrophen des Eingangs nicht
nur sprachlich, sondern auch musikalisch in dem Bild des herzdurchboh-
renden Schwertes. Heinse hebt in seiner kurzen Charakteristik des Werkes diese Stelle besonders hervor, indem er seinen Kapellmeister Lockmann zu Hildegard sagen läßt: „Das Pertransivit im zweyten Absatze
vortreflich und schneidend."[9] Mit dem Stichwort „schneidend" liefert uns
Heinse den Schlüssel zu einem wichtigen Motiv der Berglinger-Vita. Aber
prüfen wir zunächst anhand der Musik nach, worauf Lockmanns schneidende Empfindung beruht, ehe wir seine Aussage mit der des Klosterbruders vergleichen!

Der zweite Absatz des in c-moll und in einem ³/₈-Takt stehenden
„Andante amoroso", als welches Pergolesi die zweite Strophe des „Stabat
Mater" komponiert hat, erhebt sich bei „pertransivit" in der Stimmfüh-
rung des Solo-Soprans und der beiden Violinen auf seinen melodischen
und dynamischen Höhepunkt. Die Melodie hat nach einer Pause auf dem
dritten Achtel nach „(do)-len-tem" den bisher höchsten Ton g″ erreicht.
Bei „pertransivit" verharrt sie nun vier Takte lang in Form eines Trillers
auf dem Gipfelton g″, wobei jede Silbe des Wortes einen vollen Takt
ausfüllt. Zugleich hat sich das anfängliche piano zu einem forte gesteigert.
Nach diesem affektiven Höhepunkt des viermal sich einbohrenden Gip-
feltons sinkt die Melodie, das „pertransivit" gleichsam ermattet wieder-
holend, in Sekundenschritten abwärts.[10] Rhythmisch vorbereitet ist die
ganze Phrase bereits am Anfang des zweiten Absatzes, wo die beiden
Silben von „cuius" ebenfalls je einen Takt (punktierte Viertel) lang auf
dem Ton es″ ausgehalten werden.

Den Effekt dieser Stelle charakterisiert Heinses Kapellmeister als
„schneidend". Berglingers Biograph hingegen begnügt sich damit, die
Eingangsstrophe des „Stabat Mater" zu zitieren, ohne die Wirkung der
Musik, den „vorzüglich tiefen Eindruck", den sie auf Berglinger macht,
so zu schildern, wie er dies in seiner früheren Darstellung der musikalischen Erlebnisse Berglingers tat. Der Erzähler der Berglinger-Geschichte
versagt sich hier die sprachliche Umschreibung des musikalischen Eindrucks ganz bewußt. An ihre Stelle setzt er ein literarisches Äquivalent
für Musik: er fügt das in dem lateinischen Hymnus vorgegebene Motiv
des die Seele durchbohrenden Schmerzes als ein Element sprachlicher

---

[8] Heinse, Sämtliche Werke. Hrsg. v. Carl Schüddekopf. 5. Bd., Leipzig 1903,
    S. 192.
[9] Ebd.
[10] So auch schon im ersten Teil des „Andante amoroso", aber hier noch ohne
    das vorherige Verharren auf dem gleichen Ton.

Komposition seiner Erzählung ein. Er macht es zu einem Leitmotiv, das, aus seinem ursprünglichen Zusammenhang gelöst und vielfach abgewandelt, doch immer wieder an jenes erste Auftreten erinnert.[11]

Die erzählerische Funktion des Passionsmotivs — so wollen wir es fortan nennen — darzulegen, ist uns erst bei der Betrachtung des weiteren Verlaufs der Berglinger-Vita möglich. Nur soviel sei vorwegnehmend angedeutet: Das erste Werk, das Berglinger in der Residenz hört, an das er zu Hause immer wieder zurückdenken muß und das ihn nach der Residenz, ins Reich der Musik, zurückzieht, ist ein geistliches Oratorium, das thematisch mit der Leidensgeschichte verbunden ist. Auch das letzte Werk, das Berglinger im Auftrag des bischöflichen Hofes am Ende seines Lebens komponiert, wird ein Oratorium, eine Passionsmusik sein (I, 149). Am Anfang und am Ende von Berglingers musikalischem Leben steht das Thema der Passion, an das erzählerisch all das Leiden geknüpft ist, das der Drang zur Musik über Berglinger bringt — Musik und Passion sind in Berglingers Leben miteinander verquickt. Und wo immer von Berglingers Leiden an dem Zwiespalt zwischen den Forderungen, die das gewöhnliche Erdenleben an ihn stellt, und den Verlockungen der Musik die Rede ist, klingt das Motiv des das Herz durchbohrenden Schwertes an, wird auf das „pertransivit gladius" jenes geistlichen Oratoriums angespielt.

Die Auseinandersetzung zwischen Musiksehnsucht und Berufszwang ist mit der unmittelbaren Selbstrepräsentation der Musik in Josephs Seele bereits entschieden. Aber der Chronist berichtet, wie nun auf einer zweiten Stufe des Konflikts die soziale Welt als Welt des Elends fordernd in Berglingers Innerlichkeit einbricht. Der Seufzer „Ach aber!" (I, 135), von dem niemand zu sagen vermöchte, ob er mehr aus des Erzählers teilnehmendem oder aus Berglingers leidendem Inneren komme, ist eine schon fast ins Wortlose komprimierte Wiederaufnahme der früheren Ausrufesätze, mit denen der Klosterbruder Berglingers Lage bei seiner Rückkehr in die Vaterstadt beklagt hat (I, 133). Er leitet eine neue Phase des Kampfes in Berglingers Seele ein.

---

[11] Damit wollen wir natürlich keineswegs behaupten, es sei Wackenroder gelungen oder von ihm auch nur beabsichtigt, eine vorgegebene musikalische Struktur mit den Mitteln sprachlicher Gestaltung nachzubilden. Aber soviel wird man wohl sagen dürfen, daß Wackenroder mit der Einführung des Passionsmotivs und vor allem durch die Art, wie er es durchführt und abwandelt, ein Beispiel für die Übertragung eines musikalischen Gestaltungsverfahrens auf ein sprachliches Gebilde gibt. Denn spätestens seit Wagner ist uns die Leitmotivtechnik als ein primär musikalisches Gestaltungsverfahren vertraut. Mit diesem Verfahren — und nicht nur in stofflicher Hinsicht als Verfasser eines Musikerromans — ist Wackenroder ein Vorläufer Thomas Manns.

Mit der Erwähnung der häuslichen Not und der Armut des Vaters
(I, 135), an der Joseph sich selbst schuldig fühlt, da er keinen nützlichen
Beruf zu ergreifen vermag, wird der Gegensatz: nützlicher Beruf — mü-
ßige Kunst (I, 134) wieder aufgenommen. Aber das Thema erweitert sich
sogleich zu dem der allgemeinen Not der Menschen und der sozialen Verantwortung angesichts dieser Not. Das soziale Handeln des Vaters, von
dem dieser immer predigt, daß es „die Pflicht und Bestimmung des Menschen sei" (I, 136), seine Mildtätigkeit und sein Dienst an den Kranken
stellen sich dem untätig in sich zurückgezogenen und mit seinem musikberauschten Innenleben beschäftigten Joseph entgegen. Eine Flut allgemeiner Misere dringt auf ihn ein. Stichwort im Bericht des Klosterbruders wird das Wort ‚Elend'. „Elend" und „jammervoll" sind die
beschreibenden   Adjektive,   die   den   vielfältigen   Erscheinungsformen des Elends wie: „Kranke", „Bettelfrau"; „Lumpen", „Winterfrost", „Wunden" (I, 135 f.) beigelegt werden. Mitten in „ätherischen
Träumen" (I, 135) überfällt Berglinger das Elend der Welt, und er bleibt
keineswegs gleichgültig, sondern wird davon gepeinigt. Hier ist für den
Erzähler der Ort, das Passionsmotiv anklingen zu lassen. Wir werden
deutlich an das „animam . . . pertransivit gladius" erinnert, wenn von
Berglinger gesagt wird: „— ach! es gibt in der Welt keine so entsetzlich
bittere, so herzdurchschneidende Empfindung, als von der Joseph alsdann
zerrissen ward" (I, 136).

Berglinger ist außerstande, das Elend der Welt als eine Verpflichtung zu helfen und zu lindern anzunehmen. Ihn ekelt davor, und er
stellt sich wertend gegenüber, indem er diese häßliche Welt mit seinem
Innenreich der Musik vergleicht. Der Klosterbruder, der Berglingers
Empfindungen wie seine eigenen kennt, gibt in direkter Rede wieder,
was Joseph von dem „gemeinen Elend" denkt. „Gedränge des Haufens",
„ekelhafte Wunden", „häßliche Krankheiten" (I, 136) — dies sind Berglingers Worte. Der Klosterbruder, indem er in seinem Bericht fortfährt,
fügt noch hinzu: „widrige Bilder", „Schlamm dieser Erde" (I, 136). Er
übernimmt Berglingers Perspektive in der Wertung des Elends der Welt
ebenso wie in der Aufstellung des Gegenbildes: . . . entzückende Stunde
. . . ätherische Träume . . . Genuß einer herrlichen Musik . . . höheres,
edleres Ziel (I, 135 f.). — Das Motiv des Vaterkonflikts, das zum ersten
Mal erklang, als Joseph sich von seinem Vater abhob, weil ihm „die
bloße G e s u n d h e i t der Seele" (I, 127) nicht genügte, ist nun in
seiner vollen Tragweite entfaltet. Und die Entscheidung fällt, wie zuvor
gegen den nützlichen Beruf, so nunmehr gegen die Teilnahme am allgemeinen Elend, das verantwortliches soziales Handeln fordert. Die Welt
des musikerfüllten Inneren Josephs ist übermächtig: „. . . und sein Geist
schwärmte wieder ungestört in den Lüften umher" (I, 136).

Berglingers Seele wird ganz von Musik ergriffen. Ehe es aber zu einer Entscheidung darüber kommt, wohin sie ihn führen wird, spricht der Klosterbruder von etwas anscheinend Seltsamem, denn er bezieht an dieser Stelle ausdrücklich und beteuernd den Leser in seinen Bericht mit ein, während er bisher in fast monologischer Erzählhaltung kaum an ihn dachte: „Viele werden es für eine romanhafte und unnatürliche Erdichtung halten, allein es ist reine Wahrheit . . ." (I, 136). Was der Chronist so sehr betont, ist ein erster Hinweis auf das Verhältnis von Musik und Religion in Berglingers Seele. Bisher war von Frömmigkeit in Berglingers Leben betontermaßen nur anläßlich seiner Kirchenbesuche in der Residenzstadt die Rede. Da hieß es, daß Joseph unter dem Eindruck der Kirchenmusik „oft, aus innerer Andacht, demütig auf den Knieen lag" (I, 129 f.). Mit ebensolcher Andacht habe er auch der Musik in den Konzertsälen gelauscht (I, 132). Im übrigen war Berglingers Frömmigkeit eher fraglos vorausgesetzt, als daß der Klosterbruder eigens davon hätte sprechen müssen. Die von ihm wörtlich wiedergegebene Reflexion Berglingers über das Elend der irdischen Welt begann wie ein Gebet: „Lieber Gott!" (I, 136). Dem gebethaften Anfang folgte indessen weder Anrufung noch Preis noch Bitte, sondern die zweifelnde Frage, die in sich schon eine verneinende Antwort barg: „ist denn d a s die Welt, wie sie ist? und ist es denn Dein Wille, daß ich mich so unter das Gedränge des Haufens mischen, und an dem gemeinen Elend Anteil nehmen soll?" (I, 136). Von selbst stellt sich die Antwort ein. Berglinger vernimmt sie als eine „innere Stimme", die ihm zuruft: „Nein! nein! du bist zu einem höheren, edleren Ziel geboren!" (I, 136). Diese innere Stimme kommt aus jenem Inneren Berglingers, das wir als den gemeinsamen Raum von Musik, Empfindung und Phantasie kennengelernt haben. Berglinger hört auf diese Stimme.

Um dies richtig zu verstehen, müssen wir von hier aus unseren Blick kurz auf jene Tradition abschweifen lassen, die Berglingers Lebensgeschichte historisch ermöglicht hat. Der Pietismus, der die empfindsame Innerlichkeits- und Gefühlskultur des 18. Jahrhunderts und damit auch die Tradition des empfindsamen Romans in Deutschland entscheidend beeinflußt hat, findet Gott durch die Versenkung in die eigene Seele. Die innere Stimme ist für Berglinger keine Äußerung des Egoismus. Sie spricht zu ihm nach einer gebethaften Anrufung Gottes, und wenig später berichtet der Klosterbruder: „Allmählich ward er nun ganz und gar der Überzeugung, daß er von Gott deshalb auf die Welt gesetzt sei, um ein recht vorzüglicher Künstler in der Musik zu werden; und zuweilen dachte er wohl daran, daß der Himmel ihn aus der trüben und engen Dürftigkeit, worin er seine Jugend hinbringen mußte, zu desto höherem Glanz hervorziehen werde" (I, 136).

Wir kennen diese Art von Frömmigkeit aus pietistischen Autobiographien des 18. Jahrhunderts. Fritz Stemme hat dargelegt, wie sich die Pietisten immer, besonders aber in allen wichtigeren Lebensentscheidungen, rein passiv dem Willen Gottes anheimgeben und alle Handlungen sich von Gott vorschreiben lassen wollten, dabei aber unter Wahrung des Scheines der Passivität doch oft dem eigenen Willen folgten, der dann als Gottes Wille aufgefaßt wurde.[12] Uns mag hier als Parallele zu Berglinger jene Stelle aus Jung-Stillings Lebensgeschichte genügen, wo Herr Spanier Stilling den Vorschlag macht, Medizin zu studieren. Stilling faßt diesen Vorschlag, der seinem sehnlichsten Wunsch entspricht, als Weisung Gottes auf. Sein Biograph berichtet, die eigene Rührung in die rhetorische Form eines Unsagbarkeitstopos kleidend:

> „Ich kann's nicht aussprechen, wie Stilling bei diesem Vorschlage zumute war, er konnte sich fast nicht auf den Füßen halten; so daß Herr Spanier erschrak, ihn angriff und sagte: was fehlt Euch?, ‚O Herr Spanier! was soll ich sagen, was soll ich denken? Das ist's, wozu ich bestimmt bin. Ja, ich fühle in meiner Seele, das ist das große Ding, das immer vor mir verborgen gewesen, das ich so lange gesucht und nicht habe finden können! Dazu hat mich der himmlische Vater von Jugend auf durch schwere und scharfe Prüfungen vorbereiten wollen. Gelobet sei der barmherzige Gott, daß er mir doch endlich seinen Willen geoffenbart hat, nun will ich auch getrost seinem Wink folgen.'" [13]

Ähnlich wie es nun von Stilling heißt:

> „Hierauf lief er nach seiner Schlafkammer, fiel auf seine Knie, dankte Gott, und bat den Vater der Menschen, daß er ihn nun den nächsten Weg zum bestimmten Zweck führen möchte. Er besann sich auf seine ganze Führung..."[14]

erzählt der Klosterbruder unter auffälligen Wahrheitsbezeugungen von Joseph,

> „daß er oftmals in seiner Einsamkeit, aus inbrünstigem Triebe seines Herzens, auf die Knie fiel, und Gott bat, er möchte ihn doch also führen, daß er einst ein recht herrlicher Künstler vor dem Himmel und vor der Erde werden möchte." (I, 136 f.)

Bedenken wir, daß Berglinger in jenem Innenbereich, in dem er Gottes Führung erfährt, auch seine berauschenden musikalischen Gefühle genießt, so begreifen wir, wie und unter welchen geschichtlichen Voraussetzungen

---

[12] Fritz Stemme, Karl Philipp Moritz und die Entwicklung von der pietistischen Autobiographie zur Romanliteratur der Erfahrungsseelenkunde. Phil. Diss., Marburg 1950, S. 34 ff.

[13] Jung-Stillings Lebensgeschichte, Bd. 1, S. 205.

[14] Ebd., S. 205.

Religion und Musik für Berglinger zu einer Einheit verschmelzen können[15].

In rein chronistischem Tone geht der Bericht weiter (I, 137 Z. 3). Wir erfahren von den ersten Früchten des sich in Berglinger regenden Künstlertums, von Jugendgedichten, die Joseph „auf seine kindlich-ge-fühlvolle Weise" vertont habe. Zum ersten Mal wird uns Berglinger als ausübender Künstler vorgestellt, und sein Künstlertum wird nicht bloß behauptet, sondern reell vor uns dokumentiert durch zwei Werke — Proben, wie der Chronist sagt, stellvertretend also für andere, in denen Berglinger zu jener Zeit „seinen Zustand, oder das Lob der Tonkunst" (I, 137) schilderte. Indem der Klosterbruder als Chronist Dokumente bietet, übernimmt er bereits hier die Rolle, in der er uns später in den „Phantasien" begegnen wird. Was sich in den Jugendwerken Berglingers manifestiert, ist in erster Linie sein Künstlertum und seine Seelenlage zu jener Zeit. Darüber hinaus werden sie uns sein besonders geartetes, näm-lich religiöses Verhältnis zur Musik aufschließen. Die Verbindung von Innerlichkeit, Kunst und Religion, die die Eigenart von Berlingers Wesen bestimmt, wird uns bei der Interpretation der Gedichte zu beschäftigen haben. Zugleich ist die Frage nach der Stellung und Funktion dieser Ge-dichteinlagen in der Erzählung des Klosterbruders aufzuwerfen.

Wir erwähnten bereits, daß Berlinger an dieser Stelle seiner Bio-graphie zum ersten Mal als schaffender Künstler auftritt. Indessen ist das erste der beiden Gedichte, das Cäcilia-Lied, nicht völlig Berglingers eigene Schöpfung. Es handelt sich um eine Art Kontrafaktur zu dem „Stabat Mater", von dem der Chronist zwei Doppelstrophen zitiert hat (I, 135). Wir wissen, daß in der älteren Musikgeschichte bis ins 18. Jahrhundert hinein Kontrafakturen nicht selten waren. Noch J. S. Bach hat zum Bei-spiel bei dem Eingangschor seines Weihnachtsoratoriums die Musik einer

---

[15] Der Glaube an die persönliche Führung Gottes kommt auch an späteren Stellen der Berglinger-Dichtung zum Ausdruck. So wenn Berglinger in einem seiner nachgelassenen Aufsätze die Musik die „herrliche Kunst" nennt, „die der Himmel bei meiner Geburt wohltätig für mich ausgesucht hat (wofür ich ihm, so lang' ich lebe, dankbar bin)" (I, 172). Und ganz im Sinne pietistischer Passivität fühlt Berglinger sich bloß „als ein schwaches Werkzeug" — allerdings nicht Gottes, wie es pietistischer Frömmigkeit ent-spräche, sondern der vergöttlichten Kunst. (I, 145).
Die Frage nach Wackenroders Verhältnis zum Pietismus ist bisher, soweit wir sehen, überhaupt noch nicht gestellt worden. Bedauerlicherweise gibt es auch noch keine Untersuchung zu Wackenroders Wortschatz, abgesehen von den knappen Bemerkungen, die sich hierzu bei Koldewey finden. Eine Arbeit hierüber würde zeigen, daß der kunstliebende Klosterbruder oft eine vom Pietismus geprägte Sprache spricht, wie ja auch seine Kunst-frömmigkeit genaugenommen ein Kunstpietismus ist. (Vgl. oben S. 18f., Anm. 17)

von ihm früher komponierten weltlichen Geburtstagskantate verwendet.
Doch liegt eine solche Übernahme ursprünglich weltlicher Musik in den
sakralen Bereich bzw. das umgekehrte Verfahren in Berglingers Falle
nicht vor. Der neue Text, den Joseph in der Form des „Stabat Mater"
dichtet, ist wie das Vorbild ein Gebet, allerdings nicht mehr ein öffent-
lich-liturgisches, sondern ein privates, auf ein persönliches Anliegen zuge-
schnittenes, das für den kirchlichen Gebrauch ungeeignet wäre. Von der
Musik erfahren wir nur, daß Berglinger sie dilettantisch, „ohne die
Regeln zu kennen" (I, 137), gesetzt habe.

Näher kommen wir diesem ersten Erzeugnis von Berglingers Künstlertum, wenn wir uns beim Vergleich mit der Vorlage auf den Text beschränken. Dann werden wir aus dem Bereich des musikalischen Barock
in näherliegende und für unsere Geschichte bedeutsamere Zusammenhänge
verwiesen. Die Mariensequenz „Stabat Mater" ist nicht nur — um jetzt
einmal aus der Fiktion der Berglinger-Geschichte herauszutreten — für
Wackenroder, sondern schon viel früher für Klopstock Anlaß zu eigenem
Schaffen geworden. Klopstocks 1766 entstandene deutsche Bearbeitung
des „Stabat Mater"[16] ist im Unterschied zu Wackenroders Gedicht formal
frei gestaltet und entfernt sich in dieser Hinsicht weit vom Original.
Strophenform und Reimschema sind zugunsten freier Rhythmen aufgegeben, und nur der immer wiederkehrende Grundrhythmus erinnert an
die vierhebigen Verszeilen von „Stabat Mater dolorosa". Inhaltlich aber
lehnt sich Klopstocks Gedicht, verglichen mit Wackenroders Schöpfung,
eng an das Original an. Von dem Bild der Kreuzigung ausgehend
(V. 1—12), stellt es im Sinne der protestantischen Theologie nicht die
Schmerzhafte Mutter, sondern Christus als „herrlichen Vollender" (V. 47)
in den Mittelpunkt gefühlsbetonter Betrachtung, wobei der Ton des
Schmerzes gedämpft wird (vgl. V. 20 „Zähren sanften Mitleids") gegenüber dem Ausdruck inniger Freude (V. 26), des Dankens und Preisens.
Ein Einfluß von Klopstocks Parodie auf Wackenroders Cäcilia-Gedicht ist
nicht nachweisbar. Doch werden wir auf eine bestimmte geschichtliche
Herkunft hingewiesen, die für Wackenroder wichtig ist: auf die Übung
empfindsam sich einfühlender religiöser Betrachtung, wie sie in pietistischen Kreisen gepflegt wurde. In säkularisierter Form hat sie dann den
Kult der Innerlichkeit im 18. Jahrhundert genährt und mitgeprägt.
Wackenroders Cäcilia-Gedicht ist diese Tradition allerdings — das müssen wir eingestehen — kaum mehr anzumerken. Wackenroder hat sich in

---

[16] Klopstocks Oden und Elegien. Nach der Ausgabe in vierunddreißig Stücken
Darmstadt 1771. (Hrsg. v. W. Bulst), Heidelberg 1948 (Editiones Heidelbergenses 12), S. 27—30.
Die Dissertation von Roman Zeilinger, Wort und Ton im deutschen ‚Stabat
mater', Wien 1961 [Masch.-Schr.] war uns leider nicht zugänglich.

den Geist seines dem süddeutsch-katholischen Raum entstammenden Berglingers versetzt. An die Stelle Marias ist bei ihm nicht wie bei Klopstock
Christus getreten, sondern eine andere kirchliche Heilige, die hl. Cäcilia,
die Schutzpatronin der Musik. Diese Heilige hat mit jenem christlichen
Heilsgeschehen, das für die kirchliche Sequenz wie auch, obschon in
anderer Weise, für Klopstocks Parodie die Grundlage bildet, unmittelbar
nichts zu tun.

Dem Sinn der formalen Übereinstimmung von Berglingers Gebet an
die hl. Cäcilia mit der Mariensequenz — einer Übereinstimmung, die uns
zunächst daran denken ließ, es handle sich um eine reguläre musikalische
Kontrafaktur — kommen wir näher, wenn wir uns ihre strukturelle Bedeutung für das Ganze der Berglinger-Geschichte klar machen. Paul Neuburger[17] erkennt nicht die volle Funktion der Verseinlagen in der Berglinger-Biographie, wenn er in ihnen nur Stimmungsträger oder allenfalls
das Streben des Dichters am Werk sieht, die „Stimmung seines Helden zu
belegen und zu illustrieren".[18] Josephs Cäcilia-Lied weist kraft seiner den
Leser bekannt anmutenden und an bereits Gelesens erinnernden Form zurück in jene Zeit der Erzählung, da Josephs erste große, sein Leben entscheidende Begegnung mit der Musik berichtet wurde; in jene Zeit also,
da die Musik von Berglinger Besitz ergriff. Der motivische Zusammenhang mit dem Thema Musik, das im Gedicht durch die Vergegenwärti-
gung der hl. Cäcilia angeschlagen wird, ist durch die Versform schon rein
äußerlich hergestellt. Die Form bedeutet hier noch in einem anderen Sinn,
als dies für gewöhnlich bei Gedichten der Fall ist, das Musikalische. Sie
steht für Musik, erinnert an wirklich erklungene Töne. Sie repräsentiert
in der Erinnerung Berglingers schlechthin die Musik. Im Hinblick auf
Berglingers Künstlertum aber will dies besagen, daß Josephs Ergriffenheit von jenem einst gehörten Oratorium zum Auslösemoment eigener
künstlerischer Produktivität geworden ist. Das verdeutlicht sich uns noch,
wenn wir einen Unterschied beachten, der zwischen dem Werk Berglingers
und dem „Stabat Mater" äußerlich besteht. Er liegt, abgesehen von der
Reduktion der Strophenzahl auf die Hälfte, in der veränderten Sprach-
gebung: deutsch statt lateinisch. Für Berglingers Künstlertum heißt dies:
Die Welt der Musik, die Berglinger in dem lateinischen Oratorium als
eine ferne, verheißungsvolle Welt erschienen ist, wird nun sein eigen und
er in ihr heimisch. Sie spricht in seiner Sprache.

Mit der Welt der Musik war seit dem Besuch in der Residenzstadt
für Berglinger der Bereich des Sakralen verknüpft, und diese Verbindung,

---

[17] Neuburger, Die Verseinlage in der Prosadichtung der Romantik. Leipzig
1924 (Palästra 145), S. 171 f.
[18] Neuburger, a. a. O., S. 172.

die Religion und Musik in Josephs Bewußtsein eingegangen sind, treffen
wir auch in seinem Jugendwerk an. „Siehe, wie ich trostlos weine..."
(I, 137) ist ein Gebet, das mit der Anrufung der hl. Cäcilia einsetzt. Das
andere Lied (I, 139) wird erst zu Beginn der Mittelstrophe mit der Anrufung „Gottes Sohn!" ausdrücklich zum Gebet. Da die Gedichte sich inhaltlich berühren, betrachten wir sie im folgenden gemeinsam.

Beide Lieder werden als Ausdruck der bedrängten Seelenlage Berglingers eingeführt. Von der Entstehung der ersten berichtet der Klosterbruder: „In dieser Zeit, da sein (sc. Josephs) Blut, von den immer auf
denselben Fleck gehefteten Vorstellungen bedrängt, oft in heftiger Wallung war, schrieb er mehrere kleine Gedichte nieder..." (I, 137). Das
zweite Lied soll uns den „über alles trübseligen und peinlichen Zustand,
worin er sich damals befand" (I, 139), bezeugen. Die erste Strophe dieses
zweiten Gedichts spricht in der Tat von nichts anderem als von Josephs
seelischer Lage. Sie ist eine Klage über seine Bedrängnis und beginnt ihre
beiden Perioden mit einem seufzenden „Ach". Das jedoch, wogegen sich
Berglingers Klage richtet, ist etwas Unbekanntes, das er selbst nicht zu
nennen weiß. Die erste Strophe setzt in klagendem Ton mit der Frage
nach diesem Unbekannten ein: „Ach was ist es...?" Ihr Ende klingt ähnlich: „Ach was muß ich...!" Doch wird hier mit dem gleichen Pronomen
„was" nicht mehr eine Frage, sondern ein Ausruf eingeleitet. Die klagende
Frage wird zum anklagenden Ausruf. — Das letzte Verspaar des ganzen
Gedichts beginnt ebenfalls mit dem Wort „was". In „Was mich zieht..."
leitet es jedoch weder eine Frage noch einen Ausruf, sondern einen expli-
kativen Relativsatz ein. Es dient nun weder der Frage noch dem Ausruf,
sondern nennt eben das, wonach vorher klagend gefragt worden ist und
wogegen sich dann im Ausruf die Anklage gerichtet hat, als etwas Ge-
wisses, obschon nicht eindeutig Bestimmbares, das nur in seiner Wirkung
umschrieben, aber nicht namhaft gemacht werden kann. Damit ist der
Gang des Gedichts rein formal an der Funktion eines einzigen Pronomens
festgestellt. Es geht von der Frage über den Ausruf zur Konstatierung.
Denn das, wofür dieses Pronomen steht, ist immer dasselbe. Es wird als
ein Drängendes, eng Umfangendes, fern von hinnen Ziehendes umschrieben. Es ist jenes, um dessentwillen Berglinger „ohne... Verschulden" und
wider Willen, wie unter einem unbegreiflichen Zwang stehend, Versuchung und Marter erdulden muß. Die anfängliche Frage „was ist es,
das...?" ist komprimiert worden zu „was für...!" und zugleich emphatisch beschwert, so daß sich die unbeantwortete Frage zum unbeantwort-
baren, nun aber auch bereits anklagenden Ausruf gewandelt hat. Das
letzte „was", mit dem das Gedicht rein konstatierend endet, bezeichnet
das erst Erfragte, dann abwehrend Beschworene als etwas Unabwend-
bares: Eine fremde Macht zieht Berglinger in ihren Bann.

Das Wort „ziehen", das uns in Vers 3 der ersten und in Vers 5 der letzten Strophe begegnet, bringt diese beiden Strophen in eine Beziehung zueinander. Es spannt, ähnlich dem Wörtchen „was", über das ganze Gedicht einen Bogen hin. Gleich jenem macht es auch einen bezeichnenden Bedeutungswandel durch. Dem aktiven „von hinnen ziehen" Berglingers, das nur durch das nachfolgende „soll" eine Differenzierung im Sinne des Unfreiwilligen, Erzwungenen erhält, steht am Ende ein transitives „zieht" gegenüber, dessen Objekt Berglinger ist, ein „ziehen" also, das nicht mehr von Berglinger, sondern von jener „fremden Macht" auf Berglinger ausgeübt wird. Sie ist es, der er sich ergeben „muß", der er zu Willen leben „muß". Die Wiederholung von „muß" am Beginn zweier aufeinanderfolgender Verse der dritten Strophe (V. 3 u. 4), wo das Wort zwei Sätze von nur geringem Bedeutungsunterschied einleitet, korrespondiert mit dem doppelten „daß" der ersten Strophe (V. 3 u. 4), das zu Beginn zweier wiederum fast sinngleicher Konsekutivsätze steht, die die Wirkung eben jener „unbekannten Mächte" angeben. Es korrespondiert aber auch mit dem dreifachen „Kannst Du nicht...?" der Mittelstrophe (V. 2, 3 u. 5), die ein Gebet Berglingers enthält.

An diesem Punkte der Untersuchung des zweiten Liedes angelangt, kehren wir zum ersten, dem Cäcilia-Gebet, zurück. Auch dessen erster Teil ist Aussprache des Seelenzustandes Berglingers; doch nicht in der Form ratloser, an eine fremde, bedrängende Macht gerichteter Fragen, sondern als Sich-Eröffnen, als vertrauensvolles Sich-Hingeben an ein Bekanntes und namentlich Angesprochenes: an „diejenige unter den Heiligen..., die als Beschützerin der Tonkunst verehrt wird" (I, 137). Das anrufende „Siehe" richtet sich an sie. Ihr eröffnet Berglinger in der ersten Strophe seine qualvolle Lage, seine Einsamkeit, seine Trostlosigkeit. Dieser seelische Zustand Josephs erscheint aber in der zweiten Strophe unmittelbar als das Werk der angerufenen Heiligen. Sie ist es, die ihn „aller Welt entfliehen" läßt, weil ihre „wunderbaren Töne" ihn entzückt haben. Der Name der hl. Cäcilia ist ein Name für jene „fremde Macht", die von Berglinger im zweiten Gedicht abwehrend beschworen wird, der er sich hingegeben weiß und der er, wie von einem Zauber gebannt, dienen muß. Die unter dem Namen der Heiligen angerufene Zaubermacht der Töne ist in eine religiöse Sphäre erhoben. Die Musik erscheint als eine numinose Macht, der Berglinger preisgegeben ist und die alles über ihn vermag. In dem Cäcilia-Lied bittet Berglinger die Heilige, sie, d. h. die Musik, möge sich seiner völlig bemächtigen. Flucht vor den Menschen, Verzauberung, Verrückung, also eine Art Wahnsinn hat sie bereits über ihn gebracht. Seine Bitte lautet: „Laß mich in Gesang zerrinnen, / Der mein Herz so sehr entzückt." (I, 137) Zum andern aber bittet er darum, durch die Macht der Musik selbst über die Menschen Macht zu erhalten:

„... Daß mein Spiel in tausend Herzen
Laut Entzücken, süße Schmerzen,
Beides hebt und wieder stillt." (I, 137)

Kraft der numinosen Macht der Musik will Berglinger über die Herzen
der Menschen herrschen, durch die Empfindungen, die aus ihr kommen,
Empfindungen in den Menschen erregen, schließlich die Welt im Gleich-
klang der Empfindungen durchdringen und in musikalischem Empfindungsrausch auflösen.

„Öffne mir der Menschen Geister,
Daß ich ihrer Seelen Meister
Durch die Kraft der Töne sei;
Daß mein Geist die Welt durchklinge,
Sympathetisch sie durchdringe,
Sie berausch' in Phantasei! —" (I, 138)

Daß dieser musikalische Rausch etwas Magisches, Religiös-Orgiastisches
an sich hat, wird womöglich noch deutlicher, wenn wir in Vers 50 f. des
„Stabat Mater" vergleichsweise lesen: „Fac me cruce inebriari / Et
cruore filii." Doch von der eigentlichen religiösen Substanz des „Stabat Mater"
ist in Berglingers Gebet nichts mehr zu spüren. Die Heilige Cäcilia erscheint kaum noch als eine kirchliche Heilige, sondern als dämonisch-gött-
liches Wesen. Das, wofür die Heilige steht, die Macht der Musik, ist zu
einer göttlichen Macht erhoben, und das Verhältnis Berglingers zu ihr ist
eine Art Religion, die sich aus dem christlichen Bereich übernommener
liturgischer Formen bedient wie etwa der eines „erhabnen Gloria", von
dem Berglinger in seinem Gebet spricht. Bezeichnend ist der Umstand, daß
Berglinger sein Gloria nicht im Sinne katholischen Gottesdienstes „in
excelsis Deo", sondern Cäcilia und „allen Heil'gen" weihen will, wobei
dann die Kirche zum „Tempel" wird — zum Kunsttempel und zur scheinheiligen Tonhalle[19], wie erläuternd hinzugefügt werden könnte.

Gehen wir von hier wiederum zu dem zweiten Werk Berglingers
über und vergleichen das Gebet, das die zweite Strophe ausfüllt, mit dem
Cäcilia-Gebet, so stellt sich ein eigentümliches Verhältnis von Berglingers
Religion der Musik zu seinem christlichen Glauben heraus. Wir haben
gesehen, daß in diesem zweiten Gedicht von Tönen, von Musik oder gar
von einer Personifikation der Musik in der Gestalt einer Kunstheiligen
nicht die Rede ist. An Stelle der Musik erscheint hier, um mit den Worten
des Klosterbruders zu sprechen, „eine unwiderstehliche Macht" (I, 138),
die namenlos bleibt, aber eine desto bedrohlichere Wirkung gewinnt, die

[19] Walter Muschg spricht in seiner „Tragischen Literaturgeschichte" (3., veränd. Aufl., Bern 1957, S. 310) von den „Herzensergießungen" schlechtweg
als von einem „scheinheiligen Büchlein", womit er Wackenroder nicht gerecht wird, aber immerhin die Sache beim Namen nennt.

in der ersten und dritten Strophe beschworen wird. Als Gegengewicht gegen diese Macht wird im Gebet der zweiten Strophe „Gottes Sohn" angerufen. Hierin und in der Berufung auf Christi Wunden liegt eine wenn auch halb verborgene Beziehung auf das „Stabat Mater". Daß aber die Bitten Berglingers um Erlösung aus seiner zweifelvollen Lage in die Form negativer Fragen gefaßt sind, so daß sie gleichsam an sich selbst zu zweifeln scheinen, macht einen bemerkenswerten Unterschied auch zum Cäcilia-Gebet aus. Dort hieß es „Möchtest Du . . ." oder „Möcht' ich . . ." oder „Öffne mir . . ." entsprechend dem „Fac, ut . . ." oder „Fac me . . ." des „Stabat Mater". Fragen, und zumal negative, nehmen sich in einem Bittgebet an „Gottes Sohn" seltsam aus. Es verhält sich mit diesem Gebet ähnlich wie mit der Scheinfrage: „Lieber Gott! ist denn d a s die Welt, wie sie ist?" (I, 136). Die Antwort hat Berglinger damals von einer inneren Stimme empfangen. Wenn jetzt der Klosterbruder berichtet: „Ganze Tage lang peinigte er sich, alles gegen einander abzuwägen, aber er konnte und konnte aus dem entsetzlichen Abgrunde von Zweifeln nicht herauskommen, all' sein inbrünstiges Beten wollte nichts fruchten" (I, 138 f.), so ist dennoch implicite die Antwort gegeben durch die Verse, die das Gebet der mittleren Strophe einrahmen.

Fast unmerklich und wie von selbst geht die Sprachbewegung des Gedichtes aus dem Gebetsanruf der zweiten Strophe und über die bittenden Fragen „Kannst Du nicht . . .?" in einen Konditionalsatz über: „Wenn Du mich nicht bald zu Dir errettest . . .". Das „Du" greift noch einmal auf die „Kannst-Du-nicht"-Fragen des Gebets zurück. Aber dieser Wenn-Satz hat etwas Ultimatives an sich und enthält bereits den Umschlag in die Antithese „Unbekannten Mächten Raub und Beute!". Der ultimative Ton des Konditionalsatzes ist in der Situation Berglingers begründet. Der Tod als Erlösung aus dem Zwiespalt, ja als die eigentliche Alternative, um nicht den „unbekannten Mächten" zu verfallen, wird ins Auge gefaßt. Dieses Ultimative sprengt aber den Rahmen des Bittgebets. Aus der Vorläufigkeit des Konditionalsatzes geht die Sprachbewegung zum „Muß ich . . ." des Hauptsatzes über, um schließlich in der Apposition „Unbekannten Mächten Raub und Beute!" zur Ruhe zu kommen.

Wir haben schon darauf hingewiesen, daß den Daß- und Muß-Sätzen der ersten und letzten Strophe in der mittleren ein dreifaches „Kannst Du nicht" entspricht, womit Berglinger seine Bitten an „Gottes Sohn" einleitet. Auf das zweifelnde „Kannst Du nicht . . .?" lautet also die Antwort, die das Lied gibt: „. . . Muß ich mich der fremden Macht ergeben, / Muß, geängstigt, dem zu Willen leben, / Was mich zieht von meines Vaters Seite, / Unbekannten Mächten Raub und Beute! — ". Ein religiöses Gegengewicht gegen jene dämonische Macht, von der sich Berglinger überwältigt fühlt, kommt nicht zum Tragen.

Der Ernst dieser Musik-Religion soll nicht verkannt werden. Sie oszilliert seltsam zwischen göttlicher und teuflischer Herkunft. Könnte das „Lob der Tonkunst" (I, 137) im Cäcilia-Lied noch als Gottesdienst erscheinen, so tritt die Musik im zweiten Lied mit allen Zeichen des Feindlichen, Verderblichen, als Böses in durchaus theologischem Sinne auf. Unmittelbar vor der Anrufung Gottes spricht Berglinger von „Versuchung" und „Marter", die er durch jene fremde Macht erdulden muß.

In jener Zeit, da Berglinger in einen „entsetzlichen Abgrund von Zweifeln" (I, 139) gestürzt ist und die Macht der Musik ihn überwältigt, während der Himmel ihm durch kein äußeres Zeichen seinen Willen verrät, wendet sich der Vater völlig von dem jungen Joseph ab (I, 140), und damit die Welt, die der Vater repräsentiert. Der Vater-Sohn-Konflikt gibt den Ausschlag. Eine häusliche Mißhelligkeit zerstört die letzte Bindung an die Welt seines Vaters, und Joseph entschließt sich zu fliehen, „— in die weite Welt", wie der Klosterbruder berichtet. Aber der Leser weiß, wohin es Berglinger in Wirklichkeit treibt: „nach der herrlichen Stadt zurück, die er als ein Paradies für sich betrachtete" (I, 138).

Die Flucht Joseph Berglingers aus seiner Vaterstadt, mit der das erste Hauptstück seiner Biographie endet, hat der erzählende Klosterbruder zu einem Höhepunkt nicht nur dieses Teils, sondern seiner ganzen Geschichte gestaltet. Schon rein formal hat diese Partie in dem kleinen Roman nicht ihresgleichen.

Die darstellerische Grundform der Berglinger-Geschichte ist, wie wir bisher sahen, die des Berichtes. Der biographische Bericht schreitet im Sinne des Ablaufs der Ereignisse im Leben Berglingers vorwärts. Die Ereignisse aber, um die es sich handelt, sind von besonderer Art. Wenn wir Berglinger einmal nicht mit dem Blick des Klosterbruders, d. h. von innen, sondern als handelnde Person von außen zu sehen versuchen, so will uns das nicht gelingen. Der Versuch muß deshalb scheitern, weil sich Joseph nicht objektiv anschaubar als Handelnder darstellt. Daher rührt auch die Armut der Berglingergeschichte an Handlungsmotiven. Alle Motive bezeichnen hier in erster Linie seelische Situationen und Erlebnisse Berglingers, also solches, was zwar vielleicht von außen auf ihn eindringt und sein Inneres bewegt, jedoch keine Handlung dieses passiven Helden auslöst. Die beiden antagonistischen Hauptmotive, das der musikbeherrschten Innerlichkeit und das der störend und zerstörerisch in sie eindringenden Welt des Nutzens und Elends, bringen es mit sich, daß die wesentlichen Vorgänge des Lebens Berglingers sich im seelischen Innenraum des Helden abspielen. So kommt es, daß dort, wo Ereignisse des äußeren Lebens eine Rolle spielen, der Klosterbruder sich zumeist mit der bloßen Erwähnung begnügt. Sie haben in der Erzählung des Klosterbruders keinen Eigenwert, sondern sind nur dazu da, eine seelische Situation aus-

zulösen oder Berglingers innere Bewegungen zu verdeutlichen. Berichtet
der Klosterbruder etwa über Josephs Haltung zum alltäglichen Leben, so
greift er nicht eine konkrete Einzelsituation heraus, sondern bleibt im Allgemeinen, spricht in iterativischen Wenn-Sätzen:

> „Wenn er dann etwa ein paar Leute auf dem Spaziergange zusammenste-
> hen und lachen, oder sich Neuigkeiten erzählen sah, so machte das einen
> ganz eignen widrigen Eindruck auf ihn. (...) Wenn er dann aber zu seinem
> Anverwandten zum Mittagessen ging, und es sich in einer gewöhnlich-lusti-
> gen und scherzenden Gesellschaft hatte wohlschmecken lassen — dann war
> er unzufrieden, daß er so bald wieder ins prosaische Leben hinabgezogen
> war, und sein Rausch sich wie eine glänzende Wolke verzogen hatte."
> (I, 131)

Dieses Motiv des Eindringens der gewöhnlichen Welt in die Innenwelt
der Musik, mit dem auch das Passionsmotiv thematisch verknüpft ist,
wird im Lauf der Berglinger-Geschichte immer neu abgewandelt. Es
taucht stets auf, wenn Joseph in „ätherischen Träumen" (I, 135) oder im
Rausch der Musik (I, 131) lebt. Der Klosterbruder muß dann von einem
jähen Umschlag berichten (vgl. I, 135 f.). An einer markanten Stelle des
zweiten Hauptstücks erfahren wir, wie Berglinger durch die Wirkung, die
eine von ihm komponierte Musik auf seine Zuhörer ausübt, beglückt wird.
Aber auch dieses Ereignis ist nicht erzählerisch entfaltet. Es soll nur die
innere Situation Berglingers in einem Augenblick kennzeichnen, da mit
der Nachricht von der Krankheit des Vaters das Elend der Welt abermals
erdrückend über ihn hereinbrechen wird (I, 148). — „Die Szenen, die am
Totenbette seines Vaters vorfielen, will ich nicht schildern." (I, 148) Mit
diesen Worten verzichtet der Chronist ausdrücklich auf eine Darstellung
äußerer Details. Entsprechend wird schließlich auch die Aufführung von
Berglingers letztem Werk nicht beschrieben, sondern nur eben erwähnt,
um damit Inneres, nämlich den Zusammenhang zwischen tiefstem menschlichen Leid, den Exaltationen eines dem Tode Verfallenen und großem
Schöpfertum zu bezeugen.

Hier überall tritt das Faktische ganz hinter dem seelischen Vorgang
zurück, der dem Chronisten die Hauptsache ist. Wo schließlich äußere
Vorgänge deutlicher greifbar werden, sind sie dennoch so sehr ins Seelische zurückgenommen, daß sie nur durch das Medium der Seele Berglingers (und des Klosterbruders, auf dessen Seelenverwandtschaft wir
immer wieder hingewiesen haben) für uns faßlich werden. Dies gilt besonders für das Musikerlebnis des kleinen Joseph in der Residenzstadt.
Von der aufgeführten Musik selbst ist da kaum die Rede; dafür um so
mehr von ihrer Wirkung auf Berglinger. Überdies hält sich auch hier der
Erzähler nicht an einen bestimmten Einzelfall. Er führt uns keine Szene
in der Kirche oder im Konzertsaal vor Augen, sondern spricht in itera-

tivischem Sinne von den typischen Gefühlen und Vorstellungen, die die
Musik in Berglinger wachruft:

> „So kam es ihm bei manchen frohen und herzerhebenden Gesängen zum
> Lobe Gottes ganz deutlich vor, als wenn er den König David im langen
> königlichen Mantel, die Krone auf dem Haupt, vor der Bundeslade lob-
> singend hertanzen sähe; er sah sein ganzes Entzücken und alle seine Be-
> wegungen, und das Herz hüpfte ihm in der Brust." (I, 130)

Wenn nun also Zustände und Vorgänge im seelischen Innenraum
Berglingers die Geschichte seines Geistes ausmachen, muß dann nicht aus
dem Rahmen dieser Seelengeschichte die zu einer Szene gestaltete Flucht
Berglingers herausfallen? Daß dies nicht der Fall ist, hat einen doppelten
Grund: Auch an Josephs Flucht stellt sich wesentlich eine innere Bewe-
gung dar. Zum andern ist die Flucht motivisch von langer Hand vorbereitet. Sie ist nichts anderes als die szenische Gestaltung jenes Motivs, das
als einziges sich zunächst als reines Handlungsmotiv darstellt. Die ganze
Lebensgeschichte ist an diesem Motiv gleichsam aufgefädelt. Wir wollen
es das Reisemotiv nennen. Wir erinnern uns: Berglingers erstes großes
Musikerlebnis vollzieht sich fern seiner Vaterstadt, fern der gewöhnlichen
Welt und ihres Elends in der bischöflichen Residenzstadt. Mit dem Bericht der Fahrt dorthin taucht das Reisemotiv zum ersten Male auf; aber
nicht etwa ausführlich als eine Reisebeschreibung, sondern bloß angedeutet in einem einzigen Satz:

> „Eine vorzügliche Epoche in seinem Leben machte eine Reise nach der
> bischöflichen Residenz, wohin ein begüterter Artverwandter, der dort
> wohnte, und der den Knaben liebgewonnen hatte, ihn auf einige Wochen
> mitnahm." (I, 129)

Noch kürzer wird die Heimreise abgetan, wobei jedoch die seelische Bedeutung des Motivs schon hervortritt: „Wie traurig war der Rückweg!"
(I, 133). Denn die Rückkehr bedeutet: sich wieder unter die Dinge der
banalen und elenden irdischen Welt mischen müssen. — Als das Motiv
von neuem anklingt, eignet ihm bereit ein hoher Grad seelischer Intensität. Joseph vermag ohne Musik nicht mehr zu leben und fühlt sich unwiderstehlich dorthin gezogen, wo immer er des musikalischen Genusses
teilhaftig werden kann.

> „Und so oft in den benachbarten Städten eine schöne große Musik zu hören
> war, so lief er mit heißer Begierde, im heftigsten Schnee, Sturm und Regen
> hinaus." (I, 134)

Natürlich muß er immer wieder zurückkehren, zurück in den alten, kläg-
lichen, beengend-angstvollen Zustand. Doch der Gedanke an „die herrliche Zeit in der bischöflichen Residenz" (I, 135) läßt Joseph nicht mehr
los. „Eine unwiderstehliche Macht zog seinen Geist nach der herrlichen

Stadt zurück, die er als ein Paradies für sich betrachtete" (I, 138): Mit diesen Worten erinnert der Erzähler erneut an das Reisemotiv — zum letzten Male, bevor Berglinger aus Enge und Elend ausbricht und flieht. Mit Berglingers Flucht wird eben dieses Reisemotiv aufgenommen, nachdem es wiederholt angeklungen ist. Der Erzähler weist selbst auf den Zusammenhang mit den früheren Reisen, denen immer die ernüchternde Rückkehr folgte, mit den Worten hin: „... da lief er früh aus dem Hause fort, wie man wohl an ihm gewohnt war, — aber diesmal kam er nicht wieder." (I, 140) Doch das Ereignis der Flucht wird vom Chronisten nicht bloß registriert wie die erste Fahrt des kleinen Joseph, sondern als eine konkrete, räumlich anschaubare und zeitlich bestimmte Szene vor uns hingestellt. „Er wartete den ersten schönen Morgen ab, da der helle Sonnenschein ihn bezaubernd anzulocken schien; da lief er früh aus dem Hause fort..." (I, 140).

Eine Szenerie baut sich vor uns auf: die „engen Gassen der kleinen Stadt", ein Straßeneck, das Stadttor, dann das freie Feld, fremde Dörfer, fremde Menschen, die fremde Welt und endlich „die Türme der herrlichen Stadt". Von alledem wird nichts beschrieben. Indem die Gegenstände der Szenerie hurtig einer nach dem anderen vor unseren Augen wechseln, vollziehen wir Berglingers Flucht und zugleich seine inneren Bewegungen mit.

Sprachlich gesehen sind es neben den wechselnden Bildern der Szenerie die Verben der Bewegung, die die Szene aufbauen. Sie zeichnen Berglingers Entschiedenheit wie auch sein Stocken und Zweifeln nach. Am Anfang der Bewegung steht das Motiv des Zaubers, das uns im Zusammenhang mit der dämonischen Macht der Musik begegnet ist. Der Zauber ist der Motor der Bewegung. Er löst in Berglinger Besinnungslosigkeit und Ekstase aus: „— ihm war zu Mut, als wollte er über alles, was er um sich sah, hinweg, in den offenen Himmel hineinspringen." Eine dichte Folge von Gedankenstrichen zeigt, wie Josephs Erlebnisse und Gedanken bruchstückhaft aufeinander folgen. Der Kontakt seines Inneren mit der Außenwelt ist unterbrochen. Ein Anruf von außen wird von Berglinger kaum bemerkt. In diesem Augenblick, da die Erfüllung bevorsteht, kann die gewöhnliche Welt ihn nicht mehr zu sich herabziehen. — Dann ein Ritardando: Auf „laufen", „eilen", „hineinspringen" folgt „gehen". Die innere Situation, die sich darin abspiegelt, heißt: zurückkehrende Überlegung, Bedenken, Zweifel. Endlich wird Joseph in hemmungsloser Flucht fortgetrieben:

> „Aber er lief weiter, als wenn ihm die Fersen brannten, und weinte immerfort, und er lief, als wollte er seinen Tränen entlaufen." (I, 140)

In diesem Satz ist der Vorgang der Flucht epigrammatisch zusammengedrängt. Laufen und weinen, durch ein „und" gleichgeordnet, bilden einen

Parallelismus. Die äußere Bewegung des Laufens bezeichnet die progressive Komponente der Flucht. Die innere, seelische Bewegung, deren Zeichen die Tränen sind, ist dagegen regressiv gerichtet. Sie nimmt in dem Augenblick überhand, wo Berglinger auf dem Felde stehen bleibt: da bricht er in Tränen aus. Nun schließt sich an den zweigliedrig reihenden Satz mit einem weiteren syndetischen „und" eine Periode an, die beide Glieder des Parallelismus enthält, den Parallelismus der Verben „laufen" — „weinen" als solchen aber aufhebt, indem sie statt „weinen" „Tränen" setzt, die regressive innere Bewegungskomponente also verdinglicht und zugleich zum Objekt der progressiven äußeren Bewegung macht.

Das Ende des Abschnitts führt in einer Klimax die Bewegung bis zur Erfüllung hin. Es ist gleichsam der Blick ins gelobte Land, der die Szene beschließt:

> „... — er kam immer näher, — und endlich, — gütiger Himmel! welch Entzücken! — endlich sah er die Türme der herrlichen Stadt vor sich liegen. — — —" (I, 141)

Die beiden Ausrufe, zwischen das emphatisch wiederholte „endlich" eingeschaltet, bekunden die Anteilnahme des Erzählers, die Einheit von Klosterbruder und Berglinger — jene Erzählperspektive, die aus der Seelenverwandtschaft beider resultiert.

Am Ende der Fluchtszene steht die Erfüllung, obgleich der Bericht des Klosterbruders abbricht, ehe Berglinger noch das ihm von einer inneren Stimme verheißene Land der Musik betritt. Er sieht es nur von ferne liegen. Allein der Anblick nimmt die Erfüllung, die allenfalls sein späteres Leben als Musiker bringen könnte, in Berglingers Seele vorweg. Die seelische, nicht die reale Erfüllung beendet das erste Hauptstück der Berglinger-Geschichte, wie denn auch die äußere Fluchtbewegung, der Ausbruch aus der Enge und dem Elend des Vaterhauses, wesentlich Ausdruck eines inneren Vorgangs ist: der Abkehr von der „Welt, wie sie ist" (I, 136) und der entschiedenen Einkehr in die seelische Innenwelt. Die Erfüllung geschieht in einem Augenblick, da eine Beziehung zur wirklichen Welt, verkörpert in der alten Verwandten, die Joseph auf der Flucht anspricht, kaum mehr besteht. Nur scheinbar ist die Kluft zwischen Innen und Außen überbrückt. Im Taumel des Entzückens hat sich Berglinger über die Wirklichkeit hinweggesetzt.

Werfen wir von hier aus einen Blick auf die späteren romantischen Künstlerromane, so zeigt sich, daß Berglinger Wesentliches vorwegnimmt, obgleich jene zumeist weniger in Anschluß an die Berglinger-Geschichte als in der Auseinandersetzung mit Goethes „Wilhelm Meister" entstanden sind. Das Reisemotiv wird in den romantischen Romanen eine viel weitere Ausgestaltung erfahren; in seiner grundsätzlichen Bedeutung aber ist es

bereits bei Berglinger vorgezeichnet. Die romantischen Romanhelden von
Franz Sternbald bis zu Hoffmanns Kreisler und den Gestalten Eichendorffs sind Wandernde ohne feste Behausung, oft wie Berglinger auf der
Flucht aus der beschränkten Welt des Bürgers, die keinen Platz für sie
hat, und immer auf der Suche nach einer höheren Welt, in der sie Erfüllung fänden. Die Sehnsucht und Suche nach einer höheren Welt, die doch
bei jeder vermeintlichen Annäherung zurückweicht, hindert die Helden
des romantischen Romans, in ihrer Umwelt festen Fuß zu fassen. Die vor-
dergründige Wirklichkeit wird aufgelöst oder verwandelt in eine dahinter
erscheinende Traum- oder Märchenwelt, in die Welt der Universalpoesie.
Es liegt nahe, Berglingers Innenreich der Musik mit den Idealwelten der
romantischen Wanderhelden in Beziehung zu bringen. Die scheinbare Erfüllung, deren Berglinger in der Vision der „herrlichen Stadt" teilhaftig
wird, wäre dann mit jener vollkommenen Erfüllung in einer bleibenden
höheren Welt zu vergleichen, die Novalis für seinen Heinrich von Ofterdingen geplant hat. Indessen blieb ja der zweite Teil des „Heinrich von
Ofterdingen", über dem programmatisch das Wort „Die Erfüllung" steht,
unvollendet. „Erwartung" und „Erfüllung" zugleich müßten wir das
erste Hauptstück der Lebensgeschichte Joseph Berglingers überschreiben,
wenn wir uns der Titel der beiden Teile des „Heinrich von Ofterdingen"
bedienen wollten. Aber die Erfüllung bleibt auch hier unwirklich. Nur
indem Berglinger sich über die Wirklichkeit hinwegsetzt, gelingt ihm eine
scheinbare Erfüllung, eine Erfüllung im Schein, die ohne Dauer ist. Das
alte Mißverhältnis zwischen seiner Innenwelt der Musik und der äußeren
Wirklichkeit läßt auf einen Augenblick der Verklärung den tiefen Absturz folgen. Das verklärte Bild der Stadt, das am Ende der Flucht vor
Berglingers Seele tritt, wird sich als Trugbild erweisen.

Der Erzähler setzt mit seinem Bericht neu ein zu einem Zeitpunkt,
da Berglingers Flucht schon mehrere Jahre zurückliegt. Was der Erzähler
mit diesem Kunstgriff erreicht, ist der Kontrast, der plötzliche, unver-
mutete Umschlag. Unmittelbar auf die Stunde höchsten Entzückens läßt
der Bericht das tiefste Elend folgen. In wenigen Sätzen holt der Chronist
nach, was der Leser wissen muß, um den Umschlag zu begreifen, und berichtet von äußerem Gelingen, um das innere Scheitern, das er authen-
tisch mit einem Brief Berglingers belegt, desto schärfer davon abzuheben.
Innerlichkeit und Außenwelt klaffen unmittelbar nach der Erfüllung, die
nur Schein und Traum der Seele war, so radikal auseinander wie nie zuvor. Wie die Charakteristik des Vaters auf den Sohn hin angelegt ist, so
ist auch die Erfüllung im Schein auf die nachfolgende Unseligkeit hin
komponiert, und der äußere Glanz, in dem Berglinger am Hofe lebt, auf
das innere Elend. Die künstlerische Besonnenheit, die aus dieser Kompo-

sition spricht, könnten wir Wackenroder nicht zutrauen, wenn wir in ihm bloß einen schwärmerisch in Gefühlen sich ergehenden Jüngling sähen. Wackenroder selbst war sich seiner Empfindlichkeit in allen Fragen des Ästhetischen, das er als „idealische Kunstschönheit" gegen die plumpe, massive Wirklichkeit ausspielte (II, 170)[20], vollauf bewußt. Als er sich anschickt, Tiecks „Abdallah" zu beurteilen, fragt er zuerst nach dem Plan und Aufbau des Ganzen:

> „Über die Komposition der Erzählung, die Anordnung der Kapitel und der einzelnen Hauptteile in denselben, wünschte ich urteilen zu können; allein ich verstehe es nicht recht, weil ich noch nicht viel darüber nachgedacht habe; es ist aber eine wichtige, sehr wichtige Sache, welche von tausend Romanschreibern, die nur von schönem blühenden Stil gehört haben, und diesen oft in nichts als in Witzeleien und unechte Blümchen setzen, vernachlässigt werden mag." (Brief an Tieck vom 5. März 1793. II, 195)

Weiter lesen wir in diesem letzten uns erhaltenen Brief Wackenroders an Tieck:

> „Du und Burgsdorf, Ihr versteht Euch auf erhabene große Gefühle, dramatischen Genius etc. tausendmal besser als ich. Ich hingegen behaupte dreist, daß ich über Versbau, Wohlklang, Rhythmus, Ausfeilung der Perioden, Ausbildung der Metaphern, Feinheiten der Sprache und was dergleichen k l e i n e Sächelchen mehr sind, ungleich treffender urteilen kann als Ihr beide." (II, 198)

---

[20] Wackenroders Feigheitsbekenntnis in diesem Brief vom Januar 1793 hat die Gelehrten, soweit sie davon Kenntnis genommen haben, arg schockiert. (Vgl. S. 4, Anm. 11.) Wackenroder erklärt rundheraus, er würde — bei aller Sympathie für die Franzosen und die politischen Vorgänge in Frankreich — „doch gewiß nicht Soldat werden, und den Säbel oder das Gewehr in die Hand nehmen, weil ich mein Leben und meine Gesundheit zu sehr liebe, und zu wenig körperlichen Mut besitze." (II, 169.) Wir möchten in diesem Bekenntnis weniger eine Bloßstellung seiner selbst sehen als vielmehr eine subtile Absage an das robuste und grobe Leben, das den Menschen Dinge wie Heldenmut und Tapferkeit abverlangt, — eine Absage schlechthin an die wirkliche „Welt, wie sie ist" (I, 136). In ihr ist alles „etwas zu fern, — zu wenig sichtbar, geht mir zu langsam, stimmt nicht mit dem idealischen Gange meiner Phantasie, macht mich unruhig, befriedigt mich nicht." (II, 470.) Aus solchen Ungenügen zieht sich der Ästhet in die „idealische Kunstschönheit" zurück, wohl wissend, daß „der Geschmack größtenteils seinen Grund im feinern (schwächern, empfindlichern) Bau und Organisation des Körpers habe." (II, 3.) Zum Bild des Ästheten paßt es, daß Wackenroder über die „übertriebene Reizbarkeit" seiner Nerven klagt (II, 134) und in der Seligkeit seiner Gefühle für Tieck — „denn Du berauschest mich" (II, 47) — dennoch nicht umhin kann, Theater zu spielen: „Was stiehlst Du mir meine Gefühle, warum verwechselst Du die Rollen in den schönen Duodram, das wir zusammen spielen, und nimmst die meine?" (II, 47.) Das Wesen ästhetischer Existenz könnte sich kaum deutlicher bekunden als in diesen Selbstzeugnissen.

Auf die Nuancen, die „kleinen Sächelchen", die uns im Charakterbild des alten Berglinger und in der Anwendung und Abwandlung einiger weniger, immer wiederkehrender Motive begegnet sind, kommt es bei Wackenroder an. Wer auf sie nicht achtet, übersieht gerade das Wesentliche an Wackenroders Dichtung und macht sich ein sehr einseitiges Bild von diesem in einer Spätzeit, im Zeitalter der zu Ende gehenden Verstandes- und Gefühlskultur des 18. Jahrhunderts lebenden Berliner.

Äußerlich ist alles so eingetroffen, wie Joseph es sich in seinen Knabenträumen ersehnte. Er ist in der bischöflichen Residenz Kapellmeister geworden und lebt „in großem Glanze" (I, 141). Der Chronist faßt nach einem kurzen Überblick über Josephs Aufstieg die äußere Situation in den Worten zusammen, er sei „endlich auf die höchste Stufe des Glücks, die er nur je hatte erwünschen können, gelangt." (I, 141) Aber das Mißverhältnis zwischen Berglingers Innerlichkeit und seiner Stellung in der Welt ist gerade jetzt aufs äußerste gesteigert. Was „höchste Stufe des Glücks" zu sein scheint, ist in völliger Umkehrung tiefstes seelisches Elend. Josephs Sturz ins Elend, seine grenzenlose Enttäuschung, bekundet sich in einem „fragmentarisch-geschriebenen" Brief (I, 146) an den Pater, den dieser seinem Bericht mit Worten einfügt, die wieder ganz aus dem Inneren Berglingers gesprochen sind: „Allein die Dinge der Welt verändern sich vor unsern Augen." (I, 141)

Das Wissen um die Unbeständigkeit des Irdischen, eine Grunderfahrung des Barock, die im ausgehenden 17. und beginnenden 18. Jahrhundert dem Gefühl der Sicherheit und dem bisweilen naiven Vertrauen auf den wohlgeordneten Gang der Dinge wich, finden wir gegen Ende des 18. Jahrhunderts, zur Lebenszeit Wackenroders, wieder vielfach ausgesprochen. Es gilt, die besondere Tonlage zu vernehmen, in der dieser Gedanke bei Wackenroder anklingt. Novalis, der als „Zeit- und Geistes-Genosse"[21] und Nachfolger in der Freundschaft mit Tieck Wackenroder am nächsten steht, mag uns dazu verhelfen. Der Erzähler des „Ofterdingen" spricht zu uns beim Abschied Heinrichs von seiner Vaterstadt: „Unendlich ist die jugendliche Trauer bei dieser ersten Erfahrung der Vergänglichkeit der irdischen Dinge, die dem unerfahrnen Gemüt so notwendig und unentbehrlich, so fest verwachsen mit dem eigentümlichsten Dasein und so unveränderlich wie dieses vorkommen müssen."[22] Hier ist von der Vergänglichkeit der irdischen Dinge die Rede, bei Berglinger von

---

[21] Joseph Freiherr von Eichendorff, Geschichte der poetischen Literatur Deutschlands, in: Neue Gesamtausgabe der Werke und Schriften in vier Bänden. Hrsg. v. Gerhart Baumann in Verbindung m. Siegfried Grosse. Stuttgart (o. J.), Bd. 4, S. 262.

[22] Novalis, Werke, Briefe, Dokumente. Hrsg. v. Ewald Wasmuth. 1. Bd. Die Dichtungen. Heidelberg 1953, S. 28.

der Veränderlichkeit der Dinge der Welt. Rein begrifflich genommen
sagen beide Stellen dasselbe aus, denn auch Novalis meint mit „Vergänglichkeit" in erster Linie die Unbeständigkeit der vordergründigen Welt,
der „Erscheinungen des Tages", die vom „unerfahrnen Gemüt" für unveränderlich gehalten werden. Doch sind bei Novalis diese Worte aus der
Sicherheit dessen gesprochen, der weiß, daß hinter der Vergänglichkeit
etwas Dauerndes ist, eine „bleibende sichere Welt", in die uns gerade die
Veränderlichkeit und Vergänglichkeit der vordergründigen Welt des
Tages den Weg weisen. Kraft seines höheren Wissens um die Vergänglichkeit als eine Verheißung des Bleibenden darf sich der Erzähler des
„Ofterdingen" in einer allgemeinen Reflexion über das von Abschieds-
trauer erfüllte Gemüt Heinrichs erheben.[23] Ganz anders die Bemerkung
des Klosterbruders. Sie kommt unmittelbar aus der Situation Berglingers
und drückt nur dessen eigene Erfahrung aus in einem Augenblick, da ihm
sein Dasein von Grund auf fragwürdig wird, da sein ganzes Leben als ein
Gewebe von Täuschung und Vergeblichkeit zusammenzubrechen droht.
Das Glück, das Berglinger angesichts der Residenzstadt, des Reichs der
Musik, vor Augen lag, hat sich in ein Elend verwandelt, schlimmer als
jenes, dem er durch die Flucht sich entziehen zu können meinte. Die Veränderung der Dinge ist hier kein Sich-Verwandeln ins Dauernde, Sichere,
sondern ein unaufhörlicher, alles verschlingender Wechsel. Das wird
später noch deutlicher, wenn wir es in dem „wunderbaren morgenländi-
schen Märchen von einem nackten Heiligen" (I, 156 ff.) und in dem
Brieffragment (I, 178 ff.) aus Berglingers eigenem Munde vernehmen.
Aber schon hier äußern sich Zweifel und Angst in den Worten von der
Veränderlichkeit der irdischen Dinge.

Der eingeschaltete Brief dient dem Chronisten dazu, Berglingers
seelische Situation als Kapellmeister am bischöflichen Hofe zu demonstrieren. Als Dokumentation eines inneren Zustands hat er eine ähnliche
Funktion wie die beiden Gedichteinlagen des ersten Hauptstücks. Er
deutet also einerseits auf diese zurück, weist aber auch schon auf jene
Briefe und Schriften aus Berglingers Nachlaß voraus, die der Klosterbruder in den „Phantasien über die Kunst" veröffentlichen wird. Wir
werden auf seinen Inhalt daher später im Zusammenhang mit der Betrachtung von Berglingers Wesensbild eingehen und für jetzt nur einzelne
Motive herausgreifen, die strukturell für die Geschichte Berglingers von
besonderer Bedeutung sind.

Der Brief gliedert sich in vier Hauptabschnitte, in denen Berglinger
nacheinander von seinem Verhältnis zur Musik (I, 141 f.), zum Publikum

---

[23] Vgl. Wolfgang Kayser, Das sprachliche Kunstwerk. Eine Einführung in die
Literaturwissenschaft. 5. Aufl. Bern u. München (1959), S. 306 f.

(I, 142 ff.), zur Hofgesellschaft (I, 144) und zu den anderen Künstlern am Hofe (I, 145) spricht. Er setzt mit dem Motiv des „elenden Lebens" (I, 141) ein, das Joseph durch seine Flucht hinter sich gelassen zu haben glaubte, während er sich jetzt nur um so ärger darin verstrickt fühlt. Schon an dieser Stelle wird in Gedanken die Flucht verneint, die Bewegung in ihrer Richtung umgekehrt. „Die prächtige Zukunft ist eine jämmerliche Gegenwart geworden" (I, 142), aus der er sich in die Vergangenheit, in die Zeit seiner glücklicher scheinenden Kindheit zurücksehnt.

> „Ich dachte in meiner Jugend dem irdischen Jammer zu entfliehen, und bin nun erst recht in den Schlamm hineingeraten. Es ist wohl leider gewiß; man kann mit aller Anstrengung unsrer geistigen Fittiche der Erde nicht entkommen; sie zieht uns mit Gewalt zurück, und wir fallen wieder unter den gemeinsten Haufen der Menschen." (I, 144)

Das Motiv der Flucht, wie es hier anklingt, erinnert wörtlich an eine Stelle im ersten Teil der Biographie. Dort hat der Klosterbruder von dem Einbruch des Menschenelends in die musikalische Traumwelt des kleinen Joseph berichtet. Josephs Seele wird von den vielfältigen Erscheinungsformen des Elends heimgesucht;

> „allein eh' er es sich versah, waren die widrigen Bilder, die ihn gewaltsam in den Schlamm dieser Erde herabzuziehen schienen, aus seiner Seele verwischt, und sein Geist schwärmte wieder ungestört in den Lüften umher."
>
> (I, 136)

Das Bild des irdischen Schlamms, erst im Bericht des Klosterbruders, nun von Berglinger selbst gebraucht, enthüllt aufs neue die Innenperspektive, aus welcher der Chronist seinen Gegenstand sieht und berichtet, und zeigt zugleich, wie eng der Brief, der sich auch sprachlich von der Diktion des Klosterbruders kaum unterscheidet, mit dem Bericht verflochten ist. Indem aber die beiden Stellen durch wörtlichen Anklang auf einander bezogen sind, springt dem Leser um so mehr ihre inhaltliche Diskrepanz ins Auge. Während Berglinger in seiner Kindheit, da er in Enge und Armut lebte, stets „ätherische Träume" (I, 135) über die irdische Welt hinausgetragen haben, wird es ihm jetzt, da er in äußerem Glanz und Glück lebt, zur Gewißheit, daß er dem Elend nie entkommen kann. Dasselbe Motiv deutet jetzt gleichsam in die entgegengesetzte Richtung.

Was im formalen Aufbau des ersten und zweiten Hauptstücks der Berglinger-Biographie als eine Entsprechung erscheint, ist nicht eine einfache Wiederholung, sondern die thematische Umkehrung. Diese Umkehrung prägt sich sinnbildlich und am markantesten im Reisemotiv aus. Die Flucht aus dem Vaterhaus, an deren Ende ein Scheinglück stand, das in sich schon den Umschlag enthielt, wird widerrufen. Der Widerruf erfolgt andeutungsweise bereits am Ende des Briefes (I, 146). Wir begegnen einer neuen Variante des Reisemotivs.

Da sich die Welt des Glanzes, von der der Klosterbruder berichtet
(I, 141), für Berglinger als eine Welt des Elends entlarvt hat, so daß er
wie Werther die höfische Adelswelt ein „glänzendes Elend" [24] nennen
könnte, ist die wahre Erfüllung, deren Schein seine Seele beim Anblick
der Stadt vorweggenommen hat, in weitere Ferne zurückgewichen, —
nicht anders als bei manchem späteren romantischen Romanhelden. Jetzt
wünscht Berglinger, dem Leben in der Residenzstadt zu entfliehen. „Ich
möchte all' diese Kultur im Stiche lassen, und mich zu dem simplen
Schweizerhirten ins Gebirge hinflüchten, und seine Alpenlieder, wonach
er überall das Heimweh bekömmt, mit ihm spielen." (I, 146) Wohl klingt
hier etwas von dem Rousseauschen Protest gegen die kulturelle Verfeinerung des höfischen Spätbarock an. Und von Rousseau sind ja in der
zweiten Hälfte des 18. Jahrhunderts starke Impulse auf den empfindsamen Roman ausgegangen, in dessen Tradition auch noch die Lebensgeschichte Berglingers steht. Das wird uns später zu beschäftigen haben.
Aber so begriffen, wäre Berglingers Wunschland der Schweizerhirten nur
eine neue Station auf seiner Flucht aus der Wirklichkeit, während sie tatsächlich bereits eine Flucht nach rückwärts, in die Kindheit zurück ist.
Denn noch etwas anderes knüpft sich hier an das Motiv der Flucht. „Wie
weit idealischer lebte ich damals, da ich in unbefangener Jugend stiller
Einsamkeit die Kunst noch bloß g e n o ß ; als itzt, da ich sie im blen-
dendsten Glanze der Welt, und von lauter seidenen Kleidern, lauter Sternen und Kreuzen, lauter kultivierten und geschmackvollen Menschen umgeben, ausübe!" (I, 145 f.) In seiner Kindheit berauschte ihn die Musik,
so daß „sein Inneres ganz und gar zur Musik ward, und sein Gemüt, von
dieser Kunst gelockt, immer in den dämmernden Irrgängen poetischer
Empfindung umherschweifte." (I, 129) Dieses passive Sich-Hingeben ist
eine Komponente seines Künstlertums, aber nicht die einzige. Berglinger
ist zum schaffenden Künstler geworden. Der Chronist hat es durch
Jugendwerke Josephs dokumentiert. Wenn Berglinger sich jetzt zu dem
„simplen Schweizerhirten" sehnt, so flüchtet er sich zugleich in den Zustand des bloß rezeptiven Musikgenusses und in seine schwärmerisch der
Musik hingegebene Kindheit zurück.

Nie vermag Berglinger die Wirklichkeit so zu ertragen, wie sie ist.
Doch nun erhofft er sich nicht mehr Erfüllung auf einer höheren Stufe
seines Daseins wie einst, da er zu Cäcilia betete: „Öffne mir der Menschen Geister, / Daß ich ihrer Seelen Meister / Durch die Kraft der Töne
sei" (I, 138). Die Verse lassen erkennen, daß das Verlangen, durch Musik
auf die Menschen zu wirken, Berglingers Künstlertum nicht weniger zugrunde liegt als der Wunsch nach passiver Hingabe an die Musik. Aber es

---

[24] Goethe, Die Leiden des jungen Werthers. W. A., I. Abt., 19. Bd., S. 93.

wird ihm in seinem Dasein als Kapellmeister nicht erfüllt (ausgenommen jenes eine Mal, wo die sich anbahnende Erfüllung aber von neuem in Absturz und Elend umschlagen wird): „Seine Kunst ward tief entwürdigt dadurch, daß sie auf keinen einzigen, so viel er wußte, einen lebhaften Eindruck machte, da sie ihm doch nur dazu gemacht schien, das menschliche Herz zu rühren." (I, 146) So spricht der Seelenfreund und Chronist von der Einsamkeit des Künstlers, der in einer dürftigen Zeit ohne Enthusiasmus lebt und nicht die erhoffte Aufnahme und Resonanz erfährt. Berglinger dünkt sich „der größte Phantast gewesen zu sein, daß er so sehr gestrebt hatte, ein ausübender Künstler für die Welt zu werden." (I, 147) Er möchte fern von allem öffentlichen Wirken am Hofe nur noch für sich oder für ein paar Gleichgesinnte Künstler sein. Daß ihm der Klosterbruder hierin beistimmt, ist höchst bezeichnend für diesen, der die Kunst nur noch verehrt, nicht mehr ausübt. Für Berglinger aber bedeutet der erneute Gedanke an Flucht die Verneinung seines Lebensweges.

Auf diese Weise wird die völlige Umkehrung des Reisemotivs vorbereitet, die nun folgt. Zunächst das Motiv der herabziehenden Außenwelt als der Welt des Nutzens und der Zwecke:

„Mehrere Jahre lebte er als Kapellmeister so fort, und seine Mißmütigkeit, und das unbehagliche Bewußtsein, daß er mit allem seinen tiefen Gefühl und seinem innigen Kunstsinn für die Welt nichts nütze, und weit weniger wirksam sei, als jeder Handwerksmann — nahm immer mehr zu." (I, 147) Dann, unmittelbar daran anschließend, das Motiv des Elends, das desto fordernder auf Berglinger eindringt, je fragwürdiger ihm seine Stellung als Künstler wird und je mehr er sich in sein früheres Leben, ehe er ausübender Künstler wurde, zurücksehnt.

„Oft dachte er mit Wehmut an den reinen, idealischen Enthusiasmus seiner Knabenzeit zurück, und daneben an seinen Vater, wie er sich Mühe gegeben hatte, ihn zu einem Arzte zu erziehen, daß er das Elend der Menschen mindern, Unglückliche heilen, und so der Welt nützen sollte. Vielleicht wär's besser gewesen! dachte er in manchen Stunden." (I, 147)

Wie stets in der Berglinger-Biographie ist das Thema der sozialen Verantwortung mit dem des Vaterkonflikts verknüpft. Aber während im Bericht über Josephs Kindheit der Gegensatz zum Vater das Primäre war und sich erst allmählich zum Konflikt mit der sozialen Welt erweiterte, entwickelt sich hier das Motiv in umgekehrter Folge und weist in die entgegengesetzte Richtung. Das Thema der sozialen Verpflichtung verengt sich zu dem des Konflikts mit dem Vater. Dieser ist alt und schwach geworden. Zu seinem Unterhalt hat Joseph bisher an die älteste Schwester Geld geschickt. Sich vor dem Vater zu verantworten, vermag er nicht. „Ihn selber zu besuchen, konnte er nicht übers Herz bringen; er fühlte, daß es ihm unmöglich war." (I, 147 f.)

In dieser Situation bricht zum letzten Male und vernichtend die Wirklichkeit, das Elend dieser Welt, verkörpert im Vater, in Berglingers Kunstwelt ein. Daß es zu diesem Einbruch gerade dann kommt, als der Kapellmeister erstmals spürt, daß er durch seine Kunst „auf die Herzen der Zuhörer etwas gewirkt" (I, 148) hat, kennzeichnet die permanente Diskrepanz zwischen den beiden Welten. Das für Berglingers Leben charakteristische Prinzip des Umschlags macht sich hier nicht nur auf der Ebene seines seelischen Innenlebens geltend, sondern setzt äußere Handlung, die Rückkehr Berglingers, in Gang. Der Unerbittlichkeit des Geschehens entspricht die objektive Berichterstattung des Klosterbruders an dieser Stelle. Er erzählt Josephs Begegnung mit seiner elend aussehenden jüngsten Schwester, die die Nachricht von dem todkranken Vater bringt, ohne seine eigene Teilnahme und Erschütterung einfließen zu lassen.

Berglingers Rückreise in die Vaterstadt ist die Verneinung seines ersten Besuches in der Residenzstadt und die Umkehrung seiner Flucht. Sie ist Rückkehr in die Wirklichkeit des Elends und in den Bereich der sozialen Verantwortung, d. h. in jene Welt, in der und für die seit je sein Vater stand. Daher liegt in der Tatsache der Rückreise selbst die Verständigung mit dem in der Tiefe seines Wesens seelenverwandten Vater: „... sie verstanden sich ohne viele Worte sehr inniglich" (I, 148). Berglinger wird „bis ins Innerste zerrissen" von dem vielfältigen Elend, das auf ihn eindringt. Und an dieser Stelle der Lebensbeschreibung, da von dem Schmerz seiner Seele zu berichten ist, läßt der Klosterbruder von neuem das Passionsmotiv anklingen. Eindringlich ruft er uns die Erinnerung an das Schwert des Schmerzes („Stabat Mater") zurück, wenn er voll Mitleid berichtet:

> „... — ach! es war entsetzlich, wie sein armes Herz durch und durch verwundet und zerstochen ward." (I, 149)

Das lateinische „animam gementem ... pertransivit gladius" könnte nicht plastischer wiedergegeben werden. Selbst die rhythmische Kadenz von „verwundet und zerstochen ward" erinnert an die von „pertransivit gladius". Das Motiv der Passion gibt der Berglinger-Vita durch seine formale Verwendung als Kompositionselement einen musikalischen Zusammenhang. Zugleich erinnert es an Musik, an die Überwältigung Berglingers durch das ehemals in der bischöflichen Residenz vernommene Oratorium. Es zeugt von einem in seiner Durchtriebenheit an Richard Wagner gemahnenden Kunstverstand, wenn ganz am Schluß der Berglinger-Vita, dort wo von Berglingers letztem Werk die Rede ist, das Motiv der Passion ein letztes Mal, nunmehr aber in seiner ersten Gestalt auftaucht und die leitmotivische Linie zu Ende führt: Berglingers letztes Werk ist wie jenes erste, das ihn vormals so tief beeindruckte, ein geistliches „Orato-

rium", eine „Passionsmusik" (I, 149), die er zum bevorstehenden Oster-
fest aufführen soll. Um dieses Zusammenhangs gewahr zu werden, bedürfte es kaum mehr der Anspielung des Klosterbruders auf das „pertransivit", des betonten Hinweises auf die „durchdringenden und alle
Schmerzen des Leidens in sich fassenden Melodieen" (I, 149) der von
Berglinger komponierten Musik.

Der Tod des Vaters, der Zustand seiner Schwestern — alles Elend der
Welt empfindet Berglinger als einen Vorwurf gegen sein Leben als
Künstler. Es fällt ihm zur Last als Schuld. Durch seine Flucht versuchte
er einst, sich dem „Schlamm dieser Erde" (I, 136) zu entziehen. Jetzt
nimmt er die irdische Welt an und sucht zu lindern und zu helfen.

Berglingers Rückreise in die Residenzstadt hat nichts mit erneuter
Flucht zu tun. Vielmehr entspricht er damit gerade dem Anspruch der
äußeren Welt, die von ihm verlangt, daß er eine Passionsmusik komponiere, — nicht seiner inneren, die ihm im Traumland der Schweizerhirten
ein schönes Leben vorspiegelte.

Ein letzter Umschlag vollzieht sich. Aus dem tiefsten irdischen Elend
gelingt der Aufschwung in die Musik, die ihm eine ekstatische Erfüllung
gewährt: „Er füllte seinen Geist mit der höchsten Poesie, mit lautem,
jauchzendem Gesange an, und schrieb in einer wunderbaren Begeisterung,
aber immer unter heftigen Gemütsbewegungen, eine Passionsmusik nieder,
die mit ihren durchdringenden und alle Schmerzen des Leidens in sich
fassenden Melodieen, ewig ein Meisterstück bleiben wird." (I, 149) Erst aus
äußerstem Leid und menschlicher Anfechtung und Gefährdung entsteht
das große Werk. Der Künstler geht daran zugrunde. So bleibt auch diese
letzte Erfüllung tief fragwürdig. Wir denken unwillkürlich an das Schicksal des „deutschen Tonsetzers Adrian Leverkühn", der für sein Künstlertum mit dem Ruin seiner menschlichen Existenz büßt, wenn wir Berglingers Ende lesen. „Seine Seele war wie ein Kranker, der in einem wunderbaren Paroxismus größere Stärke als ein Gesunder zeigt". Der Tonkünstler Joseph Berglinger zahlt für seine musikalischen Exaltationen mit
dem Leben. „Eine Nervenschwäche befiel, gleich einem bösen Tau, alle
seine Fibern; — er kränkelte eine Zeitlang hin, und starb nicht lange darauf, in der Blüte seiner Jahre. — —" (I, 149).

Bis in diese Konsequenzen der Künstlerexistenz Berglingers vermag
der kunstliebende Klosterbruder seinem Freund kaum mehr zu folgen.
Schon bei der Begegnung zwischen Vater und Sohn am Totenbett nimmt
er seine Zuflucht zu einem Gemeinplatz: „— wie denn darin überhaupt
die Natur unser recht zu spotten scheinet, daß die Menschen sich erst in
solchen kritischen letzten Augenblicken recht verstehen" (I, 148). Dergleichen fast aufklärerisches[25] Belehrtwerden, wobei Berglingers Tragik

zum Exempel für eine Allerweltsweisheit gemacht wird, treffen wir in Berglingers Biographie sonst nirgends an. Es gehört aber zum pädagogischen Ton der „Herzensergießungen" im ganzen. Eine ähnlich formulierte Weisheit taucht in der Schlußreflexion des Klosterbruders über die Unerklärbarkeit des „Kunstgeistes" auf. Dieser ist, so verkündet der Klosterbruder, „dem Menschen ein ewiges Geheimnis, wobei er schwindelt, wenn er die Tiefen desselben ergründen will; — aber auch ewig ein Gegenstand der höchsten Bewunderung: wie denn dies von allem Großen in der Welt zu sagen ist——" (I, 151). Gegen Ende seines Berichtes löst sich also der Chronist allmählich von seinem Gegenstand, um schließlich in einem Epilog selbständig über ihn zu reflektieren.

Berglingers Künstlerproblematik gibt dem Klosterbruder zu denken. Er reflektiert über die Zwiespältigkeit seiner Existenz und seinen Untergang, vergleicht ihn mit Malergestalten der Vorzeit und sucht seine Stellung unter den übrigen Belegen und Mustern unerklärbaren Kunstgeistes zu bestimmen. Berglinger ist problematischer als alle Künstler der alten Zeit. Daß bei ihm Innen und Außen, sein „ätherischer Enthusiasmus" und das „niedrige Elend dieser Erde" (I, 150), miteinander zerfallen sind, unterscheidet ihn von jenen und veranlaßt den Klosterbruder zu der zweifelnden Frage: „Und muß der Immerbegeisterte seine hohen Phantasien doch auch vielleicht als einen festen Einschlag kühn und stark in dieses irdische Leben einweben, wenn er ein echter Künstler sein will? — Ja, ist diese unbegreifliche Schöpfungskraft nicht etwa überhaupt ganz etwas anderes, und — wie mir jetzt erscheint — etwas noch Wundervolleres, noch Göttlicheres, als die Kraft der Phantasie? —" (I, 151). Doch sieht der Klosterbruder auch in Berglinger das „ewige Geheimnis" verkörpert, das er in seinen früheren Aufsätzen in den Malern der Vorzeit gefunden hat, das ihm wunderbar und göttlich ist und das er bewundert und verehrt. In diesem Sinne ist auch Berglingers Vita Beleg und Muster, worauf sich der Klosterbruder berufen darf in der Verkündigung seiner Religion der Kunst.

[25] Tatsächlich eignet dem pädagogisch-bekenntnishaften Element der „Herzensergießungen" eine gewisse, wenigstens formale Affinität zur Aufklärung, unbeschadet der Gegnerschaft des Klosterbruders gegen die „Theoristen und Systematiker". Die „Herzensergießungen" sind, paradox ausgedrückt, Aufklärung über die Unerklärbarkeit der „Künstlerbegeisterung" (I, 3). Vielleicht war sich Clemens Brentano dieses Paradoxes bewußt, als er einmal „Aufklärungen" und „Herzenergießungen" in eine doppeldeutige Verbindung brachte. Gegen Ende seiner Erzählung „Die mehreren Wehmüller und ungarischen Nationalgesichter" (etwa 1813 entstanden) steht folgender Satz zu lesen: „Unterwegs gab es viele Aufklärungen und Herzensergießungen." (Brentano, Gesammelte Schriften, hrsg. v. Christian Brentano. 4. Bd., S. 270).

B. GRUNDBEDINGUNGEN SEINES DASEINS

Überleitung: Zusammenfassung und Erneuerung der Fragestellung

Die bisherige Untersuchung der Lebensgeschichte Joseph Berglingers hat, so wie der Klosterbruder sie uns berichtet, in allen Phasen der Erzählung, deren Verlauf sich mit der Abfolge der Lebensstadien des Musikers deckte, ein Grundgeschehen erkennen lassen: den Konflikt zwischen Innen und Außen, Seele und Welt, Kunst und Leben.

Der Blick des Erzählers war auf die seelische Lage und die innere Bewegungen Berglingers gerichtet. Aus dieser Innenperspektive wurden auch die äußeren Verhältnisse und Vorgänge gesehen, die stets in Spannung zu Berglingers Innenwelt standen, in sie einbrachen und Berglinger zur Auseinandersetzung zwangen. Der Schauplatz der Auseinandersetzung lag wiederum in Berglinger selbst, so daß es keinen Wechsel der Perspektive gab. Auch dort, wo ein Stück Außenwelt gezeigt wurde wie in der Fluchtszene, veranschaulichte sich ein innerer Vorgang.

Dem einheitlichen Grundgeschehen entsprach die Einsträngigkeit des Erzählungsverlaufs. Nur zwischen dem ersten und zweiten Hauptstück fanden wir ihn unterbrochen. Der Umschlag von der vorweggenommenen Erfüllung zur nachfolgenden Enttäuschung war hier durch den formalen Kunstgriff einer ‚Rückblende' erzählerisch verwirklicht.

Im Unterschied etwa zum klassischen Bildungsroman, in dem es programmgemäß zu einer harmonischen Ausbildung aller Kräfte des Helden unter den verschiedenen Einwirkungen der Welt kommen soll, wurde uns in der Berglinger-Geschichte, wo alles auf Inneres abgestellt war, nicht die Entwicklung einer Persönlichkeit vorgeführt. Das lag nicht in der Absicht des Klosterbruders, als er uns die Geschichte von Berglingers Geist zu erzählen versprach. Es wäre deshalb ein unangemessenes Bemühen, wollten wir aus dem Lebensbericht eine runde, plastische Gestalt gewinnen. Unsere Aufgabe sehen wir jetzt vielmehr darin, mit Hilfe der Erzählmotive der Berglinger-Geschichte, deren Bedeutung und wechselseitige Beziehungen wir kennengelernt haben, uns von Berglingers Wesen ein Bild zu machen. Die Erzählung des Klosterbruders wird wieder unser Ausgangspunkt sein. Doch werden wir im folgenden unsere Untersuchung auch auf jene Zeugnisse aus Berglingers Leben ausdehnen, die — wie Wackenroders Fiktion es will — nicht von der Hand des Klosterbruders stammen, sondern von dem Musiker selbst geschrieben und vom Klosterbruder nur veröffentlicht sind. Hierzu gehört außer den bereits in der Biographie mit geteilten Jugendwerken und dem „fragmentarisch-geschriebenen Brief" (I, 141 ff.) der „Anhang einiger musikalischen Auf-

sätze von Joseph Berglinger",[26] die nach Wackenroders frühem Tod Ludwig Tieck 1799 im zweiten Abschnitt der „Phantasien über die Kunst für
Freunde der Kunst" herausgegeben hat. Abgefaßt wurden diese Aufsätze
von Wackenroder in seinem letzten Lebensjahr, nach Tiecks Zeugnis[27]
nicht lange vor seinem Tod. Der Klosterbruder leitet sie mit einer „Vorerinnerung" ein:

> „Mein geliebter J o s e p h B e r g l i n g e r , dessen rührendes Leben man
> in den Herzensergießungen eines kunstliebenden Klosterbruders gelesen hat,
> hat verschiedene Phantasieen über die Kunst der Musik, vorzüglich während
> der Zeit seiner Lehrjahre in der bischöflichen Residenz, zu Papier ge-
> bracht, wovon ich einiges meinem Buche hier anhängen will." (I, 155)

Damit werden diese Schriften Berglingers an seine Biographie angeschlossen und, soweit es sich um Briefe handelt, mit dem in der Lebensbeschreibung mitgeteilten „fragmentarisch-geschriebenen Brief" (I, 141)
dem dokumentarischen Wert nach auf eine Stufe gestellt.

War der Klosterbruder in den „Herzensergießungen" Berglingers Biograph, so übernimmt er jetzt die dort schon vorbereitete Rolle des Her-
ausgebers. Er veröffentlicht den literarischen Nachlaß seines verstorbenen
Freundes. Wir bedienen uns dieser Dokumente, um uns von Berglingers
Sein und Wesen ein Bild zu machen. Berechtigt sind wir dazu um so mehr,
als sie gegenüber dem Bericht des Klosterbruders keine grundsätzlich
andere Perspektive bieten werden. Die Innenperspektive, die sich aus der
seelischen Gleichgestimmtheit mit dem Freund ergab, wird vom Klosterbruder auch in seiner Funktion als Herausgeber ausdrücklich betont:

> „Seine Gesinnungen von der Kunst stimmten mit den meinigen gar wunder-
> bar zusammen, und durch öftere gegenseitige Ergießungen unsers Herzens
> befreundeten unsere Gefühle sich immer inniger miteinander." (I, 155)

Berglingers Aufsätze und Briefe — die letzteren werden in der „Vorerinnerung" nicht erwähnt — eröffnen also keine völlige neue Sicht auf den
Musiker. Aber sie tragen Züge zu seinem Bild bei, indem sie Motive seiner

---

[26] So die Überschrift des zweiten Abschnitts der „Phantasien über die Kunst",
Hamburg 1799, S. 131.

[27] Tieck schrieb in seinem Vorwort zu den „Phantasien" (1799): „Ein Theil
dieser Aufsätze ist ein Vermächtniß meines verstorbenen Freundes W. H.
W a c k e n r o d e r , wovon er die letztern erst kurz vor seiner Krankheit
ausgearbeitet und mir mitgetheilt hat" (Phantasien über die Kunst, für
Freunde der Kunst. Hrsg. v. Ludwig Tieck. Hamburg 1799, S. I). Wir
neigen dazu, unter den „letztern" — Friedrich von der Leyens Ausgabe
bietet fehlerhaft „letzten" (I, 197) — die musikalischen Beiträge Wackenroders zu den „Phantasien" insgesamt zu verstehen. Ihnen gehen bekanntlich im ersten Abschnitt des Buches zwei Aufsätze Wackenroders über
bildende Kunst voraus.

Lebensgeschichte aufgreifen und im Rahmen einer umfassenderen Berglinger-Dichtung weiterführen.

Es wird uns in den folgenden Abschnitten unserer Arbeit darum zu
tun sein, die geschichtliche Stellung und Problematik der dichterischen
Gestalt des Musikers Joseph Berglinger aufzuzeigen. Berglingers Problematik hat sich uns im Verlauf seiner Lebensgeschichte durch das formale
Gestaltungsprinzip der Antithese dargestellt. Es erhebt sich die Frage, ob
dieser antithetische Verlauf der Erzählung als ein Gesetz in Berglingers
Wesen angelegt ist. Zuvor aber soll geklärt werden, inwiefern Berglingers
Problematik in der sozialen Stellung des Musikers begründet ist. Wir
prüfen, ob die fiktive Welt, in der sich sein Leben abspielt, als eine bestimmte geschichtliche Wirklichkeit verstanden werden kann und wie
Berglinger als Kapellmeister dieser fiktiven Welt und der geschichtlichen
des ausgehenden 18. Jahrhunderts — dem historischen Ort der Berglinger-Dichtung — zugeordnet ist. Was dies letztere — die geschichtliche Stellung der Berglinger-Dichtung — betrifft, so sind wir schon bisher
auf die Empfindsamkeit und die Tradition ihrer literarischen Ausdrucks-
formen aufmerksam geworden. Anderseits schien uns der Musiker auf
die romantischen Romane und deren Künstlergestalten vorauszudeuten.
Gelingt es uns, über die historische Bedingtheit der Berglinger-Dichtung
etwas auszumachen, dann wird sich auch das Eigentümliche der Problematik des Musikers herausstellen. Denn jenseits literarischer Traditionen
und geistesgeschichtlicher Strömungen bekundet sich in Berglinger die
menschliche Situation dessen, der sich der Kunst verschrieben hat, der
ausschließlich der Musik und nirgends sonst als in der Musik zu leben
sucht.

Der geschichtliche und soziologische Horizont

Der Musiker Joseph Berglinger ist keine historische Gestalt. Doch
haben wir uns sein Leben in einer bestimmten geschichtlichen Zeit zu
denken. Er ist ein jüngerer Zeitgenosse des berichtenden Klosterbruders.
Dieser ist ein Mönch des 18. Jahrhunderts und steht zu der Zeit, da er
seine „Herzergießungen" veröffentlicht, offensichtlich in hohem Alter,
da er sonst nicht von seiner Jugend sowohl wie auch von der „heutigen
Welt" als von etwas weit Enferntem spräche (I, 202). Seine Bekanntschaft mit Joseph reicht bis in dessen frühe Jugend zurück (I, 126). Zu
der Zeit aber, da der Pater Josephs Lebensgeschichte aufzeichnet, ist dieser, der „in der Blüte seiner Jahre" (I, 139) starb, schon lange tot. Wir
müssen uns demnach vorstellen, Berglinger habe um die Mitte des
18. Jahrhunderts gelebt.

Als Geburtsort wird ein süddeutsches Städtchen angegeben. Es liegt
in der Nähe einer bischöflichen Residenz, und zwar so nahe, daß der
kleine Joseph sie zu Fuß in einem Tag erreicht (vgl. I, 140 f.). Paul
Koldewey vermutet, daß die bischöfliche Residenz mit Bamberg zu identifizieren sei.[28] Aber auf eine solch allzu genaue Bestimmung des äußeren
Schauplatzes einer Seelengeschichte kommt es nicht an. Was wir festhalten
müssen ist dies, daß Wackenroder das Leben seines Berglinger in die
Sphäre des süddeutschen höfischen Barock zurückverlegt hat, in eine
Sphäre also, die dem Berliner Bürger von Haus aus fremd war, von der
er aber während seiner Erlanger Studentenzeit noch einen Abglanz erblickte und vernahm.[29]

Die Residenzstadt erscheint Berglinger bei seinem ersten Besuch als
ein wahres Musikparadies. Musik überflutet ihn in Kirchen und Konzertsälen und übt eine faszinierende Wirkung auf ihn aus. „Hier lebte er nun
recht im Himmel: sein Geist ward mit tausendfältiger schöner Musik
ergötzt, und flatterte nicht anders als ein Schmetterling in warmen Lüften
umher" (I, 129). Selbst wenn Berglingers Seele für musikalische Eindrücke weniger empfänglich wäre, müßte ihn doch der Glanz der Residenz blenden — so möchte man meinen. Aber zu unserem Erstaunen bemerken wir, daß Joseph nur die Musik beeindruckt. Den Kontrast der
Armut im Vaterhaus zu dem festlichen Lebensgenuß im Haus des begü-
terten Verwandten, der ihn auf einige Wochen zu sich in die Residenzstadt
genommen hat, scheint er kaum wahrzunehmen, ja es gibt in dieser Hinsicht für Joseph gar keinen Gegensatz. Denn alles gewöhnliche Treiben
der Menschen, alles was nicht Musik ist, macht einen „ganz eignen widrigen Eindruck auf ihn" (I, 131). Doch ist es nicht etwa so, daß Joseph
hinter dem vergnügten Leben der Menschen die Verfallenheit des Irdischen, die vanitas aller Dinge sähe. Berglingers contemptus mundi berührt
sich nicht mit älteren asketischen Traditionen des Barock. Vielmehr ist ihm
das Irdische einfach deshalb verleidet, weil es ihn aus seiner musikalischen
Traumwelt ernüchternd herabzieht. Wenn er „zu seinem Anverwandten
zum Mittagessen ging, und es sich in einer gewöhnlich-lustigen und scher-
zenden Gesellschaft hatte wohlschmecken lassen — dann war er unzu-
frieden, daß er so bald wieder ins prosaische Leben hinabgezogen war,
und sein Rausch sich wie eine glänzende Wolke verzogen hatte" (I, 131).
Der „irdische Anteil an dem Leben eines jeden Menschen, der jeden täglich aus seinen Schwärmereien mit Gewalt herabzieht" (I, 131), begreift
für Joseph also nicht nur die Welt des Zwecks und Nutzens, der Armut

---

[28] Koldewey, a. a. O., S. 98.
[29] Vgl. Wilhelm Heinrich Wackenroder. Reisebriefe. Mit Abb.. einer Einf. u.
Erl. hrsg. v. Heinrich Höhn. Berlin o. J.

und Krankheit in sich, die ihn zu Hause umgibt, sondern die unmusika-
lische irdische Welt im ganzen, mag sie ihm auch Glanz und Reichtum
bieten.

Aus der Situation des entlaufenen Sohnes eines heruntergekommenen
Armenarztes steigt Berglinger zum fürstbischöflichen Kapellmeister an der
Residenz auf — ein Aufstieg, wie er in der Barockzeit und im späthö-
fischen 18. Jahrhundert nichts Ungewöhnliches an sich hatte. Freilich dürfen wir uns Berglingers Stellung am Hof, von dem er seine Aufträge
empfängt, nach modernen Maßstäben nicht allzu prächtig und erhaben
vorstellen. Von der romantischen Vergötzung, die dem Tonschöpfer im
19. Jahrhundert zuteil wird, sind Josephs Zeitgenossen weit entfernt.
„Noch im siebzehnten Jahrhundert und später hielt jeder Fürst seine
Musik, wie er seinen Stall hielt. An der Hofkapelle blieb noch lange ein
besonderer Domestikencharakter haften. (. . .) Ja, Haydn war noch in
Livreedienst beim Fürsten Eszterházy und erhielt täglich von diesem seine
Befehle". Dieses kürzende Zitat aus Huizingas „Homo ludens"[30] beleuchtet den allgemeinen sozialgeschichtlichen Hintergrund der Stellung Berglingers bei Hof. Denn die Verhältnisse werden an einer fürstbischöflichen
Residenz — wir brauchen nur an Mozart in Salzburg zu denken — nicht
viel anders gewesen sein als an einem weltlichen Hof. Aber im Unterschied
etwa gerade zu Haydn empfindet Berglinger diese Situation des festbe-
stallten Hofmusikers als unerträglich. „Von allem dem ekelhaften Neid
und hämischen Wesen, von allen den widrig-kleinlichen Sitten und Be-
gegnungen, von aller der Subordination der Kunst unter den Willen des
Hofes; — es widersteht mir, e i n Wort davon zu reden — es ist alles so
unwürdig und die menschliche Seele so erniedrigend, daß ich nicht e i n e
Silbe davon über die Zunge bringen kann" (I, 144). Wir dürfen uns an
Werther erinnert fühlen, der als Adjutant eines Gesandten in hochnäsigen
Adelskreisen verkehren muß und sich darüber also äußert: „Und das
glänzende Elend, die Langeweile unter dem garstigen Volke, das sich
hier neben einander sieht! die Rangsucht unter ihnen, wie sie nur wachen
und aufpassen, einander ein Schrittchen ab zu gewinnen; Die elendesten,
erbärmlichsten Leidenschaften, ganz ohne Röckchen".[31] Wir müssen, um
diese Parallele recht zu würdigen, in Anschlag bringen, daß für Berglinger die Situation am Hof deshalb noch weit heikler und peinigender
ist, weil er als schaffender Musiker dort lebt und als solcher auf den Hof
angewiesen ist. Jede Verletzung seiner empfindsamen Innerlichkeit, des
Raumes seiner Kunst, verletzt ihn — darin Goethes Tasso gleich — nicht
nur als Mensch, sondern als Künstler.

---

[30] Johan Huizinga, Homo ludens. Vom Ursprung der Kultur im Spiel.
(Rowohlts deutsche Enzyklopädie. 21.) Hamburg (1956), S. 157 f.
[31] W. A., I. Abt., 19. Bd., S. 93.

Berglingers Auffassung von der „Göttlichkeit der Kunst" (I, 145) oder gar des Klosterbruders Verehrung der „großen, gebenedeiten Kunstheiligen" (I, 202) erscheint, unter die geschichtlichen Gegebenheiten eines süddeutsch-barocken Bischofshofes verpflanzt, völlig deplaciert. Der Hof schreibt seinem Bediensteten nicht nur vor, was er zu komponieren habe — etwa ein Oratorium (vgl. I, 149) —, sondern auch, wie das Werk beschaffen sein soll. Und die mitwirkenden Virtuosen, Sängerinnen und Sänger wollen, daß der Kapellmeister ihnen die Musik gleichsam auf den Leib komponiere. „Ich sammle und erhebe meine ganze Seele, um ein großes Werk zu Stande zu bringen; — und hundert empfindungslose und leere Köpfe reden mit ein, und verlangen dieses und jenes" (I, 144).

Mag nun der Konflikt zwischen dem Künstler und der höfischen Welt, in der er lebt und in deren Auftrag er schafft — das Thema von Goethes „Tasso" — sich auch zu anderen Zeiten zugetragen haben, so charakterisiert es in besonderer Weise Berglingers zwiespältige geschichtliche und persönliche Situation, daß selbst die Künstler, die mit ihm an der Residenz leben, seine Auffassung von der Kunst keineswegs teilen und ihnen das Wesen seines Künstlertums fremd ist. Ihre Selbsteinschätzung und ihr Verhältnis zu ihrem Beruf ist ihrer sozialen Stellung, ihren Lebens- und Schaffensbedingungen bei Hof angepaßt. Sie sehen ihre Aufgabe darin, durch ihre Kunstfertigkeit den Hof zu unterhalten, und sind stolz darauf, wenn ihnen das gelingt. Berglinger urteilt über sie: „Es sind bedauernswerte Künstler, die ich um mich herum sehe. Auch die edelsten so kleinlich, daß sie sich vor Aufgeblasenheit nicht zu lassen wissen, wenn ihr Werk einmal ein allgemeines Lieblingsstück geworden ist" (I, 145). Sie fühlen sich durchaus nicht als ein schwaches Werkzeug der göttlichen Macht der Musik, sondern sind selbstbewußte, auf ihr persönliches Avancement eifrig bedachte und deshalb auf Berglinger neidische (vgl. I, 149) Diener der Selbstrepräsentation des Fürstenhofs, als welche sie ihre Kunstfertigkeiten zu produzieren die Ehre haben.[32] Ihre Auffassung von Kunst und Künstlertum ist derjenigen Berglingers entgegengesetzt und gehört, verglichen mit dieser, einer älteren Zeit an. Sie schaffen naiv, ohne über den Grund und das Ziel ihres Tuns zu reflektieren, und wissen nichts von Berglingers empfindsamer Innerlichkeit und religiöser Kunstbegeisterung.

Selbstverständlich hat die Musik am fürstbischöflichen Hof auch eine religiöse Funktion. Sie dient nicht bloß der Ehre des Fürsten, sondern auch der Ehre Gottes. In den Kirchen, die der kleine Joseph besucht, hört er

---

[32] Wir bedienen uns der Ausdrucksweise des Haushofmeisters im Vorspiel der „Ariadne auf Naxos" von Hugo von Hofmannsthal. (Gesammelte Werke in Einzelausgaben. Lustspiele III, Frankfurt a. M. 1956, S. 10.)

„die heiligen Oratorien, Kantilenen[33] und Chöre mit vollem Posaunen-
und Trompetenschall unter den hohen Gewölben ertönen" (I, 129). Dieser
gottesdienstliche Gebrauch, den man von ihr macht, heiligt die Musik.
Keineswegs aber ist sie für das Empfinden der anderen Hofmusiker an
und für sich heilig. Fremd und befremdlich müßte es auf die Künstler
der Residenz wirken, wenn Berglinger so zu ihnen spräche: „Lieber
Himmel! sind wir denn nicht die eine Hälfte unsres Verdienstes der
Göttlichkeit der Kunst, der ewigen Harmonie der Natur, und die andre
Hälfte dem gütigen Schöpfer, der uns diesen Schatz anzuwenden Fähigkeit gab, schuldig?" (I, 145) Vollends aber müßte es die Mitglieder der
Hofkapelle verwirren, wenn sie ihren Kapellmeister fragen hörten: „Alle
tausendfältigen, lieblichen Melodieen, welche die mannigfachsten Regungen
in uns hervorbringen, sind sie nicht aus dem einzigen wundervollen Dreiklang entsprossen, den die Natur von Ewigkeit her gegründet hat? Die
wehmutsvollen, halb süßen und halb schmerzlichen Empfindungen, die
die Musik uns einflößt, wir wissen nicht wie, was sind sie anders als die
geheimnisvolle Wirkung des wechselnden Dur und Moll" (I, 145)? Der
Leser von heute denkt bei dem letzten Satz weniger an die Musik eines
Händel, Ph. E. Bach oder J. Haydn als etwa an Schubertsche Ton-
rückungen. Der älteren Musikpsychologie bis zur Mitte des 18. Jahrhunderts sind solche geheimnisvollen gemischten Empfindungen jedenfalls
fremd.

Und noch ein Letztes ist es, was Berglinger seiner höfischen-barocken
Umwelt als Kapellmeister entfremdet: sein Verhältnis zum Publikum.
Bei Huizinga lesen wir: „Auf den Abbildungen von Musikaufführungen
aus dem achtzehnten Jahrhundert sieht man die Zuhörer immer in ele-
gantem Gespräch. (...) Die Musik war und blieb in der Hauptsache
Divertissement, und die Bewunderung, wenigstens die ausgesprochene Bewunderung, galt vor allem der Virtuosität.[34] Berglinger aber verlangt von
seinen Zuhörern, daß sie gleich ihm der dargebotenen Musik in Andacht
ihr Gefühl hingeben (I, 142). Bitter klagt er in einem Brief: „Daß ich mir
einbilden konnte, diese in Gold und Seide stolzierende Zuhörerschaft
käme zusammen, um ein Kunstwerk zu genießen, um ihr Herz zu erwärmen, ihre Empfindung dem Künstler darzubringen! Können doch

---

[33] Das Wort Kantilene bezeichnet hier noch nicht, wie es seiner heutigen Bedeutung entspräche, eine besonders gesangreich hervortretende Melodie in
einem instrumentalen oder vokalen Tonstück, sondern im Sinne des italienischen „cantilena" ein kurzes, liedhaftes Gesangsstück. Vgl. Musicalisches
Lexicon oder Musicalische Bibliothec ... von Johann Gottfried Walthern.
Leipzig 1732. Faks.-Nachdr. hrsg. v. Richard Schaal. Kassel u. Basel 1953,
S. 135.
[34] Huizinga, a. a. O., S. 158.

diese Seelen selbst in dem majestätischen Dom, am heiligsten Feiertage, indem alles Große und Schöne, was Kunst und Religion nur hat, mit Gewalt auf sie eindringt, können sie dann nicht einmal erhitzt werden, und sie sollten's im Konzertsaal?" (I, 142 f.) Für Berglingers Zuhörer ist Musik, was sie ihm niemals sein kann, nämlich bloße Unterhaltung. „Was ist die Kunst so seltsam und sonderbar! Hat sie denn nur für mich allein so geheimnisvolle Kraft, und ist sie für alle andre Menschen nur Belustigung der Sinne und angenehmer Zeitvertreib?" (I, 146) Berglinger beginnt an seiner Kunst zu zweifeln, da er sie aus ihrer religiösen Erhabenheit zu etwas Fragwürdigem, ja Nichtigem erniedrigt sieht. Aber vertragen sich solche Zweifel und Konflikte mit der Stellung eines fürstbischöflichen Kapellmeisters des Spätbarock?

Wir begreifen jetzt, warum sein sozialer Aufstieg aus dem Elend und all der äußere Glanz, in dem Berglinger lebt, ihm nichts bedeuten. „Ich dachte in meiner Jugend dem irdischen Jammer zu entfliehen, und bin nun erst recht in den Schlamm hineingeraten" (I, 144). Wir dürfen aus dieser Klage nicht in erster Linie eine soziale Anklage gegen das Adelsleben heraushören. Das sozialkritische Element ist hier viel schwächer als in vergleichbaren Stellen des „Werther". Vom Geist der Französischen Revolution ist in das Werk Wackenroders kaum etwas eingedrungen. Es gilt Berglinger letztlich gleichviel, daß er in seiner Kindheit in Armut und später „in großem Glanze lebt" (I, 141). In beidem sieht er, der Musiker, nur Elend, das nämliche Elend. Wenn ihn in der Kindheit etwa der Zank seiner Schwestern um ein neues Kleid aus seinen musikalischen Phantasien reißt (I, 135), so vergällen ihm später die Verhältnisse am Hof sein Künstlertum: ein Künstlertum, das von dem seiner fiktiven Zeitgenossen ebenso wie von dem der uns historisch bekannten Musiker seiner fiktiven Lebenszeit grundverschieden ist.

Der antithetische Grundzug

Berglinger ist seinem Wesen nach kein Musiker des späten höfischen Barock, in dessen Zeit und Umwelt ihn sein Schöpfer hineingestellt hat, sondern — wie auch unsere Beobachtungen zu seiner Musikanschauung noch verdeutlichen werden — ein ‚moderner' Künstler. Wenn wir Berglinger modern nennen, dürfen wir uns indessen nicht darüber täuschen, daß er sich auch in eine andere Zeit und Umwelt, etwa in das bürgerliche Berlin am Ausgang des 18. Jahrhunderts, nicht harmonisch einfügen würde. Die Problematik seines Wesens bliebe dieselbe, und der Grundkonflikt — so nennen wir die Auseinandersetzung seiner Innerlichkeit mit der Außenwelt — würde sich anderorts und zu anderen Zeiten wiederholen.

Was Wackenroder veranlaßt hat, seinen Berglinger in die ihm zwar bekannte, doch fern liegende Welt des süddeutschen höfischen Barock zu stellen, war vielleicht in erster Linie das Bedürfnis, von seinen persönlichen Lebensverhältnissen dichterisch Abstand zu gewinnen.[35] Er projizierte den eigenen ,modernen' Konflikt in eine zwar noch gegenwärtige, aber doch schon niedergehende Welt, die von den kulturell und wirtschaftlich aufstrebenden und schließlich auch politisch bewegenden Kräften des Bürgertums gesprengt wurde. Es gab zu Wackenroders Zeit für einen bürgerlichen Musiker bereits andere, neue Lebensformen. Die eines Kapellmeisters in fürstlichem Dienst war am Ende des 18. Jahrhunderts fast schon überlebt. Wurde der junge Mozart vom Salzburger Fürstbischof noch wie ein Leibeigener gehalten, so ist Haydn, seitdem er im England der 90er Jahre das hier bereits viel weiter als auf dem Kontinent entwickelte bürgerliche Konzertwesen kennengelernt hat, wirtschaftlich auf sich selbst gestellt. Ähnlich wie vor ihm Ph. E. Bach, der als Musikdirektor in Hamburg der „erste bewußt wirtschaftlich orientierte Schaffende"[36] geworden ist, wird er sein eigener Unternehmer.

Musiksoziologisch betrachtet, lebt Berglinger also in einer Zeit, in der die Lebensgrundlagen seines Standes in einer Umwandlung begriffen sind. Vor allem seit der Mitte des 18. Jahrhunderts vollzieht sich der Wandel von dem an einen Fürstenhof oder den Magistrat einer Stadt gebundenen zu dem frei schaffenden Musiker, der sich schließlich in Beethoven von allen alten gesellschaftlichen Bindungen befreien wird. Dieser Vorgang bringt eine zuvor unbekannte Unsicherheit über den ganzen Berufsstand. Der Musiker verliert seine feste Stellung in einem engen gesellschaftlichen Kreis, in dessen Auftrag er bisher geschaffen und wo er

---

[35] Indem Wackenroder die „Herzensergießungen" anonym veröffentlichen läßt, scheint er sich von seinem eigenen Werk abzusetzen. Zugleich verhindert er dadurch, daß die Fiktion des Klosterbruders durch seinen Verfassernamen gestört wird. Daß dabei, wie es allgemein heißt, die Rücksichtnahme auf den Vater eine Rolle gespielt habe, glauben wir nicht. Ein Mann, in dessen Haus Ramler aus und ein ging, stand den literarischen Ambitionen seines Sohnes sicher nicht grundsätzlich ablehnend gegenüber. Im übrigen war der Name der Verfasser der „Herzensergießungen" schon 1797 literarisch Interessierten bekannt. Wackenroder war wohl nicht sehr darum zu tun, seine Anonymität zu wahren — auch nicht vor dem Vater. Dieser hatte sich ja, wenn auch in ganz anderer Richtung, selbst literarisch betätigt, seinerseits aber die Anonymität so fest zu behaupten gewußt, daß seine zuerst 1768 in Leipzig, später in verschiedenen, zum Teil stark veränderten Neuauflagen erschienenen „Betrachtungen über Geschäfte und Vergnügungen" auch heute noch in den Katalogen der Bibliotheken Deutschlands nur unter dem Sachtitel, nicht aber unter dem Verfassernamen aufzufinden sind.

[36] Eberhard Preußner, Die bürgerliche Musikkultur. Ein Beitrag zur deutschen Musikgeschichte des 18. Jahrhunderts. Hamburg (1935), S. 80.

Aufgaben ausgeführt hat, die ihm von außen gestellt wurden. Er wird der engen Bindung an seinen Auftraggeber und sein Publikum ledig, bezahlt die Freiheit des Schaffens aber mit der Gefahr, in eine Isolation zu geraten, nicht mehr verstanden und dadurch brotlos zu werden. Die neue soziale Situation des Musikers ermöglicht erst den Typus des verkannten Genies: Es ist der Musiker, dem es nicht gelingt, sich und seinem Werk in dem sich allmählich verfestigenden bürgerlichen Konzertleben Geltung zu verschaffen. Diese innere Problematik des isolierten, sich unverstanden fühlenden Musikers hat erstmals Wackenroder in seinem Berglinger zum Ausbruch kommen lassen, — in einem Musiker, in dessen äußerem Leben die sozialen Voraussetzungen dafür noch nicht gegeben zu sein scheinen. Um so schlimmer für Berglinger!

Eberhard Preußner hat in seiner Untersuchung über die Entstehung der bürgerlichen Musikkultur dargelegt, daß der wirtschaftliche und gesellschaftliche Wandel, dem der Musikerstand durch das aufkommende bürgerliche Konzertwesen im 18. Jahrhundert unterworfen ist, mit der Entwicklung der musikalischen Form der Symphonie parallel geht.[37] Die Symphonie steht im Mittelpunkt der Musikästhetik Berglingers. An ihren vom musikalischen Sturm und Drang entdeckten Ausdrucksmöglichkeiten demonstriert er seine „Seelenlehre der heutigen Instrumentalmusik" (I, 182). Nicht nur Berglingers Seelenlage, sondern auch seine Musikanschauung ist seiner fiktiven Lebenszeit voraus. Auch seine „moderne" Musikästhetik kontrastiert mit seiner sozialgeschichtlichen Situation als Hofkapellmeister eines Fürstbischofs des Spätbarock. Derlei Kontraste verschärfen noch mehr die Dialektik der Auseinandersetzungen, von denen sein empfindsames Inneres zerrissen wird.

Als ein andauernder Konflikt zwischen Innerlichkeit und Welt, Kunst und Leben, Phantasie und Wirklichkeit stellte sich uns Berglingers Künstlerleben dar. Diese Auseinandersetzung zwischen Antithesen spielte sich, wie wir sahen, wesentlich in Berglingers Innerem ab, so daß wir als Grundzug seines Wesens gerade den Konflikt, den Kampf zwischen konträren Widersprüchen, die dialektische Auseinandersetzung betrachten müssen.

Diese Auseinandersetzung ist wiederum nicht barock, sondern ‚modern'. Doch mag es immerhin bemerkenswert erscheinen, daß auch das literarische Barock die Auseinandersetzung zwischen konträren Gegenteilen kennt, nur haben sie hier andere Namen. Sie heißen etwa Zeitlichkeit und Ewigkeit, Glanz und Eitelkeit des Irdischen, Pracht und Verwesung. Gegenüber diesen in Spannung zu einander stehenden objektiven Welten bleibt die Dialektik des Berglinger-Wesens rein subjektiv, inner-

---

[37] Preußner, a. a. O., S. 72 f.

halb der Sphäre dieser individuellen seelischen Innerlichkeit. Im Anschluß
an neuere Forschungen Heinz Otto Burgers[38] können wir sagen, die Antithetik des Barocks stelle sich uns als eine auf dem Streben nach einem
rhetorischen Effekt beruhende dialektisch gefügte Schreibweise dar, während wir es in der Berglinger-Dichtung mit der antithetischen Daseins-
weise einer Figur zu tun haben, noch genauer gesagt: mit antithetischen
Empfindungen, die das Innere eines Künstlers zerreißen. Nur eine formale
Analogie ist es, die zwischen Berglingers Dasein und einer Darstellungs-
weise besteht, wie wir sie etwa in einem Alexandrinersonett von Gry-
phius antreffen. Der geschichtlichen Voraussetzung und dem Inhalt nach
sind beide grundverschieden. Das Verhältnis liegt, wie uns scheint, nicht
unähnlich demjenigen zwischen der Dithyrambe des Horaz „Quo me,
Bacche, rapis" (carm. II, 25) und Novalis' Übersetzung dieses Gedichts:
„Wohin ziehst du mich, / Fülle meines Herzens, / Gott des Rausches".[39]
Den bei Horaz in mythologisch und literarisch formelhaft vorgeprägter
Gestalt sich darstellenden Gott Bacchus hat der Frühromantiker als göttliche Gewalt völlig in das seelische Innere verlegt. So ist auch der Zwiespalt, in den die Musik Berglingers stürzt, als sie sich seines Inneren be-
mächtigt, nur Zwiespalt dieser Seele.

Damit aber hebt sich das antithetisch gespannte Dasein Berglingers
auch von der dialektischen Struktur romantischen Geistes ab. Romano
Guardini beschreibt das dialektische Auseinandertreten von Gegensätzen
als ein Phänomen, das sich in allen Erscheinungsformen der Romantik
auffinden lasse, und führt es auf „ein Hochdringen der Ursphäre"[40] zurück, die, auf psychologischer Ebene dem Unbewußten vergleichbar, in
ungeschiedener Einheit das enthalte, was antithetisch zerfallend in „jenem
Zustand des Daseins, der die Romantik bestimmt", zum Vorschein
komme. Diese Deutung der Romantik ist vornehmlich der romantischen
Philosophie, insbesondere der des späten Schelling verpflichtet, dessen
Identitätsbegriff ihr zugrundezuliegen scheint. Antithetik stellt jedoch
auch ein Strukturprinzip romantischer Dichtung dar. Nachgewiesen wurde
die antithetische Fügung der Anfangsteile von Novalis' „Heinrich von
Ofterdingen", wo sie im weiteren Fortgang des Romans allerdings der
Dreigliedrigkeit weicht.[41] Das gesamt dichterische Werk E. T. A. Hoff-

[38] Burger, Deutsche Aufklärung im Widerspiegel zwischen Barock und „Neu-
    barock". In: Germanisch-Romanische Monatsschrift. N. F., Bd. 12, 1962,
    S. 151—170.
[39] Vgl. Fritz Strich, Deutsche Klassik und Romantik oder Vollendung und
    Unendlichkeit. 3. Aufl. München 1928, S. 337.
[40] Guardini, Erscheinung und Wesen der Romantik. In: Romantik, S. 247.
[41] Vgl. Oskar Serge Ehrensperger, Die epische Struktur in Novalis' „Heinrich
    von Ofterdingen". Eine Interpretation d. Romans. Phil. Diss. Zürich.
    Winterthur 1965.

manns durchzieht der Gegensatz zweier Welten. Und Eichendorffs Dichtung ist ebenfalls in hohem Maß von einer Spannung entgegengesetzter
Gegebenheiten geprägt.[42] Während sich aber bei den Romantikern, sei es
nach dem Gesetz des dialektischen Dreischritts, sei es in der Form unauf-
gehobener Antithetik, ein Spannungsverhältnis zugleich subjektiver und
objektiver Art anzeigt, ist der rein innerseelische dialektische Umschlag,
wie wir ihn in der Berglinger-Dichtung vorfinden, ein Symptom jenes
hochgespannten Gefühlslebens, das den dichterischen Gestalten des vor-
romantischen Spätsubjektivismus zum Schicksal wird. In der gesamten
Ahnenreihe Berglingers tritt dieses Symtom auf. Stammvater Werther bezeugt den seelischen Umsturz in seinem Brief vom 18. August.[43] Sylli,
sein passiv-leidenderes weibliches Gegenstück in Jacobis „Allwill", ist aus
übergroßer Zartheit des Gefühls und zurückgestoßenem Sympathiever-
langen beständig dem Wechsel von Enthusiasmus und Schwermut, Hingabe und Gefühlskälte ausgesetzt. Mangel an eigener Existenz und Flucht
aus einer niederdrückenden Umwelt in künstlich erzeugte Empfindungen
und Phantasien disponieren sodann Anton Reiser zum seelischen salto
mortale. Und schließlich gehen noch William Lovells extreme Gefühls-
stürze dem antithetisch gespannten Seelenleben Berglingers voraus. So ist
es denn bereits ein altes, durch Berglingers Künstlertum jedoch eigentümlich modifiziertes Leiden, das in dem Musiker noch einmal virulent wird.

Wir werden im einzelnen nachzuweisen haben, daß ein antithetischer
Grundzug Berglingers Wesen bestimmt. Was die Erzählung seiner Lebensgeschichte betrifft, so sind wir in ihr tatsächlich auf zwei einander entgegengesetzte Bewegungen gestoßen. Das zweite Hauptstück brachte die
Umkehrung der Bewegung des ersten. Berglingers Flucht aus seiner Vaterstadt stand als Negation die Sehnsucht nach seiner Kindheit und als wirkliche Umkehrung seine Rückreise gegenüber. Die Erfüllung, die Joseph
am Ende der Flucht beim Anblick der Stadt zuteil zu werden schien, enthielt in sich schon den Umschlag in das Elend, als welches sich das Leben
am Hof für ihn herausstellte. Selbst die beiden Lieder standen in einem
antithetischen Verhältnis zu einander. Das eine flehte um die Überwältigung durch die Musik, die das andere beschwörend abzuwehren suchte.
Die in diesen gegensätzlichen Bewegungen sich darstellende Struktur der
Erzählung von Berglingers Lebensgeschichte erscheint uns als das in den
zeitlichen Verlauf zerlegte Abbild der inneren Spannungen, Bewegungen
und Umschläge, d. h. des antithetischen Grundzugs von Berglingers Wesen. Uns bleibt zu untersuchen, wie dieser Grundzug im einzelnen das
Wesen des Musikers bestimmt.

[42] Vgl. Hermann Kunisch, Freiheit und Bann — Heimat und Fremde. In:
Eichendorff heute. München (1960), S. 131—164.
[43] Goethe, W. A., I. Abt., Bd. 19, S. 74 f.

C. DAS BILD SEINES WESENS

1. Berglinger und die soziale Welt

Der Grundkonflikt

Berglingers emfindsame Innerlichkeit wird von Anfang an als die erste Bedingung und der Raum seiner Konflikte dargestellt. Der Klosterbruder vergleicht Josephs Seele mit einem „zarten Bäumchen, dessen Samenkorn ein Vogel in das Gemäuer öder Ruinen fallen ließ, wo es zwischen harten Steinen jungfräulich hervorschießet" (I, 128 f.). Dieses Gleichnis hebt Berglingers Seele aus der Welt, in der er zu leben genötigt ist, als etwas ihr Unzugehöriges heraus. Die sprachliche Form, in der dies geschieht, umgibt seine Innerlichkeit mit einem Hauch religiöser Weihe. Zugleich aber deutet sich auch schon der Konflikt an: Ein „Gemäuer öder Ruinen" ist der Grund, der dieses so andersartige Dasein festhält. Die empfindsame Innerlichkeit ist ihrerseits der Nährboden von Berglingers Künstlertum. Denn von ihr berichtet der Klosterbruder, daß sie „ganz und gar zu Musik ward" (I, 129).

Innerlichkeit und Künstlertum auf der einen Seite und die äußeren Lebensbedingungen auf der anderen stehen im Widerstreit zueinander. Dies ist die Situation Berglingers. Es ist zugleich ein Stück der geistigen Situation der zweiten Hälfte des 18. Jahrhunderts in Deutschland.

Unter der Vorherrschaft der Aufklärung bildete das 18. Jahrhundert Gegenströmungen aus, die sich von solchen Kräften des Menschen nährten, die im Rationalismus zu verkümmern drohten. Seit der Jahrhundertmitte traten diese Kräfte, an deren Befreiung die religiöse Erneuerung des Pietismus, die von ihm ausgehende Verinnerlichung und Praxis der Selbstbeobachtung wesentlichen Anteil hatten, immer stärker in den Vordergrund. Die Kraft des Gemüts, das Gefühl wird der eigentliche Gegenstand literarischer Gestaltung im empfindsamen Roman, in den Oden Klopstocks, in der Lyrik des Göttinger Hainbundes — wir müssen uns hier mit flüchtigen Andeutungen begnügen. Die Ergriffenheit des Herzens sucht im Sturm und Drang die Schranken eines verstandesmäßig geordneten, allenthalben von rationalen Normen eingeengten Lebens in einer durch die deistische Weltanschauung mechanisierten Welt niederzureißen. Aber der Bruch zwischen einem unmittelbaren Leben aus dem Gefühl und der ratio, der Dualismus zwischen Seelen- und Körperwelt wird damit nicht überwunden.

Wie behauptet sich die unmittelbare Gegebenheit des sich unbegrenzt wissenden Gefühls mit seinem Streben nach Ausbreitung und Durchdringung in der eng begrenzten bürgerlichen Welt? Diese Frage wird in der zweiten Hälfte des 18. Jahrhunderts zu der Kernfrage für den Dichter, der in dieser Zeit nicht mehr von der Tradition gestellte Themen nach normativen Vorstellungen bearbeitet, sondern aus der Ergriffenheit seines Herzens zugleich lebt und schafft. Mit J. Chr. Günther ist er zu Beginn des Jahrhunderts aus den gesellschaftlichen Bindungen, in denen er im 17. Jahrhundert stand, herausgetreten und als schöpferische Persönlichkeit, die subjektives Erlebnis dichterisch bekennt, sich seiner selbst bewußt geworden. Schon in Günther aber scheitert er auch an der Wirklichkeit. Es ereignet sich die Tragödie des Dichters, die gegen Ende des Jahrhunderts Goethe in Tasso gestaltet. Von nun an ist der Künstler — nach dem Dichter auch der Musiker und der Maler — sich selbst zum Problem geworden, die romantischen Künstlerromane bezeugen es. Sie bekunden zugleich das erneute Ringen um die Einheit von Fühlen und Leben, Seele und Welt, Traum und Wirklichkeit, und die wechselseitige Durchdringung und Verschmelzung scheint — außer Betracht lassen wir hier die Entsagung der Klassik, die im „Wilhelm Meister" das Ausleben des inneren Poetischen als eine falsche Tendenz preisgibt — auf dem Wege nach Innen am ehesten dort zu gelingen, wo die religiöse Grundlage des Gefühls- und Innerlichkeitskultes des 18. Jahrhunderts, durch die Säkularisierung hindurch, die sie erfahren hat, noch gegenwärtig ist: Novalis, der in einer vom Pietismus geprägten Umwelt aufwächst, wird von ihr noch getragen. In ihm gelangt zuletzt jene Bewegung, die als Auseinandersetzung zwischen Innerlichkeit und Außenwelt das Jahrhundert durchzieht, zur Synthese.[44] Die Welt zum Innenraum des Gemüts werden zu lassen, ist das erklärte Ziel seines Schaffens. Aber im Gegensatz zu Wackenroder weiß sich Novalis vor den Gefahren zu bewahren, die dem

---

[44] Als ein anderer Gipfel dieser Bewegung wäre Jean Paul zu nennen. Daß zwischen diesem und Wackenroder Querverbindungen bestehen, zeigt uns ein Brief an Tieck vom 19. März 1800. Darin schreibt Jean Paul über die „Phantasien", als deren Verfasser er Tieck ansieht:

„Ich wolte Ihnen danken für Ihre Phantasien über die Kunst, die selber Sprößlinge der Kunst sind. So viele Stellen darin wie überhaupt Ihre Prose scheinen mir poetischer als Ihre andere Poesie, und jene hat stat jedes fehlenden pes einen Flügel. Ich lies mir sie, wie die Alten die Geseze, unter Musik promulgieren; ich meine, ich spielte sie im eigentlichen Sinne auf meinem Klaviere vom Blatte. Die Musik — besonders die unbestimmte — ist ein Sensorium für alles Schöne; ja unter Tönen fass' ich sogar Gemählde leichter." (Jean Pauls sämtliche Werke. Hist.-krit. Ausg. 3. Abt., 3. Bd., hrsg. v. Eduard Berend. Berlin 1955, S. 308.)

Jean Paul macht Tieck hier Komplimente, die für diesen gar nicht so schmeichelhaft sind, da sie Tiecks Verspoesie gegenüber seiner Prosa herabsetzen. Es ist aber die Prosa der musikalischen Aufsätze Wackenroders, deren „unbestimmte" Musik Jean Paul's musikalische Empfindung in Schwingung setzt und zum Phantasieren am Klavier anregt.

drohen, der sich dem Kult der Empfindungen ergibt.[45] In einem Brief
vom 16. März 1793 warnt er seinen Bruder: „Laß Dir diese feinere Kultur Deines Geistes recht angelegen sein. (...) Nur falle nicht in das andre
Extrem, (...) daß Du das tätige Leben, die Unbedeutendheit des alltäglichen Lebensganges und die wahre Praxis aller Philosophie fliehst und
bloß in angenehmen Träumereien Deiner Seele und in Empfindungen und
Raisonnements lebst, die nicht ihrer selbst willen, sondern bloß um der
wirklichen Welt, und dem wahren tätigen Leben da sind".[46] Dieser „wahren Praxis aller Philosophie" war Wackenroder ebensowenig fähig wie
sein Berglinger. Aber nur um diesen letzteren ist es uns jetzt zu tun. Er
erleidet bis zum äußersten den Konflikt zwischen Seele und Welt und
geht daran zugrunde. In der Figur Berglingers manifestiert sich die Krise
des Gefühlskultes in ihrem Spätstadium. Wenn wir an ihr auch bereits
romantische Züge festgestellt haben, so kann sie doch nicht einfach als
ein romantischer Künstler oder nur als ein Vorläufer romantischen Künstlertums verstanden werden. Diese in der Forschung vorherrschende Be-
trachtungsweise reicht nicht aus. Vielmehr ist Berglinger von der Empfindsamkeit und dem mit Goethes „Werther" erreichten Stadium des
Gefühlssubjektivismus her geschichtlich aufzuschließen.

Wenn der Klosterbruder von Berglinger sagt: „Er war stets einsam
und still für sich ..." und kurz darauf betont: „ ... sein Inneres schätzte
er über alles ..." (I, 129), so wird man hierin Auswirkungen jener pietistischen Seelenkultur und Verinnlichung sehen dürfen, wovon die Empfindsamkeit in Deutschland ausgegangen ist. Auch Klopstocks Parodie
des „Stabat mater", die wir bei der Interpretation von Berglingers
Jugendwerken berücksichtigt haben, weist in diese Richtung. Die Innerlichkeit, die Berglinger auszeichnet und die als der ihm einzig gemäße
Lebensraum erscheint, hat er mit Helden empfindsamer Romane gemein.
Wie Werther, der „mit einer tiefen reinen Empfindung und wahrer Pene-
tration begabt, sich in schwärmende Träume verliert...",[47] scheitert er
daran, daß er sich nicht in ein wohlgegründetes Verhältnis zur Wirklichkeit schicken kann, vor allem auch zur gesellschaftlichen Wirklichkeit.

---

[45] Wir verwenden die Wörter Empfindung und Gefühl als Synonyma, wie
dies dem Sprachgebrauch in der Literatur des Pietismus und der Empfind-
samkeit entspricht. „Empfindung bedeutet in der damaligen Zeit durchweg
das gleiche wie Gefühl. Die Differenzierung und begriffliche Klärung von
Gefühl und Empfindung in der modernen Psychologie kennt der pietistische
Sprachgebrauch noch nicht." (Fritz Stemme, Karl Philipp Moritz und die
Entwicklung von der pietistischen Autobiographie zur Romanliteratur der
Erfahrungsseelenkunde. Phil. Diss. Marburg 1950, S. 20.)
[46] Novalis, Werke, Briefe, Dokumente. Hrsg. v. Ewald Wasmuth, 4. Bd.,
Heidelberg 1954, S. 90.
[47] Goethe, W. A., IV. Abt., 2. Bd., S. 171.

Berglingers Sehnsucht, der Sphäre des Hofes zu entfliehen, wo er „von
lauter kultivierten und geschmackvollen Menschen umgeben" ist (I, 146),
ist zugleich Ausdruck von Rousseau'schem Kulturpessimismus, von Ge-
sellschaftskritik und Empfindsamkeit.[48] Daß seine Situation am bischöflichen Hof ein Äquivalent in dem Klassenkonflikt hat, in den Werther
gerät, als er aus Lottens Nähe geflohen und Attaché einer Gesandtschaft
geworden ist, haben wir bereits gezeigt. Manche noch festeren Anknüp-
fungspunkte der Berglinger-Biographie an die Tradition des empfindsamen Romans lassen sich greifen. Der Klosterbruder nennt Berglingers
Lebensgeschichte, indem er den Verstorbenen anredet, die „Geschichte
deines Geiste" (I, 126). Darin gleicht er dem Erzähler des „Siegwart", der
seinerseits in der Nachfolge des „Werther" steht. Auch J. M. Miller will,
wie er ausdrücklich in seiner Vorrede sagt, nicht auf den Verstand, sondern auf das Gefühl seiner Leser wirken. Siegwarts Lebensgeschichte

[48]   „Was ich möchte? — Ich möchte all' diese Kultur im Stiche lassen, und
mich zu dem simplen Schweizerhirten hinflüchten, und seine Alpenlieder, wonach er überall das Heimweh bekömmt, mit ihm spielen."
(I, 146)
Dieser Motivkomplex des Schweizerhirten ist ein Lieblingstopos in der Literatur der Empfindsamkeit und der Romantik, zu einer Zeit also, da man für
„Heimweh" das Wort „Schweizerkrankheit" verwendete. (Nachweis hierfür
im 9. Bd. des Grimm'schen Wörterbuchs.) Über den geschichtlichen Hintergrund des Topos belehrt uns C. L. Junker in seinem Buch „Über den Wert
der Tonkunst" (Bayreuth u. Leipzig 1786, S. 49): „Als zu Valladolid in
Spanien 5 Schweizer Soldaten den sogenannten Kuhreihen (Rens de Vache)
von einem ihrer Landsleute, auf einem Thurn spielen hörten, bekamen sie
alle Heimweh, und mußten entlassen werden."
Nur im Vorübergehen seien noch ein paar willkürlich aufgelesene Belege
angeführt, die den Topos als gemein-empfindsam-romantisch ausweisen. Im
„Sternbald" heißt es im Zusammenhang mit dem Vortrag eines „Alphorn-
liedes": „Man sagt, daß bei einem gewissen Liede jeder Schweizer in der
Fremde eine unnennbare Sehnsucht nach seiner Heimat empfinde" (Tieck,
Sternbald, S. 123). — Hölderlin sucht in einem Brief an seine Mutter zu
erklären, warum das Studium der Philosophie Unruhe über ihn gebracht
habe: „... ich erkläre mir es jezt daraus, daß ich mich in höherm Grade,
als es nöthig war, von meiner eigenthümlichen Neigung entfernte, und mein
Herz seufzte bei der unnatürlichen Arbeit, nach seinem lieben Geschäffte, wie
die Schweizerhirten im Soldatenleben nach ihrem Thal und ihrer Heerde sich
sehnen. Nennen Sie das keine Schwärmerei!" (Brief vom Januar 1799. Große
Stuttgarter Hölderlin-Ausgabe, Bd. 6, 1, S. 311) — Die Herausgeber des
„Wunderhorns" haben den Topos dem Soldatenlied „Der Schweizer"
eingefügt:
     Zu Straßburg auf der Schanz',
     Da ging mein Trauren an,
     Das Alphorn hört' ich drüben wohl anstimmen,
     Ins Vaterland mußt' ich hinüber schwimmen,
     Das ging nicht an.

nennt er eine „Geschichte seines Herzens".[49] Auch für die Wirkung der
Musik auf die Seele Berglingers findet sich eine Parallele im „Siegwart".
Bei manchen Stellen der Musik, die der kleine Joseph in den Kirchen der
Bischofsstadt hörte, schien „ein besonderer Lichtstrahl in seine Seele zu
fallen; es war ihm, als wenn er dabei auf einmal weit klüger würde, und
mit helleren Augen und einer gewissen erhabenen und ruhigen Wehmut
auf die ganze wimmelnde Welt herabsähe" (I, 131). Nicht anders wirkt
im „Siegwart" die Lektüre von Oden Klopstocks auf Threse: „Man fühlt
was dabei, was man sonst in seinem Leben nicht gefühlt hat. Man ist ganz
über der Welt und sieht auf sie herunter".[50]

Das Stichwort: Geschichte des Geistes bzw. des Herzens, kennzeich-
nend für den Zusammenhang zwischen Berglingers Lebensgeschichte und

In seiner älteren Gestalt kennt das Lied den Topos noch nicht. Vgl. Julius
Sahr, Das deutsche Volkslied. 3., verm. u. verb. Aufl. Leipzig 1908, 2. Bd.
(Sammlung Göschen. 132), S. 96 f.:

> Zu Straßburg auf der Schanz,
> Da fing mein Unglück an;
> Da wollt ich den Franzosen desertiern,
> Und wollt es bei den Preußen probiern,
> Ei das ging nicht an.

Kindheit, Ursprung, Vorzeit führt der Topos des Schweizerhirten schließlich mit herauf, wenn Eichendorff ihn an einem Wendepunkt seines Romans
„Ahnung und Gegenwart" verwendet:

> Wie dem Schweizer in der Fremde, wenn plötzlich ein Alphorn ertönt,
> alle Berge und Täler, die ihn von der Heimat scheiden, in dem Klange
> versinken, und er die Gletscher wiedersieht, und den alten, stillen Garten
> am Bergeshange, und alle die morgenfrische Aussicht in das Wunder-
> reich der Kindheit, so fiel auch Friedrich bei dem Tone dieser Stimme
> die mühsame Wand eines langen, verworrenen Lebens von der Seele
> nieder: — er erkannte seinen wilden Bruder Rudolf, der als Knabe
> fortgelaufen war, und von dem er seitdem nie wieder etwas gehört
> hatte. (Eichendorffs Werke. Hrsg. v. Ludwig Krähe. 2. T., S. 240 f.)

[49] J. M. Miller, Siegwart. Eine Klostergeschichte. Neue verb. Ausg., Carlsruhe
1782, 1. Bd., S. 199. — Eine äußere Beziehung zwischen dem empfindsamen
Roman „Siegwart" und dem Titel der „Herzensergießungen" stellt das
Urteil Chr. Fr. Daniel Schubarts über Millers Roman her: „Das E m p -
f i n d s a m e , vor dem uns seit einiger Zeit eckelte (denn es war meist lose
Speise, in Brühen und Sulzen aufgetragen), behauptet hier wieder sein volles
Recht: denn da ist nicht nachgeäffte Empfindsamkeit eines Sentimental-
gecken, sondern wirklicher Ausguß eines vortrefflichen Herzens" (C. F. D.
Schubart's gesammelte Schriften und Schicksale. 6. Bd., Stuttgart 1839, S.
263).

[50] J. M. Miller, a.a.O., S. 329. Eine weitere Parallele zum „Siegwart" gibt Paul
Neuburger, Die Verseinlage in der Prosadichtung der Romantik. Palästra
145, Leipzig 1924, S. 89.

dem empfindsamen Roman, ist für uns auch noch in anderer Hinsicht aufschlußreich. Die von der Forschung immer wieder hervorgehobene geistige Verwandtschaft, die zwischen Berglinger und seinem Schöpfer besteht, macht die Berglinger-Geschichte zu einer verhüllten inneren Autobiographie Wackenroders. Nun läßt es uns aufhorchen, wenn wir in Karl
Philipp Moritz' autobiographisch-psychologischem Roman „ Anton Reiser"
erneut auf jenes Stichwort stoßen. Das Bedürfnis, seine Gedanken und
Empfindungen mitzuteilen, bringt Reiser auf den Einfall, ein Tagebuch
zu führen, in dem er „nicht sowohl seine äußern geringfügigen Begebenheiten wie ehemals, sondern die innere Geschichte seines Geistes auf-
zeichnen" will.[51] Fritz Stemme hat einleuchtend dargelegt, daß Moritz'
Roman der Erfahrungsseelenkunde aus der pietistischen Autobiographie
herzuleiten ist.[52] Reiser aber ist ein naher Geistesverwandter Berglingers.
Es gibt wohl keine Romanfigur im 18. Jahrhundert, die mit Berglinger
größere Ähnlichkeit hätte.[53] Sein Grundkonflikt ist in Reiser vorweggenommen. „Reiser lebte im Grunde immer ein doppeltes, ganz voneinander verschiedenes inneres und äußeres Leben".[54] Es klingt wie ein Echo
hiervon, wenn der Klosterbruder am Ende der Berglinger-Vita in die
Klage ausbricht: „Warum wollte der Himmel, daß sein ganzes Leben
hindurch der Kampf zwischen seinem ätherischen Enthusiasmus und dem
niedrigen Elend dieser Erde ihn so unglücklich machen, und endlich sein
doppeltes Wesen von Geist und Leib ganz von einanderreißen sollte!"
(I, 150) Und wieder stoßen wir auch von hier aus auf den „Werther", in
dessen Gedankenwelt sich Reiser völlig einlebt, obwohl Werthers Leiden
der Liebe ihm ebenso unbekannt sind wie dem Musiker Joseph Berglinger.[55]

Berglinger wiederholt Werthers Konflikt mit dem einschnürenden,
beengenden Leben, aus dem diesen ins Unendliche, Schrankenlose verlangt. Was den Musiker dabei aber von Werther unterscheidet, ist die
Tatsache seines Künstlertums. Berglinger ist die Musik, was Werther die
Natur ist. Werther betätigt sich zwar als dilettantischer Zeichner, aber
sein Künstlertum — wenn von einem solchen bei ihm überhaupt gesprochen werden darf — ist kein Konstitutivelement seines Wesens, Berglinger
hingegen ist wesentlich Musiker, und sein Verlangen nach der Freiheit von
den Beschränkungen, die ihm sein irdisches Dasein auferlegt, ist das Ver-

---

[51] Reiser, S. 234.
[52] Stemme, Karl Philipp Moritz und die Entwicklung von der pietistischen
    Autobiographie zur Romanliteraur der Erfahrungsseelenkunde. Phil. Diss.,
    Marburg 1950.
[53] Wir gehen auf die Beziehungen zwischen Reiser und Berglinger, Moritz und
    Wackenroder weiter unten noch ausführlicher ein.
[54] Reiser, S. 216.
[55] Vgl. Reiser, S. 256.

langen nach der Welt der Musik. Werther will sein Gefühl der Natur hingeben und strebt, eins mit ihr zu werden, findet sich aber immer wieder auf sich selbst und in die alte Unruhe zurückgeworfen. Ähnlich verlangt Berglinger danach, in der Musik aufzugehen und sein Gemüt von ihr erfüllen zu lassen. Und er muß erfahren: „Man kann mit aller Anstrengung unsrer geistigen Fittiche der Erde nicht entkommen" (I, 144). In Berglingers Künstlertum liegt der Grund dafür, daß seine Geschichte als eine Spätform des empfindsamen Romans und zugleich als der erste jener Künstlerromane anzusehen ist, die — freilich mehr im Anschluß an „Wilhelm Meister" als an Berglingers Lebensbeschreibung — den Typus des romantischen Romans von Tiecks „Sternbald" bis zu Hoffmann und Eichendorff prägten.

Von den Helden der romantischen Künstlerromane sind es Franz Sternbald mit seinem Freund Sebastian und Johannes Kreisler, die Berglinger am nächsten stehen. An der Konzipierung des ersten Teils von „Franz Sternbalds Wanderungen" ist Wackenroder selbst beteiligt gewesen,[56] und Hoffmann hat die „Herzensergießungen" und die „Phantasien" gekannt und auch mancherlei Anregung von ihnen empfangen".[57] Doch hat für Sternbald und Kreisler die Außenwelt an fordernder und verpflichtender Gewalt gegenüber dem Innenreich der Kunst eingebüßt. Das Verhältnis beider Sphären, ihre qualvolle Widersprüchlichkeit ist nirgends mehr in der Romantik so dialektisch dargestellt wie in der Berglinger-Dichtung.

Sympathie und Isolation

„Er war stets einsam und still für sich, und weidete sich an seinen inneren Phantaseien; drum hielt der Vater auch ihn ein wenig verkehrt und blödes Geistes" (I, 129). Diese Worte des Klosterbruders kennzeichnen die Situation des kleinen Joseph in seinem Elternhaus, wo er, in sich zurückgezogen, ein Traumleben führt. Durch die Einkehr in das musikalische Innenreich sucht er sich der häuslichen Umwelt zu erwehren, von der er sich abgestoßen fühlt. Seine Schwestern sind anders geartet als er, „teils kränklich, teils von schwachem Geiste" (I, 128). Später berichtet der Klosterbruder: „ . . . zwei davon hatten schlecht gelebt und waren

---

[56] Vgl. Tiecks „Nachschrift an den Leser", Sternbald S. 140: „In einem gewissen Sinne gehört meinem Freunde ein Teil des Werks, ob ihn gleich seine Krankheit hinderte, die Stellen wirklich auszuarbeiten, die er übernommen hatte."

[57] Walter Jost, Von Ludwig Tieck zu E. T. A. Hoffmann. Studien zur Entwicklungsgeschichte des romantischen Subjektivismus. (Deutsche Forschungen, H. 4.) Frankfurt a. M. 1921, S. 50.

entlaufen; die Älteste, der er immer Geld schickte, hatte das meiste vertan, und den Vater darben lassen" (I, 149). Elend, krank, verkommen — so steht es mit der Umgebung, in der Joseph aufwächst. Auch im Wesen des Vaters findet sich bei näherem Zusehen ein Zug von Verfall und Morbidität. Zu seinem Sohn verhält er sich zwar wie ein philanthropischer Aufklärer, menschenfreundlich, engstirnig, trocken. Indessen hat sein übermäßiges Wohltat-Erweisen, seine karitative Manie, etwas Exzentrisches an sich. Obwohl es ihn sauren Schweiß kostet, sich und seine sechs Kinder durchs Leben zu bringen (I, 127) und diese ein kläglich einsames Leben in ihrer kleinen Stube führen müssen (I, 128), mag er nichts lieber tun als „helfen, raten und Almosen geben" (I,127).

Wenn wir von dem Arzt lesen, daß er „lange, mit herzlicher Rührung und Dank gegen Gott, von den guten Früchten seines Herzens zehren konnte, und seinen Geist am liebsten mit rührenden Empfindungen nährte" (I, 127), dann scheint uns in seinem Wesen Josephs empfindsame Innerlichkeit schon vorweggenommen. Von beiden, Vater und Sohn, wird berichtet, daß sie in der Innenwelt ihres Gefühls ihren Himmel suchen. Aber beider Himmel ist toto coelo verschieden, so verschieden wie der Stoff, wovon sie ihre Gefühle nähren. Während dem alten Arzt die Empfindungen seines von tätiger Nächstenliebe bewegten Herzens einen „Himmel auf Erden" bereiten, der ihn „mit der ganzen Welt versöhnt" (I, 127), trachtet Josephs Seele „nach etwas noch Höherem" (I, 127). Sie findet ein höheres Leben in ihren musikgezeugten Gefühlen. Dem gewöhnlichen irdischen Leben der anderen Menschen wird Berglinger dadurch entfremdet. Hört er Musik, so ist ihm, „als wenn auf einmal seiner Seele große Flügel ausgespannt, als wenn er von einer dürren Heide aufgehoben würde, der trübe Wolkenvorhang vor den sterblichen Augen verschwände, und er zum lichten Himmel emporschwebte" (I, 130).

Was dem Sohn die Musik, das ist dem Vater die Welt des Elends und der Krankheit. Zeit seines Lebens hat er „an nichts als an der Kenntnis der seltsamen Dinge, die im menschlichen Körper verborgen liegen, und an der weitläufigen Wissenschaft aller jammervollen menschlichen Gebrechen und Krankheiten seine Lust gehabt" (I, 128). Jammervolle Gebrechen — Krankheiten — Lust: Diese sprachliche Fügung, diese „Mischung des Heterogenen",[58] mutet grotesk an, und es würde uns wenig wundern, wenn dieser Doktor der Arzneigelehrsamkeit ähnlich unheimliche naturwissenschaftliche Experimente anstellen würde wie der Vater Adrian Leverkühns, der die „elementa spekuliert" und die Natur versucht, obwohl ihm dank seines weichen Gemüts und seiner Innerlichkeit

---

[58] Wolfgang Kayser, Das Groteske. Seine Gestaltung in Malerei und Dichtung. Oldenburg 1957, S. 53.

dabei die Tränen in die Augen treten. — „Ein heimliches, nervenbetäubendes Gift" nennt der Chronist des alten Arztes eifriges Studieren. Ganz entsprechend wirkt auf den kleinen Joseph die Musik wie eine berauschende Intoxikation (vgl. I, 131 und 134). Aber trotz der Wesensähnlichkeit ließe sich die Kluft zwischen Vater und Sohn kaum tiefer denken. Den Entzückungen und Träumen Josephs steht der alte Berglinger völlig verständnislos gegenüber. „Dieser verachtete und verabscheute alle Künste als Dienerinnen ausgelassener Begierden und Leidenschaften, und Schmeichlerinnen der vornehmen Welt" (I, 133). Der reine Aufklärer spricht aus ihm, wenn er seinen Sohn zur Medizin „als zu der wohltätigsten und für das Menschengeschlecht allgemeinnützlichsten Wissenschaft zu bekehren" sucht (I, 134). Schließlich gibt er seinen mißratenen Sohn auf und zieht sich ganz von ihm zurück (I, 138).

Nicht so der von früh an vereinsamte Joseph, — und darin zeigt sich schon einer der Widersprüche, die sein Wesen bestimmen. Obgleich ihn sein musikalisch-traumhaftes Innenleben von der Außenwelt trennt, will er sich zwingen, eine nützliche Wissenschaft zu erlernen, „um seinen Vater nicht zu kränken" (I, 134). Auch als dieser ihn aufgegeben hat, verliert er „sein kindliches Gefühl nicht" (I, 138). Er sehnt sich nach der Welt seines Vaters und beneidet ihn um seines anscheinend so anders gearteten Wesens willen. Wir haben gezeigt, daß jene Reflexion des Klosterbruders über den alten Berglinger, in der von der „beneidenswerten Einfachheit dieser Seelen" (I, 127) die Rede ist, zugleich die Empfindung des Sohnes gegenüber seinem Vater ausdrückt. So ist die Rückkehr, die die Aussöhnung zwischen Vater und Sohn und gegenseitiges Verständnis bringt, in der Zwiespältigkeit von Josephs Wesen schon angelegt und vorbereitet.

Ähnlich wie mit seinem Verhältnis zum Vater steht es auch mit seinen Beziehungen zu den anderen Menschen. Eine Ausnahme bildet nur sein Freund, der Klosterbruder, der auf eine geheimnisvolle Weise eins mit ihm ist, der im Verlauf der Lebensgeschichte weitgehend mit Berglinger verschmilzt und in den monologisch gehaltenen Briefen selten als Du und Gegenüber, sondern meist als ein alter ego angesprochen wird. Das Leben in der Innenwelt musikalischer Phantasien entrückt Berglinger der Alltagswelt der Menschen, die ihm lästig, schmerzlich und ekelhaft ist, sooft sie sich ihm bemerkbar macht. Wenn er, „von dem geistigen Weine" der Musik berauscht, „ein paar Leute auf dem Spaziergange zusammenstehen und lachen, oder sich Neuigkeiten erzählen sah, so machte das einen ganz eignen widrigen Eindruck auf ihn. Er dachte: du mußt Zeitlebens, ohne Aufhören in diesem schönen poetischen Taumel bleiben, und dein ganzes Leben muß e i n e Musik sein." (I, 131) Auf die Dauer genügt es ihm jedoch nicht, wie bei seinem ersten Besuch in der Residenz

die Musik einsam für sich zu genießen, ohne der Menschen zu achten
(I, 132). Die erste Bitte seines Liedes an die heilige Cäcilia lautet zwar:
„Laß mich in Gesang zerrinnen" (I, 137). Es endet aber mit den Versen:

> „Öffne mir der Menschen Geister,
> Daß ich ihrer Seelen Meister
>   Durch die Kraft der Töne sei;
> Daß mein Geist die Welt durchklinge,
> Sympathetisch sie durchdringe
>   Sie berausch' in Phantasei! — " (I, 138)

Die Musik wird Berglinger zum Mittel, sich der Welt zu bemächtigen.
Durch sie will er sich die Menschen gewinnen, durch sie über ihre Seelen
herrschen. Derlei Herrschaft soll ihm die der Musik innewohnende Kraft
der Sympathie verleihen.

In dem Cäcilia-Gebet stoßen wir zum ersten Male innerhalb der
Berglinger-Dichtung auf den zentralen Begriff der Sympathie. Dieser Begriff hat einen festen Ort in Berglingers Musikanschauung, von der später
noch zu sprechen sein wird. Wir müssen uns aber, einen Aspekt der musikalischen Ästhetik Berglingers vorweg behandelnd, uns schon jetzt auf
die Frage einlassen, was es heißt, wenn Berglinger der Musik eine sympathetische Kraft zuschreibt. Denn erst aus der eigentümlichen Konzeption
des Sympathiebegriffs erhellt, warum Berglinger jene Sicherheit, der
Welt auszuweichen und sich mit ihr zu verknüpfen, die nach einer Maxime
Goethes die Kunst verleiht[59], so schmerzlich entbehren muß.[60]

Berglinger ist nicht der erste und nicht der einzige Musiker seines
Jahrhunderts, der der Musik eine ihr innewohnende sympathetische Kraft
zuschreibt. Seit der Mitte des 18. Jahrhunderts taucht dieser Begriff öfters
auf. Das Prinzip der musikalischen Sympathie bestimmt im musikalischen
Sturm und Drang nicht nur die Weise, wie Musik von den Hörern ver-
nommen wird, sondern auch das Verfahren, wie der schaffende Musiker
die Töne zu setzen habe, damit er seinen Endzweck, den musikalischen
Ausdruck, nicht verfehle. Hier mag es vorerst genügen, zum Zeugnis die
Musikästhetik Chr. Fr. D. Schubarts anzuführen. Sie zeigt uns den

---

[59] Goethe, Maximen und Reflexionen. Nach d. Handschriften d. Goethe- u.
Schiller-Archivs hrsg. v. Max Hecker. (Schriften der Goethe-Gesellschaft. 21.)
Weimar 1907, Nr. 52.

[60] Für die Oberflächlichkeit und sich an billige Klischees haltende Gedanken-
losigkeit, die in der Wackenroder-Forschung vorherrscht, zeugt die völlige
Verkennung von Berglingers Isolation, die in einem Satz wie dem folgenden
zum Ausdruck kommt: „Seine Einsamkeit ist nicht die gleiche wie beim
typischen Künstler, der sie sucht, um seinen Ideen Gestalt zu geben; sie entspringt vielmehr aus der Verachtung der undankbaren Menschheit." (Heimfried Sorgatz, Musiker und Musikanten als dichterisches Motiv. Würzburg-
Aumühle 1939, S. 22.)

musikgeschichtlichen Hintergrund, auf dem sich Berglingers Anschauung von der musikalischen Sympathie abzeichnet. In Schubarts „Ideen zu einer Aesthetik der Tonkunst", einem musikgeschichtlichen Dokument des musikalischen Sturm und Drangs, das um die Mitte der 80er Jahre des 18. Jahrhunderts entstanden ist, lesen wir eine „Charakteristik der Töne".[61] Jeder Tonart schreibt Schubart eine eigentümliche Gefühls- oder Stimmungslage zu, die nur sie auszudrücken geschickt ist. Im Anschluß an diese Aufstellung gibt Schubart zu bedenken, „daß es Pflicht für jeden Componisten sey, den Charakter seiner Töne genau zu studieren, und nur die sympathetischen in seinen Lichtkreis aufzunehmen".[62] Wir können dem Zusammenhang dieses Passus eine doppelte Bedeutung des Wortes „sympathetisch" entnehmen. Das Wort wird einmal gebraucht, wenn von dem Verhältnis der Tonarten zu einander die Rede ist. Einander harmonisch nahestehende Tonarten verhalten sich insofern sympathetisch, als eine verwandte Gefühlslage sie verbindet. Um ein Beispiel zu bringen: As-Dur ist nach Schubart „der G r ä b e r t o n . Tod, Grab, Verwesung, Gericht, Ewigkeit liegen in seinem Umfange." Von der parallelen Moll-Tonart sagt Schubart entsprechend: „F moll, t i e f e S c h w e r m u t h , L e i c h e n k l a g e , J a m m e r g e ä c h z und g r a b v e r l a n g e n d e S e h n s u c h t ." [63] In seiner zweiten Bedeutung nun bezeichnet das Wort „Sympathie" bzw. „sympathetisch" in musikalischem Zusammenhang einen Zug der Seele zur Musik, beruhend auf der Verwandtschaft, die zwischen dem Charakter von Tönen, Tonarten, Tonstücken und Stimmungen der menschlichen Seele besteht. Auf diese zweite Wortbedeutung müssen wir vor allem achten, wenn wir fassen wollen, wodurch Berglinger in eine Isolation zu seinem Publikum und den anderen Musikern am bischöflichen Hof gerät.

„Es hat sich zwischen den einzelnen mathematischen Tonverhältnissen und den einzelnen Fibern des menschlichen Herzens eine unerklärliche Sympathie offenbart, wodurch die Tonkunst ein reichhaltiges und bildsames Maschinenwerk zur Abschilderung menschlicher Empfindungen geworden ist" (I, 183), schreibt Berglinger in einem Aufsatz, worin er von dem „eigentümlichen inneren Wesen der Tonkunst" handelt. Diese unerklärliche Sympathie, die zwischen den Tönen und dem menschlichen Herzen von Natur aus und ohne Zutun eines Künstlers besteht, ermöglicht es erst dem schaffenden Musiker, durch seine Anordnung der Töne traurige oder freudige Empfindungen in ein Tonstück eingehen zu lassen. Hat der Künstler einen frohen Menschen beobachtet, so läßt er nachher

---

[61] C. F. C. Schubart's, des Patrioten, gesammelte Schriften und Schicksale. Hrsg. v. Ludwig Schubart. 5. Bd., Stuttgart 1839, S. 381 ff.
[62] Schubart, a.a.O., S. 385.
[63] Schubart, a.a.O., S. 382.

„sein sympathetisches Entzücken auf leblosem Saitenspiel weit herrlicher
daherrauschen" (I, 168). War es Traurigkeit, wodurch sein mitfühlendes
Herz bewegt worden ist, so bildet er „den schönen Schmerz" (I, 169) in
Tönen nach. Mit all ihren Regungen geht die menschliche Seele in die Welt
der Töne ein. Berglinger glaubt daher — ein Glaube, der später freilich
erschüttert wird —, wir hätten in der Musik „die letzte, innerste Menschheit vor uns" (I, 176). Trennt die Musik Berglinger von dem gewöhnlichen Leben, so scheint sie ihn dafür in den Genuß der innigsten Vereinigung mit anderen Seelen zu setzen, sagt er doch: In der Musik „begrüßen
und umarmen (wir) fremde Geisterwesen, die wir nicht kennen, als
Freunde" (I, 165).

Berglingers musikalische Vereinigung und Versöhnung mit der
Menschheit vollzieht sich außerhalb der gewöhnlichen irdischen Welt. Sein
Mißverhältnis zu den Menschen wird dadurch nicht aufgehoben. Das
kommt ihm schon in seiner Kindheit schmerzlich zum Bewußtsein, wenn
er nach einem Musikgenuß in den Kreis des gesellschaftlichen Lebens zurückkehren muß (I, 131). Dem Kapellmeister aber, der sein Inneres den
Menschen mitzuteilen und so die Herzen der Hörer sich zu gewinnen
sucht, ist die befremdliche Erfahrung aufbehalten, daß die sympathetische
Kraft der Musik, die er an sich selbst so oft erprobt hat, bei seinem höfischen Publikum versagt. Es gelingt ihm nicht, durch die Musik die ersehnte Verbindung zwischen seiner Seele und den Herzen der Hörer herzustellen. Zwischen Berglinger und seinem Publikum bildet sich kein Zustand musikalischer Sympathie aus, in dem der Musiker sich der ihm
dargebrachten Empfindungen musikberauschter Seelen bemächtigen
könnte. Die Zuhörer entziehen ihm ihre Seelen. In einem Brief aus der
bischöflichen Residenz klagt Berglinger dem Pater sein Elend als Kapellmeister. Vergeblich mühe er sich mit der ganzen Kraft seiner Seele, seine
Hörer zu rühren. Er gedenkt dabei des unerfüllt gebliebenen Wunsches
seiner Kindheit, die Welt sympathisch zu durchdringen und der „Seelen
Meister" (I, 138) zu werden:

> „Was ich als Knabe in dem großen Konzertsaal für glückliche Stunden
> genoß! Wenn ich still und unbemerkt im Winkel saß, und all' die Pracht
> und Herrlichkeit mich bezauberte, und ich so sehnlich wünschte, daß sich
> doch einst um m e i n e r Werke willen diese Zuhörer versammeln, ihr
> Gefühl m i r hingeben möchten! — Nun sitz' ich gar oft in eben diesem
> Saal, und führe auch meine Werke auf; aber es ist mir wahrlich sehr
> anders zu Mute. — Daß ich mir einbilden konnte, diese in Gold und Seide
> stolzierende Zuhörerschaft käme zusammen, um ein Kunstwerk zu ge-
> nießen, um ihr Herz zu erwärmen, ihre Empfindung dem Künstler dar-
> zubringen! Können doch diese Seelen selbst in dem majestätischen Dom, am
> heiligsten Feiertage, indem alles Große und Schöne, was Kunst und Religion
> nur hat, mit Gewalt auf sie eindringt, können sie dann nicht einmal erhitzt
> werden, und sie sollten's im Konzertsaal?" (I, 142 f.)

Unverhüllt spricht Berglingers Klage aus, welcher Art die Gemeinschaft ist, die die Musik zwischen ihm und seinen Zuhörern stiften soll. Mißdeuten könnten wir diese Stelle nur dann, wenn wir von einer vorgefaßten Meinung über den ‚romantischen' Berglinger ausgingen und uns an der Konstruktion biographischer oder geistesgeschichtlicher Zusammenhänge mehr läge als an einem sachgemäßen Verständnis des vorliegenden Textes. Heinz Otto Burger hat den zitierten Passus der „Herzensergießungen" in Zusammenhang gebracht mit dem Verlangen der Frühromantiker, „zurück in eine umfassende, lebendige Gemeinschaft" [64] zu treten, wie es in dem von Schelling, Hegel, Hölderlin, Novalis und Friedrich Schlegel erhobenen Postulat einer neuen Mythologie zum Ausdruck komme. Die alte Kluft, die die Aufklärung zwischen den Gebildeten und dem Volk aufgerissen habe, zu überwinden und durch die Rückkehr zu einer sich sinnlich darstellenden und doch vernunftgemäßen Religion, an der alle teilhaben könnten, die Gemeinschaft unter den Menschen wiederherzustellen, sei, „selbst auf dem Hintergrund der Vorromantik, das Neue, das spezifisch Romantische oder Frühromantische".[65] Dieser neue Gemeinschaftsgedanke liege Berglingers Klage über sein sich ihm versagendes Publikum zugrunde. Nur fordere Wackenroder nicht die allgemeine Hingabe an eine neue Mythologie, denn „seine ästhetische Religion ist nicht Mythologie, sondern Kunstandacht".[66] Was die angeführte Stelle der „Herzensergießungen" mit den mythologischen Bestrebungen der Frühromantiker verbinde, sei das Verlangen nach Gemeinschaft, das bei diesen in der Forderung einer für alle verbindlichen Mythologie, bei jenem in der Verkündung der Andacht zur Kunst zum Ausdruck komme.

Burger sucht diese schwankende geistesgeschichtliche Konstruktion mit einer nicht weniger schwankenden biographischen zu stützen. Wenn Berglinger über die Empfindungslosigkeit seines Publikums lamentiert, das nicht einmal „in dem majestätischen Dom, am heiligsten Feiertag, … erhitzt werden" kann (I, 142 f.), so denke Wackenroder an das Hochamt zurück, dem er als Erlanger Student am St. Heinrichs-Tag 1793 im Dom zu Bamberg beigewohnt hat. „Wie damals das feierliche Hochamt alle, selbst ihn, den Protestanten, auf die Knie zwang, so, hatte er geträumt, müsse ein großes Kunstwerk nicht nur einzelne, sondern alle, die es hören oder sehen, zur Andacht, zu gemeinsamer Andacht stimmen; keiner stand dann mehr ‚i s o l i e r t ', jeder, ob Katholik oder Prote-

---

[64] Burger, Eine Idee, die noch in keines Menschen Sinn gekommen ist. Ästhetische Religion in deutscher Klassik und Romantik. In: Stoffe, Formen, Strukturen. Studien zur deutschen Literatur. Hrsg. v. Albert Fuchs u. Helmut Motekat. München (1962), S. 17.

[65] Burger, a.a.O., S. 17.

[66] Burger, a.a.O., S. 19.

stant, Aufgeklärter oder Unaufgeklärter, hatte das beglückende Gefühl,
er ‚ g e h ö r e   z u   d e n   M e n s c h e n‘.“ [66]

Nun hatte Wackenroder — das sei nur nebenbei bemerkt — außer
jener „höchsten Andacht“ [67], zu der ihn alles im Bamberger Dom stimmte,
noch eine andere Ursache, am Zeremoniell der Gläubigen teilzunehmen,
eine Ursache, die er seinem Vater mitteilt, indes Burger sie wohl deshalb
übergeht, weil sie, statt auf Gemeinschaftsenthusiasmus, eher auf Lebens-
klugheit schließen läßt: „Ich fiel mit aufs Knie, denn ich hätte mich gewiß
dem Unwillen der Leute ohnedies ausgesetzt“. [68] Aber mag Wackenroder
auch — eine bloße Vermutung! — an das Erlebnis im Bamberger Dom
gedacht haben, als er Berglingers Klage schrieb, so ist es doch nicht dieses
Erlebnis, was der Stelle in Berglingers Brief ihren Sinn gibt. Die Gemeinschaft, die sich Berglinger wünscht, ist ganz anderer Art als die, von der
die Romantiker träumen. Berglinger verlangt nicht die Hingabe der Zuhörer an die Musik, damit sie sich wie die Gläubigen bei der Feier eines
Gottesdienstes zu einer Gemeinschaft versammeln, und nicht im entfern-
testen denkt er daran, durch seine Kunst am bischöflichen Hof die Kluft
zwischen Gebildeten und Ungebildeten überwinden zu wollen. Es ist ihm
überhaupt nicht um die gemeinschaftsbildende, sondern um die sympathetische Kraft der Musik zu tun. Die Musik soll nicht eine Gemeinschaft
aller mit allen errichten, sondern die Seelen der Hörer mit der Seele des
Künstlers vereinigen. Beachten wir die Hervorhebung der ersten Person
des Personalpronomens in Berglingers Wunschsatz, die Burger übersehen
hat: „... daß sich doch einst um m e i n e r Werke willen diese Zuhörer
versammeln, ihr Gefühl m i r hingeben möchten!“ (I, 142) [69] Berglinger
führt im einzelnen aus, woran seine Zuhörer es fehlen lassen: „... ein
Kunstwerk zu genießen, ... ihr Herz zu erwärmen, ihre Empfindung
dem Künstler darzubringen“ (I, 142) — diese Aufzählung bildet eine
Folge von Stufen, deren höchste, von Berglinger letztlich ersehnte — die
Hingabe des Gefühls an den Künstler — nicht ohne die unteren sein
kann. Berglingers höfisches Publikum bleibt kühl, so sehr er sich auch erhitzt, „es so zu machen, daß man dabei was soll empfinden können“
(I, 143). Zum Beweis für die Kälte dieser Menschen spricht er von ihrem
Verhalten in der Kirche: Nicht einmal durch die Religion, in Gemeinschaft
mit der Kunst, — was beide vereint ist, daß sie das Herz im „Zittern der

---

[67] Wackenroder, Reisebriefe, hrsg. v. Heinrich Höhn, Berlin o. J., S. 127.
[68] Wackenroder, ebd.
[69] Bei Burger (a.a.O., S. 19) ist zwar das Possessivpronomen „meiner“ im Druck
hervorgehoben, nicht aber das Personalpronomen „mir“. Vgl. jedoch die
Stelle in der Erstausgabe der „Herzensergießungen“, Berlin 1797, S. 258,
womit Friedrich von der Leyen’s Ausgabe hier übereinstimmt.

Seeligkeit ... üben" (I, 171)[70] — können sie „erhitzt werden" (I, 143).
Und so kann es auch zu keiner Hingabe dieser Seelen an den Künstler
kommen.

Durch die Musik, deren sympathisches Wesen die Seele des Tonkünstlers in sich aufgenommen hat und deren sympathische Kraft die
Hörer so affizieren soll, daß ihr Inneres mit der Seele des Künstlers zu
gleichen Schwingungen gestimmt wird, will Berglinger sein Publikum sich
verbinden, um über Seelen Meister zu sein. Dies ist die sympathische
Vereinigung, die er sich von seiner Kunst erhofft hat und die ihm seine
höfische Umwelt nicht gewährt. Jenen Gemeinschaftsgedanken hingegen,
den Burger als Protest gegen die durch die Aufklärung hervorgerufene
Spaltung der Menschheit in Gebildete und Ungebildete bei den Früh-
romantikern und bei Wackenroder erstmals ausgesprochen findet, enthält
bereits eine vom Geist der Aufklärung selbst noch geprägte Schrift. Der
junge Friedrich Schiller fordert in seiner zu Mannheim gehaltenen öffentlichen Vorlesung über das Thema: „Was kann eine gute stehende Schaubühne eigentlich wirken?" eine durch das Schauspiel zu begründende Gemeinschaft aller Menschen. Am Ende dieses Vortrags taucht das Wort
„Sympathie" auf, jedoch in einer anderen Bedeutung als bei Berglinger.
Es zeigt sich, wie schwierig es mitunter in der zweiten Hälfte des 18. Jahrhunderts ist, die geistesgeschichtliche Stellung eines Textes festzulegen,
wenn sich darin Elemente der Aufklärung, der Empfindsamkeit, des
Sturm und Drangs, Vorklassisches und Vorromantisches begegnen. Die
Sympathie, zu der nach Schiller die Bühne bewegen kann und soll, be-
wirkt keineswegs bloß eine Hingabe der Zuschauer an den Dichter oder
an den Schauspieler, sondern eine Verbrüderung aller mit allen. Für
Schiller besteht die höchste humane Aufgabe der Schaubühne darin, eine
Sympathie zu stiften, die alle von ihm in Sinne Rousseaus als unnatür-
lich verstandenen gesellschaftlichen Schranken — die Unterschiede der
Bildung sind nur eine davon — überwindet.[71]

[70] In seinem Aufsatz „Von den verschiedenen Gattungen in jeder Kunst und
insbesondere von verschiedenen Arten der Kirchenmusik" schreibt Berglinger:
„Wer in seiner Brust ein Herz verwahrt, dem am wohlsten ist, wenn es sich
heiß erwärmen, und je höher je lieber je pochen und schlagen kann, der wird
j e d e schöne Gegenwart mit Entzücken an sich reißen, um sein liebes Herz
in diesem Zittern der Seligkeit zu üben." (I, 171) Als „schöne Gegenwart"
gleichen sich das religiöse und das musikalische Erlebnis.

[71]   „Und dann endlich — welch ein Triumph für dich, Natur — so oft zu
Boden getretene, so oft wieder auferstehende Natur — wenn Menschen
aus allen Kraisen und Zonen und Ständen, abgeworfen jede Fessel der
Künstelei und der Mode, herausgerissen aus jedem Drange des Schicksals, durch e i n e allwebende Sympathie verbrüdert, in E i n Ge-
schlecht, wieder aufgelößt, ihrer selbst und der Welt vergessen, und
ihrem himmlischen Ursprung sich nähern. Jeder Einzelne genießt die

Sollten wir nun aber Berglingers ganz anders geartetes Streben nach
Vereinigung durch die Kunst in einen geistesgeschichtlichen Zusammenhang einordnen, so müßten wir gerade auf die Vorromantik[72] hinweisen,
aus der Berglinger nach Burgers Ansicht durch sein Gemeinschaftsver-
langen heraustritt. Weit näher auch als dem sozialreformatorischen Pathos
des jungen Schiller steht Berglingers selbstsüchtiger Drang nach sympathetischer Vereinigung dem Kunststreben eines Anton Reiser. Wie Berglinger
durch die Musik, so möchte Reiser durch tragische Rollen im Schauspiel

> Entzückungen aller, die verstärkt und verschönert aus hundert Augen
> auf ihn zurück fallen, und seine Brust giebt jezt nur E i n e r Empfin-
> dung Raum — es ist diese: ein M e n s c h zu seyn." (Schillers Werke.
> Nationalausgabe. 20. Bd. Philosophische Schriften. 1. Tl., Weimar 1962,
> S. 100.)

Ein Jahrzehnt, bevor die Romantiker ihr Programm einer neuen Mythologie verkünden, schreibt bereits Karl Philipp Moritz:

> „Eins der größten Übel, woran das Menschengeschlecht krank liegt, ist
> die schädliche Absonderung desselben, wodurch es in zwei Theile zerfällt,
> von welchem man den einen, der sich erstaunliche Vorzüge vor dem
> andern anmaßt, den g e s i t t e t e n Theil nennt." (Karl Philipp Moritz,
> Schriften zur Ästhetik und Poetik. Hrsg. v. Hans Joachim Schrimpf.
> Tübingen 1962. Neudrucke deutscher Literaturwerke, N. F. 7, S. 17.)

Klarer als Schiller und die Romantiker sieht Moritz die Spaltung in den
bestehenden sozialen Verhältnissen begründet, die es mit sich bringen, daß
man „immer einen Theil der Menschen als bloßes Werkzeug in der Hand
eines andern zu betrachten (scheint), der wieder in der Hand eines andern
ein solches Werkzeug ist, und so fort." Eine Besserung dieses Zustandes erwartet sich Moritz nicht von einem gemeinsamen Kunsterleben oder einer
ästhetischen Religion. Aus dem Geist der Aufklärung trifft er die denkwür-
dige Feststellung:

> „Daß nun jeder einzelne Mensch, wenn er seinen Anteil von Kräften
> zur Erhaltung des Ganzen aufgewandt hat, sich auch als den Zweck
> dieses Ganzen betrachten lerne, und auch von jedem andern so betrach-
> tet werde — darin besteht eigentlich die w a h r e A u f k l ä r u n g,
> welche nothwendig a l l g e m e i n verbreitet seyn muß, wenn sie nicht
> als bloße Täuschung und Blendwerk betrachtet werden soll." (Moritz,
> a. a. O., S. 18.)

[72] Wir verwenden den Begriff der Vorromantik in Ermangelung eines rich-
tigeren, obwohl er uns nicht glücklich gewählt scheint, da dieser Begriff,
unter den nach Burgers Bestimmung weite Bereiche der Literatur des 18. Jahrhunderts seit dem Erscheinen von Pyras „Tempel der wahren Dichtkunst"
(1737) fallen, eine Periode der deutschen Dichtung mit der Signatur des
‚noch nicht' versieht, statt ihr einen Namen zu geben, der ihrer Eigentümlichkeit gerecht wird. Ein ähnlicher Einwand, natürlich mit veränderten
Vorzeichen, wäre gegen den Begriff des „Neubarock" zu erheben.

die Seelen der Menschen sympathetisch[73] bewegen. Hindern Reiser seine
äußeren Lebensverhältnisse daran, von der Bühne herab sein Gefühl mitzuteilen und dafür die Rührung der Zuschauer zu empfangen, so sammelt
er doch wenigstens einen kleinen Kreis von Zuhörern um sich, denen er
seine Lieblingstrauerspiele vorliest, „wobei er denn", wie sein Biograph
berichtet, „ein unbeschreibliches Vergnügen empfand, wenn er rund um
sich her jedes Auge in Tränen erblickte und darin den Beweis las, daß ihm
sein Endzweck, durch die Sache, die er vorlas, zu rühren, gelungen
war."[74] Reisers Drang, durch Theaterrollen zu rühren, hat bereits etwas
von Berglingers verfeinerter Herrschbegierde an sich, die sich der Geister
und Seelen der Menschen bemächtigen will. Reisers Biograph fährt fort:
„Überhaupt brachte er die vergnügtesten Stunden seines damaligen
Lebens entweder für sich allein oder in diesem Zirkel bei seinem Vetter,
dem Perückenmacher, zu, wo er gleichsam die Herrschaft über Geister
führen und sich zum Mittelpunkt ihrer Aufmerksamkeit machen
konnte."[75] Auch der Gegensatz zwischen Einsamkeit und Rückzug in sich
selbst einerseits und sympathetischer Expansion und Weltdurchdringung
andererseits wird also bereits in Reisers Leben bestimmend. Die Isolation,
in die Berglinger mit seinem Verlangen nach musikalischer Sympathie gerät, ist freilich noch ausschließender als Reisers Einsamkeit, denn er lebt
nicht wie Reiser in einer ihm sozial entsprechenden bürgerlichen Welt, sondern an einem geistlichen Fürstenhof.

Wir haben bereits darauf hingewiesen, daß die anderen Künstler, die
neben Berglinger oder ihm unterstellt im fürstbischöflichen Dienst stehen,
sich in der Luft des Hofes weit wohler fühlen als der Kapellmeister. Unter
dem Gesichtspunkt der musikalischen Sympathie wird jetzt noch klarer,
warum Berglinger bei ihnen auf Unverständnis und Ablehnung stoßen
muß. Es ist nicht bloß der Neid der Konkurrenten, der sie von Berglinger trennt (vgl. I, 149), sondern vor allem die Verschiedenheit ihres
Verhältnisses zur Musik. Sie scheinen noch nichts davon zu wissen, daß
den Tönen „von Anfang her eine Sympathie zur menschlichen Seele verliehen ist" (I, 145). Es kommt ihnen folglich auch nicht darauf an, die
Töne „so zusammenzusetzen, daß sie das Herz rühren" (I, 145). Ihnen

---

[73] Das Wort ‚sympathetisch', in der Literatur der Empfindsamkeit häufig gebraucht, lesen wir auch in Karl Philipp Moritz' „Anton Reiser". Hier ist es
allerdings keine musikalische oder theatralische Veranstaltung, von der eine
sympathetische Wirkung ausginge, sondern eine Predigt, durch die das Gefühl aller Zuhörer sich dem Pastor zuwendet: „Selbst die zuletzt erfolgende
Erschöpfung, die Heiserkeit des Redners ... trug zu der allgemeinen um sich
greifenden Rührung bei, die diese Predigt verursachte; da war kein Kind, das
nicht sympathetisch mitgeseufzt und mitgeweint hätte." (Reiser, S. 71.)
[74] Reiser, S. 182.
[75] Reiser, S.183.

genügt es zu gefallen. Berglinger dagegen ist lauter, rauschender Beifall, aus dem kein sympathetisches Empfinden spricht, in der Seele zuwider. Nur dann glaubt er, seine Kunst würdig ausgeübt zu haben, wenn ihm ein „stiller Beifall" (I, 148) bestätigt, daß er „auf die Herzen der Zuhörer etwas gewirkt" (ebd.) hat. Diese Haltung des Kapellmeisters leitet sich geschichtlich aus der Empfindsamkeit her. In Johann Martin Millers Vorbericht zur zweiten Sammlung seines „Briefwechsels dreyer Akademischer Freunde" heißt es: „Der stille Beyfall, den mir edle Seelen bey Lesung der ersten Sammlung gaben, den ich oft von ungefähr, ohne daß sie's selber wußten, erfahren habe, soll mir auch hier wieder der größte Lohn . . . seyn."[76]

Zunehmende Vereinsamung bringt Berglinger dahin, daß er für eine Weile die sympathetische Vereinigung, die ihm die Gegenwart verweigert, von einer fernen Zeit erhofft, da er selbst nicht mehr am Leben sein wird. Auf eine paradoxe Weise erhellt noch einmal, was musikalische Sympathie für Berglinger bedeutet und in welchem weiteren geschichtlichen Zusammenhang dieses Sympathieproblem gesehen werden muß. Wir haben Berglingers Anschauung von der musikalischen Sympathie zunächst auf dem Hintergrund theoretischer Äußerungen des musikalischen Sturm und Dranges betrachtet. Ihren Ursprung hat sie aber in einer Sympathielehre, die sich bereits Jahrzehnte früher in der Literatur der Empfindsamkeit nachweisen läßt.[77]

Aus Wielands empfindsam schwärmerischer Frühzeit ist uns eine Schrift überliefert, die den Titel „Sympathien" trägt. Friedrich Sengle nennt dieses 1754 entstandene kleine Werk ein „merkwürdiges Erbauungsbuch".[78] Tatsächlich ist es im Dienste einer empfindsamen Seelsorge und Pflege des Gemüts geschrieben. Es wendet sich an einen Kreis „sympathetischer Seelen"[79], die, wenn sie auch, durch Ort und Zeit getrennt, einander nie begegnet sind, „in einer geheimen geistigen Verbindung stehen, und einander nahe sind".[80] Seinem Verfasser ist, als habe er diese ihm „verschwisterten Seelen"[81] schon ehedem, in einem früheren Leben, gekannt und geliebt. Platons Gleichnis von der Seelenwanderung und der

---

[76] J. M. Miller, Briefwechsel dreyer Akademischer Freunde. Zwote Sammlung. Ulm 1777, S. VIII.
[77] Vgl. hierzu Paul Kluckhohn, Die Auffassung der Liebe in der Literatur des 18. Jahrhunderts und in der deutschen Romantik. Halle a. S. 1922, pass., bes. S. 167.
[78] Friedrich Sengle, Wieland. Stuttgart 1949, S. 72.
[79] Wielands gesammelte Schriften. Hrsg. v. d. Deutschen Kommission der Königlich Preußischen Akademie der Wissenschaften. I. Abt. Werke, 2. Bd. Poetische Jugendwerke, 2. Tl., hrsg. v. Fritz Homeyer. Berlin 1909, S. 448.
[80] Ebd.
[81] Ebd.

Schau der Ideen im Jenseits, deren sich die Seele im irdischen Leben erinnert, hat eine eigentümliche Umbildung erfahren. Aus der Erinnerung an die einstmals geschauten Ideen ist die Erinnerung an eine frühere und das Wissen um eine künftige Verbindung mit anderen Seelen geworden:

> „Wie glüklich ists, o Arete, wenn sympathetische Seelen einander finden! Seelen, die vielleicht schon unter einem andern Himmel sich liebten, und izt, da sie sich sehen, sich von ferne wieder erinnern, wie man sich an einen Traum erinnert, von dem nur eine dunkle angenehme Empfindung im Gemüthe zurückgeblieben ist! — Das Schiksal trennte sie vielleicht, als sie von jenen seligen Gestaden herabsanken, ihre Prüfungszeit in einem fremden Lande anzutreten. Aber ihre harmonischen Engel werden sie wieder zusammenbringen, wenn gleich Jahre, Gebürge und Flüsse zwischen sie gelegt sind."[82]

Mit diesen einleitenden Worten spricht der Verfasser in Arete die Gemeinde der ihm von jeher befreundeten Seelen an. Ihnen allen wendet er sich gegen Ende der Einleitung noch einmal unmittelbar zu:

> „Ihr allein verstehet diese Blätter; ihr allein werdet diese Sprache kennen und fühlen, und nur in euren Herzen werden sympathetische Empfindungen den meinigen antworten." [83]

Es würde zu weit führen, wollten wir diese Lehre von einer prästabilierten Sympathie der Seelen durch das 18. Jahrhundert verfolgen. Für das geschichtliche Verständnis Berglingers genügt es, ihren Ursprung aus der platonisierenden Empfindsamkeit aufgezeigt zu haben[84]. Dieser Ursprung

---

[82] Wieland, a.a.O., S. 446 f.
[83] Wieland, a.a.O., S. 449.
[84] Spuren der Sympathielehre der Empfindsamkeit lassen sich auch noch bei Goethe und Schiller feststellen. Erinnert sei hier nur an Goethes Gedicht „An Charlotte v. Stein" (1776), wo sich ebenfalls der Gedanke der Präexistenz mit dem der Sympathie verbindet:

> „Sag, was will das Schicksal uns bereiten?
> Sag, wie band es uns so rein genau?
> Ach, du warst in abgelebten Zeiten
> Meine Schwester oder meine Frau.
>
> Kanntest jeden Zug in meinem Wesen,
> Spähtest, wie die reinste Nerve klingt,
> Konntest mich mit Einem Blicke lesen,
> Den so schwer ein sterblich Aug' durchdringt."
> (W. A., 1. Abt., 4. Bd., S. 97 f.)

Bei Schiller wäre das Gedicht „Das Geheimnis der Reminiszenz. An Laura" (1781) zum Vergleich heranzuziehen. (Nationalausgabe, 1. Bd., S. 104—108.) Unabhängig von dem Gedanken der Präexistenz ist der Sympathiegedanke bei Schiller häufig ausgesprochen. Sympathie und Liebe werden hier, wie auch schon bei Wieland (vgl. Kluckhohn, a.a.O., S. 167), nicht nur als menschliches, sondern als kosmisches Prinzip dargestellt. Liebe lenkt das „Uhrwerk

ist in der Berglinger-Dichtung am Ende des Jahrhundert, wenn auch abgelöst von dem Gedanken einer Präexistenz, noch gegenwärtig.

Da Berglinger am bischöflichen Hof keine Seele findet, die sich durch
seine Musik zur sympathetischen Hingabe an den Tonkünstler stimmen
ließe, beginnt er sich verzweiflungsvoll zu fragen, ob denn die Musik für
keinen Menschen „so geheimnisvolle Kraft" (I, 146) habe wie für ihn.
Und um nicht ganz verzweifeln zu müssen, sucht er Zuflucht in der Vorstellung, irgendeinmal werde eine prästabilierte Sympathie[85] zwischen

der Naturen" sowie sie der „Geister Orden" belebt; selbst in des „Übels
Reiche" waltet „fürchterliche Sympathie" („Fantasie an Laura", National-
ausgabe, 1. Bd., S. 46—48.)
In der Literatur der Empfindsamkeit pflegt der Gedanke der Sympathie
zweier Seelen mit dem der Quasi-Präexistenz — den sympathetischen Seelen
ist, als hätten sie einander schon ehedem gekannt — verknüpft zu sein.
Es handelt sich um einen gemeinempfindsamen Topos, der vor allem im
Bereich der Freundschaftsdichtung der Klopstockzeit verbreitet ist. Wir
weisen als Beispiel für seine Verwendung als Topos des Seelenbundes auf das
Eingangsgedicht hin, mit dem Friedr. Wilh. Zachariä seine „Oden und Lieder" dem Freiherrn Eberhard von Gemmingen widmet:

„Freund, — ich nenne Dich so auch vor den Augen der Welt,
Als Dich mein hingerissenes Herz
Im sympathetischen Zug der ersten Wallungen nannte,
Die meine durchdrungene Seele gefühlt.
Denn sie kannte Dich schon, da ich zuerst Dich erblickte,
Als hätten wir uns seit Aeonen gesehn."

(Zachariä, Poetische Schriften. Neue Aufl., 2. Tl., Braunschweig 1772, S. 205.)

[85] Wir sprechen von prästabilierter Sympathie in Analogie zu dem Begriff
der prästabilierten Harmonie, der sich in Leibniz' Monadologie findet. Diese
Analogie ist nicht so oberflächlich, wie es zunächst scheinen könnte. Es besteht
eine innere Verwandtschaft zwischen Leibniz' Lehre von einer a-priori bestehenden Harmonie der Geist- und Körpersubstanzen und Wackenroders Sym-
pathiebegriff. Nach Leibniz treffen die voneinander getrennten und einander
fremden, d. h. ohne gegenseitige Wirkung für sich selbst bestehenden Substanzen der Seelen und Körper kraft der Harmonie zusammen, die „unter allen
Substanzen prästabiliert ist" (Gottfried Wilhelm Leibniz, Monadologie.
Ed. Hermann Glockner. 2. Ausg., Stuttgart o. J., S. 32). Ganz analog behauptet der Klosterbruder, es gebe für uns Menschen keinen unmittelbaren Zugang zu den Dingen der Natur auf dem Weg der Erkenntnis. Gott hat um
uns „eine unendliche Menge von Dingen umhergestellt, wovon jedes ein
anderes Wesen hat, und wovon wir keines verstehen und begreifen". Die
Substanz ist sich nur ihrer selbst gewiß: „Wir verstehen nur u n s untereinander." Dennoch gibt es eine geheimnisvolle Korrespondenz zwischen den
Dingen der Natur und unserer Seele, und sie beruht auf dem Prinzip der
prästabilierten Sympathie. Gott hat „in das Menschenherz eine solche wunderbare Sympathie zu diesen Dingen gelegt, daß sie demselben auf unbekannten Wegen, Gefühle, oder Gesinnungen, oder wie man es nennen mag,
zuführen, welche wir nie durch die abgemessensten Worte erlangen." (I, 66)

ihm und anderen, wenn auch räumlich und zeitlich noch so weit entfernten
Seelen die ersehnte Vereinigung gewähren. Der Musik denkt Berglinger
dabei die Rolle zu, die Verbindung zwischen der Seele eines Hörers und
der in ein Tonstück eingegangenen Innerlichkeit des Tonkünstlers herzustellen, indem sie die in jenem unbekannten, fernen Menschen ruhende
Sympathie zu seiner Seele aus ihrem Schlummer erweckt:

> „Freilich ist der Gedanke ein wenig tröstend, daß vielleicht in irgend einem
> kleinen Winkel von Deutschland, wohin dies oder jenes von meiner Hand,
> wenn auch lange nach meinem Tode, einmal hinkommt, ein oder der andre
> Mensch lebt, in den der Himmel eine solche Sympathie zu meiner Seele
> gelegt hat, daß er aus meinen Melodieen grade das herausfühlt, was ich beim
> Niederschreiben empfand, und was ich so gern hineinlegen wollte." (I, 143 f.)

Selbst an dieser schwachen Hoffnung vermag Berglinger nicht ernstlich festzuhalten. Muß er doch ständig erfahren, daß er sich mit der ganzen Kraft seiner Seele vergeblich müht, seine gegenwärtigen Zuhörer zu
rühren und zu gewinnen. Welcher Art sind diese Zuhörer? Warum
scheitert an ihnen Berglingers Streben nach sympathetisch-musikalischer
Vereinigung? Warum läßt sich diese Menge „unharmonischer Seelen um
ihn her" (I, 146) nicht zum Gleichlaut des musikalischen Gefühls stimmen? Berglingers Antwort lautet: Dem sinnenfrohen Publikum des höfischen Spätbarock ist die Musik kein Mysterium, das Seele mit Seele vereint, sondern nur „Belustigung der Sinne und angenehmer Zeitvertreib"
(I, 146). Wüßte Berglinger nicht besser, was die Musik wahrhaft ist, so
müßte er auf Grund seiner Erfahrungen am fürstbischöflichen Hof seinem
alten Vater recht geben, der alle Künste verabscheut, weil sie in der
großen Welt, wo sie ihren angestammten Platz haben, nur dem verfeiner-
ten Lebensgenuß dienen (I, 133 f.). Berglinger spricht zwar zurückhaltend
und allgemein von der „Belustigung der Sinne", zu der sich die Musik am
Hofe hergeben müsse. Wir dürfen aber nicht verkennen, daß damit jene
der aufgeklärten eudämonistischen, empfindsam verinnerlichten oder bereits rationalistisch-kategorischen Moral des Bürgertums höchst verdächtige und anstößige Lebensform abgelehnt wird, die in Wilhelm Heinses[86]
fast gleichzeitig mit den „Herzensergießungen" erschienenem Musikerroman „Hildegard von Hohenthal" (1795/96) noch ungebrochen in Kraft
ist. Ein Beispiel für die moralische Entrüstung, mit der man in einem
kunstbegeisterten bürgerlichen Kreis Berlins, wo ein gemäßigter Rationalismus sich mit wohltemperierter Empfindsamkeit verband, auf diesen
Roman und — worauf es uns hier ankommt — auf die darin dargestell-

---

[86] Wilhelm Heinse lebte bekanntlich seit 1786 als Vorleser, seit 1787 als Biblio-
thekar am erzbischöflich-kurmainzischen Hof.

ten Verhältnisse an einem süddeutschen Fürstenhof reagierte, liefert uns
die ausführliche Rezension, die Johann Friedrich Reichardt in seinem
Journal „Deutschland" erscheinen ließ. Reichardt schreibt unter anderem:

> „Hätte der V. die Absicht gehabt, das eitle thörichte Leben und Weben der
> meisten jungen Künstler und die Unsittlichkeit der jungen Damen in ge-
> wissen christkatholischen Landen sammt der besondern Liebhaberei die
> sie zu jungen wüsten Künstlern zu haben pflegen, zu ihrer wohlverdienten
> Brandmarkung zu schildern, so hätte er sich ohngefähr so nehmen müssen,
> wie er sich jetzt nimmt, um uns schöne Kunst und ihren Gewinn für wahre
> Kunstfreunde reizend darzustellen." [87]

Und im Weimar der Hochklassik läßt man sich nicht einmal von der
Feindschaft gegen Reichardt abhalten, diesem Verdikt über Heinses Buch
zuzustimmen. Schiller und Goethe sind damals gerade mit der Abfassung
der Xenien beschäftigt, und Schiller bedauert, daß Reichardts Rezension
ihm kein Angriffsziel bietet:

> „Heinses Buch, davon ich die Recension nun näher angesehen, ist sehr
> getadelt, welches mich ordentlich verdrießt, da eine Dummheit weniger zu
> rügen ist." [88]

Wir haben nicht danach zu fragen, woher das Bürgertum die Berechtigung
nimmt, sich über „Hildegard von Hohenthal" und ihren Verfasser moralisch zu entrüsten.[89] Für unsere Fragestellung ist jedoch der Umstand aufschlußreich, daß das klassische Weimar ebenso wie das aufgeklärte und
empfindsame Berlin, in dem die Berglinger-Dichtung entsteht, an der Vermischung von Kunst und Erotik in der höfischen Welt des Heinseschen
Romans Anstoß nimmt. Die Reinheit der Kunst soll vor Entweihung ge-
schützt werden: „Gerne hört man dir zu, wenn du mit Worten Musik
machst, / Mischtest du nur nicht sogleich hundische Liebe darein".[90]

Der Hof huldigt einer Musik, die zu den Sinnen sprechen muß, um
Beifall zu finden. Und er huldigt ihr vor allem in der Gestalt der Prima-

---

[87] Deutschland. 1. Bd., Berlin 1796, S. 147.

[88] Brief vom 31. Januar 1796. Zitiert nach: Schillers Briefe, hrsg. v. Fritz Jonas.
4. Bd., Stuttgart o. J., Nr. 997, S. 401.

[89] Der politische Gegensatz des Bürgertums zur höfischen Welt war wohl nicht
allein der Grund für die einhellige Ablehnung. Reichardts republikanische
Gesinnung wurde von Weimar aus aufs heftigste bekämpft.

[90] „Hildegard von Hohenthal", in: Xenien 1796. Hrsg. v. Erich Schmidt u.
Bernhard Suphan. (Schriften der Goethe-Gesellschaft. 8.) Weimar 1893, S.
42, Nr. 372. Daß vor allem Goethe in seiner Jugend über Heinse ganz anders
urteilte, bezeugen seine Briefe aus den Jahren 1774/75, in denen Heinse
unter dem Pseudonym Rost figuriert. (Vgl. Gedenkausgabe, Ed. Beutler,
Bd. 18, Zürich 1951, Nr. 130, S. 242. Ferner Schillers Brief an Ferdinand
Huber vom 29. Juli 1788. Ed. Jonas, 2. Bd., Nr. 296, S. 96.)

donna, in der sie sich aufs sinnlichste verkörpert. Er protegiert in der
Musik einen der Reize, womit seine Sängerinnen ausgestattet sind. Und
Sänger und Sängerinnen wünschen nichts mehr, als sich und ihre Vorzüge
durch die Kunst jederzeit vorteilhaft zur Geltung zu bringen. Unmittelbar oder über den Willen des Hofs nehmen sie Einfluß auf das Schaffen
des Kapellmeisters (vgl. I, 144). Daß in solcher Atmosphäre die Kunst
gedeiht, demonstriert Heinses Roman. Was den Kapellmeister Lockmann
bei der Komposition seiner Oper begeistert und antreibt, ist sein musika-
lisch-erotischer Umgang mit Hildegard, die, lüstern-spröde und ebenso
bedacht auf ihre gesellschaftliche Stellung als Adelige wie auf ihren Glanz
als Sängerin, die Sinnlichkeit des bürgerlichen Kapellmeisters berechnend
stachelt und hinhält. Erotik und Musik sind in dem Verhältnis zwischen
Sängerin und Kapellmeister unlöslich vermischt, sie bedingen und steigern
sich wechselseitig. Gegen eine solche Praxis der Kunstpflege protestiert das
Bürgertum. Vom Richterstuhl einer auf Verbesserung der Sitten bedachten Aufklärung herab wird das höfische Leben verurteilt. Und nicht
minder fühlt sich die Empfindsamkeit von solchem Treiben abgestoßen.
In den empfindsamen Romanen bis zu Jean Paul gilt das Leben an
Fürstenhöfen als verdorben und verführerisch, der Hof als ein Ort
amoralischer Lüste.

In Berglinger ist, sehr im Unterschied zu Heinses Kapellmeister Lockmann, auch in dieser Hinsicht der Geist der Empfindsamkeit verkörpert.
Und dieser Berglinger lebt an einem Ort, wo die Musik, statt die Zuhörer zu rühren und zur Hingabe an die Seele des Künstlers zu stimmen,
ihren Appetit auf amouröse Genüsse anregt. Er schafft in einer Atmosphäre, in der Kunst als Reiz und Verführung ausgeübt und genossen
wird — „in einer sehr unreinen Luft" (I, 145), wie er bekümmert seinem
geistlichen Freund klagt. Die Musik wird in Berglingers Augen aufs
schwerste dadurch mißbraucht, daß die vornehme Welt — darin ist er
sich mit seinem Vater einig — nach ihrem sinnlichen Reiz gelüstet. Diese
Menschen betrachten, sagt Berglinger verächtlich in seinem Aufsatz „Das
eigentümliche innere Wesen der Tonkunst", die Musik und die anderen
Künste „als Anstalten ..., ihren nüchternen und groben Organen die not-
dürftig sinnliche Nahrung zu verschaffen, — da doch die Sinnlichkeit nur
als die kräftigste, eindringlichste und menschlichste Sprache anzusehen ist,
worin das Erhabene, Edle und Schöne zu uns reden kann" (I, 186). Die
Musik selbst kann dadurch zwar nicht befleckt werden, da „sie g a r
n i c h t v e r m a g das Verworfene, Niedrige und Unedle des menschlichen Gemüts auszudrücken, sondern an sich nicht mehr als r o h e und
g r e l l e Melodieen geben kann, denen die sich anhängenden irdischen
Gedanken erst das Niedrige leihen müssen." (I, 186) Im Glauben an die

Heiligkeit seiner Kunst wird Berglinger von alledem noch nicht beirrt. Aber unüberbrückbar wird sein verachtungsvoller Abstand von den „vornehmen Herren, welche" — wie der Klosterbruder einmal sagt — „von der Kunst nicht gerührt und veredelt, sondern aufs höchste geblendet und gekitzelt sein wollen" (I, 55).

Der laszive Kunstgenuß des Hofes unterwirft die Musik einem erniedrigenden Zweck. Am tiefsten erniedrigt dünkt Berglinger die Musik aber — so müssen wir zu unserer Überraschung feststellen — durch eine zweckfreie Haltung des Publikums zur Kunst: Es betrachtet Musik als Spiel. Berglinger macht am bischöflichen Hof die enttäuschende Erfahrung, daß die Musik „im wirklichen irdischen Leben keine andre Rolle spielt als Kartenspiel[91] oder jeder andre Zeitvertreib" (I, 146 f.).

Wir müssen an dieser Stelle kurz innehalten, um zu erörtern, was Berglingers Vergleich der Musik mit Kartenspiel besage. Huizinga nennt in seinem von uns schon öfter angeführten Buch „Homo Ludens" die Musik „die reinste und höchste Manifestation der menschlichen ‚Facultas ludendi' selber" und fährt fort: „Es erscheint nicht zu gewagt, die unerreichte Bedeutung des achtzehnten Jahrhunderts als musikalische Periode zu einem großen Teil aus dem Gleichgewicht zwischen dem Spielgehalt und dem rein ästhetischen Gehalt der damaligen Musik zu erklären." [92] In der höfischen Sphäre, in der Berglinger lebt und wirkt, wird die Musik allgemein als Spiel, als eine edle Art von Zeitvertreib gewertet, wobei man sich, wie Huizinga sagt, „auf der einen Seite die Kennerschaft des gebildeten Publikums als sehr entwickelt und verfeinert vorstellen (muß), auf der anderen aber ihre Achtung vor der Hoheit der Kunst und für die Personen, die sie ausübten, als sehr gering." [93] Berglingers völlig andere Wertung der Musik und sein daraus resultierendes Mißverhältnis zu seinem Publikum kann wiederum erst aus einem Musikerleben verstanden werden, das vom Geist der Empfindsamkeit ergriffen ist. Bereits in dem kleinen lyrischen Gedicht Friedrich Wilhelm Zachariäs, aus dem wir ein Verspaar unserer Arbeit als Motto vorangestellt haben, um die geschichtliche Herkunft der musikalischen Empfindsamkeit Berglingers anzudeuten, setzt der Sänger dem gewöhnlichen Spiel, womit er im Kreis müßiger Vor-

---

[91] Kartenspiel wird hier von Berglinger als ein niedriges, aber doch zweckfreies und — im Sinne Schillers — interesseloses Spiel betrachtet, da der Vergleich im Hinblick auf die Musik gewählt ist, wo Gewinn und Verlust nicht in Betracht kommen.

[92] Huizinga, a.a.O., S. 179.

[93] Huizinga, a.a.O., S. 158.

nehmer die Zeit „so fühllos durchgelacht" hat, sein Saitenspiel entgegen.[94]
Indessen läßt sich die Herabsetzung der Musik, die in Berglingers Karten-
spiel-Vergleich liegt, vielleicht noch mehr verdeutlichen, wenn wir
Wackenroders persönliche Abneigung gegen diese Art von Zeitvertreib mit

[94] Da das Gedicht auch sonst in mancher Hinsicht auf Berglinger bezogen werden kann, zitieren wir es im Wortlaut:

1   Das Clavier

                      Du Echo meiner Klagen,
                      Mein treues Saitenspiel,
                      Nun kömmt nach trüben Tagen
5   Die Nacht, der Sorgen Ziel.
                      Gehorcht mir, sanfte Saiten,
                      Und helft mein Leid bestreiten —
                      Doch nein, laßt mir mein Leid,
                      Und meine Zärtlichkeit.

10   Wenn ich untröstbar scheine,
                      Lieb ich doch meinen Schmerz;
                      Und wenn ich einsam weine,
                      Weint doch ein liebend Herz.
                      Die Zeit nur ist verlohren,
15   Die ich mit goldnen Thoren,
                      Bey Spiel und Wein und Pracht,
                      So fühllos durchgelacht.

                      Ihr holden Saiten, klinget
                      In sanfter Harmonie!
20   Flieht, was die Oper singet,
                      Und folgt der Phantasie.
                      Seyd sanft, wie meine Liebe,
                      Besinget ihre Triebe,
                      Und zeigt durch eure Macht,
25   Daß sie euch siegend macht.

(Zitiert nach: Friedrich Wilhelm Zachariä, Poetische Schriften. Neue Aufl.,
2. Tl., Braunschweig 1772, S. 293 f.)

Die Musik soll hier nicht, wie es dem eingangs verwendeten Topos vom Trost
der Musik entspräche, das „Leid bestreiten" (7), sondern im Gegenteil das
Leid des Herzens zärtlich pflegen helfen. Die Aufforderung an die Saiten:
„Seyd sanft wie meine Liebe, / Besinget ihre Triebe" (22 f.) macht uns, rein
inhaltlich betrachtet, bewußt, wie weit wir hier noch von dem Musikerleben
Berglingers entfernt sind, für den die Musik keine Gefühle „besinget", sondern selbst Gefühl ist. Doch die Verachtung fühlloser Belustigung bei gewöhnlichem Spiel und die Ablehnung der höfischen Oper (zu Berglingers
Einstellung zur Vokalmusik s. unten S. 121—124 dieser Arbeit) teilt der empfindsame Sänger bereits mit dem Kapellmeister, und in der Pflege auch
schmerzlicher Gefühle mit Hilfe der Musik kündigt sich Berglingers musikalischer Gefühlskult an.

in Anschlag bringen. Sie entspringt natürlich ebenfalls dem Geist der
Empfindsamkeit, ordnet sich geistesgeschichtlich der gemeinempfindsamen
Verachtung fühllosen Spielens zu. In einem Brief an seinen Freund
schreibt Tieck:

> „Lieber Wackenroder, man muß sich doch in alle Menschen zu finden wis-
> sen, wirst Du's mir glauben können, daß ich mehrmals in Coswig Karten
> gespielt habe, und sogar fast eine ganze Nacht bei diesen bunten Bilder-
> chen gesessen habe, ist es nicht für Menschen entehrend, so ihre kurze
> Lebenszeit umzubringen, wie kann man diesen Zeitvertreib mit dem Worte
> V e r g n ü g e n beehren?" (II, 19 f.)

Wackenroders entsetzte Antwort lautet:

> „... Und, ums Himmels willen, wie ist es möglich, daß Du in einer Gesell-
> schaft so lange hast Karten spielen können? Das ist ja ganz schrecklich. Ich
> glaub', ich hätte vor Ärger geweint, wenn ich Dich in eine solche Situation
> geklemmt gesehen hätte — D i c h am Spieltisch, dem Thron von Affen
> und Laffen —, Dich! Es ist wahrlich viel! Ich bedaure Dich." (II, 27)

Er kann sich kaum genugtun in der Bezeigung seines Abscheus, die, obgleich humoristisch übertreibend, deutlich genug von Wackenroders Ablehnung des Kartenspiels zeugt. Und sei es nun, daß E. T. A. Hoffmann
ebenfalls von Abscheu vor dem Kartenspiel erfüllt war oder daß nur sein
Geschöpf Johannes Kreisler sich des Vergleichs[95] seines Vorfahren Joseph

---

[95] Wie sehr die Vergleichung der Musik als Spiel mit anderen Arten von Spielen dem aufgeklärten 18. Jahrhundert geläufig war, darf einer Äußerung
Moses Mendelssohns entnommen werden. In seinen frühen, Fragment gebliebenen „Briefen über Kunst" lesen wir:

> „Man hat sich bemüht, den Sinnen zu gefallen, ohne den Verstand auf-
> zuklären, ohne das Herz zu bessern, ohne die Absicht zu haben, uns
> glückseliger zu machen."

Hier spricht offenbar der reine Aufklärer. Daß aber das Zeitalter der Aufklärung zugleich die Zeit des Rokoko ist, geht gleich aus dem nächsten Satz
hervor, der dem alten Berglinger wie aus der Seele gesprochen ist und der
auch auf des Kapellmeisters Vergleich von Kartenspiel mit Musik ein Licht
wirft:

> „So wie die Musik jizt vor unsern Augen erscheint, ist sie höchstens ein
> müßiger Zeitvertreib, ein unschuldiges Spiel, das nicht so sträflich, nicht
> so verderblich ist, als die unglücklichen Spiele, die einen großen Teil
> der Menschen ins Verderben stürzen." (Zitiert nach: Ludwig Goldstein,
> Moses Mendelssohn und die deutsche Ästhetik. Königsberg i. Pr. 1904,
> S. 71.)

Auch für Kant ist die Musik ein Spiel mit Empfindungen:

> „Wenn man ... den Wert der schönen Künste nach der Kultur schätzt,
> die sie dem Gemüt verschaffen und die Erweiterung der Vermögen,
> welche in der Urteilskraft zum Erkenntnisse zusammenkommen müssen,

Berglinger bemächtigt, jedenfalls findet sich auch in Kreislers ironischen „Gedanken über den hohen Wert der Musik" die Tonkunst in die Nachbarschaft des Kartenspiels versetzt, wobei den Rahmen nun allerdings nicht mehr das höfische Rokoko des achtzehnten, sondern der bürgerliche Salon des neunzehnten Jahrhunderts abgibt:

> „... die dampfende Teemaschine ist der Brennpunkt, um den sich die eleganten Herren und Damen bewegen. Spieltische werden gerückt, aber auch der Deckel des Fortepiano fliegt auf, und auch hier dient die Musik zur angenehmen Unterhaltung und Zerstreuung. Gut gewählt, hat sie durchaus nichts Störendes, denn selbst die Kartenspieler, obschon mit etwas Höherem, mit Gewinn und Verlust, beschäftigt, dulden sie willig." [96]

Für Berglinger wie für Kreisler bedeutet diese Gleichstellung der Musik mit gewöhnlichem Spiel eine tiefe Herabwürdigung der Kunst. Das wird bei Berglinger am deutlichsten in einem Augenblick, da er an der Kunst verzweifelt. Da vergleicht er sein musikalisches Schaffen mit dem verantwortungslosen Spielen eines Kindes, das Seifenblasen in die Luft bläst (I, 277). Er gießt selbstzerstörerischen Spott über die „kindische Seligkeit" aus, in die ihn die Musik immer wieder versetzt, wenn sie ihr „altes Spiel" (I, 278) von neuem anhebt, und nennt noch dieses Spotten über sich selbst „elendes Spielwerk" (I, 279).[97]

In seinem Streben nach sympathetisch-musikalischer Vereinigung und Herrschaft gescheitert, verwirft Berglinger seine Stellung als ausübender Künstler. „Er geriet auf die Idee, ein Künstler müsse nur für sich allein, zu seiner eignen Herzenserhebung, und für einen oder ein paar Menschen, die ihn verstehen, Künstler sein." (I, 147) Es ist bezeichnend, daß der der

zum Maßstab nimmt, so hat Musik unter den schönen Künsten sofern den untersten (so wie unter denen, die zugleich nach ihrer Annehmlichkeit geschätzt werden, vielleicht den obersten) Platz, weil sie bloß mit Empfindungen spielt." (Kritik der Urteilskraft, § 53 „Vergleichung des ästhetischen Werts der schönen Künste untereinander". Zitiert nach d. Text d. Ausg. 1790. Ehemalige Kehrbachsche Ausg., hrsg. v. Raymund Schmidt, Leipzig o. J., S. 239.)

Wir haben es hier nicht mit einer genuin kantischen Erkenntnis zu tun. Kant spricht vielmehr nur aus, was die communis opino der Aufklärung von der Musik hält.

[96] E. T. A. Hoffmanns Werke. Ed. Georg Ellinger. Berlin — Leipzig o. J., 1. Tl., S. 45.

[97] Der hohe Begriff des Spiels, den die Briefe „Über die ästhetische Erziehung des Menschen" (1795) nicht lange vor Berglingers Ablehnung der Auffassung von Musik als Spiel entwickeln, muß hier, so verlockend die Konstruktion einer geistesgeschichtlichen Beziehung auch wäre, außer Betracht bleiben, da die Würde, die Schiller dem Spiel zuerkennt, durch die Reflexion vermittelt ist, nicht aber aus der Praxis des Rokoko kommt, wo Berglinger zu seinem Leidwesen Kunst als Spiel aufgefaßt findet.

Welt entrückte Klosterbruder seinem Freund hierin recht gibt. Denn nun strebt Berglinger in Umkehrung seines alten Wunsches, mit seinen Klängen die Seelen der Menschen zu erfüllen und die Welt im Einklang der Gefühle zu durchdringen (I, 138), selbst danach, als musikalischer Einsiedler zu leben. Er sucht all dem Trüben, das ihn umgibt, der Empfindungslosigkeit der Hofgesellschaft, der die Musik zum sinnlichen Vergnügen und Spiel dient (I, 142 f.), dem diktatorischen Willen des Hofs (I, 144), den Intriguen der eitlen Konkurrenten (I, 145), der Torheit des großen Haufens der Sänger und Musiker, von denen die Ausführung seiner Werke abhängt (I, 144), kurz „all' dem widrigen Wesen" rings umher sich zu entziehen. Aus der „sehr unreinen Luft" (I, 145) des Hofes verlangt ihn in — um mit Hofmannsthals Ariadne zu reden — „ein Reich, wo alles rein ist". Dieses Reich ist ihm die Sphäre der „idealischen Kunstschönheit" (II, 170), des selbstgenügsamen Schwebens im alleinseligmachenden musikalischen Genuß. Aber der Rückzug in das schöne Leben des eigenen Inneren vermag ihn nicht aus dem Zwiespalt zu befreien, der seine Seele zerreißt. Sein letzter Brief (I, 274 ff.) ist eine erschütternde Klage und Selbstanklage. In ihm verdammt Berglinger das schöne Leben in der Kunst, das ihn von den Menschen trennt: „Was bin ich? Was soll ich, was tu' ich auf der Welt? Was für ein böser Genius hat mich so von allen Menschen weit weg verschlagen, daß ich nicht weiß, wofür ich mich halten soll? Daß meinem Auge ganz der Maßstab fehlt, für die Welt, für das Leben und das menschliche Gemüt? Daß ich nur immer auf dem Meere meiner inneren Zweifel mich herumwälze, und bald auf hoher Welle hoch über die andern Menschen hinausgehoben werde, bald tief in den tiefsten Abgrund hinuntergestürzt?" (I, 274 f.) Die Ferne und Isoliertheit des Musikers von den anderen Menschen — ein Zug, der uns besonders deutlich an Thomas Manns Adrian Leverkühn wieder begegnet — ist bald Erwählung und Erhebung hoch über alles Irdische, bald Ausgestoßensein und Verdammnis. In einem Bild dieses letzten Briefes zeichnet Berglinger den antithetischen Umschlag nach, der sich immer wieder in ihm vollzieht und der sein Wesen bestimmt: „Aber ach! wenn ich auf dieser verwegenen Höhe stehe, und mein böser Geist mich mit übermütigem Stolz auf mein Kunstgefühl, und mit frecher Erhebung über andre Menschen heimsucht — dann, dann öffnen sich auf einmal, rings um mich her, auf allen Seiten, so gefährliche, schlüpfrige Abgründe — alle die heiligen, hohen Bilder springen ab von meiner Kunst, und flüchten sich in die Welt der andern, bessern Menschen zurück — und ich liege hingestreckt, verstoßen" (I, 275).

Wir müssen wohl bis in unser Jahrhundert heraufgehen, wollen wir für eine solche Erfahrung der Verstoßenheit des Künstlers aus dem gewöhnlichen Leben der Menschen Parallelen beibringen. Wir finden sie dort, wo die Verarmung des Menschen durch das ästhetische Leben zum Problem und dichterisch gestaltet wird wie etwa beim jungen Hofmannsthal. In Thomas Manns „Tonio Kröger" bereits angedeutet, wiederholt sich das Thema der Isolation des Künstlers und, antagonistisch dazu, seines Verlangens, am gewöhnlichen Leben teilzuhaben, gesteigert in Adrian Leverkühn, dem späten Nachfahren Joseph Berglingers. — „Ausgesetzt auf den Bergen des Herzens"[98]: in diesem Vers Rilkes scheint uns die Qual der Isolation, die über Berglingers Künstlertum verhängt ist, von neuem zur Sprache zu kommen.

Kunstgefühl und soziales Gewissen

In seine musikalische Innenwelt verstrickt, vermag Berglinger in der gewöhnlichen Welt der Menschen nicht Fuß zu fassen. In der Residenz, wo die Kunst den Ansprüchen und Zwecken der höfischen Gesellschaft dienen muß, kann sich sein Innenreich der Musik nicht entfalten. Der bürgerlichen Welt aber, der Joseph entstammt, hat er sich durch seine Flucht zu entziehen versucht. Sie ist die Welt seines Vaters, in der Not und Krankheit herrschen und alles an dem kunstfeindlichen Maßstab der Nützlichkeit und Zweckdienlichkeit gemessen wird. Die beiden Aspekte, unter denen Joseph diese Welt sieht, der der sozialen Verantwortung gegenüber dem menschlichen Elend und der der Ausübung eines nützlichen Berufs, sind in der ärztlich-karitativen Tätigkeit des alten Berglingers vereint.

Die selbstgenügsame Passivität seiner Seele, die ohne Unterbrechung in schöne Gefühle eingehüllt leben will, hindert Joseph von Kindheit an, den Forderungen gerecht zu werden, die seine Umwelt an ihn stellt. Er nimmt sich vor: „du mußt Zeitlebens, ohne Aufhören in diesem schönen poetischen Taumel bleiben, und dein ganzes Leben muß e i n e Musik sein." (I, 131) Die Musik verlockt sein Gemüt, so daß es „immer in den dämmernden Irrgängen poetischer Empfindungen umherschweifte" (I, 129). Er genießt „tausend schlafende Empfindungen" (I, 131), die sie in ihm erweckt. Er fühlt sich in einen Zustand der Erhabenheit versetzt, in dem ihm ist, als wenn er „mit helleren Augen und einer gewissen erhabenen und ruhigen Wehmut auf die ganze wimmelnde Welt herabsähe" (I, 131). Aber dieses schöne Leben in musikalischen Gefühlen ist ständig bedroht, da drückende Armut Berglinger umgibt. In seiner häuslichen Umwelt dreht sich alles „nur um die kümmerliche Befriedigung der notwendigen physischen Bedürfnisse" (I, 133), hier wird alles nach

---

[98] R. M. Rilke, Sämtliche Werke. Hrsg. vom Rilke-Archiv in Verbindung m. Ruth Sieber-Rilke, 2. Bd., S. 94.

seinem Nutzen beurteilt, und die Musik erscheint als das Nutzloseste auf der Welt. Dem Vater dünkt ihre Ausübung „nicht viel besser als Müßiggang" (I, 134). Was Berglinger aber immer wieder aus der Höhe seiner Kunstempfindung hinabstürzt, ist nicht nur die Armut seiner Angehörigen, sondern das allgemeine Elend der Menschen. Ihre Leiden — auch schon die Vorstellung davon — verdrängen die schönen Gefühle, die ihn über die Welt des Nutzens und der Zwecke erhoben haben, und zerreißen sein mitfühlendes Inneres.

Die spannungsreiche Konstellation von musikalischem Gefühl, nützlichem Beruf und Elend der Menschheit, die Berglingers Jugend bestimmt, bleibt auch bestehen, als er in der Residenz, von Glanz umgeben, ausübender Musiker geworden ist. Hier, wo ihn die Verhältnisse am Hof, wie wir im vorigen Abschnitt unserer Arbeit dargelegt haben, das Ziel seines musikalischen Lebens, die Welt sympathetisch zu durchdringen, verfehlen und den Entschluß, ausübender Musiker geworden zu sein, bereuen lassen, enthüllt sich ihm das Unfruchtbare seines Lebens im musikalischen Gefühl. Es kommt ihm zum Bewußtsein, daß er „mit allem seinen tiefen Gefühl und seinem innigen Kunstsinn für die Welt nichts nütze, und weit weniger wirksam sei, als jeder Handwerksmann" (I, 147).

Auch hier ist es also zunächst der Gegensatz zwischen Musik und nützlichem Beruf, der sich schmerzlich in Berglingers Seele auftut. Berglinger fühlt, daß sein Dasein in dieser Welt zwecklos ist und nennt es die „unglücklichste Idee, diese Kunst zu seinem ganzen Zweck und Hauptgeschäft" (I, 146) gemacht zu haben.

Dieser Gegensatz zwischen der praktisch-nützlichen Tätigkeit des Bürgers und dem auf keinen Zweck und Nutzen abgestellten Tun des Künstlers, der in Berglinger aufbricht, setzt sich durch die ganze Romantik hindurch und bis ins 20. Jahrhundert herein fort. Die Künstlergestalten der romantischen Romane und Erzählungen müssen sich vielfach mit dem Vorwurf der Nichtsnutzigkeit auseinandersetzen, der von den Bürgern gegen sie erhoben wird. Denn von der bürgerlichen Welt geregelter Berufstätigkeit her gesehen, führen die unruhig schweifenden Künstler ein höchst nichtsnutziges Dasein. Ihre Nichtsnutzigkeit gehört zum Programm des romantischen Romans, gipfelt doch Novalis' Polemik gegen „Wilhelm Meisters Lehrjahre", das gepriesene und bekämpfte Vorbild vieler romantischer Romane, in der Feststellung: „Hinten wird alles zur Farce. Die ökonomische Natur ist die wahre — übrigbleibende." [99] Die ökonomische Natur widerstreitet der poetischen. Und so durchzieht von der „Idylle über den Müßiggang" in Friedrich Schlegels „Lucinde" bis zu

---

[99] Novalis, Werke, Briefe, Dokumente. Hrsg. v. Ewald Wasmuth. 3. Bd., Heidelberg 1957, S. 181, Nr. 2446.

Eichendorffs „Taugenichts" der Protest gegen das bürgerlich-nützliche Erwerbsleben die Romantik.

Fragen wir nach der Weise, wie der Konflikt zwischen Bürger und Künstler in der Romantik ausgetragen wurde, so finden wir, daß vor allem die Satire das Mittel war, mit dem sich die Romantiker des in der erstarrten Aufklärung gründenden bürgerlichen Denkens erwehrten. Tiecks satirische Märchenkomödie, Brentanos Philister-Satire und sein gemeinsam mit Görres verfaßter Uhrmacher Bogs, dazu zahlreiche satirisch gehaltene Partien in Hoffmanns Werk — um nur einiges zu nennen — geben uns ein Bild von dieser gemeinromantischen Auseinandersetzung. Um so aufschlußreicher ist es für uns, wenn wir in Wackenroders Werk zu Beginn der Romantik sehen, mit welcher Schärfe der Konflikt zwischen Bürger und Künstler ursprünglich als Konflikt des sozialen Gewissens aufbricht. Das ist in der späteren Romantik kaum mehr zu erkennen. Denn während die Romantiker immer gegen die Welt des Bürgers Stellung nehmen, der Konflikt also zwischen Bürger und Künstler ausgetragen wird, bricht in der Berglinger-Dichtung der Gegensatz zwischen den Forderungen der sozialen Welt und der sich ihnen entziehenden Welt der Kunst im Künstler selber auf.

Bereits in Tiecks „Sternbald" sind die Gegensätze zwischen Handwerk und Kunst meist mehr äußerlicher Art. Da fragt ein Schmiedgeselle, den Sternbald auf der Reise trifft, wozu denn die Malerei nütze.[100] Es fällt Franz nicht schwer, eigene Zweifel zu beschwichtigen und den Schmied für die Kunst zu gewinnen. Die Möglichkeit, ein bürgerliches Leben zu beginnen, tritt wiederholt als Versuchung an Sternbald heran[101], aber stets schlägt er das Anerbieten aus: „Ihr wärt ein schlechter Künstler geworden, sowie ich zu allen ernsthaften Geschäften verdorben bin, denn ich achte sie zu wenig, ich habe keine Ehrfurcht vor dem Reichtum, ich könnte mich nimmer zu diesem kunstlosen Leben bequemen."[102] Bisweilen freilich hat Sternbald ernstere Anfechtungen zu bestehen. So im Hause des wohlhabenden Kaufmanns Vansen, der gern als Kunstkenner gelten möchte. Zu den dort verkehrenden Leuten gehört ein alter Mann, der ganz im Sinne von Berglingers Vater Zweifel an der Kunst äußert. Sie bringe „keine Aufmunterung zur Tugend, keine Abhärtung zum Kriege, keine Liebe des Vaterlands und der Religion".[103] In seinen wie in des alten Berglinger Augen ist die Kunst unmoralisch, nichts weiter „als eine unnütze Spielerei, wo nicht gar ein schädlicher Zeitvertreib".[103] Sternbald verteidigt die Kunst nach Kräften: „Und was drückst du mit

---

[100] Sternbald, S. 24.
[101] Vgl. Sternbald, S. 34 u. 133.
[102] Sternbald, S. 35.
[103] Sternbald, S. 128.

dem Worte Nutzen aus? Muß denn alles auf Essen, Trinken und Kleidung hinauslaufen? . . . Ich sage es noch einmal, das wahrhaft Hohe darf
und kann nicht nützen; dieses Nützlichsein ist seiner göttlichen Natur
ganz fremd, und es fordern, heißt, die Erhabenheit entadeln, und zu den
gemeinen Bedürfnissen der Menschheit herabwürdigen."[104] So könnte
auch Joseph Berglinger sprechen, und es klingt recht ähnlich, wenn er sagt:
„Aus dem festesten Grunde meiner Seele preßt sich der Ausruf hervor:
Es ist ein so göttlich Streben des Menschen, zu schaffen, was von keinem
gemeinen Z w e c k und N u t z e n verschlungen wird — was, unabhängig von der Welt, in eignem Glanze prangt, — was von keinem Rade des
großen Räderwerks getrieben wird, und keines wieder treibt." (I, 275)
Aber er kann sich nicht dabei beruhigen. Sein Gewissen wirft ihm vor, daß
er gegenüber den Forderungen der Menschenwelt versagt und sich am
Elend seines Vaters und seiner Schwestern schuldig gemacht hat.

Berglingers Vaterkonflikt[105] war zugleich ein Konflikt mit der sozialen Welt als einer Welt des Elends, der Krankheit und Not, mit der er
durch seinen Vater immer wieder in Berührung kam. Das irdische Elend,
das über Joseph mitten im musikalischen Empfindungsrausch hereinbrach,
sei es „daß seine Geschwister sich um ein neues Kleid zankten, oder daß
sein Vater der ältesten nicht hinreichend Geld zur Wirtschaft geben
konnte, oder der Vater von einem recht elenden, jammervollen Kranken
erzählte, oder daß eine alte, ganz krummgebückte Bettelfrau an die Tür
kam, die sich in ihren Lumpen vor dem Winterfrost nicht schützen
konnte" (I, 135/36), verletzte ihn in der Seele. Aber diese „herzdurchschneidende Empfindung" konnte ihn doch nicht dazu bringen, „an dem
gemeinen Elend Anteil" zu nehmen (I, 136). Erst da ihm als Kapellmeister
die Zwecklosigkeit seines Lebens aufgeht, gewinnt jene Welt des Elends
von innen her ihre fordernde Kraft zurück. Das Bewußtsein, seinen Vater
und seine Geschwister in Armut und Not zurückgelassen zu haben, steigert
sich zum Schuldgefühl, wovon ihn auch das Geld, das er zum Unterhalt
für den Vater an die älteste Schwester schickt, nicht befreien kann. Und
dieses Schuldgefühl ist es, das seine Innenwelt schöner Empfindungen zer-

---

[104] Sternbald, S. 130.
[105] Inwiefern Berglingers Vaterkonflikt in Wackenroders Leben begründet ist,
erfahren wir aus Köpke, Ludwig Tieck, 1. Tl., Leipzig 1855, S. 222 ff. Vgl.
auch Koldewey, a.a.O., S. 99 ff. Wackenroder wurde von seinem Vater zu
dem ihm ungemäßen Jurastudium gezwungen und in den Beruf eines Kam-
mergerichts-Referendars gedrängt, so sehr ihn auch nach der Beschäftigung
mit Kunst und Musik verlangte. Was ihm selbst versagt blieb, nämlich nur
der Kunst leben zu dürfen, läßt Wackenroder an seinem Berglinger in Erfüllung gehen, stellt diese Erfüllung aber als Schuld und Scheitern dar. Eine „intime Selbstbezüchtigung" nennt daher Richard Alewyn (a.a.O., S. 55) Wakkenroders Berglinger-Dichtung.

reißt, als ihn unmittelbar nach einer Konzertaufführung seine jüngste Schwester im elendesten Aufzuge anspricht und ihm die Nachricht bringt, daß sein Vater todkrank sei und ihn vor seinem Ende noch einmal sprechen wolle (I, 148). Am Sterbebett des Vaters und angesichts der Not der Geschwister wird ihm sein von der Musik genährtes Kunstgefühl tief fragwürdig und verwerflich. „Die Kunst", so lesen wir in seinem letzten Brief, „ist eine verführerische, verbotene Frucht; wer einmal ihren innersten, süßesten Saft geschmeckt hat, der ist unwiederbringlich verloren für die tätige, lebendige Welt. Immer enger kriecht er in seinen selbsteignen Genuß hinein, und seine Hand verliert ganz die Kraft, sich einem Nebenmenschen wirkend entgegenzustrecken." (I, 275 f.)

In diesem letzten Brief, dem Schlußstück von Wackenroders Berglinger-Dichtung, wird der Konflikt zwischen dem schönen Leben in der Kunst und dem Elend der Menschheit schonungslos ausgetragen. Berglingers Kunstgefühl weiß sich von den unsäglichen und unaufhörlichen Leiden der Menschen umlagert. Sein soziales Gewissen verbietet ihm sein musikalisches Genußleben und verlangt Teilnahme an dem allgemeinen Leiden. Der Künstler wird von Selbstvorwürfen gepeinigt und bringt doch nicht die Kraft auf, der Kunst zu entsagen, so verwerflich sie ihm jetzt auch erscheint. „Ach! diese unbarmherzigen Gefühle schleifen mein Gemüt durch eine verzweiflungsvolle Angst, und ich vergehe vor bitterer Scham vor mir selbst. Ich fühl', ich fühl' es bitterlich, daß ich nicht verstehe, nicht vermag, ein wohltätiges, gottgefälliges Leben zu führen" (I, 277). Aus dem eigensüchtigen Genuß „sich selbst genügender Gedanken und Empfindungen" (I, 276) schlägt Berglingers Seelenlage in ein peinigendes, aber dennoch in Passivität verharrendes Mitleiden um. Er begreift jetzt, „wie jenen frommen aszetischen Märtyrern zu Mute war, die, von dem Anblicke der unsäglichen Leiden der Welt zerknirscht, wie verzweifelnde Kinder ihren Körper lebenslang den ausgesuchtesten Kasteiungen und Pönitenzen preisgaben, um nur mit dem fürchterlichen Übermaße der leidenden Welt ins Gleichgewicht zu kommen" (I, 277).

Eine bemerkenswerte Parallele zu dieser Stelle findet sich im Briefwechsel Wackenroders mit Tieck. Wackenroder spricht in einem seiner Briefe davon, daß ihm bisweilen „der bloße Anblick eines Menschen ... Schmerzen macht" (II, 134), und berichtet anschließend, um eine weitere Probe seiner Reizbarkeit zu geben (II, 135), welche Wirkung die Erzählung von einem Kapitän, der von seinen rebellierenden Untergebenen auf einem Boot ausgesetzt wird, auf ihn hervorbringt. Wackenroder reagiert auf diese Erzählung ähnlich wie Berglinger auf die Erfahrung oder auch schon auf die bloße Vorstellung menschlichen Elends. „Ich hatte eine Empfindung, als wenn mir vor mir selber ekelte, daß ich hier so ruhig und glücklich säße; es war mir, als hätt' ich Unglück mit Gold erkaufen kön-

nen, und meinen Körper geißeln und kasteien." (II, 135) Bezeichnender-
weise kann Wackenroder aber doch nicht umhin, aus dieser Empfindung
poetisches Kapital zu schlagen: „Dabei kam ich aber nachher auf die Idee,
diese Empfindung in eine Ode zu bringen." (II, 135) In einer Ode nach
dem Muster Stolbergs — gemeint ist wohl Friedrich Leopold — und
Schillers will er sein schmerzliches Gefühl ausschmücken und aufbewahren, will darin „die Empfindung eines Menschen schildern, der von dem
tausendfachen Elend der Menschheit bei eigener Zufriedenheit so niedergedrückt wird, daß er sich in einsame Wüsten stürzt, und in wahnsinniger
Schwärmerei auf die Idee kommt, sich allerlei Pönitenzen aufzulegen."
(II, 137) Tatsächlich hat Wackenroder diesen Gedanken nicht nur an der
zitierten Stelle des Briefes Joseph Berglingers (I, 277), sondern auch in
seinem „wunderbaren morgenländischen Märchen von einem nackten
Heiligen" (I, 156 ff.) wieder aufgegriffen. Auch auf dieses Märchen fällt
ein Licht, wenn Wackenroder in seinem Brief an Tieck fortfährt: „Sollte
eine solche Ode nicht ein helles Licht auf jene schwärmerischen Eremiten
des Mittelalters werfen?" (II, 137) Er meint, daß es „gerade das Gefühl
ihrer Menschheit war, die sie zu ihren paradoxen Ideen leitete" (II, 137).
Wir werden hierauf im Zusammenhang unserer Untersuchung des Märchens noch zurückkommen.

An dieser Stelle soll zunächst nach den geschichtlichen Voraussetzungen des Konflikts zwischen Berglingers Kunstgefühl und seinem sozialen
Gewissen gefragt werden. Wir müssen zu diesem Zweck hinter das Stadium des Konflikts, das sich in Berglingers Künstlergemüt manifestiert,
zurückgehen und uns die frühere Ausprägung, die dieser Konflikt in der
zweiten Hälfte des 18. Jahrhunderts erfahren hat, vor Augen führen.
Einen Schritt in diese Richtung hat bereits Schrimpf zu tun versucht,
doch geht er nicht weit genug, wenn er Alewyns Feststellung, das soziale
Schuldgefühl des modernen Künstlers trete zuerst bei Wackenroder auf[106],
mit dem Hinweis ergänzt, daß „diese Schuldproblematik aus der Moritzschen Fragestellung und Selbstkritik herauswickelt" sei. Wackenroder
habe nur „die Reiser-Problematik auf den echten Künstler übertragen".[107]
Gewiß gibt es bei Reiser wie bei Berglinger die Flucht in die schönen Gefühle und die immer wieder erzwungene qualvolle Rückkehr in den wirklichen Zustand. Aber nirgends empfindet Reiser das Elend der Menschheit
als einen drückenden Vorwurf, wenn er aus seinen dürftigen und demüti-
genden materiellen Verhältnissen in ein ästhetisches Wunschleben aus-
weicht. In die Begegnung Reisers mit dem Doktor Sauer legt Schrimpf
einen Sinn, für den der Text keine Grundlage bietet. Reisers bleibende

---

[106] Alewyn, a.a.O., S. 53.
[107] Schrimpf, a.a.O., S. 402.

Zuneigung zu dem Armenarzt erklärt sich nicht daraus, daß er hier „verantwortliches Wirken für andere in der Wirklichkeit kennengelernt und sich unglücklichen Bewußtseins aus seiner ‚idealischen' Scheinwelt dahin gesehnt"[108] hätte. Sie kommt allein aus der Selbstidentifikation mit diesem gleichfalls von der Umwelt Verkannten und sozial Unterdrückten. Reiser schöpft aus dieser Begegnung neue Widerstandskraft gegen sein eigenes, jenem verwandtes Schicksal.

Um Berglingers schlechtes Gewissen geschichtlich zu erklären, könnten wir allerdings bei einer — wenn auch von der Begegnung mit Doktor Sauer gedanklich weit abliegenden — Stelle im „Anton Reiser" anknüpfen. Während der Vorbereitung zu einer Theateraufführung entwirft Reiser eine „Ausarbeitung über die Empfindsamkeit". In dieser Schrift, so heißt es, „sollte die affektierte Empfindsamkeit lächerlich gemacht und die wahre Empfindsamkeit in ihr gehöriges Licht gestellt werden".[109] Originell war diese aus dem Widerwillen gegen die vielen Sterne- und Werthernachahmungen und ihre Leser geborene Idee nicht, denn mit mehr Recht als Reiser, der sich des Hangs zur Empfindsamkeit insgeheim selbst bezichtigen muß, hatten vor ihm bereits Pädagogen, Philosophen, Theologen, Ärzte und Dichter der Aufklärung diese Zeitkrankheit diagnostiziert und bekämpft. Wahre und falsche Empfindsamkeit oder „Empfindsamkeit und Empfindelei" war das Thema einer pädagogischen Abhandlung Joachim Heinrich Campes[110] aus dem Jahr 1779 — das Programm der Satire Reisers klingt deutlich daran an. 1782 veröffentlichte Johann Carl Wezel einen Roman, in dem mit analytischem Scharfblick und sichtlicher Lust am Morbiden der langsame Verfall und Untergang einer allzu zärtlichen Seele breit dargestellt wird[111]. Und genau zehn Jahre vor dem Erscheinen der „Herzensergießungen", ein Jahr, nachdem Moritz das erste Buch des „Anton Reiser" vorgelegt hatte, warnte ein anonymer Verfasser erneut vor den Gefahren, die von empfindsamen Romanen vor allem auf die Jugend ausgingen.[112] Ein Hauptargument, das diese den humanitären Zielen der Aufklärung verpflichteten Schriftsteller in ihrer Kampagne gegen die Empfindsamkeit ins Feld führten, war die These, daß übertriebene Empfindsamkeit, d. h. lustbetontes Streben nach rührenden und schmerzlichen Empfindungen um ihrer selbst willen, die Men-

---

[108] Ebda.
[109] Reiser, S. 408.
[110] Campe, Über Empfindsamkeit und Empfindelei in pädagogischer Hinsicht. Hamburg 1779.
[111] [Wezel,] Wilhelmine Arend, oder die Gefahren der Empfindsamkeit. Dessau, Leipzig 1782.
[112] Über den Werth der Empfindsamkeit besonders in Rücksicht auf die Romane. Nebst einer Nachschrift über den sittlichen Werth der Empfindsamkeit von Johann August Eberhard. Halle 1786.

schen zu vernünftiger Tätigkeit unfähig mache und so ihr wahres Glück untergrabe. Die wohl scharfsinnigste Kritik dieses von der Mitte des 18. Jahrlunderts an verbreiteten Seelenzustands und seiner Folgen verdanken wir dem Theologen, Philosophen und Ästhetiker Johann August Eberhard, einem Freund Moses Mendelssohns und Friedrich Nicolais. In einer Nachschrift zu der anonymen Abhandlung von 1786 untersucht er zunächst die Auswirkung der Empfindsamkeit auf das soziale Verhalten der Menschen. Was er dabei den sich ihrer Empfindsamkeit Überlassenden vorwirft, deckt sich bis in wörtliche Anklänge hinein mit den Selbstbeschuldigungen des Kapellmeisters Berglinger. Während unser natürliches Mitgefühl uns dazu bestimmt, durch zweckmäßiges Wirken und Handanlegen wirkliches Elend zu mindern, „schwelgt", so sagt Eberhard wörtlich, „die Empfindsamkeit in wollüstigen Schmerzen über erdichtete Leiden, und schmachtet bey den wirklichen in Thränen dahin, haucht ihre Kraft in Seufzern aus, und sinket unter den Verzuckungen eines theatralischen Schmerzes nieder; wenn sie nicht gar vor Übermaß des Gefühls die Augen von den Scenen des Jammers wegwendet, weil ihre Nerven zu schwach sind, um den Anblick des wirklichen Elends zu ertragen."[113] Statt wahre Leiden zu lindern, wolle der Empfindsame „sich in der Einbildungskraft an den[114] Bildern des menschlichen Jammers ergötzen".[115] Berglinger überträgt diese Vorwürfe vom Empfindsamen auf die Seelenhaltung des Künstlers, wenn er sagt: „Immer enger kriecht er in seinen selbsteignen Genuß hinein, und seine Hand verliert ganz die Kraft, sich einem Mitmenschen wirkend entgegenzustrecken." (I, 275 f.) Beschuldigt Eberhard die Empfindsamen, sie weideten sich bei der Lektüre von Trauerspielen und Romanen an „wollüstigen Schmerzen über erdichtete Leiden", so konfrontiert Berglinger selbstquälerisch die „lüsternen schönen Akkorde", den „schönen wollüstigen Scherz [Schmerz?][116] der Musik" (I, 277) mit den Schmerzensschreien der leidenden und Hilfe fordernden Menschheit. „Das verweichlichte Künstlergemüt gerät in Angst, weiß nicht zu antworten, schämt sich zu fliehen, und hat zu retten keine Kraft." (I, 277) Dem entspricht Eberhards Warnung an die Menschen, die ihren Brüdern nützen sollen: „Das Gefühl muß sie nicht überwältigen, daß sie ohnmächtig unterliegen oder den Anblik des Elenden aus weichlichem Eckel und Entsetzen fliehen."[117] Schließlich spricht Eberhard von den

---

[113] Eberhard, a.a.O., S.119 f.
[114] „den" verbessert aus „dem".
[115] Eberhard, a.a.O., S. 120 f.
[116] Mit Schrimpf (a.a.O., S. 408) möchten wir an dieser Stelle die Konjektur „Schmerz" wagen. Druckfehler sind in den Wackenroder-Erstausgaben auch sonst nicht selten.
[117] Eberhard, a.a.O., S. 120.

„Spielen der Imagination"[118], in denen der Empfindsame seine Empfindlichkeit gegen menschliche Übel immer mehr verstärke. „Nur in der Einbildungskraft kann sie" (sc. die Empfindsamkeit) „sich mit dem Spiele
erdichteter Leiden unterhalten, über das Elend wesenloser Bilder wim-
mern; dem wirklichen Elende hat sie höchstens unfruchtbare Thränen zu
geben."[119] Dasselbe Spiel der Imagination treibt Berglinger nur auf einer
höheren Stufe. Den sich eben noch mit fruchtlosem Mitleid quälenden
Musiker befähigt seine Virtuosität in diesem Spiel, im nächsten Augenblick die wirklichen Leiden der Menschen als ein „Werk seiner Phantasie"
anzusehen und „aus dem elenden Jammer irgendetwas Schönes und
kunstartigen Stoff herauszuzwingen" (I, 278).

Diese Parallelen machen zur Genüge deutlich, welche Bewandtnis es,
historisch gesehen, mit Berglingers schlechtem Künstlergewissen hat. Wohl
ist Berglinger der erste Künstler, der das schöne Leben in der Kunst angesichts des Elends der Menschheit radikal verwerfen zu müssen glaubt. Mit
einer Schärfe und Entschiedenheit wie sonst nirgends im 18. Jahrhundert[120] erhebt sich für Berglinger die Frage: wie rechtfertigt sich das
Kunstgefühl vor den Leiden, die die Welt erfüllen? Aber dieser Konflikt
des sozialen Gewissens mit dem Kunstgefühl leitet sich historisch aus dem

---

[118] Eberhard, a.a.O., S. 121.

[119] Ebda.

[120] Alewyn vergleicht Wackenroders Konflikt des sozialen Gewissens mit der
„furchtbaren Selbstanklage, mit der Tolstoj am Ende seines Lebens sein
ganzes dichterisches Werk verworfen hat". (Alewyn, a.a.O., S. 53.) Was Alewyn nicht erwähnt, uns an dieser Parallele aber am meisten überrascht, ist,
daß Tolstoj auch die gleiche oder doch eine sehr ähnliche Anschauung vom
Wesen der Kunst vertritt wie Wackenroder. Tolstojs emotionalistische Ästhetik, unter dem Einfluß des französischen Impressionismus stehend, beschreibt
Kunst als „eine Tätigkeit des Menschen, die darin besteht, daß er durch
gewisse äußere Zeichen den anderen bewußt die von ihm erfahrenen Gefühle
mitteilt, wobei die anderen Menschen von diesen Gefühlen angesteckt werden und sie ebenfalls empfinden." (Leo Tolstoj, Was ist Kunst? Aus d. Russ.
übers. v. Alexis Markow. Berlin 1898, S. 91.) Daß für Wackenroders Berglinger Musik wesentlich Gefühl ist, wird unsere Betrachtung der Musikanschauung Berglingers im folgenden Abschnitt unserer Arbeit verdeutlichen.
Wir haben also die auffallende Tatsache vor uns, daß zwei von Wesen und
Herkunft grundverschiedene Autoren, unabhängig voneinander und durch
ein Jahrhundert getrennt, dieselbe Grundauffassung von der Kunst ver-
treten und schließlich aus denselben sozialen Gründen zu einer Verwerfung
der Kunst und damit ihres Lebensinhalts bzw. ihres Lebenswerks gelangen.
Es scheint uns auf Grund dieser Übereinstimmung recht zweifelhaft, ob
Tolstojs Verdammung der Kunst tatsächlich „in keinem sachlichen Zusammenhang mit der von Tolstoj vertretenen Kunstauffassung" steht. (K. S.
Laurila, Die emotionalistische Ästhetik. In: Zeitschrift für Ästhetik und allgemeine Kunstwissenschaft. 32. Bd., 1938, S. 200.) Daß bei Wackenroder
ein solcher Zusammenhang besteht, ist offenkundig.

von der Aufklärung kritisierten Seelenleben der Empfindsamen her,
deren literarisch hochgezüchtete künstliche Gefühle der Kollision mit der
Wirklichkeit nicht mehr gewachsen sind. Wackenroder hat Berglingers
Konflikt aus der Haltung der Empfindsamkeit entwickelt, indem er die
seelische Disposition des Empfindsamen auf einen schöpferischen Künstler
übertragen und diesem zugleich ein von der sozialen Gesinnung der Aufklärung geformtes selbstkritisches Bewußtsein mitgegeben hat.

Berglinger, der empfindsame Künstler, geht an dem Zwiespalt
zwischen Kunstgefühl und sozialem Gewissen zugrunde. Bis in solche
Konsequenzen ist der spätere, romantische Gegensatz zwischen Künstler
und Bürger, der uns noch in Thomas Manns „Tonio Kröger" begegnet,
nie mehr durchgefochten worden. Immerhin klingt der Konflikt der
Kunst mit dem sozialen Gewissen in Wackenroders Jahrhundert bereits
bei Goethe an, wenn er auch in einer Künstlernatur, die in ihrer weltzu-
gewandten Haltung von derjenigen Berglingers völlig verschieden ist, nur
sehr gemildert erscheinen kann. In einem Brief an Frau von Stein, den
Goethe am 6. März 1779 in Apolda schrieb, wo er für seinen Herzog
Truppen ausheben mußte, während er zugleich an der Iphigenie arbeitete,
steht folgender Satz:

> „Hier will das Drama gar nicht fort, es ist verflucht, der König von Tauris
> soll reden als wenn kein Strumpwürcker in Apolda hungerte."[121]

Auch Goethe stellt sich also die Frage nach der Rechtfertigung der Kunst
in einer Welt des Elends. Ein Riß zeichnet sich ab zwischen einem schönen
Werk und einer schlimmen sozialen Wirklichkeit. Aber schon im nächsten
Brief, den Goethe zwei Tage später an seinen Herzog schrieb, scheint der
Widerspruch zwischen Kunst und sozialer Wirklichkeit aufgehoben. Obgleich Goethe, wie er kurz zuvor Knebel gestanden hat, „als ambuliren-
der Poeta sehr geschunden"[122] ist, gelingt es ihm, sein Künstlertum mit
seiner Aufgabe als Truppenausheber zu vereinen, so daß er, der „um was
zu nuzzen sich nicht genug im menschlichen Gesichtskreis halten kan", in
einem Atemzug von beidem zu sprechen vermag:

> „Übrigens lass ich mir von allerley erzählen, und alsdenn steig ich in meine
> alte Burg der Poesie und koche an meinem Töchtergen." [123]

In Goethes „Tasso", die „Tragödie des Dichters"[124], ist von dem Problem

---

[121] W. A., IV. Abt., 4. Bd., S. 18.
[122] W. A., IV. Abt., 4. Bd., S. 16.
[123] W. A., IV. Abt., 4. Bd., S. 21.
[124] Wolfdietrich Rasch, Goethes Torquato Tasso. Die Tragödie des Dichters.
Stuttgart (1954).

der sozialen Rechtfertigung des Künstlers gegenüber dem Elend der Welt nichts eingegangen[125].

Für unseren Zusammenhang ist es ergiebiger, wenn wir uns von hier aus noch einmal Tiecks „Sternbald" zuwenden, auf den wir schon bei der Behandlung des Gegensatzes zwischen der von Zweck und Nutzen bestimmten Welt bürgerlicher Berufsausübung und Berglingers Leben in der nutzlosen Kunst hingewiesen haben. Auch in „Franz Sternbalds Wanderungen" klingt bisweilen jenes Berglinger-Motiv vom Elend der Menschen an, wenn auch nur andeutungsweise und ohne daß es zu einem Hauptmotiv der Erzählung erhoben wäre wie in der Berglinger-Dichtung. Die Verarmung und Verödung des Menschlichen durch die Kunst kommt Franz zum Bewußtsein, als er sich am Beginn seiner Wanderung der Heimat nähert:

„„Was ist es, daß die Vergangenheit so lebendig in meinem Innern aufsteigt? Wie konnte ich alles, wie konnte ich meine Eltern so lange, fast, wenn ich wahr sein soll, vergessen? Wie wäre es möglich, daß uns die Kunst gegen die besten und teuersten Gefühle verhärten könnte? Und doch kann es nur das sein, daß dieser Trieb mich zu sehr beschäftigte, sich mir vorbaute und die Aussicht des übrigen Lebens verdeckte."«[126]

Da das Leben in der Kunst den Künstler dem gewöhnlichen Leben der Menschen entfremdet, ist er dem plötzlichen Andrang des Elends schutzlos preisgegeben und wendet sich unter einer solchen Erfahrung von der Kunst ab. Im zweiten Teil des „Sternbald" erzählt der Maler-Einsiedler Anselmus seine Lebensgeschichte. Eigenes Unglück riß ihn aus seinem Künstlerleben und lehrte ihn die Kunst verachten:

„Vorher hatte ich in der Welt die schönen Formen mit lachenden Augen aufgesucht und mir eingeprägt, jetzt sah ich im angespannten Pferde und Ochsen nur die Sklaverei, die Dienstbarkeit, die den Landmann ernährte, ich sah neidisch in die kleinen schmutzigen Fenster der Hütten hinein, nicht mehr um seltsame poetische Ideen anzutreffen, sondern um den Hausstand und das Glück dieser Familien zu berechnen. O, ich errötete, wenn man das Wort Kunst aussprach, ich fühlte mich unwürdig, und das, was mir vorher

---

[125] Eine Entsprechung zur Berglinger-Problematik stellt im „Tasso" die Spannung von Dichten und politischem Handeln dar. Der Dichter empfindet es schmerzlich, von der Wirklichkeit, vor allem der des politischen Handelns, verkörpert in Antonio, ausgeschlossen zu sein. Gegenüber der politischen Realität wird ihm sein Dichten fraglich (vgl. Rasch, a. a. O., S. 60), ihn verlangt nach Taten. Berglingers Künstlerleben, das sich von Anfang an dem wirklichen Leben zu entziehen sucht, wird durch den Einbruch der Wirklichkeit in die Kunstwelt problematisch. Doch das Ausgeschlossensein von der tätigen Welt empfindet Berglinger noch nicht als Künstlertragik wie Tasso. Erst die soziale Verpflichtung macht es dazu.

[126] Sternbald, S. 38.

als das Göttlichste erschien, kam mir nun als ein müßiges, zeitverderbendes
Spielwerk vor, als eine Anmaßung über die leidende und arbeitende Menschheit."[127]

Aber mehr als Sternbald und Anselmus trägt eine andere Figur des Romans Züge, die uns von Berglinger her bekannt sind: Sebastian, Sternbalds Mitschüler, der in Nürnberg bei Dürer zurückbleibt, während
Franz sich auf Reisen begibt. Nur zu Beginn des Romans tritt Sebastian
selbst auf, im weiteren Verlauf hören wir dann nur noch in Briefen
seine Stimme, — eine Stimme, die derjenigen Berglingers zum Verwech-
seln ähnlich ist. Seine Briefe werden, je weiter der Roman fortschreitet,
immer düsterer und melancholischer. Er durchschaut mit Salomo „die
Eitelkeit des ganzen menschlichen Treibens" und entdeckt „in allem das
Vergängliche, das Nichtige".[128] In seinem letzten Brief bekennt er, er habe
keinen Mut mehr, weder zum Leben noch zur Kunst. „Ich gehe oft im
trüben Wetter durch die Stadt und betrachte Gebäude und Türme, die
mühselige Arbeit, das künstliche Schnitzwerk, die gemalten Wände, und
frage dann: Wozu soll es?"[129] Und nun, da ihm die Kunst nichts mehr
ist, meldet sich zugleich das schlechte Gewissen vor dem sozialen Elend:

„Der Anblick eines Armen kann mich so betrübt machen, daß ich die
Augen nicht wieder aufheben mag."[129]

Wie bei Berglinger hängt auch hier das Gefühl der sozialen Verantwor-
tung mit dem der Schuld gegenüber dem Vater zusammen. Sebastians
Mutter ist gestorben, sein Vater arm und krank. Sebastian macht sich
Vorwürfe, weil er, statt ein Handwerk zu erlernen, Maler geworden ist.

„Wenn ich ein ordentliches Handwerk ergriffen hätte, so könnte ich vielleicht jetzt selber meinen Vater ernähren. Es dünkt mir töricht, daß ich an
der Ausarbeitung einer Geschichte arbeite und indessen alles wirkliche
Leben um mich her vergesse."[129]

Wir finden hier also bis in Einzelheiten Berglingers Konflikt des sozialen
Gewissens wieder.[130] Das schöne Leben in der Kunst wird vom sozialen

---

[127] Sternbald, S. 190.
[128] Sternbald, S. 96.
[129] Sternbald, S. 240.
[130] Die Ähnlichkeit der Künstlerproblematik Sebastians mit derjenigen Berglingers könnte den Schluß nahelegen, die Sebastian-Partien innerhalb des
„Sternbald" habe Wackenroder verfaßt. Tiecks Nachwort zum ersten Teil
des „Sternbald" schließt eine solche Vermutung nicht aus. Er schreibt:

„In einem gewissen Sinne gehört meinem Freunde ein Teil des Werks,
ob ihn gleich seine Krankheit hinderte, die Stellen wirklich auszuarbeiten, die er übernommen hatte. Der Leser verliert gewiß viel dabei,
daß ich es ohne seine Beihilfe zu Ende führen muß." (Sternbald,
S. 140.)

Gewissen des Künstlers in Frage gestellt. Das Elend der Menschen, in welcher Form es auch auftritt, wird als ein drückender Vorwurf empfunden. Für Berglinger kommt es trotzdem zu keiner endgültigen Abkehr von der Kunst. Immer hebt „das lüsterne Ziehen der Sehnsucht sein altes Spiel wieder an; da ruft und ruft es unwiderstehlich zurück, und die ganze kindische Seligkeit tut sich von neuem vor meinen Augen auf" (I, 278). Auf diese Weise vermag Berglinger nie „mit dem fürchterlichen Übermaße der leidenden Welt ins Gleichgewicht zu kommen" (I, 277) und muß, zwischen den Antithesen hin- und hergerissen, zugrundegehen.

2. Berglinger und die Musik

Die Musikanschauung der ‚Berglingeriana'[131]

Wir haben gesehen, wie Berglingers empfindsamer Konflikt mit der sozialen Welt sein Inneres spaltet und ihn zugrunderichtet. Doch konnten die Fragen, die sich auf Berglingers Verhältnis zur Musik beziehen, in unserer bisherigen Untersuchung nur gestreift werden. Ihnen müssen wir uns nunmehr im einzelnen zuwenden. Welche Rolle spielt die Musik in Berglingers Leben?

Gleich zu Beginn seiner Lebensbeschreibung erfahren wir, daß Berglingers „Inneres ganz und gar zu Musik ward" (I, 129). Musik bestimmt sein innerstes Wesen. Und sie bestimmt es — um es mit einem Wort zu sagen — als Gefühl. Das ergibt sich aus nahezu jeder Stelle der ‚Berglingeriana', wo von Musik die Rede ist, und jede Untersuchung der Musikauffassung Wackenroders oder Berglingers müßte von dieser auffallenden Tatsache ausgehen. Dies ist bisher auch von seiten der Musikwissen-

Richard Alewyn neigt nun zu der Annahme, „daß Wackenroder selbst die Sebastian-Partien übernommen hatte" (a. a. O., S. 55), und möchte von dem letzten Sebastian-Brief aus auf einen geplanten, aber von Tieck nach Wakkenroders Tod nicht mehr ausgeführten Sebastian-Roman schließen, der parallel zur Sternbald-Handlung gelaufen wäre. Der Spielraum für solche Vermutungen wird allerdings durch die Nachrede eingeschränkt, die Tieck der zweiten Auflage des „Sternbald" (1843) beifügte. Hier heißt es:

„Aus der kurzen Nachrede, die ich in meiner Jugend dem Ersten Teile des Buches hinzufügte, haben viele Leser entnehmen wollen, als wenn mein Freund Wackenroder wirklich teilweise daran geschrieben hätte. Dem ist aber nicht also. Es rührt ganz, wie es da ist, von mir her, obgleich der Klosterbruder hie und da anklingt. Mein Freund ward schon tödlich krank, als ich daran arbeitete." (Sternbald, S. 288 f.)

[131] In ungefährer Analogie zu E. T. A. Hoffmanns „Kreisleriana" verstehen wir unter ‚Berglingeriana' die der Fiktion nach von Berglinger verfaßten Schriften Wackenroders.

schaft noch nicht entschieden genug geschehen. Die germanistische Wak-
kenroder-Forschung hätte es vielleicht eher für der Mühe wert gefunden,
sich mit dieser Grundtatsache in Berglingers musikalischem Leben auseinanderzusetzen, wenn nicht ihre eigene Herkunft aus der Romantik sie ge-
hindert hätte, daran Anstoß zu nehmen. Denn wer in der Musikauffassung des 19. Jahrhunderts befangen ist, dem muß es wohl als eine
platte Selbstverständlichkeit erscheinen, daß in der Musik Gefühle
ausgedrückt werden.[132] Andererseits steht dem, der sich heute darauf einläßt, ein Musikerlebnis, das Musik als Gefühl erfährt, ernst zu nehmen,
eine zeitgenössische Musikauffassung womöglich noch hinderlicher im

---

[132] Einer solchen Musikauffassung müßte die Musik früherer Zeiten ebenso un-
verständlich bleiben wie die der Gegenwart. Igor Strawinsky stellt in seiner
„Musikalischen Poetik" die rhetorische Frage, ob man von der Musik nicht
Unmögliches verlange, „wenn man erwartet, daß sie Gefühle ausdrücke"
(Strawinsky, Musikalische Poetik. Übers. v. Heinrich Strobel. Mainz 1948,
S. 48). Für ihn ist es eine rhetorische Frage, weil er sie selbstverständlich
verneint. Tatsächlich würde ein romantischer Hörer zumindest beim späten
Strawinsky, also etwa in einem Werk wie „Threni, id est lamentationes
Jeremiae Prophetae for soli, mixed chorus and orchestra" (London 1958)
vergebens nach den in die Sprache der Töne umgesetzten Empfindungen
des Leides, der Trauer oder der Verzweiflung suchen, die ihm der hier ver-
tonte biblische Text vielleicht verheißt. Sein Gefühl fände sich in der „ver-
durchdringlichen Objektivität" dieser Musik „eiskalt erstarrt" (Joachim Herr-
mann im Programmheft zum III. Konzert der Musica Viva München vom
6. März 1959). Ebensowenig aber werden wir heute in der niederländischen
Vokalpolyphonie des 15. Jahrhunderts einen Ausdruck subjektiver Empfindungen entdecken. Wackenroders Kapellmeister vernimmt dergleichen allerdings — für uns befremdlich genug — im Gregorianischen Choral. Sein Aufsatz „Von den verschiedenen Gattungen in jeder Kunst und insbesondere
von verschiedenen Arten der Kirchenmusik" unterwirft die Kirchenmusik
des 18. Jahrhunderts dem Schema der aus der Antike überlieferten Lehre
der Rhetorik von drei Sprech- bzw. Schreibarten, dem Hohen, Mittleren
und Niederen Stil, und setzt den Choral, der das Frömmigkeitsgefühl
der „stillen, demütigen, allzeit büßenden Seelen" (I, 176) ausdrücke, an die
Stelle des ταπεινὸν γένος. Wir müssen dazu bedenken, daß Wackenroder
die Gregorianik in der Praxis kennengelernt hat, wie sie im ausgehenden
18. Jahrhundert, z. B. an der katholischen Hofkirche in Dresden, geübt
wurde. (Vgl. Gustav Becking, Zur musikalischen Romantik. In: DVj. schr.,
2. Jg. 1924, S. 585.) Und wir müssen uns darüber im klaren sein, daß das
18. Jahrhundert allgemein noch kein historisch vermitteltes und gebrochenes
Verhältnis zur Musik früherer Zeiten hat. Der Gedanke einer restaurativen
Wendung der Musik zu Schreibarten früherer Zeiten ist dem Kapellmeister
Berglinger und seinem Urheber noch fremd. Dazu kommt es erst in der musikalischen Romantik des 19. Jahrhunderts. Bevor jedoch die romantische
Musik selbst in Erscheinung tritt, gibt es bereits eine romantische Musikanschauung, die, unbekümmert um historische Stile, alle Musik romantisch
empfindet und deutet. (Vgl. Carl Leonhardt, Romantische Musik. In: Romantik, S. 115.)

Wege. „Um Trivialitäten wie die . . . These von der Musik als Gefühlssprache braucht man sich nicht ernstlich zu kümmern"[133] — dies wird ihm
von einer vorgeblich auf das Objektive, auf die „Wirklichkeit" der Musik
gerichteten Anschauung aus entgegengehalten. Aber auch diese Antithese
zu der Auffassung von Musik als Ausdruck der Empfindung findet sich —
im Anschluß an ältere Traditionen — bereits wieder bei Zeitgenossen
Wackenroders. Wir zitieren aus einem Athenäumsfragment Friedrich
Schlegels:

> „Es pflegt manchem seltsam und lächerlich aufzufallen, wenn die Musiker
> von den Gedanken in ihren Composizionen reden (. . .) Wer aber Sinn für
> die wunderbaren Affinitäten aller Künste und Wissenschaften hat, wird die
> Sache wenigstens nicht aus dem platten Gesichtspunkt der sogenannten
> Natürlichkeit betrachten, nach welcher die Musik nur die Sprache der Emp-
> findung seyn soll, und eine gewisse Tendenz aller reinen Instrumentalmusik
> zur Philosophie an sich nicht unmöglich finden."[134]

Nun mag man die Auffassung von Musik als Gefühlssprache trivial nennen oder nicht, als geschichtliche Erscheinung sollte auch eine Trivialität
ernst genommen werden. Nur eine Besinnung auf die geschichtlichen
Grundlagen und die Stellung der Musikanschauung Wackenroders innerhalb der Musikästhetik des 18. Jahrhunderts kann hier weiterführen und
eine beträchtliche Lücke in unserem Verständnis von Wackenroders Werk
schließen. Dies zu leisten, wäre Aufgabe einer eigenen Arbeit. Sie dürfte
freilich nicht an ihren Beginn programmatisch den Satz stellen: „Wir stehen vor Wackenroders Musikanschauung (niedergelegt in dem Leben des
Kapellmeisters Joseph Berglinger und den Phantasien) als vor einem Phänomen, das sich durch die Elemente der Herkunft nicht aufschließen
läßt".[135] Eine Untersuchung von Wackenroders Musikanschauung, die
diese nicht auf ihre Herkunft befragt, begibt sich von vornherein der
Möglichkeit, ihren geschichtlichen Ort zu erkennen und das, was an ihr
neu ist, von ihren traditionellen Elementen zu unterscheiden.

Es würde den Rahmen unseres Themas sprengen, die Musikauffassung der ‚Berglingeriana' bis ins einzelne zu untersuchen. Wir beschränken uns in den folgenden Kapiteln dieses Abschnitts unserer Arbeit darauf, zu erläutern, inwiefern die Musik Berglingers Wesen als das
Wesen eines Tonkünstlers bestimmt. Wir versuchen zu klären, wie Berg-

---

[133] Victor Zuckerkandl, Der singende und der sprechende Mensch. In: Die Neue
Rundschau, 72. Jg., 1961, S. 681.
[134] Friedrich Schlegel 1794—1802. Seine prosaischen Jugendschriften. Hrsg. v.
J. Minor. Wien 1882. 2. Bd., S. 287.
[135] Maria Jacob, Die Musikanschauung im dichterischen Weltbild der Romantik. Aufgezeigt an Wackenroder und Novalis. Phil. Diss. Freiburg i. Br.
1949, S. 12.

linger Musik erfährt und was sie für ihn als Schaffenden bedeutet. Nur in groben Umrissen soll zunächst die geschichtliche Stellung von Berglingers Musikauffassung angedeutet werden.

Vorwegnehmend sei festgestellt: Die Musikanschauung des Hofkapellmeisters Berglinger ist keineswegs mehr die des Barock. Keiner Zeit vor der Mitte des 18. Jahrhunderts kann sie zugeordnet werden. Erst seit der Jahrhundertmitte ist sie geschichtlich möglich.

Diese Feststellung folgt jedoch noch nicht aus der Tatsache, daß für Berglinger Musik Gefühl ist. Schon aus dem frühen fünften Jahrhundert v. Chr. ist uns die Anschauung bezeugt, daß eine gewisse Art von Musik, das Aulosspiel, eine bestimmte Art von Empfindung, nämlich starken seelischen Schmerz darstellen kann[136]. Nach Pindars 12. Pythischer Ode verdankt das Aulosspiel seine Erfindung dem Schmerzgeschrei der Gorgonen um ihre von Perseus enthauptete Schwester Medusa. Der Dichter berichtet, Athene habe Perseus gerettet. Dann habe sie, um den Schmerz der Gorgonen nachzuahmen, eine Aulosmelodie erfunden und den Menschen geschenkt. Im Besitz dieses göttlichen Geschenks sind die Menschen seither in der Lage, durch Musik Affekte darzustellen.

Mit der Musikauffassung, die in dieser Ätiologie des Aulosspiels liegt, konstrastiert eine andere, die ebenfalls in der europäischen Musik fortgewirkt hat. Sie läßt sich auf einen homerischen Hymnus zurückverfolgen, in dem berichtet wird, der junge Hermes habe in seinem Mutwillen eine Schildkröte ausgehöhlt, um aus ihrem Panzer einen Klangkörper zu gewinnen. So entstand das Lyraspiel, das nicht Affekte nachahmt, sondern im Zusammenklingen mehrerer Saiten die Harmonie der Welt wiedergibt.[137]

Beide Grundauffassungen von Musik, die nichts miteinander gemein zu haben scheinen, schließen sich gegenseitig nicht aus. Für die Zeit des Barock, der wir Berglinger wegen seiner äußeren, gesellschaftlichen Stellung als Hofmusiker zuzurechnen versucht sein könnten, ist Musik in Fortsetzung mittelalterlicher Anschauungen, die wiederum den antiken Harmoniegedanken fortführen, Darstellung eines ordo, der die Einrichtung der Welt im ganzen bestimmt. Mit dieser Anschauung verbindet sich aber die in der Lehre von der Affektdarstellung gründende rhetorische Zielsetzung der Musica poetica.[138] Im Sinne der Affektenlehre des

---

[136] Thrasybulos Georgiades, Musik und Rhythmus bei den Griechen. Zum Ursprung der abendländischen Musik. (Rowohlts dt. Enzyklopädie. 61.) Hamburg 1958, S. 8 ff.

[137] Georgiades, a. a. O., S. 22 f.

[138] Hans Heinrich Eggebrecht, Barock als musikgeschichtliche Epoche. In: Aus der Welt des Barock. Stuttgart (1957), S. 168 ff. Zum Begriff der Musica poetica vgl. Martin Ruhnke, „Musica theoretica, practica, poetica", in: MGG., 9. Bd., Sp. 952 f.

Barock ist der Mensch „der Gegenstand, der von der Musik her bewegt wird“,[139] indem die Musik anschaulich-objektiv Affekte darstellt. Auf die theologische Begründung der Affektwirkung der Musik, wodurch z. B. Andreas Werckmeisters Musiklehre beide Grundanschauungen vereinigt, brauchen wir hier nicht näher einzugehen. Wichtig für unsere Fragestellung ist jedoch der Übergang von dieser älteren Affektenlehre zu derjenigen, die wir in den ‚Berglingeriana‘ antreffen.

Um die Mitte des 18. Jahrhunderts tritt gegenüber der Musikauffassung des Barock ein grundlegender Wandel ein. Jene Anschauung, der die Musik Abbild einer Weltharmonie ist, ist um diese Zeit beinahe vergessen.[140] Eine rein emotionalistische Musikästhetik wird in den Jahren zwischen 1740 und 1780 herrschend. Die Musik fällt einer schrankenlosen Psychologisierung anheim. Ein neues, die alte Affektenlehre sprengendes Musikerleben macht sich geltend, das im Bereich Süddeutschlands vor allem von den musikalischen Errungenschaften der Mannheimer Schule getragen oder doch gefördert wird.[141] Seinen literarischen Niederschlag findet es in Schriften, die die Literaturgeschichte dem Sturm und Drang zurechnet.

Den geschichtlichen Wandel, um den es sich hier handelt, hat Hans Heinrich Eggebrecht, auf dessen Ausführungen wir uns stützen, in die Form der sprachlichen Abwandlung eines Satzes gekleidet. Die traditionelle Anschauung: „Die Musik drückt etwas aus“ wird abgelöst von der neuen: „In der Musik sich selbst ausdrücken“.[142] Die alte Affektenlehre war eine normative musikalische Rhetorik, die dem Musiker vorschrieb, wie er zu Werke gehen mußte, um die Art der Empfindung, mit der er sich gerade kompositorisch befaßte, genau zu bestimmen und die Töne in eine solche Anordnung und Folge zu bringen, daß sie den betreffenden Affekt nachbildeten und die Gemüter der Hörer bewegten. Die neue Musikanschauung verlangt hingegen vom ausübenden Musiker, die Bewegung des eigenen Herzens unmittelbar in Musik ausströmen zu lassen

---

[139] Rolf Dammann, Zur Musiklehre des Andreas Werckmeister. In: Arch. f. Musikwiss. 11, 1954, S. 226. Über Werckmeisters Affektlehre ebd. S. 224 ff.
[140] Eine bedeutende Ausnahme von der Tendenz zur emotionalistischen Musikästhetik ihrer Zeit machen die Schriften des dilettierenden Außenseiters Johann Friedrich von Dalberg. Vgl. Dalberg, Urania oder Blicke eines Tonkünstlers in die Musik der Geister. 1787. In zweiter Auflage erschienen unter dem Titel: Fantasien aus dem Reiche der Töne. Erfurt 1806.
[141] Das Verhältnis der Kompositionspraxis der Mannheimer oder auch der Bachsöhne zu dem neuen Musikerlebnis kann für uns hier außer Betracht bleiben, da es uns in Absicht auf Wackenroders Kapellmeister ausschließlich auf das letztere ankommt.
[142] Eggebrecht, Das Ausdrucks-Prinzip im musikalischen Sturm und Drang. In: DVj. schr. 29. Jg., 1955, S. 330.

oder, wie Schubart es in seinen „Klavierrecepten" im Sinne der Ästhetik
des musikalischen Sturm und Drangs formuliert, seine „Ichheit auch in
der Musik herauszutreiben".[143] Der Musiker, gleichgültig ob hervorbrin-
gend oder fremde Musik spielend, muß „sich selbst in Affekt setzen"[144],
damit Musik „Herzenssache"[145] wird.

Dem neuen Musikerleben sind die Töne Ausdrucksmittel des Ich und
seiner individuellen Gefühle. „Daß sich ein individuelles Ich in der Musik
auszudrücken vermag, ist das neue musikalische Grunderlebnis des Jahrhunderts."[146] Eggebrecht gibt ihm den Namen „Expressiver Realismus"[147]
und demonstriert die hiermit bezeichnete Musikauffassung an C. F. D.
Schubart, an Johann Gottfried Herder und an Wilhelm Heinse. Da es
ihm nur darum zu tun ist, das Aufkommen des neuen Musikerlebnisses
darzustellen, hat er Wackenroder nicht in seine Untersuchung miteinbe-
zogen. Wir wollen anzudeuten versuchen, wie sich zu dem Expressiven
Realismus des musikalischen Sturms und Drangs die Musikanschauung der
‚Berglingeriana' verhält.

Die ältere musikgeschichtliche Forschung[148] hat bereits erkannt, daß
zwischen Wackenroders und Tiecks Musikauffassung einerseits und den
musikalischen Anschauungen Herders und Heinses anderereits — Schubart
scheint von der älteren Forschung nur wenig berücksichtigt worden zu
sein[149] — ein Zusammenhang besteht. Auffallenderweise ist für den auf

---

[143] C. F. D. Schubart's gesammelte Schriften und Schicksale. Hrsg. v. Ludwig
Schubart. 6. Bd., Stuttgart 1839, S. 73.
[144] Eggebrecht, a. a. O., S. 335.
[145] Schubart, a. a. O., S. 72.
[146] Eggebrecht, a. a. O., S. 337.
[147] Ebd.
[148] Helene Stöcker, Zur Kunstanschauung des 18. Jahrhunderts. Von Winckelmann bis zu Wackenroder. (Palaestra. 26.) Berlin 1904, S. 113—122. —
Josef Gregor, Die deutsche Romantik aus den Beziehungen von Musik und
Dichtung. W. H. Wackenroder. In: Sammelbände der Internationalen Mu-
sikgesellschaft. 10. Jg. 1908—1909, S. 505—532. — Werner Hilbert, Die
Musikästhetik der Frühromantik. Remscheid (1911), pass., bes. S. 103—105.
— Hugo Goldschmidt, Die Musikästhetik des 18. Jahrhunderts und ihre
Beziehungen zu seinem Kunstschaffen. Zürich u. Leipzig 1915, S. 208—222.
— Paul Moos, Die Philosophie der Musik. Von Kant bis Eduard Hartmann.
Stuttgart, Bln., Lpz., 2., erg. Aufl. 1922, S. 62—80. — Walter Serauky,
Die musikalische Nachahmungsästhetik im Zeitraum von 1700 bis 1850.
(Universitas-Archiv. 17.) Münster i. W. 1929, S. 257—261. — Eva Tiegel,
Das Musikalische in der romantischen Prosa. Analysen ausgewählter roman-
tischer Prosawerke, in Verbindung mit einem einleitenden Überblick über
die romantische Musikästhetik. Phil. Diss. Erlangen. Coburg 1934, S. 23—26.
— Rudolf Schäfke, Geschichte der Musikästhetik in Umrissen. 2. Aufl.
Tutzing 1964, S. 324—393.
[149] Goldschmidt erwähnt Schubart überhaupt nicht. Vgl. dagegen Eggebrecht,
a. a. O., S. 337—339.

musikalischem Gebiet seinem Freund an Originalität weit unterlegenen Tieck, dessen Beiträge zu Berglingers Aufsätzen Themen Wackenroders bloß variieren und formal die Geschlossenheit der Berglinger-Dichtung sogar sprengen,[150] dieser Nachweis leichter und eindeutiger zu führen. Gustav Becking hat gezeigt, daß jene Ouvertüre zu Macbeth, die Tieck in seinem Aufsatz „Symphonieen" (I, 307 f.)[151] preist, ein Werk Reichardts ist, „ein echtes Erzeugnis des Sturmes und Dranges, ungebärdig, effektvoll, nur von der einen Tendenz besessen, unmittelbar ... auf Gefühl und Sinne zu wirken".[152] Tieck feiert hier „den musikalischen Sturm und Drang und beneidet ihn um die direktere, unmittelbare Wirkungsmöglichkeit".[153] Aber auch Wackenroder, dessen musikalische Phantasien man auf kein bestimmtes Werk der Musikgeschichte beziehen konnte, wurde auf Grund seiner musikalischen Gefühlsästhetik mit dem Sturm und Drang in Beziehung gebracht, wobei die Forscher allerdings von unterschiedlichen Voraussetzungen ausgingen. Man ordnete Wackenroders Musikästhetik vielfach noch der alten Affektenlehre zu, deren grundsätzliche Verschiedenheit von dem Expressiven Realismus des musikalischen Sturms und Drangs vor Eggebrecht nirgends klar erkannt worden ist, versuchte sie andererseits aber bereits als romantische Musiktheorie zu begreifen. Für Werner Hilbert tritt die „metaphysische Musikanschauung" der Romantik „notwendig in Gegensatz zu der A f f e k t e n -l e h r e", zu der Wackenroder noch am meisten Beziehungen habe.[154] Hugo Goldschmidt dagegen betont zu Beginn seiner Darstellung Wackenroders, die, wenn auch in Einzelheiten überholungsbedürftig, unter den

---

[150] Vgl. hierzu die Ausführungen Dorothea Hammers, deren Beobachtungen zum Teil allerdings auch hier durch die Einseitigkeit ihrer Hauptthese beeinträchtigt sind. Mit Recht weist Hammer indessen darauf hin, daß in den Musikaufsätzen Tiecks „die Beziehung ... zu der tragischen Gestalt des Tonkünstlers Berglinger" verblaßt. (a. a. O., S. 88.) Unsere Arbeit geht auf Tiecks Beiträge nicht ein.

[151] Daß Tieck das Orchestervorspiel zu einem Schauspiel eine Symphonie nennt, entspricht dem Sprachgebrauch seiner Zeit, die Symphonie und Ouvertüre noch nicht streng unterscheidet und die Symphonie genetisch offenbar allein von der dreiteiligen Ouvertüre herleitet:
„Symphonie und Ouverture. Diese Gattung von Tonstücken ist aus den Eröffnungen der musikalischen Schauspiele entstanden und endlich auch in Privatconcerte eingeführt worden. Sie bestehen meistens aus einem Allegro, Andante und Presto. Doch binden sich unsere Künstler nicht mehr an diese Form und weichen oft mit großem Effecte von solcher ab. Symphonie ist in der heutigen Gestalt gleichsam laute Vorbereitung und kräftige Einladung zu Anhörung eines Concerts." (Schubart, a. a. O., 5. Bd., S. 363 f.)

[152] Becking, Zur musikalischen Romantik. In: DVj. schr., 2. Jg. 1924, S. 585.

[153] Becking, a. a. O., S. 586.

[154] Werner Hilbert, a. a. O., S. 103 f.

musikgeschichtlichen Untersuchungen zu Wackenroder noch immer die gründlichste ist,[155] die „Ü b e r e i n s t i m m u n g der romantischen Grundanschauung mit dem Sturm und Drang".[156] Das Problem, das in der Verschiedenheit dieser Behauptungen zutagetritt, ist also nicht die offenkundige Beziehung der Musikanschauung Wackenroders zum musikalischen Sturm und Drang, sondern das Romantische der ‚Berglingeriana'.

Der strittige Punkt ist Berglingers Affektenlehre. Berglinger teilt seine Erfahrung, daß Musik unmittelbarer Gefühlsausdruck ist, mit Schubart, Herder und Heinse. Ist sie auch in der Romantik noch anzutreffen? Wir haben an einer früheren Stelle unserer Arbeit[157] auf Berglingers Überzeugung von der sympathetischen Kraft der Musik aufmerksam gemacht und dabei an Schubart angeknüpft. Schubart leitet die Verwandtschaft von Tonarten nicht formal von ihren harmonischen Beziehungen zueinander, sondern von ihrem jeweiligen Gefühlsinhalt ab. Dieser begründet die Sympathie der Tonarten zueinander. Nicht erst das komponierte Werk, sondern schon einzelne Töne und einfache Akkorde sind gefühlshaltig. Diese uns völlig willkürlich erscheinende Tonästhetik, die ihre Begründung allein aus dem Gefühl des Musikers nimmt,[158] ist die musikgeschichtliche Voraussetzung jener Vorstellung, die E. T. A. Hoffmanns Kapellmeister Kreisler seinem „musikalisch-poetischen Klub" gibt: Er schlägt am Flügel einzelne Akkorde an und deutet ihren Gefühlsinhalt psychologisch-poetisch aus. — Statt bei Schubart hätten wir ältere Spuren von Berglingers Sympathielehre auch bei Herder aufsuchen können, der meint, daß sogar im Gesang der Nachtigall ihr Gatte die „Accente der Leidenschaft sympathetisch höret".[159] Daß Wackenroder Herders Viertes kritisches Wäldchen von 1769, dem dieses Zitat entnommen ist, ferner das „Göttergespräch" in den Zerstreuten Blättern von 1785 und die „Cäcilia" in den Zerstreuten Blättern von 1793 „wahrscheinlich benutzt" hat, ist von Paul Koldewey[160] anhand einer Reihe von Parallelen nachgewiesen worden. Eine Linie führt also von der Musikauffassung des musikalischen Sturms und Drangs über Berglinger zu E. T. A. Hoffmann. Das Musikerlebnis des späteren 18. Jahrhunderts und das der Romantik gehen hier ineinander über, wie denn auch die romantische Musik selbst

---

[155] Maria Jacobs Untersuchung der Musikanschauung Wackenroders (s. oben S. 115, Anm. 135) trägt nichts zu einer musikgeschichtlichen Klärung bei.
[156] Goldschmidt, a. a. O., S. 208.
[157] S. oben S. 82 ff. dieser Arbeit.
[158] Eggebrecht, a. a. O., S. 338.
[159] J. G. Herder, Viertes kritisches Wäldchen. Zitiert nach: Sämtliche Werke, hrsg. v. Bernhard Suphan. 4. Bd., S. 117. Vgl. Eggebrecht, a. a. O., S. 335.
[160] Koldewey, a. a. O., S. 131.

„ohne bewußte Opposition, ohne Stilbruch“[161] zu Beginn des neuen Jahrhunderts einsetzt.

Gleichwohl scheint uns Goldschmidts einseitige Betonung der Übereinstimmung von Wackenroders angeblich romantischer Musikanschauung mit der des Sturm und Drangs[156] der Musikästhetik der ‚Berglingeriana‘ nicht gerecht zu werden. Bei keinem der musikalischen Stürmer und Dränger können wir beobachten, daß er sich wie Berglinger aus dem emotinalen Erlebnis der Musik ein von der Welt hermetisch abgesondertes Innenreich des Gefühls errichtet. Wir wollen diesen grundlegenden Unterschied, den die Forschung bisher immer übersehen hat, an Berglingers Lehre von der Entstehung der Musik erläutern. An ihr läßt sich die eigentümliche geschichtliche Stellung der Musikanschauung der ‚Berglingeriana‘ vielleicht am deutlichsten aufzeigen.

Der musikalische Sturm und Drang führt den Ursprung der Musik, über deren Wesen er damit zugleich etwas aussagt, auf das natürliche Bedürfnis des urtümlichen Menschen zurück, sich seiner Affekte durch den Ausdruck der Stimme zu entledigen. „Die erste Musik war vielleicht ... der Ausbruch der Gefühle eines Glücklichen, oder Unglücklichen in der Einsamkeit, in starken Tönen, um sich Luft zu machen“.[162] Dadurch sei lange vor der Instrumentalmusik der Gesang aufgekommen. Denn Gesang „ist so natürlich, und entquillt so frei und so kunstlos unseren Herzen, daß jedes Gefühl von Heiterkeit oder von süßer Schwermuth, oder jeder leidenschaftliche Drang hinreichend ist, uns die Lippen zum Gesang zu öffnen“.[163] Schubart, Herder und Heinse sind sich hierin einig.[164] Auch Berglinger vertritt diese Ansicht zu Beginn seines Aufsatzes über „Das eigentümliche innere Wesen der Tonkunst“:

> „Der Schall oder Ton war ursprünglich ein grober Stoff, in welchem die wilden Nationen ihre unförmlichen Affekten auszudrücken strebten, indem sie, wenn ihr Inneres erschüttert war, auch die umgebenden Lüfte mit Geschrei und Trommelschlag erschütterten, gleichsam um die äußere Welt mit ihrer inneren Gemütsempörung ins Gleichgewicht zu setzen.“[165]

Berglingers Darstellung weicht aber nun sogleich vom Ursprung des Gesangs auf die Entwicklung der Instrumentalmusik aus, deren Seelenlehre er darlegt. Obwohl Berglinger uns als Komponist von Kirchenmusik vorgestellt wird, tritt in seinen Schriften die Vokalmusik auffallend zurück. Selbst dort, wo er ausdrücklich von Kirchenmusik spricht, ist einzig vom

---

[161] Carl Leonhardt, a. a. O., S. 115.
[162] Wilhelm Heinse, Sämtliche Werke. Hrsg. v. Carl Schüddekopf. 5. Bd. Leipzig 1903, S. 242.
[163] Schubart, a. a. O., 5. Bd., S. 15.
[164] Vgl. Goldschmidt, a. a. O., S. 179. Eggebrecht, a. a. O., S. 334.
[165] I, 182. Vgl. die mutmaßliche Quelle bei Koldewey, a. a. O., S. 125

Gang der Töne und der in ihnen sich äußernden Stufen des Gefühls der
Gläubigen gegen Gott die Rede (I, 174 ff.). Anders Herder, der erst in der
„Kalligone", Jahre später als Wackenroder, die Berechtigung und Eigen-
ständigkeit der reinen Instrumentalmusik anerkennt. Und in Heinses
„Hildegard von Hohenthal" hat die Instrumentalmusik gegen die An-
griffe Reinholds einen schweren Stand. In der Welt der Oper, die dieser
Roman verherrlicht, spielt die Instrumentalmusik nur eine dienende Rolle.
Allgemein ist Musik hier gesteigertes natürliches Leben. Mit Lockmanns
Worten: „Vortrefliche Musik ist vollkommen reine Natur".[166] Dazu
wird sie, indem sie „die Töne der gewöhnlichen Aussprache, und, in weit-
läufigem Verstande, die Töne der ganzen Natur, zur höchsten Vollkommenheit" bringt.[167] Die Aussprache in der Musik, die natürlich wie überall im musikalischen Sturm und Drang Sprache der Leidenschaften ist,
enträt nicht der Sprache der Worte, die ihr erst den individuellen und bestimmten Gegenstand geben, wenn auch Hildegard einräumt, für sich
allein erschüttere die Instrumentalmusik „wohl noch das Herz mit unbestimmten Gefühlen und Ahndungen von Leidenschaften".[168]

Wie kommt es, daß Wackenroders Berglinger in seinen Schriften die
Vokalmusik so sehr vernachlässigt? Warum erwähnt er, der Hofmusiker
des süddeutschen Spätbarock, die Oper mit keinem Wort?[169] Warum be-
vorzugt er einseitig den rein instrumentalen Ton des Gefühls, das dem
„Gekrächze der Menschen", dem „Wort- und Sprachengeschnatter"
(I, 164) enthoben ist, obwohl er mit den Stürmern und Drängern darin
übereinstimmt, daß die ursprüngliche Musik der Gesang ist?[170]

Gehen wir der Sache nach, so entdecken wir, daß jene zu Wackenroders Zeit bereits konventionelle Ätiologie, die den Ursprung der Musik als Gesang an einem frühen Punkt der Menschheitsgeschichte auf-
sucht, nicht die einzige ist, die uns Berglinger bietet. Daneben hält er noch
eine andere, sehr eigenartige Ätiologie bereit, die weniger die geschichtliche Entstehung der Musik, als vielmehr ihren Ursprung im Leben des
einzelnen Menschen aufzeigen möchte, die also gleichsam die phylogene-
tische Betrachtung durch eine ontogenetische ersetzt und im Bereich des
musikalischen Sturm und Drangs schwerlich ein Vorbild haben dürfte.
Berglinger fragt:

---

[166] Heinse, a. a. O., S. 238.
[167] Heinse, a. a. O., S. 237.
[168] Heinse, a. a. O., S. 241.
[169] Vgl. oben S. 97, Anm. 94.
[170] Wackenroders einseitiger Hang zur Instrumentalmusik kann auf keinen Fall
auf den Einfluß seiner Lehrer zurückgeführt werden. Bekanntlich hatte
Wackenroder Musikunterricht bei Karl Fasch, dem Begründer der Berliner
Singakademie. „Es ist jene der Vokalmusik zugewandte Vorliebe, die das
aufklärerische Berlin jener Tage kennzeichnet" (Gregor, a. a. O., S. 512.).

„Und wie gelangte denn der Mensch zu dem wunderbaren Gedanken, Holz und Erz tönen zu lassen? Wie kam er zu der köstlichen Erfindung dieser über alles seltsamen Kunst?" (I, 166)

Und nun erzählt er eine Geschichte von der Erfindung der Instrumentalmusik, die ihm selbst „merkwürdig und sonderlich" (I, 166) vorkommt. Der Mensch übe sich in seiner Kindheit in den „artigen Künsten" des Lächelns, des Weinens und in all den anderen äußerlichen Veranstaltungen des Gemüts, ohne noch die zugehörigen Empfindungen damit zu verbinden. Wie wir in der Kindheit „mit dem Spielzeug nicht recht umzugehen wissen, so wissen wir auch mit den Dingen des Herzens noch nicht recht zu spielen" (I, 166 f.). Berglinger setzt Empfindung und Leben als ursprünglich getrennt und läßt keine feste Verwurzelung der Empfindungen im gewöhnlichen Leben gelten. Später, wenn wir gelernt hätten, „die Empfindungen, sei es nun Fröhlichkeit oder Betrübnis, oder jede andre, gar geschickt anzubringen, wo sie hingehören", hätten wir an ihnen so großes Wohlgefallen, daß wir sie „gern von dem verwirrten Wust und Geflecht des irdischen Wesens, worin sie verwickelt sind, ablösen, und sie uns zum schönen Angedenken besonders ausführen, und auf eigene Weise aufbewahren" (I, 167).

Die Worte, die an dieser Stelle fallen, „Angedenken" und später „Monstranzen" (I, 167), dürfen uns, so schlicht Berglinger sich auch gibt, nicht darüber täuschen, daß das, was er sagt, nicht nur im Munde eines fürstbischöflichen Kapellmeisters eine Blasphemie ist. Doch das bleibe jetzt außer Betracht. Das Frappierende an dieser Ätiologie der Instrumentalmusik ist für unsere Fragestellung etwas anderes. Dem Musikerleben des Sturms und Drangs vermittelt die absolute Musik, wie aus der oben angeführten Stelle bei Heinse hervorgeht, nur „unbestimmte Gefühle".[168] Sie kann „nur das A l l g e m e i n e von Empfindungen angeben".[171] Denn es fehlt die Bezogenheit auf ein Objekt, wodurch das natürliche Gefühl seine Bestimmtheit erhält. Berglinger aber möchte die Gefühle, noch ehe sie Musik geworden sind, von ihrer intentionalen Bestimmtheit, d. h. aus ihrer Bezogenheit auf einen wirklichen Gegenstand lösen. Die Unbestimmtheit der von der Musik ausgedrückten Empfindungen ergibt sich für ihn nicht erst aus dem Wesen der Töne. Die Töne sind ihm vielmehr nur Mittel, das absolute, d. h. vom Leben gelöste Gefühl vor der kontaminierenden Berührung mit der Welt zu bewahren.

Gesteigertes natürliches Leben — das ist die Musik für Berglinger ganz und gar nicht, obgleich er in derselben Welt lebt wie der Kapellmeister Lockmann des Heineseschen Romans. Für Berglinger ist die Musik ein von aller Welt gesondertes autarkes Innenreich des absoluten Gefühls.

---

[171] Eggebrecht, a. a. O., S. 335.

Seine emotionalistische Musikästhetik, die kein Expressiver Realismus mehr ist, begründet die Musik als naturlose, hermetische Innerlichkeit. Als solche weiß sie „in ihrer Unschuld weder den U r s p r u n g noch das Z i e l ihrer Regungen, kennt nicht den Zusammenhang ihrer Gefühle mit der wirklichen Welt" (I, 190). Sie wird aber daran erinnert, sobald sie sich als Vokalmusik auf eine Verbindung mit Gedanken und Worten einläßt.

Dieser gegenüber der Musikanschauung des Sturm und Drangs neue Ansatz ist von der Wackenroder-Forschung bisher nicht gewürdigt worden. Goldschmidt wendet gegen ihn ein: „Aber dieser Zusammenhang (sc. der Gefühle der Musik mit der wirklichen Welt) ist doch nicht ganz zu leugnen!"[172] Der Einwand beweist, wie wenig man gewillt war, auf Wackenroder einzugehen und ihn geschichtlich ernst zu nehmen. Geschichtlich betrachtet, ist Wackenroders Begründung seiner Musikanschauung keineswegs so abseitig, wie es zunächst den Anschein hat. Wir gewinnen einen leichteren Zugang zu seiner Ästhetik des absoluten musikalischen Gefühls, wenn wir ihre Voraussetzung jenseits des Sturm und Drangs in der Empfindsamkeit aufsuchen. Die Dichtung Klopstocks und des Göttinger Hains kennt das Thema der künftigen Geliebten. Auch hier hat ein durchaus reales Gefühl — kein ästhetisches Scheingefühl[173] — keinen Gegenstand:

> „Ach! warum, o Natur, warum, unzärtliche Mutter,
>   Gabst du zur Empfindung mir ein zu biegsames Herz?
> Und ins biegsame Herz die unbezwingliche Liebe,
>   Ewiges Verlangen, keine Geliebte dazu?"[174]

In neuerer Zeit begegnet uns das absolute Gefühl als gegenstandslose Liebe erneut in Rilkes Dichtung.

---

[172] Goldschmidt, a. a. O., S. 219.

[173] Goldschmidts Untersuchung krankt vielfach daran, daß er, statt die überlieferten Anschauungen von Musik rein aufzufassen, Kritik an ihrer sachlichen Richtigkeit übt und seine Kritik in die Darstellung mischt. Mit der Einführung des Begriffs des ästhetischen Scheins wie auch mit der Scheidung von bewußt und unbewußt trägt Goldschmidt an die Musikästhetik des Sturm und Drangs unhistorische, dem Musikerlebnis jener Zeit fremde Gesichtspunkte heran. Goldschmidt merkt zum Beispiel kritisch an, Wackenroder sei noch nicht „zum völligen Verständnis der Scheinhaftigkeit der musikalischen Gefühle vorgedrungen" (a. a. O., S. 222). Um ein solches theoretisches Verständnis ist es Wackenroder überhaupt nicht zu tun. Berglingers musikalische Gefühle sind primär objektlos. Nachdem sie aber ihre Intentionalität eingebüßt und sich hermetisch in sich selbst verschlossen haben, entwirklichen sie sich von selbst zu schönem Schein.

[174] Klopstocks Oden und Elegien. Nach der Ausgabe in vierunddreißig Stücken, Darmstadt 1771. Heidelberg 1948, S. 55.

Auf die „egozentrische Psychologisierung der Musik", die der Sturm und Drang anbahnt und die Wackenroders ‚Berglingeriana' vollenden, folgt in der Romantik eine neue „Einordnung ... in eine Welt des Objektiven".[175] Können wir bei Wackenroder eine Loslösung und Abkapselung des reinen musikalischen Gefühls beobachten, so öffnet sich in der Anschauung der Romantiker die Musik erneut der Natur, dem Kosmos, dem Unendlichen, um schließlich bei Schopenhauer, ontisch gleichrangig mit der Welt, zur Objektivation des umgreifenden metaphysischen Prinzips aufzusteigen. In der ersten Zeit der musikalischen Romantik hat Wackenroders Musikanschauung weniger Nachfolger gefunden als im späteren 19. Jahrhundert. Nur zwei Namen seien genannt. Wie E. T. A. Hoffmann mit seinen „Kreisleriana" folgt Richard Wagner mit seiner Sammlung von Novellen und Aufsätzen „Ein deutscher Musiker in Paris" aus den Jahren 1840 und 1841 dem Vorbild der Berglinger-Dichtung. Auch bei Wagner ranken sich um die Lebensbeschreibung eines Musikers musikalische Aufsätze aus dessen Nachlaß. Das dritte Stück, eine Novelle mit dem Titel „Ein glücklicher Abend",[176] lehnt sich eingangs eng an das „Fragment aus einem Briefe Joseph Berglingers" (I, 178) an. Den größten Raum der Novelle nimmt ein Gespräch zwischen dem Musiker und seinem späteren Biographen ein, das sich um eine soeben gehörte symphonische Musik dreht. Und dieses Gespräch gipfelt in den Worten:

> „Das, was die Musik ausspricht, ist ewig, unendlich und ideal; sie spricht nicht die Leidenschaft, die Liebe, die Sehnsucht dieses oder jenes Individuums in dieser oder jener Lage aus, sondern die Leidenschaft, die Liebe, die Sehnsucht selbst, und zwar in den unendlich mannigfaltigen Motivierungen, die in der ausschließlichen Eigentümlichkeit der Musik begründet liegen, jeder andern Sprache aber fremd und unausdrückbar sind."[177]

Die Absolutheit des musikalischen Gefühls, seine unmittelbare Gegenwart, seine Unabhängigkeit von der Welt der Tat, des Gedankens und der Sprache, ja selbst Berglingers blasphemisch-religiösen Ton — all dies variiert auch noch Franz Liszt, wenn er von der Inkarnation des Gefühls in der Musik spricht:

> „Das G e f ü h l incarnirt sich in der Musik, ohne, wie in seinen übrigen Erscheinungsmomenten, in den meisten Künsten und vornehmlich denen des Worts, seine Strahlen an dem G e d a n k e n brechen, ohne die Nothwendigkeit sich mit ihm verbinden zu müssen. Wenn die Musik einen Vorzug vor den andern Mitteln besitzt, vermöge welcher der Mensch die Eindrücke seiner Seele wiederzugeben im Stande ist, so verdankt sie ihn jener höch-

---

[175] Eggebrecht, a. a. O., S. 349.
[176] Wagner, Gesammelte Schriften und Dichtungen. 1. Bd., Leipzig 1871, S. 169 ff.
[177] Wagner, a. a. O., S. 183.

sten Eigenschaft, jede innere Regung vernehmbar machen zu können, ohne
dabei die in ihrer Mannichfaltigkeit so beschränkten Formen des Verstandes
zu Hülfe nehmen zu müssen, die endlich doch nur ein Bestätigen, Beschreiben unserer Affecte ermöglichen, nicht aber ihre volle Intensität unmittelbar mitzutheilen fähig sind, da sie, um dies nur annähernd zu be-
werkstelligen, genöthigt sind, nach Bildern und Vergleichen zu suchen. Die
Musik dagegen giebt gleichzeitig Stärke und Ausdruck des G e f ü h l s ;
sie ist verkörperte, faßbare Wesenheit des Gefühls; unsern Sinnen wahr-
nehmbar durchdringt sie dieselben wie ein Pfeil, wie ein Strahl, wie ein
Thau, wie ein Geist, und erfüllt unsere Seele. (. . .) Das Gefühl selbst lebt
und leuchtet in der Musik ohne bildliche Hülle, ohne Vermittelung der That,
des Gedankens; es hört hier auf Ursache, Quelle, Triebfeder, bewegendes
und erregendes Princip zu sein, um sich faltenlos und ohne vertretende
Symbole in seiner unbeschreiblichen Ganzheit zu offenbaren, wie der Gott
der Christen, nachdem er seinen Auserwählten durch Zeichen und Wunder
sich zu erkennen gab, sich ihnen nun durch die Vision im beseligenden
Glanze seiner fühlbaren Gegenwart zeigt." [178]

Was Liszt hier um die Mitte des 19. Jahrhunderts ausbreitet, hat
seinen Ursprung in Wackenroders ‚Berglingeriana'. Einzelnes davon wird
im folgenden Teil unserer Arbeit zu erörtern sein. Wir kehren zu der
Frage zurück, wie Musik in der doppelten Weise, in der sie von Berglinger erfahren wird, nämlich als Hervorbringung und als Genuß, Berglingers Wesen bestimmt.

Gefühl und Wissenschaft

Wackenroder spricht einmal unmittelbar aus, wie er Musik erlebt.
In seinem Brief vom 5. Mai 1792 schreibt er an Tieck:

„Wenn ich in ein Konzert gehe, find' ich, daß ich immer auf zweierlei Art
die Musik genieße. Nur die eine Art des Genusses ist die wahre: sie besteht in der aufmerksamsten Beobachtung der Töne und ihrer Fortschreitung; in der völligen Hingebung der Seele in diesen fortreißenden Strom
von Empfindungen; in der Entfernung und Abgezogenheit von jedem
störenden Gedanken und von allen fremdartigen sinnlichen Eindrücken."
(II, 11)

Die andere Art, Musik aufzunehmen,

„ist gar kein wahrer Genuß derselben, kein passives Aufnehmen des Eindrucks der Töne, sondern eine gewisse Tätigkeit des Geistes, die durch
Musik angeregt und erhalten wird. Dann höre ich nicht mehr die Empfindung, die in dem Stücke herrscht, sondern meine Gedanken und Phantasieen werden gleichsam auf den Wellen des Gesanges entführt, und verlieren sich oft in entfernte Schlupfwinkel." (II, 11 f.)

[178] Liszt, Berlioz und seine Haroldsymphonie. In: Neue Zeitschrift für Musik.
43. Bd., 1855, S. 40 f.

Ob wir in diesen beiden Arten „jene doppelte dem schöpferischen Menschen eigne Weise"[179] des Musikerlebens erkennen müssen, wie Richard Benz will, mag zweifelhaft erscheinen. Jedenfalls ist es die Weise, wie auch Berglinger Musik erlebt, und deshalb ist es wichtig zu beobachten, daß die erste, die Wackenroder die wahre Art des Musikgenusses nennt, zwei Verhaltensweisen des Hörenden gleichsetzt, die für uns heute durchaus verschieden sind. Für Wackenroder wie für Berglinger ist die „aufmerksamste Beobachtung der Töne und ihrer Fortschreitung" soviel wie die „völlige Hingebung der Seele an diesen fortreißenden Strom von Empfindungen". Wenn Wackenroder Musik hört, dann hört er Empfindungen. Musik und Empfindung sind eins — im musikalischen Sturm und Drang wie bei Wackenroder wie bei Berglinger.

Erst von hier aus ist es verständlich, daß Berglinger jede Musik gleichviel gilt, daß „selbst gemeine Spieler an Fest- oder Kirchweihtagen mit ihren Blasinstrumenten ihm Gefühle einflößen (konnten), wovon sie selber keine Ahnung hatten" (I, 134). So viel und so ausführlich Berglinger auch in seinen musikalischen Aufsätzen darüber spricht, was Musik ihn ist, taucht doch nie der Name eines Komponisten auf, nie verliert er auch nur ein Wort über die Form eines Tonstücks. Verschiedene Tonstücke oder verschiedene Arten von Musik unterscheiden sich für Berglinger durch nichts anderes als durch die verschiedenen Gefühle, die sie in ihm wachrufen. Das gilt nicht nur für den kleinen Joseph, wenn er zum ersten Male in der Residenzstadt Kirchenmusik des Barock hört; denn da wird vom Klosterbruder wenigstens angedeutet, um was für eine Musik es sich handelt: „... heilige Oratorien, Kantilenen und Chöre mit vollem Posaunen- und Trompetenschall..." (I, 129). Es gilt in noch höherem Grade für den Kapellmeister Berglinger, der als aktiver Musiker lebt und als solcher seine musikalischen Aufsätze schreibt. Berglinger ist dem Gefühlsstrom der Musik so hingegeben, daß ihm diejenige Art, die er gerade hört, jedesmal als die erste und vortrefflichste erscheint und er alle übrigen Arten darüber vergißt (I, 172). „Daher kommt es, daß ich die verschiedensten Arten in der Tonkunst, als zum Beispiel die Kirchenmusik und die Musik zum Tanze, mit gleicher Liebe genieße" (I, 173). Wenn er dann dazu übergeht, drei verschiedene Arten der Kirchenmusik zu beschreiben, so tut er dies, indem er verschiedene Gemütszustände und Emfindungsstufen der Menschen in ihrem Verhältnis zu Gott schildert (I, 174 ff.). Auch hier berührt sich Wackenroder auffallend mit Herder,[180] steht also in der Tradition der Musikauffassung des musikalischen Sturm und Drangs. Dem späteren romantischen Musikerlebnis genügt es nicht

---

[179] Benz, Die deutsche Romantik. Geschichte einer geistigen Bewegung. Leipzig 1937, S. 37.
[180] Vgl. Koldewey, a. a. O., S. 211 f.

mehr, bloß Gefühle zu registrieren, sondern die Individualität und Gestalt eines Werks und die Komponistenpersönlichkeit werden wieder wichtig. Das leuchtet sofort ein, wenn wir Hoffmanns „Kreisleriana" neben die musikalischen Aufsätze Berglingers halten. Bei Hoffmann begegnen uns die Namen vieler zeitgenössischer und älterer Komponisten: Gluck, J. S. Bach, Haydn, Luigi Cherubini, Mozart, Beethoven — um nur einige der wichtigsten zu nennen. Wir hören von Trios, Quartetten, Quintetten, von Klavierkonzerten Mozarts und Bethovens, von Opern wie der „Armida" und den beiden Iphigenien Glucks und Mozarts „Don Juan", von achtstimmigen Motetten Bachs und endlich in einer bahnbrechenden Analyse von Beethovens c-moll-Symphonie. Berglinger bietet nicht dergleichen, nichts als Bewegungen und Gefühle und hiervon erregte Phantasien seines Inneren. „Tausend schlafende Empfindungen in seinem Busen wurden losgerissen, und bewegten sich wunderbar durcheinander" (I, 131).

Auf diesem musikalischen Gefühlserlebnis beruht Berglingers Psychologie der Musik, die er hauptsächlich in den beiden Aufsätzen „Die Wunder der Tonkunst" und „Das eigentümliche innere Wesen der Tonkunst und die Seelenlehre der heutigen Instrumentalmusik" niedergelegt hat. In dem ersteren erklärt Berglinger in Anschluß an seine Ätiologie der Instrumentalmusik, deren Erfindung er auf das Bedürfnis des Menschen zurückführt, seine Gefühle vom Leben abzulösen und rein aufzubewahren: „Zu dieser Aufbewahrung der Gefühle sind nun verschiedene schöne Erfindungen gemacht worden, und so sind alle schönen Künste entstanden. Die Musik aber halte ich für die wunderbarste dieser Erfindungen, weil sie menschliche Gefühle auf eine übermenschliche Art schildert, weil sie uns alle Bewegungen unsers Gemüts unkörperlich, in goldne Wolken luftiger Harmonieen eingekleidet, über unserm Haupte zeigt" (I, 167) f.). Und ähnlich sagt er dann in seinem Aufsatz „Über das eigentümliche innere Wesen der Tonkunst", die Tonkunst sei „ein reichhaltiges und bildsames Maschinenwerk zur Abschilderung menschlicher Empfindungen" (I, 183). Mit einem Wortspiel, das „dichterisch" mit „verdichten" in (einen etymologisch falschen) Zusammenhang bringt, betont er, das „ V e r d i c h t e n der im wirklichen Leben verloren herumirrenden Gefühle in mannigfaltige, feste Massen" sei das Wesen aller Dichtung. Keine Kunst aber schildere „die Empfindungen auf eine so künstliche, kühne, so d i c h t e r i s c h e , und eben darum für kalte Gemüter so erzwungene Weise" wie die Musik (I, 189). Ihre vom Leben gelösten und insofern formlosen Regungen würden durch unsere Phantasie „in bestimmte Gestalten menschlicher Affekten" (I, 190) verwandelt, und so sähen wir die „hüpfende, tanzende, kurzatmende Fröhlichkeit ...", die „sanfte, felsenfeste Zufriedenheit ...", die „männliche, jauchzende Freude ..." usw. (I, 190 f.). Am Ende dieses Aufsatzes preist Berglinger schließlich als den

„letzten höchsten Triumph der Instrumente . . . jene göttlichen großen Symphoniestücke . . ., worin nicht eine einzelne Empfindung gezeichnet, sondern eine ganze Welt, ein ganzes Drama menschlicher Affekten ausgeströmt ist" (I, 192).[181]

Es ist kaum verwunderlich, daß manche Interpreten Wackenroders, die sich um die historische Stellung seiner Musikanschauung nicht kümmern, auf die Idee gekommen sind, es handle sich in den ‚Berglingeriana' gar nicht um Aussagen über bestimmte, mit Ohren vernehmbare Musik, sondern um etwas anderes. Erich Ruprecht behauptet: „. . . alle Kunst, auch die Musik, ist ihm (sc. Wackenroder) eigentlich doch nur Beispiel für eine Aussage über die ihn machtvoll bedrängende Wirklichkeit des wirkenden Geistes".[182] Wieso die „Wirklichkeit des wirkenden Geistes" sich stets in der Erregung „tausend schlafender Empfindungen" (I, 131) kundtut, erklärt Ruprecht allerdings nicht. Anders behilft sich seine Schülerin Maria Jacob. Sie spricht statt von einem wirkenden Geist von „absoluter Musik", womit sie aber nicht dem musikwissenschaftlichen Gebrauch dieses Terminus folgt, sondern etwas noch weit Absoluteres meint, nämlich eben jenes, was Ruprecht das „Wirkend-Wirkliche"[183] nennt. Was Jacob

---

[181] Mit seinem Verständnis der Symphonie als „Drama menschlicher Affekten" gelangt Wackenroder weit über die musikalischen Anschauungen seiner Berliner Umgebung hinaus. Friedrich Reichardt wendet sich 1782 noch entschieden gegen die Vermischung gegensätzlicher Affekte in einem Tonstück und hält die Symphonie und überhaupt die neuere Instrumentalmusik für unnatürlich.

„Sobald die Instrumentalmusik für sich allein gieng und auf so mancherley Wegen bereichert wurde, mußte sie ein sehr buntschäckiges und willkührliches Ansehn bekommen. Bessre Künstler dachten darauf ihr Ordnung und Einheit zu geben. Hatten aber zum Unglück nicht Menschenkenntniß und Kunstwahrheit genug: reformirten die Form statt ins innre Wesen zu dringen, suchten den äußern Sinn statt den innern zu befriedigen. Freude und Traurigkeit konnten nur der Inhalt der bessern Instrumentalmusik seyn, und beide mußten bald ihre besondere Vortragsarten erhalten. Anstatt nun in jeder Vortragsart auf die schweren Nüancirungen dieser Leidenschaften zu denken, und die, troz ihrer großen Schwierigkeit bey Musik ohne Worte, zu erhalten zu suchen, oder anstatt sich jedesmal mit dem Ausdruck und der Darstellung Einer dieser Leidenschaften zu begnügen, vermischte man sie beide auf eine höchst unschickliche Art, um bey jeder Ausübung beide Vortragsarten zu zeigen. So entstehn die höchst unnatürlichen Sonaten, Symphonien, Konzerte und andre Stücke unsrer neuern Musik. Wo's erst lustig, denn mit einmahl traurig und stracks wieder lustig hergeht." (Musikalisches Kunstmagazin von Johann Friedrich Reichardt. Erster Band, I.—IIII. Stück, Berlin 1782, S. 25. Vgl. Goldschmidt, a. a. O., S. 127, 196 u. 222.)

[182] Ruprecht, Der Aufbruch der romantischen Bewegung. München 1948, S. 430.

[183] Ruprecht, a. a. O., S. 435.

sich unter absoluter Musik vorstellt, bleibt uns zu begreifen versagt, sofern wir es nicht aus ihren folgenden Worten erahnen: „Die Musik ist Füllung und Erfüllung; wo der Romantiker Wackenroder befähigt wäre, neben ihr etwas wahrzunehmen, würde er aufhören, Romantiker zu sein, und an die Stelle der absoluten Musik — denn um diese handelt es sich im wesentlichen bei Wackenroder, wenn er auch, wie bereits erwähnt, real erklingende Musik kennt — träte ein Anderes; denn die absolute Musik besitzt den ganzen Menschen, auch seine Freiheit".[184] Aus dem ersten Teil dieses Satzes ergibt sich, denkt man ihn zu Ende, daß Wackenroder kein Romantiker ist, da er bekanntlich neben der Musik noch mancherlei wahrgenommen hat, z. B. Malerei, altdeutsche Literatur und menschliches Elend. Das zu behaupten lag aber keineswegs in Jacobs Absicht. Was Jacob vielleicht hätte sagen wollen — wir sind hier auf Vermutungen angewiesen —, nämlich daß es sich bei Wackenroder „im wesentlichen" um eine Musik vor aller Musik, um eine Musik a priori handle, ist vielleicht sinnlos, jedenfalls unzutreffend. Selbst Richard Benz hat Wackenroders musikalisches Gefühlserleben verkannt. Er leitet die Anonymität der Musik in den ‚Berglingeriana' allein aus Wackenroders religiösem Erleben der Musik her: „Als höchste Gottheit ist für Wackenroder die Musik eine namenlose Gewalt: er verschmäht es, ihre irdischen Träger zu nennen, und spricht von keinem der großen Meister, die um ihn lebten und wirkten; während in der Malerei alle seine Kunstbegeisterung sich an Namen und Persönlichkeiten entzündete, und im Nennen der frühen Italiener und des Deutschen Albrecht Dürer hier seine eigentliche epochemachende Tat lag".[185] Wäre Benz der Frage nach der geschichtlichen Stellung und dem eigentümlichen Ansatz der emotionalistischen Musikästhetik Wackenroders genauer nachgegangen, hätte es sich ihm von selbst ergeben, warum in den ‚Berglingeriana' kein Name eines Komponisten der Musikgeschichte genannt wird. Die Anonymität der Musik — wirklich erklingender Musik — ist Konsequenz des Erlebens von Musik als Gefühl.

Der Belege für Berglingers Musikanschauung, die wir in unserem geschichtlichen Überblick nur im Umriß dargestellt, nicht aber im einzelnen belegt haben, sei es damit genug. Nun erfährt Berglinger Musik nicht nur als Aufnehmender. Er ist ausübender Musiker, und wir werden noch zu zeigen haben, mit welcher Problematik er als solcher belastet ist. Sein Begriff des musikalischen Schaffens hängt eng mit seinem Erleben von Musik als Gefühl zusammen. Musikalisches Schaffen besteht für ihn darin, daß er

---

[184] Jacob, a. a. O., S. 16.
[185] Benz, Die Welt der Dichter und die Musik. (2., veränd. u. erw. Aufl. d. Werkes: Die Stunde der deutschen Musik, 2. Bd.) Düsseldorf (1949), S. 64.

menschliche Gefühle in Musik aufbewahrt. Hat er etwa einen vor Freude jauchzenden Menschen beobachtet, so läßt er, „innerlich erwärmt, ... sein sympathetisches Entzücken auf leblosem Saitenspiel weit herrlicher daherrauschen, und bewahrt es auf in einer Sprache, die kein Mensch je geredet hat, deren Heimat niemand kennt, und die jeden bis in die innersten Nerven ergreift" (I, 168 f.). Daß der Künstler, um ein Werk hervorzubringen, „innerlich erwärmt" sein müsse, ist die Auffassung des musikalischen Sturm und Drangs. „An die Stelle gegenständlicher Vorstellung der Affekte tritt die Forderung, der Komponist müsse sich selbst in Affekt setzen".[186] Stets ist von einer heftigen Bewegung von Blut und Nerven die Rede, wenn Berglinger Musik hervorbringt.[187] Einer Nervenschwäche unterliegt er schließlich, nachdem er sein letztes Werk „unter heftigen Gemütsbewegungen" geschaffen und „mit der heftigsten Anspannung und Erhitzung" (I, 149) aufgeführt hat. Die Erregbarkeit von Blut und Nerven ist die Grundlage seines Künstlertums. Man hat bisher wenig beachtet, in welchem Ausmaß hier Kunsttheorien des Impressionismus und der Literatur vom fin de siècle vorweggenommen sind. In seinem ersten Brief an Tieck schreibt Wackenroder:

> „Mit Bernhardi hab' ich auch einen Satz abgehandelt, den wir auch zuweilen wohl in unserm Gespräch berührt haben und der mir jetzt s e h r einleuchtend ist: daß nämlich der Geschmack größtenteils seinen Grund im feinern (schwächern, empfindlichern) Bau und Organisation des Körpers habe."
>
> (II, 3)

Wenn in neuerer Zeit Thomas Mann nicht nur nervöse Differenziertheit, sondern biologischen Niedergang, Krankheit und Lebensschwäche von den „Buddenbrooks" bis zum „Doktor Faustus" immer wieder als Bedingung künstlerischer Produktivität dargestellt oder wenn Gottfried Benn das Artistische bionegativ genannt hat, so können wir darin in gewissem Sinne eine Wiederholung jener Haltung zu Kunst und Künstlertum erblicken, die zum ersten Male am Ende des 18. Jahrhunderts als ein Ergebnis der durch Pietismus und Empfindsamkeit erreichten seelischen Verfeinerung auftrat. Schon Eichendorff hat sich gegen diese Einstellung gewandt. Im Hinblick auf jenen Brief der „Herzensergießungen" (I, 212 ff.), worin ein deutscher Maler in Rom seinem als Schüler Dürers in Nürnberg leben-

---

[186] Eggebrecht, a. a. O., S. 335. — Ph. E. Bach sagt in seinem „Versuch über die wahre Art des Klaviers zu spielen" (Berlin 1753) wörtlich:

> „Indem ein Musikus nicht anders rühren kan, er sey denn selbst gerühret; so muß er nothwendig sich selbst in alle Affekten setzen können, welche er bey seinen Zuhörern erregen will; er giebt ihnen seine Empfindungen zu verstehen und bewegt sie solchergestalt am besten zur Mit-Empfindung." (a. a. O., § 13, S. 122.)

[187] Die Belege dazu s. unten S. 140 f. dieser Arbeit.

den Freund Sebastian seine Konversion schildert,[188] spricht Eichendorff
von der Mode eines dilettantischen Katholisierens, „das die Kirche fast
nur als eine grandiose Kunstausstellung betrachtete", und fährt dann fort:
„Welcher Konfession jedoch wäre wohl jemals mit Konvertiten 'durch
Nerv und Blutstropfen'[189] gedient".[190]

   Berglinger ist ein Künstler „durch Nerv und Blutstropfen". Als solcher gibt er sich der Musik nicht nur passiv hin, um sich von ihren wunderbaren Empfindungen erregen zu lassen. Vielmehr kommt es ihm darauf
an, selbst sein „Gefühl mit den Tönen zu handhaben" (I, 142). Als
Knabe brennt er vor Begier, in der Stadt „seine Kunst von Grund aus zu
erlernen" (I, 138). Doch sowie Joseph mit der Kunst nicht mehr als Genießender, sondern als Ausübender und Schaffender zu tun hat, findet er
in der Musik denselben Zwiespalt wieder, der sich ihm zwischen den gewöhnlichen Verhältnissen des Lebens und seiner musikdurchströmten
Innenwelt aufgetan hat. Sobald er „hinter den Vorhang trat", mußte er
erkennen, „daß alle Melodieen (hatten sie auch die heterogensten und oft
die wunderbarsten Empfindungen in mir erzeugt), alle sich nun auf einem
einzigen, zwingenden mathematischen Gesetze gründeten!" (I, 142).

   Innerhalb der Musik bricht ein Gegensatz auf gleich demjenigen
zwischen Innerlichkeit und Kunstgefühl auf der einen und der Realität
des Berufs und des sozialen Handelns auf der anderen Seite. Die Musik
wird Berglinger so zum ersten Male fraglich. Er denkt an seine Jugend zurück, wo er sich rein passiv seinen enthusiastischen Gefühlen überlassen
durfte. „Ich meinte, ich wollte in einem fort umher phantasieren, und
mein volles Herz in Kunstwerken auslassen, — aber wie fremd und herbe
kamen mir gleich die ersten Lehrjahre an!" (I, 141 f.) Alles Handwerk-

---

[188] Tieck bekennt sich in der Nachschrift zum ersten Teil des „Sternbald"
   (S. 140) zur Verfasserschaft an diesem Brief, während er in der Ausgabe
   der „Phantasien" von 1814 nur einiges darin für sich in Anspruch nimmt
   (vgl. I, 199). Schon Eduard Berend hat in seiner Einleitung zur Bong'schen
   Tieckausgabe (1. Bd., S. 235) darauf hingewiesen, daß der Brief wie ein
   Stück aus dem unvollendeten zweiten Teil des „Sternbald" anmute, während
   er sich in die „Herzensergießungen" schlecht einfügt, da jede Beziehung auf
   den Klosterbruder fehlt. Daraus wäre zu schließen, daß „Franz Sternbalds
   Wanderungen" Ende 1796 in den Grundzügen bereits fertig konzipiert waren, und nichts hindert daran, Wackenroder am Plan des Romans zumindest
   jenen Anteil zuzuschreiben, dessen Spuren im ausgearbeiteten Roman Richard
   Alewyn nachgewiesen hat. Vgl. S. 112 f., Anm. 130.
[189] Sebastian Freund schreibt aus Rom nach seiner Konversion: „... ich folgte
   bloß meinem innerlichen Geiste, meinem Blute, von dem mir jetzt jeder Trop-
   fen geläuterter vorkommt." (I, 219)
[190] Eichendorff, Geschichte der poetischen Literatur Deutschlands. Zitiert nach
   der Neuen Gesamtausgabe der Werke und Schriften in vier Bänden. (Hrsg.
   v. Gerhart Baumann in Verb. m. Siegfried Grosse) 4. Bd., S. 264.

liche an seiner Kunst ist ihm „eine mühselige Mechanik" (I, 142) und bereitet ihm Qual. „Wie ich mich quälen mußte, erst mit dem gemeinen wissenschaftlichen Maschinen-Verstande ein regelrechtes Ding heraus zu bringen, eh' ich dran denken konnte, mein Gefühl mit den Tönen zu handhaben!" Die Empfindung ist das Eigentliche der Musik, das sachlich-wissenschaftliche Fundament nur irdischer Anteil, der die Begeisterung kaum weniger herabzieht als der Einbruch des Lebens und Elends. Wie jenes Überirdische, das Gefühl, an ein mechanisches Fundament, an Gesetz, Regel und Irdisch-Gegenständliches gebunden sei, ist ihm ein unauflösliches Rätsel. „Aber aus was für einem magischen Präparat steigt nun der Duft dieser glänzenden Geistererscheinung empor? — Ich sehe zu — und finde nichts als ein elendes Gewebe von Zahlenproportionen, handgreiflich dargestellt auf gebohrtem Holz, auf Gestellen von Darmsaiten und Messingdraht" (I, 166). Für Berglinger ist dies eines der „Wunder der Tonkunst" (I, 163): "... ich möchte glauben, daß die unsichtbare Harfe Gottes zu unsern Tönen mitklingt, und dem menschlichen Zahlengewebe die himmlische Kraft verleiht" (I, 166).

Berglinger sucht sich aus dem Dilemma zwischen dem „Maschinenwerk der Musik" (I, 184) und den darin webenden unirdischen Empfindungen zu retten. Ein Ausweg scheint sich ihm insofern zu öffnen, als ja bereits das Material der Musik, der einzelne Ton und der Akkord, mit „himmlischem Geiste geschwängert", d. h. gefühlhaltig und der menschlichen Seele sympathetisch ist. „Ihr klingender Stoff kommt mit seinem geordneten Reichtume von Akkorden den bildenden Händen entgegen, und spricht schon schöne Empfindungen aus, wenn wir ihn auch nur auf eine leichte, einfache Weise berühren" (I, 185). Obwohl Berglinger diese Grundanschauung des musikalischen Sturms und Drangs teilt, die wir bei Schubart ausführlich kennengelernt haben, gelingt es ihm nicht, den Gegensatz zu überwinden. Eine Kluft trennt ihn von jenen Männern, die sich von den „wissenschaftlichen Tiefsinnigkeiten der Musik" (I, 184) angelockt fühlten. Zwar ist — das muß er zugeben — durch sie „das innere Maschinenwerk der Musik, gleich einem künstlichen Weberstuhle für gewirkte Zeuge, zu einer erstaunenswürdigen Vollkommenheit gebracht worden; ihre einzelnen Kunststücke aber sind oftmals nicht anders als in der Malerei vortreffliche anatomische Studien und schwere akademische Stellungen zu betrachten" (I, 184). Denken wir bei diesen Worten an den Meister des wohltemperierten Klaviers und der Kunst der Fuge, so erhellt sich uns schlagartig der Abstand dieser Musikanschauung von der des Barock, wo die gelehrte Polyphonie in der Wertung noch den höchsten Rang einnimmt. Wie für Johann Joachim Quantz kurz nach der Jahrhundertmitte ist die gelehrte polyphone Musik für Berglinger eine gekünstelte Musik des Verstandes, die allenfalls leere Verwunderung erregt,

während die homophone Musik, wie sie von den Mannheimern und Ph.
E. Bach gepflegt wird, Ausdruck des Herzens ist, der wieder zum Herzen
spricht und Rührung hervorruft.[191]

Alles wissenschaftliche Verhalten zur Musik dünkt Berglinger verfehlt.
„Wer die schönsten und göttlichsten Dinge im Reiche des Geistes mit
seinem Warum? und dem ewigen Forschen nach Zweck und Ursache unter-
gräbt, der kümmert sich eigentlich nicht um die Schönheit und Göttlichkeit der Dinge selbst, sondern um die Begriffe, als die Grenzen und Hül-
sen der Dinge, womit er seine Algebra anstellt" (I, 187). Nur der „Zug
des Herzens" dringt in das „innerste Heiligtum" der Kunst (I, 187). Nur
durch das Gefühl kann ein Kunstwerk hervorgebracht werden, und nur
vom Gefühl kann es wieder erfaßt werden — freilich nicht in seiner Gestalt als objektives Gebilde, sondern als das, was es für Berglinger wesentlich ist: als Gefühl. „Gefühl ist alles"[192] — daran werden wir zurecht
erinnert, denn beim Goethe des Sturm und Drangs stoßen wir auf Ähnliches. Auch Werther will die Dinge in Natur und Kunst unmittelbar
ergreifen. Nachdem ihn der Konflikt mit der Adelsgesellschaft veranlaßt
hat, vom diplomatischen Dienst seinen Abschied zu nehmen, lädt ihn ein
Fürst zu sich ein. Aber auch hier wird ihm der Aufenthalt bald unleidlich,
weil der Fürst — um es mit Worten Berglingers zu sagen — sich bemüht,
„das Empfinden aus den Büchern zu lernen" (I, 143) und es nicht lassen
kann, zu räsonieren und verstandesmäßig Kritik zu üben. Es handelt sich
bei Werther und bei Berglinger um den gleichen Gegensatz zwischen unmittelbar ergreifendem und ergriffenem Gefühl, das auch Gedanken
fühlen will, und einem rationalistischen Verstandesdenken, das in schab-
lonenhaften Begriffen erstarrt ist. Werthers Brief vom 11. Juni aus dem
zweiten Buch mag dies erläutern. Zunächst die Charakteristik des Fürsten:

> „Der Fürst hält mich, so gut man nur kann, und doch bin ich nicht in mei-
> ner Lage. Wir haben im Grunde nichts gemein mit einander. Er ist ein
> Mann von Verstande, aber von ganz gemeinem Verstande; sein Umgang
> unterhält mich nicht mehr, als wenn ich ein wohlgeschriebenes Buch lese." [193]

Und nun fährt Werther mit Worten fort, in denen auch Berglingers Leiden
zum Ausdruck kommen könnten:

> „Der Fürst fühlt in der Kunst und würde noch stärker fühlen, wenn er
> nicht durch das garstige wissenschaftliche Wesen und durch die gewöhnliche
> Terminologie eingeschränkt wäre. Manchmal knirsche ich mit den Zähnen,
> wenn ich ihn mit warmer Imagination an Natur und Kunst herumführe
> und er es auf einmal recht gut zu machen denkt, wenn er mit einem gestem-
> pelten Kunstworte drein stolpert."[194]

[191] Serauky, a. a. O., S. 98 f.
[192] W. A., I. Abt., 14. Bd., S. 174, V. 3456.
[193] W. A., I. Abt., 19. Bd., S. 111 f.
[194] W. A., I. Abt., 19. Bd., S. 112.

Berglinger befindet sich in der nämlichen Lage. Nur ist seine Reaktion, seiner Seelenhaltung entsprechend, weniger heftig, dafür leidender, empfindlicher:

„Und wenn mich einmal irgend einer, der eine Art von halber Empfindung hat, loben will, und kritisch rühmt, und mir kritische Fragen vorlegt — so möcht' ich ihn immer bitten, daß er sich doch nicht so viel Mühe geben möchte, das Empfinden aus den Büchern zu lernen." (I, 143)

Eine unmittelbare Abhängigkeit dieser Briefstelle von jenem Brief aus den „Leiden des jungen Werthers" liegt gewiß nicht vor. Dennoch ist die geistige Verwandtschaft unverkennbar. Sie weist auf eine gemeinsame Problematik hin, auf eine ähnliche Seelenlage und auf jene Tradition, der Werther und Berglinger verpflichtet sind.[195]

Das Wesen der Tonkunst bleibt für Berglinger etwas Unerklärbares, dem Verstande Unbegreifliches. „Wer das, was sich nur von innen heraus fühlen läßt, mit der Wünschelrute des untersuchenden Verstandes entdecken will, der wird ewig nur Gedanken über das Gefühl, und nicht das Gefühl selber, entdecken" (I, 186). Unsere gewöhnliche Sprache ist zu arm, um zu fassen, was sich in der Musik begibt. Die Sprache kann nur zählen und nennen, während die Tonkunst den Strom der Gefühle uns unmittelbar vorströmt (I, 188 f.). Was aber in ihr strömt, sind nicht nur unsere bekannten, bloß vom Leben gelösten Regungen, sondern „wunderbar neue Wendungen und Verwandlungen der Empfindungen" (I, 189), die der wissenschaftliche Teil der Musik, ihr Zahlensystem, selbsttätig aus sich hervorbringt, „wobei das Gemüt über sein eignes Wesen erstaunt" (I, 189). Auch dieser Gedanke hat letztlich seinen Ursprung im musikalischen Sturm und Drang. Der Klosterbruder sagt einmal im Sinne Berglingers, die Musik sei eine Kunst, die „um so mächtiger auf uns wirkt, und alle Kräfte unsers Wesens um so allgemeiner in Aufruhr setzt, je dunkler und geheimnisvoller ihre Sprache ist" (I, 133). Ähnlich sagt Herder von den Empfindungen, die die Musik erregt, sie seien „wahr,

---

[195] Es ist ein sehr bezeichnendes Mißverständnis, wenn die anonym erschienenen „Herzensergießungen" von manchen Zeitgenossen Goethe zugeschrieben wurden, wie J. H. Meyer behauptet. (Vgl. Neu-deutsche religios-patriotische Kunst. W. A. I. Abt., Bd. 49, 1, S. 34.) Man mochte sich an Goethes Prosahymnus „Von deutscher Baukunst" erinnert fühlen, in dem der Künstler — der „heilige Erwin" von Steinbach — ein „gottgleicher Genius" und „Gesalbter Gottes" (W. A. I. Abt., 37. Bd., S. 149) genannt wird. Das Mißverständnis erklärt sich daraus, daß Goethe im Bewußtsein der Zeit mit seinen Jugendwerken weiterlebte, während er mit den Werken der 90er Jahre schon weitgehend isoliert stand. Dadurch bestätigt sich uns aber indirekt die enge Verbindung Wackenroders mit der Empfindsamkeit und mit dem Sturm und Drang, die bisher wenig beachtet worden ist, da man Wackenroder von vornherein als Romantiker abzustempeln pflegt.

aber nicht deutlich, nicht anschauend, nur äußerst dunkel".[196] Diese Erfahrung entstammt, wie Eggebrecht gezeigt hat, dem neuen Musikerlebnis
im musikalischen Sturm und Drang. „Auf dem Wege vom Affekt- zum
Gefühlsbegriff wird das Postulat nach Bestimmtheit und Deutlichkeit des
Ausdrucks verdrängt durch die Anerkennung der Unbestimmtheit: die
Musik kann nur das Allgemeine von Empfindungen angeben".[197] Berglinger führt den Gedanken zur letzten Konsequenz. Es ist ein Strom un-
nennbarer, gegenstandsloser Gefühle, der in der Tonkunst fließt und
Wellen schlägt (I, 190). Da er keine Verbindung mehr mit der wirklichen
Welt hat, muß er vom wissenschaftlich-mechanischen Teil der Kunst ge-
speist werden. Dennoch widerstreitet seine Unbestimmtheit, Formlosig-
keit und Unfaßlichkeit dem Handgreiflich-Mechanischen, dem Zähl- und
Meßbaren der Musik als Wissenschaft. Das Wesen der Musik selbt durchzieht der Antagonismus von Gefühl und Wissenschaft, den der Tonkünstler überwinden muß, wenn er sein „volles Herz in Kunstwerken
auslassen" (I, 141) will. Unter diesem unauflöslichen Widerspruch lei-
dend, bekennt Berglinger: „Eine ewige feindselige Kluft ist zwischen dem
fühlenden Herzen und den Untersuchungen des Forschens befestigt, und
jenes ist ein selbständiges verschlossenes göttliches Wesen, das von der
Vernunft nicht aufgeschlossen und gelöst werden kann" (I, 187).

Kunstgenuß und Kunstausübung

Berglinger versteht sich als ausübenden und schöpferischen Künstler.
Wäre er mit dieser Meinung über sich in einem Irrtum befangen, wie
könnte er dann den Ansprüchen genügen, die an der bischöflichen Residenz an seine musikalischen Fähigkeiten gestellt werden? Wie könnte er
sich gegenüber den anderen Hofmusikern, seinen „neidischen Neben-
buhlern" (I, 149) behaupten, die, wie der Klosterbruder in seinem Bericht
über die Entstehung von Berglingers letztem Werk andeutet, begierig auf
eine Gelegenheit warten, den Kapellmeister in den Augen seines bischöflichen Fürsten herabzusetzen? Dennoch ist Berglingers Künstlertum in
Frage gestellt worden: zuerst von seinem „innigsten Freund" (I, 126),
dem Klosterbruder, und dann von Seiten der Wackenroder-Forschung.

---

[196] Herder, Viertes kritisches Wäldchen 1769. Zitiert nach: Sämtliche Werke,
hrsg. v. Suphan, 4. Bd., S. 161 f. — Schon J. N. Forkel, Wackenroders Lehrer in Göttingen, sagt von der Musik: „Sie ist zwar eine Sprache, aber die
Sprache der Empfindungen und nicht der Begriffe ... und sie fängt erst da
an, eigentliche Sprache der unendlichen Grade der Empfindungen zu werden, wo andere Sprachen nicht mehr hinreichen und wo ihr Vermögen sich
auszudrücken ein Ende hat." (J. N. Forkel, Musikal. krit. Bibliothek. Gotha
1778, I, S. 66. Zitiert nach Eggebrecht, a. a. O., S. 336.)
[197] Eggebrecht, a. a. O., S. 335.

Kunstgenuß und Kunstausübung 137

Wie bei allen Problemen, die das Werk Wackenroders aufwirft, hat
man sich auch in der Frage, ob Berglinger seiner Natur nach ein schöpferischer Musiker sein könne, an seinem geschichtlich greifbaren Urheber
orientiert, der nach allgemeiner Überzeugung eines Wesens mit ihm ist.
Wackenroder aber gilt als „keine eigentlich produktive Natur".[198] Diese
Meinung findet in den Zweifeln, die der Klosterbruder am Ende der Berglinger-Vita äußert (I, 150 f.), eine Bestätigung. Man hat nicht gezögert,
die Zweifel des Klosterbruders an seinem Freund als Zweifel Wackenroders an sich selbst aufzufassen, als ein Eingeständnis mangelnder eigener Schöpferkraft, und auf die Deutung der Figur Berglingers wirkte
wieder zurück, was von Wackenroder zu gelten schien: „In seiner Art
liegt die passive Hingabe an den Genuß der Kunst und besonders in der
Musik scheint ihm die passive Aufnahme der wahre Genuß."[199]

Unter den Stimmen der Wackenroder-Forschung aus neuerer Zeit
verdient die eigenwillige Stellungnahme Richard Benz' zu diesem Problem
besondere Beachtung. Abweichend von der allgemeinen Ansicht, sieht
Benz in Berglinger nur die Tragik des Unverstandenen verkörpert, keine
„Künstlertragik, wie wir sie darstellen würden: daß ein hohes Streben
etwa an der Unzulänglichkeit der schöpferischen Kräfte scheitert — dem
Tonkünstler Berglinger gelingt sein Werk".[200] Nicht die „Tragik des un-
zulänglichen Künstlers" habe Wackenroder gestaltet, die habe er auch
nicht erlebt; vielmehr habe er „im schaffenden Künstler nur seine, des
Empfangenden, Tragödie gestaltet"[201], und diese Tragödie bestehe darin,
daß niemand wie er in der Musik „das Göttliche ... erkennt und verehrt".[201] Auch Benz identifiziert also das ungenaue traditionelle Wackenroderbild, das seine Berechtigung erst aus dem Werk nachweisen müßte,
mit der dichterischen Gestalt Berglingers und bemerkt nicht, in welchen
Widerspruch er gerät, wenn er an einem Musiker, dem sein Werk gelingt,
gleichwohl die Tragik des Empfangenden wahrnimmt. Benz erklärt nicht,
wie es gerade einem ausübenden, schöpferischen Musiker bestimmt sein

---

[198] Minor, Tieck und Wackenroder (= DNL., 145. Bd.), Einleitung, S. II. Gregor schließt sich Minor an mit der Begründung: „... das Gefühlsmoment
dominiert so sehr (sc. bei Wackenroder), daß das nach außen gerichtete Moment des praktischen Gestaltens überhaupt nicht zur Geltung kommt."
(a. a. O., S. 511.) Friedrich von der Leyen behauptet im Nachwort zu seiner
Ausgabe, ohne einen einzigen Beleg zu bieten: „Wackenroder war, wie er es selbst
bitter empfand, nicht schöpferisch" (II, 255). Vgl. auch Gundolf, a. a. O.,
S. 43 (s. oben S. 4 dieser Arbeit).
[199] Minor, a. a. O., S. II. — „Berglinger-Wackenroder überzeugt sich, daß er
kein wirklich schöpferisches Talent besitze." (Goldschmidt, a. a. O., S. 215.)
[200] Benz, Die Welt der Dichter und die Musik, Düsseldorf (1949), S. 28.
[201] Benz, a. a. O., S. 58.

könne, die Tragik des Empfangenden zu erleiden. Aber obschon Benz diese Frage nicht beantwortet, so verdeckt er doch nicht das Problem. Dazu ist es erst in jüngster Zeit in der Arbeit Dorothea Hammers gekommen.

Nach Hammer verfehlt Berglinger den von ihm in der Musik gesuchten Sinn als Genießender, und als Schaffendem mißlingt ihm das Werk. So will es Hammers Auffassung von der Bedeutung der Zeit in Wackenroders Werk. Dieser Auffassung zufolge ist die Kunstproblematik Berglingers „nicht psychologisch oder autobiographisch einzuengen, sie hat ihre letzte Ursache in der allgemeinen Lebensproblematik der Zeit Berglingers", in der „Armut dieser aufklärerisch-rationalistischen Spätzeit".[202] Wie der Klosterbruder mit seinen Aufsätzen, so wolle Berglinger als Künstler durch die Kunst „die Mängel der Gegenwart überwinden".[203] In der Tonkunst sehe Berglinger nicht bloß eine „Möglichkeit, sich dem Göttlichen zu nähern und sich mit ihm zu vereinigen".[204] In ihr „sieht er die einzige Möglichkeit, die gnadenlose Trennung von Immanenz und Transzendenz zu überwinden. Diese Trennung aber ist gerade der Grund dafür, daß das Werk mißlingt und die künstlerische Aufgabe nicht gelöst werden kann".[205] Den Mängeln der Gegenwart selbst unterworfen, schaffe Berglinger nicht mehr als Künstler einer im Religiösen verwurzelten Zeit und sei deshalb zu Unvermögen und künstlerischem Versagen verurteilt.[206] Dies auch in den Augen des Klosterbruders, denn „für Wackenroders Klosterbruder ist die künstlerische Erfüllung und Vollendung an eine für immer vergangene Zeit gebunden".[207] Vertritt Benz, obwohl er in Berglinger die Tragik des Empfangenden verkörpert sieht, die Meinung: „. . . dem Tonkünstler Berglinger gelingt sein Werk"[208], so lautet Hammers entgegengesetzte These: „Für Berglinger gibt es keine künstlerischen Möglichkeiten."[209]

Wir haben dieser Deutung von Wackenroders Berglinger-Dichtung so viel Raum gegeben, um zu erklären, auf welchem Wege Hammer zu ihrem sonst vielleicht unverständlichen Urteil über Berglingers Künstlertum kommt. Zu fragen bleibt, welche Stütze Hammers These im Wortlaut der Dichtung findet.

Aus allen Lebensphasen Berglingers sind uns durch den Chronisten Werke des Musikers bezeugt. Da wird von den ersten Versuchen des

---

[202] Hammer, a. a. O., S. 52.
[203] Hammer, a. a. O., S. 15.
[204] Hammer, a. a. O., S. 21.
[205] Hammer, a. a. O., S. 52.
[206] Hammer, a. a. O., S. 27 f.
[207] Hammer, a. a. O., S. 83.
[208] Benz, a. a. O., S. 28.
[209] Hammer, a. a. O., S. 83.

Kindes erzählt, noch vor aller Bekanntschaft mit den Regeln der Kunst kleine Gedichte in Musik zu setzen (I, 137). Da bekundet Berglinger in einem seiner Aufsätze, die er während seiner Lehrjahre in der bischöflichen Residenz verfaßt hat (vgl. I, 155), wie er „die verschiedensten Arten der Tonkunst, als zum Beispiel die Kirchenmusik und die Musik zum Tanze, mit gleicher Liebe genieße", und läßt uns aufhorchen, wenn er dabei vom Genuß das Schaffen scharf trennt: „Doch kann ich nicht leugnen, daß die hervorbringende Kraft meiner Seele sich mehr nach der ersteren hinneigt, und auf dieselbe sich einschränkt." (I, 173) Seiner Fähigkeit als Komponist von Kirchenmusik hat Berglinger es ja vor allem zu verdanken, wenn er zum Kapellmeister eines geistlichen Fürsten avanciert. Aus einem Brief, den Berglinger wenige Jahre, nachdem er diese Stellung erlangt hat, an seinen Freund schreibt, erfahren wir, daß er auch im Konzertsaal seine Werke aufführt (I, 142). Es ist derselbe Konzertsaal, in dem er einst „in unbefangener Jugend und stiller Einsamkeit die Kunst noch bloß g e n o ß " (I, 146), weit glücklicher damals als jetzt, wo es seines Amtes ist, sie auszuüben. Sobald Berglinger seine musikalischen Empfindungen und Phantasien nicht mehr bloß genießen darf, tut sich ihm ein Gegensatz auf. Er unterscheidet Hervorbringen und Genießen nicht nur, wie es zunächst den Anschein hat, als zwei sich ablösende Verhaltensweisen zur Musik, sondern Genuß und Schaffen treten in einer feindlichen Antithese auseinander: Der Genuß war einst sein Glück, Schaffensdrang hat sein Unglück begründet. Dieser Gegensatz bringt für den Musiker jedoch kein Nachlassen seiner Schöpferkraft mit sich. Wenn Berglinger fortan zweifelt, ob er recht daran getan habe, „ein ausübender Künstler für die Welt zu werden" (I, 147), so liegt der Akzent auf „für die Welt" — seine Schaffenskraft wird von diesen Zweifeln nicht berührt. Weiterhin führt er seine neuen Kompositionen im Konzertsaal auf (I, 148), und als Krönung seines Werkes gelingt ihm zuletzt eine Passionsmusik, von der sein Chronist nicht ansteht zu behaupten, sie werde „ewig ein Meisterstück bleiben" (I, 149).

Alle diese Zeugnisse für Berglingers Schaffen haben Hammer nicht von der These abhalten können:

„Vergeblich bemüht er (sc. Berglinger) sich darum, eine Form für seine Aussage zu finden.
Damit ist nicht nur vom Publikum her, sondern auch in Berglingers Schaffen begründet, daß seine Werke ohne Wirkung bleiben. Er kann die inneren Kräfte nicht in sein Werk transponieren."[210]

Hammer weist darauf hin, daß Berglinger mit dem Technischen seiner Kunst zu kämpfen hat. Aber das sind Schwierigkeiten, die er in seinen

---

[210] Hammer, a. a. O., S. 27 f.

Lehrjahren dank seiner „jugendlichen Spannkraft" (I, 142) überwindet. Auf die in Berglingers Musikanschauung und ihrer geschichtlichen Herkunft begründete Dialektik von Gefühl und Wissenschaft geht Hammer nicht ein. Sie begreift nicht, daß für Berglinger der Grundstoff der Musik, die Töne, mehr als der jeder anderen Kunst mit „himmlischem Geiste geschwängert" ist (I, 185), obwohl Berglinger verdeutlichend hinzufügt, was er mit diesem Geiste meint, daß nämlich der Grundstoff der Musik „schon schöne Empfindungen" ausspricht, „wenn wir ihn auch nur auf eine leichte, einfache Weise berühren" (I, 185). Hammers Kommentar zu dieser Stelle lautet: „Auf diese Weise will Berglinger sein Versagen als Künstler überdecken." [211] Die geschichtliche Bedeutung der Grundtatsache, daß für Berglinger Musik Gefühl ist, hat Hammer nicht erkannt. In ihrer vorgefaßten Meinung kann auch Berglingers letztes Werk, das Oratorium, sie nicht wanken machen, wenngleich sie dem Klosterbruder glaubt, daß Berglinger damit ein Meisterstück gelungen sei. Sie erklärt es sich so:

> „Nicht zufällig ist Berglingers Meisterwerk ein Osteroratorium, das von dem Sieg über die Leiden der Passionszeit, vom Triumph über den Tod kündet. Dieser Aufschwung aus dem Mitleiden an der Wirklichkeit in die Erfahrung der göttlichen Erlösung befähigt Berglinger, ein gültiges Werk zu schaffen." [212]

Die Sätze zeigen, daß Hammer Berglingers letztes Werk völlig verkennt. Ihre Behauptung, es handle sich um ein „Osteroratorium", um ein Werk, das „vom Triumph über den Tod kündet", also die Auferstehung Christi behandelt, — diese Behauptung entbehrt jeder Begründung. Berglingers „Oratorium" (I, 149) ist selbstverständlich eine musikalische Darstellung aus der Leidensgeschichte, eben eine „Passionsmusik" — so nennt der Klosterbruder das Werk (I, 149). Und der „heilige Tag" (I, 149), an dem es im Dom aufgeführt wird, ist nicht der Ostersonntag, sondern der Karfreitag. Von einem „Aufschwung . . . in die Erfahrung der göttlichen Erlösung" ist nicht entfernt die Rede. Es heißt lediglich: „Er (sc. Berglinger) lag tief darniedergedrückt und vergraben unter den Schlacken dieser Erde. Endlich riß er sich mit Gewalt auf, und streckte mit dem heißesten Verlangen die Arme zum Himmel empor" (I, 149). Das ist eine traditionelle Aufschwungsgebärde, die hier als äußeres Zeichen steht für Berglingers Erhebung zu „höchster Poesie" und „lautem, jauchzendem Gesange", hervorgehend aus einem Zustand „wunderbarer Begeisterung" und verbunden mit „heftigen Gemütsbewegungen" (I, 149).

Für das Verständnis von Berglingers Künstlertum ist es wichtig, des Klosterbruders Hinweise auf die inneren Bedingungen zu beachten, unter

---

[211] Hammer, a. a. O., S. 27.
[212] Hammer, a. a. O., S. 27 f.

denen sich der Schaffensprozeß in Berglinger vollzieht. Sie deuten auf den emotionalen Grund, aus dem Berglingers musikalische Schöpfungen kommen. „Blut" (I, 137) wird als das stoffliche Element genannt, an dem sich die Affektionen des schaffenden Künstlers vollziehen. Der ingressive Aspekt der Verben „innerlich erwärmen" (I, 168) und „sich erhitzen" (I, 143) bezeichnet den Eintritt des schöpferischen Zustandes. Dieser selbst wird mit den Vokabeln „heftige Wallung" (I, 137), „heftige Gemütsbewegungen" (I, 149) wiedergegeben. Seinen Kulminationspunkt geben die Fügungen „wunderbare Begeisterung" und „wunderbarer Paroxismus" (I, 149) an. Diese Vokabeln und Wortverbindungen begegnen uns überall dort, wo es sich für Berglinger darum handelt, sein Gefühl in Tönen aufzubewahren, „menschliche Gefühle auf eine übermenschliche Art" zu schildern (I, 167). Auf den geistesgeschichtlichen Zusammenhang dieser Auffassung vom Wesen des Schöpferischen mit der Musiktheorie des musikalischen Sturm und Drangs und mit Anschauungen des Impressionismus haben wir bereits hingewiesen.[213] Versuchen wir nun aber, unsere Beobachtungen zu differenzieren, indem wir nach den Merkmalen fragen, wodurch sich die schöpferische Affektion von dem Zustand des bloßen Genießens unterscheidet, so gelangen wir zu einer ersten Einsicht in die Beschaffenheit von Berglingers musikalischem Schöpfertum: Es gibt keine klare Trennung zwischen den beiden Verhaltensweisen, beide werden mit demselben Vokabular wiedergegeben. „Nerven" (I, 130), „die innersten Nerven" (I, 169), „Blutstropfen" (I, 178), „Adern" (I, 178) und das zwischen wörtlicher und metaphorischer Bedeutung schwankende Wort „Herz" (I, 142) bezeichnen die Organe des Musikgenusses. Der Vorgang der musikalischen Affektion wird wiedergegeben mit „durchdringen" (I, 130), „ergreifen" (I, 169), „erwärmen" (I, 142), „erhitzt werden" (I, 143). Für den Endzustand und Gipfel des Musikgenusses stehen die Verben „glühen" (I, 131), „jauchzen" (I, 178 in Beziehung auf „Blutstropfen" gesagt).

Musikalisches Schöpfertum hängt für Berglinger von den gleichen „inneren Schwingungen unsrer Herzensfibern" (I, 187) ab wie musikalischer Genuß. Diese Beobachtung bestätigt Berglingers Äußerungen, wonach der wahre Musikgenuß darin besteht, daß dieselben Gefühle, die der Künstler aus seiner Seele in Tönen hat ausströmen lassen, sich in der Seele der Hörer neu erzeugen. Es ist eine Grundüberzeugung Berglingers, daß „jedes einzelne Kunstwerk nur durch dasselbe Gefühl, von dem es hervorgebracht ward, erfaßt und innerlich ergriffen werden kann" (I, 187). Musikalisches Schaffen bedeutet demnach für Berglinger, die eigenen Gefühle so in Tönen zu bewahren, daß er sie in anderen Menschen nach

---

[213] Vgl. oben S. 131 dieser Arbeit.

Belieben wieder hervorrufen kann. Nicht das für sich bestehende musikalische Werk als solches ist der Gegenstand von Berglingers Schaffenstrieb.
Ihn verlangt vielmehr danach, daß die Zuhörer ihr Gefühl ihm hingeben
möchten (Vgl. I, 142). Ihr Gefühl? Es ist dasselbe Gefühl, das er durch
sein Werk ausgeströmt hat. Die Hörer sollen es ihm wieder entgegen-
bringen, damit er die bewegte Innerlichkeit seiner Seele in anderen
wiederfinden könne. Dies ist der Antrieb seines Schöpfertums. Berglinger
ist schöpferischer Musiker geworden, um mit seinem Gefühl seine Zuhörer zu durchdringen und sich in ihnen gesteigert zu genießen.

Daß Berglinger als Aufnehmender und als Schaffender immer nur
sein Gefühl zu genießen sucht, nimmt ihm nicht die Fähigkeit des Her-
vorbringens. Aber die genießende Kraft, die seinem Künstlertum zugrunde liegt, seine passive Genialität[214], wird in sich selbst gespalten. Sein
musikalisches Leben entbehrt des harmonischen Wechsels von Kunstschöp-
fung und Kunstgenuß, da sich dem eigentlichen Gefühlsgenuß jener höhere
entgegenstellt, dessen er durch das Schaffen teilhaftig werden möchte und
über den er nicht verfügt, da er nicht allein von der Empfindungskraft
seiner Seele abhängt, sondern vor allem von der Bereitschaft und Fähigkeit seiner Zuhörer, ihr Gefühl ihm hinzugeben[215]. Der Kapellmeister
Berglinger, dem der Hof laute Ovationen entgegenbringt (I, 148), leidet
nicht etwa unter einer völligen Wirkungslosigkeit seiner Kunst. Ebensowenig überkommt ihn die tragische Einsicht, „daß eine höchste geistige
Offenbarung das Echo, den geistigen Widerhall nicht findet, der ihr ge-
bührt".[216] Wir dürfen nicht das romantische Beethovenbild auf Berglinger
übertragen. Die in dem Kapellmeister immer wieder durchbrechende
Sehnsucht nach der reinen Passivität seiner Jugendjahre kommt unmittelbar aus seiner Einstellung zum künstlerischen Schaffen und musikalischen
Werk als Mittel narzißtischen Gefühlsgenusses. Erst wenn der Musiker
die Seelen seiner Zuhörer mit der seinen verschmolzen fühlt, erlangt er
jenen höchsten Selbstgenuß, um dessentwillen er seine Werke schreibt.

[214] Der Begriff des passiven oder weiblichen Genies stammt von Jean Paul (vgl.
Vorschule der Ästhetik § 10, HKA 1. Abt., 11. Bd., S. 41 ff.) und ist bei
diesem vor allem an Moritz' Anton Reiser orientiert, dessen Halbkünstlertum wir im folgenden mit Berglingers Künstlertum vergleichen.

[215] Insofern Berglinger in beständigem Gefühlsgenuß leben möchte, gilt von
ihm, was Kierkegaard von dem sagt, der ästhetisch lebt:

„Wer aber Sinn und Ziel des Lebens im Genuß sieht, dessen Leben ist
einer Bedingung unterstellt, die entweder außerhalb des Individuums
liegt oder zwar im Individuum selbst, aber so, daß sie nicht durch das
Individuum gesetzt ist." (Kierkegaard, Entweder — Oder. Übers. v.
Christoph Schrempf. Zusammengefaßt hrsg. v. Fritz Droop. Mit Einf.
v. Max Bense. Sammlung Dieterich, 40. Wiesbaden o. J., S. 278.)

[216] Benz, a. a. O., S. 28.

Berglingers Künstlertum ist in seiner Schaffensmotivation und der daraus resultierenden inneren Abhängigkeit vom Publikum einem ähnlichen Schicksal ausgesetzt wie das Halbkünstlertum einer Romangestalt, auf deren geistige Verwandtschaft mit Berglinger wir bereits hingewiesen haben.[217] Anton Reiser, der Held des gleichnamigen „psychologischen Romans" von Karl Philipp Moritz, widmet sich abwechselnd dem Predigen, Rezitieren, Theaterspielen und Dichten. Alle diese künstlerischen oder quasikünstlerischen Tätigkeiten sind ihm Mittel, sich in Empfindungen zu versetzen, die er, wie sein Biograph sagt, „so gern hatte und sie doch in seiner wirklichen Welt, wo alles so kahl, so armselig zuging, nicht haben konnte".[218] Vor allem auf das Theater ist sein Drang gerichtet. „Er fand sich hier gleichsam mit allen seinen Empfindungen und Gesinnungen wieder, welche in die wirkliche Welt nicht paßten. — Das Theater deuchte ihm eine natürlichere und angemeßnere Welt als die wirkliche Welt, die ihn umgab."[219]

Wie Berglinger genügt es Reiser nicht, sein Kunstgefühl für sich allein genießen zu können. Ist es ihm schon versagt, sein Inneres als Held einer Shakespeareschen Tragödie auf der Bühne auszuströmen, so drängt es ihn desto mehr, seine Empfindungen wenigstens dem Freund mitzuteilen. „Diesem nun ein ganzes Stück aus dem Shakespeare vorzulesen und auf alle dessen Empfindungen und Äußerungen dabei mit Wohlgefallen zu merken, war die größte Wonne, welche Reiser in seinem Leben genossen hatte."[220] Um durch seine Empfindungen Menschen zu bewegen, liebt er es, ein paar Zuhörer um sich zu versammeln, denen er

> „mit aller Fülle des Ausdrucks und der Deklamation, die ihm nur möglich war, irgendeines seiner Lieblingstrauerspiele, als Emilia Galotti, Ugolino oder sonst etwas Tränenvolles, wie z. B. den Tod Abels von Geßner vorlesen konnte, wobei er denn ein unbeschreibliches Entzücken empfand, wenn er rund um sich her jedes Auge in Tränen erblickte und darin den Beweis las, daß ihm sein Endzweck, durch die Sache, die er vorlas, zu rühren, gelungen war."[221]

Wie so oft bei Wackenroder hören wir auch hier das Stichwort „rühren", das uns von neuem die Herkunft dieser Einstellung zu Kunst und Künstlertum aus Pietismus und Empfindsamkeit bestätigt[222]. Rührung hervorzurufen und zu genießen ist für Berglinger und für Reiser der Antrieb und Zweck ihrer Kunstausübung, und für beide büßt die Kunst

---

[217] Vgl. oben S. 77 f. und 88 f. dieser Arbeit.
[218] Reiser, S. 159.
[219] Reiser, S. 172.
[220] Reiser, S. 233.
[221] Reiser, S. 182 f.
[222] Vgl. August Langen, Der Wortschatz des deutschen Pietismus. Tübingen 1954, S. 37 f.

ihren Sinn ein, wenn sie diese Wirkung nicht hervorbringt. Das Geschick, das Berglinger widerfährt, wenn seine Musik bei den Hörern lautes Klatschen, aber keine innere Erwärmung und Rührung der Gemüter bewirkt (vgl. I, 148), — diese bittere Enttäuschung hat schon vor ihm Anton Reiser erleben müssen, als er bei einer Schüleraufführung die ersehnte Rolle des Clavigo nicht erhält. Er bekommt eine lustige Rolle in einer Komödie zugeteilt, die er „mit allem Beifall" spielt. „Aber dies war nicht der rechte Beifall, den er sich gewünscht hatte. — Er wollte nicht zum Lachen reizen, sondern durch sein Spiel die Seele erschüttern." [223] Berglingers Drang zur Musik hat also ähnliche innere Beweggründe wie Reisers Theaterleidenschaft: Beide benützen die Kunst als Mittel, Empfindungen zu genießen, ihr bewegtes Inneres auf andere Menschen zu übertragen und in diesen die eigene Innerlichkeit zu spiegeln. Ein komödiantischer Spieltrieb ist in Reiser so wenig am Werk wie in Berglinger ein musikantischer. [224]

Voraussetzung künstlerischer Produktion ist für beide eine erhitzte Einbildungskraft. Reiser versetzt sich, um zu dichten, in eine poetische Stimmung, in der er die erwartete Wirkung seines Gedichts in der Phantasie vorwegnimmt, ohne noch zu wissen, „was dies nun für ein Gedicht sein sollte". Ehe das Gedicht entstanden ist, ja bisweilen ohne es hervorbringen und ihm eine bestimmte Gestalt geben zu können, genießt er sein Gedicht als „das schönste und harmonischste, was er sich denken konnte, weil es getreuer Abdruck seiner vollen Empfindung war". [225] Reisers Dichtungstrieb fehlt die äußere Darstellungskraft — so belehrt uns sein Biograph: „Alles, was er niederschreiben wollte, löste sich in Rauch und Nebel auf, und das weiße Papier blieb unbeschrieben." [226]

Wir mögen uns bei diesen Worten an die Bemerkung Kants erinnert fühlen, daß ohne mechanische, stoffliche Grundlage „der Geist, der in der Kunst frei sein muß und allein das Werk belebt, gar keinen Körper haben und gänzlich verdunsten würde". [227] Reisers Biograph aber belehrt uns selbst, welche Bewandtnis es mit Reisers Künstlertum habe. Im Unter-

---

[223] Reiser, a. a. O., S. 318.
[224] Vgl. hierzu Eckehard Catholy, Karl Philipp Moritz und die Ursprünge der deutschen Theaterleidenschaft. Tübingen 1962. — Catholy sucht den Grund für die Theaterleidenschaft Reisers und seiner Zeitgenossen vor allem in der sozialpsychologischen Lage des Bürgertums, das in der Kunst und hier wieder vor allem auf der Bühne seine gesellschaftlich-politische Eingeschränktheit zu durchbrechen strebt, um „auf diesem Wege Erlösung aus der Enge des gegebenen zur Weite eines ersehnten Lebens zu finden." (a. a. O., S. 5.)
[225] Reiser, S. 344.
[226] Reiser, S. 430.
[227] Kant, Kritik der Urteilskraft, § 43,3.

schied zu dem Chronisten der Berglinger-Vita identifiziert sich jener keineswegs so weit mit dem Gegenstand seiner Biographie, daß seine Seele mit ihm verschmölze. Er nimmt als Erzähler die distanzierte Haltung des seinen Gegenstand mit analytischem Scharfsinn durchdringenden Psychologen ein und leitet in erzieherischer Absicht aus der Betrachtung von Reisers Seelenleben allgemeine Grundsätze her.[228] Dem Klosterbruder ist Berglingers Leben wie die Lebensläufe der Künstler früherer Zeiten Anlaß, das Geheimnis des „Kunstgeistes" (I, 151) zu bewundern. Berglinger gilt ihm als einer „der erhabenen Geister . . ., welche der Himmel zum Dienste der Kunst auf die Welt gesetzt hat" (I, 150). Reisers Biograph hingegen behandelt seinen Gegenstand als Demonstrationsobjekt der Erfahrungsseelenkunde, an dem er „für Lehrer und Erzieher sowohl als für junge Leute" darlegt, „durch welche Merkzeichen vorzüglich der falsche Kunsttrieb von dem wahren sich unterscheidet".[229] Der an Reiser entwickelten Psychologie des wahren und des falschen Künstlertums gilt als wichtigstes Kriterium eines falschen Kunsttriebes Reisers Selbstsüchtigkeit. Zur Hervorbringung bloß „durch eine Empfindung im allgemeinen"[230] angeregt, findet er nicht „in der Arbeit selbst Vergnügen", sondern genießt vorwegnehmend den „Effekt, den sein Werk machen wird".[231] Der falsche Kunsttrieb — so werden wir belehrt — beruht auf einer gesteigerten Kraft der Empfindung und des Genusses und auf einem Mangel „an äußerer Darstellungskraft".[232] Wer davon wie Reiser beherrscht wird, kann über der Kunst nicht sich selbst vergessen. Immer wird ihm mehr daran liegen, „die Szenen des Lebens in sich als außer sich darzustellen".[233]

Empfindungs- und Darstellungskraft werden von Moritz einander gegenübergestellt — nicht nur im „Anton Reiser". Dieser Gegensatz bildet ein Hauptthema der Schriften Karl Philipp Moritz'. Dichterisch gestaltet und unter dem Gesichtspunkt der Erfahrungspsychologie erörtert wird es im „Anton Reiser" (1785—90), theoretisch abgehandelt in dem Aufsatz „Über die bildende Nachahmung des Schönen" (1788), und in den Figuren der Freunde Mario und Carlo des Fragment gebliebenen Romans

---

[228] Vgl. die Vorreden, die Moritz den einzelnen Teilen seines psychologischen Romans vorausgeschickt hat, besonders diejenige, in der es zu Beginn des dritten Teils heißt, die Darstellung könne „vielleicht zur Lehre und Warnung" dienen und „manche nicht ganz unnütze Winke für Lehrer und Erzieher" enthalten. (Reiser, S. 207.)

[229] Reiser, S. 335.

[230] Reiser, S. 416.

[231] Reiser, S. 417.

[232] Reiser, S. 343.

[233] Reiser, S. 363.

„Die neue Cecilia" (erschienen 1794) findet es noch einmal eine dichterische Verkörperung.

Schon Moritz' Zeitgenossen sahen in Reisers „Leiden der Poesie"[234] Moritz' eigene Leiden.[235] Auch Wackenroder und Tieck wußten um diesen Konflikt in Moritz' Leben und Schaffen, kannten sie doch Moritz nicht nur aus seinen Schriften[236], sondern auch durch sein persönliches Wirken als akademischer Lehrer in Berlin. Köpke überliefert, daß Wackenroder und Tieck an den Vorlesungen teilnahmen, die Moritz als Professor an der Akademie der Künste über Altertümer und Kunstgeschichte hielt.[237] Doch schwingt, wie bereits Walzel bemerkt hat[238], in Köpkes Darstellung eine Reserviertheit gegen Moritz mit. Er stellt das Sonderbare und Launenhafte seiner Persönlichkeit in den Vordergrund, und wo wir von ihm eine detaillierte Darlegung des Einflusses erwarten, den Moritz auf Wackenroder und Tieck ausgeübt hat, beschränkt er sich auf die vage Feststellung: „. . . und wenn sie (sc. Wackenroder und Tieck) auch nicht überall fanden, was sie suchten, so wurde doch Manches in ihnen erweckt, was in späterer Zeit zur Klarheit kommen sollte."[237]

Merkwürdigerweise hat auch die spätere literaturgeschichtliche Forschung das Verhältnis kaum aufzuhellen vermocht. Helene Stöcker nimmt an, daß Moritz' Lehre, das Schöne könne nicht erkannt, sondern müsse hervorgebracht oder empfunden werden[239], Wackenroder besonders beeindruckt haben müsse, räumt aber ein, daß Wackenroder „wahrscheinlich auch schon durch seine eigene, persönliche Veranlagung zu solchem Resultat gekommen wäre".[240] Eine biographische Übereinstimmung mit Moritz sieht sie darin, daß Wackenroder sich aus religiösen Kämpfen zu einer „undogmatischen religiösen Kunstfrömmigkeit geläutert"[240] habe. Woher wissen wir etwas von religiösen Kämpfen Wackenroders?

---

[234] Reiser, S. 415.

[235] Das von Klischnig 1794 als fünfter Teil des „Anton Reiser" herausgegebene Erinnerungsbuch trägt den Untertitel: „Erinnerungen aus den zehn letzten Lebensjahren meines Freundes Anton Reiser. Als ein Beitrag zur Lebensgeschichte des Herrn Hofrath Moritz von Karl Friedrich Klischnig."

[236] Daß Wackenroder und Tieck selbst mit entlegeneren Teilen von Moritz' literarischem Schaffen vertraut waren, beweist uns eine Briefstelle, wo Wackenroder auf die von Moritz verfaßten Sprachlehren anspielt. (II, 132.)

[237] Köpke, a. a. O., I, 90.

[238] Oskar Walzel, Die Sprache der Kunst. In: Jahrbuch der Goethe-Gesellschaft. 1. Bd., Weimar 1914, S. 50 f.

[239] Karl Philipp Moritz, Über die bildende Nachahmung des Schönen. Ed. Sigmund Auerbach. (Deutsche Litteraturdenkmale des 18. u. 19. Jahrhunderts. 31.) Heilbronn 1888, S. 20.

[240] Stöcker, a. a. O., S. 21.

Was Stöcker über die Beziehung Wackenroders zu Moritz sagt, bestätigt Oskar Walzel, der zugleich bedauert, daß sich Stöcker mit diesen
wenigen Andeutungen begnügt.[241] Walzel seinerseits wiederholt die bekannten, von Köpke überlieferten Tatsachen, zieht aber, um das Verhältnis Wackenroders und Tiecks zu Moritz zu klären, stärker die Stellen aus
dem Briefwechsel der beiden heran, wo von Moritz die Rede ist. In diesen
Briefen erscheint nun Moritz in einem schlechten Licht, und Walzel hat
Mühe, in Tiecks Verdikt über Moritz „einen Rest von Anerkennung"[242]
zu finden: In dem Eingeständnis Tiecks, Moritz habe „manchmal empfunden, wie gewöhnliche Menschen nicht empfinden" (II, 151), sei der
Grund bezeichnet, weshalb Wackenroder sich von Moritz angezogen
fühlte.[242] In Wirklichkeit ist gerade die Heftigkeit, mit der Tieck Moritz
ablehnt und sich von ihm distanziert, weit aufschlußreicher als dieser
Schein der Anerkennung. Der Brief vom 28. Dezember 1792, in dem
Tieck auf Wackenroders Bemerkung über Moritz' schmeichlerische Unter-
würfigkeit im Verkehr mit dem Grafen Herzberg auf der Akademie ant-
wortet, gibt uns die Richtung an, in der wir Moritz' tatsächlichen Einfluß
auf die beiden Freunde zu suchen haben, und eröffnet uns den Gesichtspunkt, unter dem wir die auffallenden Übereinstimmungen zwischen
Reiser und Berglinger und endlich auch den Zweifel des Klosterbruders
an Berglingers Künstlertum in einen weiteren Zusammenhang einordnen
können. — Tieck schreibt:

> „Daß Moritz schmeicheln kann ist sehr natürlich, ein Mensch, der beständig
> über sich selbst brütet und nachdenkt, der immer tiefer in das verworrene
> Gewebe seines Herzens schaut, der muß dort auf so wundervolle, so seltsame
> Erscheinungen treffen, daß er nach und nach ganz an sich verzweifelt, bei
> jeder Handlung, die die Welt gut nennt, wird er mißtrauisch werden, in
> seinem Herzen nachschlagen und finden, daß sie vielleicht aus dem jammer-
> vollsten Eigennutz, aus der lumpigsten, verächtlichsten Leidenschaft ent-
> steht, so gewöhnt sich ein solcher Mensch Tugend für ein Hirngespinst zu
> halten, er folgt seinen Launen, seinen augenblicklichen Stimmungen, ohne
> zu untersuchen, ob sie zu tadeln oder zu loben sind, weil bei ihm beides
> zusammenfällt. — Dies ist ein großer Schade, das Studium der Psycho-
> logie, wenn es zu weit getrieben wird, der Mensch verliert alle Kraft zu
> handeln, aller Enthusiasmus wird in ihm erstickt, er verliert sich in trägen
> Speculationen. Ich habe es daher schon seit langer Zeit aufgegeben."
>
> (II, 162 f.)

Hatte es Tieck, als er dies schrieb, wirklich schon lange aufgegeben, das
verworrene Gewebe des eigenen Herzens auflösen zu wollen? War er über

---

[241] Walzel, a. a. O., S. 51.
[242] Walzel, a. a. O., S. 48. — Aus denselben Briefzeugnissen Wackenroders und
Tiecks zitiert Schrimpf in seinem Aufsatz „W. H. Wackenroder und K. Ph.
Moritz" (ZdPh 83, 1964, S. 389 f.), ohne jedoch den Gründen für die heftige Selbstdistanzierung Tiecks von Moritz nachzugehen.

die melancholischen Spekulationen einer die Tugend als Deckmantel der
Selbstsucht entlarvenden Psychologie wirklich schon längst hinaus? In
demselben Jahr, in dem Tieck diesen Brief schrieb, vollendete er seinen
„Abdallah". In diesem kleinen Roman läßt er Omar, den bösen Magier
und Verführer, seinen Zögling in eben jener zersetzenden Seelenkunde
unterweisen, die ihn an Moritz so sehr zu empören scheint — Omar treibt
es darin nur noch viel ärger. Er lehrt den wißbegierigen Abdallah, daß
alle unsere Handlungen, mögen sie auch willkürlich gut oder böse genannt werden, doch nur auf einem Streben nach Lust und Genuß beruhen.
Würden wir den letzten Motiven unserer Taten nachforschen, so sähen
wir Tugend und Laster ineinanderfließen. „Wir ahnden nicht, daß es nur
eine Kraft ist, die in der Tugend und im Laster lebt, beides e i n e Gestalt,
aus demselben Spiegel zurückgeworfen." [243] Wir sind für uns und unser
Tun nicht verantwortlich, da wir, ohne unseren Willen in die Welt ge-
worfen, nur als ein winziges Rad im Räderwerk der Natur bewegt werden. Fremde Kräfte handeln durch uns hindurch. „ W e r handelt nun? —
Wer ist gut, wer böse? Soll des Mörders Dolch bestraft werden, oder sein
Arm, sein Herz, sein Blut? Oder der Gedanke, den er vielleicht vor
zwanzig Jahren dachte? — Sein Blut, das er sich nicht selber gab?" [244] —
Kein Wunder, daß Wackenroder, der besorgte Freund, gegen die „philosophischen Thesen des Omar" (II, 197) dieselben Einwände vorbringt,
die Tieck gegen Moritz' Psychologie erhebt: „ . . . zerrüttet wird der Geist,
für Freuden der Erde und angenehme Eindrücke verstimmt, selbst für
Freundschaft und Liebe verdorben, zu ewigem Mißmut, zu trauriger Un-
tätigkeit verdammt, wenn er sich diesen wunderbar fürchterlichen
Träumereien überläßt" (II, 197). Tieck hat sich ihnen noch lange hingegeben, sein „William Lovell" legt beredtes Zeugnis dafür ab. [245] Stützten
wir uns auch auf diesen Roman, so könnten wir die Parallelen zu dem,
was Tieck in seinem Brief an Moritz verurteilt, um ein Vielfaches ver-
mehren. Aber es ist auch so schon deutlich, daß Tiecks Urteil über Moritz
eine Form der Selbstkritik und wohl auch ein Versuch ist, seinen Freund
zu beruhigen. „Abdallah" trage die deutlichsten Spuren seiner alten
Laune, schreibt Tieck entschuldigend im Frühjahr 1793 an Wackenroder
(vgl. II, 195). Er möchte von dem eigenen Hang, sein Innenleben psychologisch zu sezieren, Abstand gewinnen, und so distanziert er sich von

---

[243] Tieck, Schriften, 8. Bd., S. 10.
[244] Tieck, Schriften, 8. Bd., S. 13.
[245] Über den Einfluß des „Anton Reiser" auf Tiecks „William Lovell" handelt
Fritz Wüstling, Tiecks William Lovell. Ein Beitrag zur Geistesgeschichte
des 18. Jahrhunderts. (Bausteine zur Geschichte der neueren deutschen Literatur. 7.) Halle a. S. 1912, S. 157—159. Ferner Edwin H. Zeydel, The Relation of K. P. Moritz's Anton Reiser to Romanticism. In: The Germanic Review 3, 1928, S. 295 ff. pass.

einem Moritz, den er, wenn er es in seinem Brief auch nicht unmittelbar ausspricht, mit Omar in eins setzt und dem er ähnlich erbärmliche Handlungen zutraut wie Abdallah sie vollbringt — Moritz' Fähigkeit zu schmeicheln nimmt er als ein Indiz dafür. Daß Tieck sich in der Tiefe seines Wesens der so verstandenen Geistesart Moritz' verwandt fühlte, erhellt schon daraus, daß er selbst seinen Freund auf die Idee brachte, ihn und Moritz als Zwillingsbrüder zu betrachten (vgl. II, 132 u. 177).[246] Und auch nachdem Tieck sich von aller geistigen Verwandtschaft mit Moritz entschieden losgesagt hatte, war er noch so sehr in der Welt Anton Reisers befangen, daß Wackenroder bei dem gemeinsamen Besuch der Stadt Erfurt die auffallendsten Symptome Reiserschen Seelenlebens an seinem Freund wahrnehmen konnte. Bei dem ununterbrochenen Gedanken- und Gefühlsaustausch, den die Freunde pflegten, ist es Wackenroder sicher nicht entgangen, daß Tieck in Erfurt, der Stadt, wo der vierte Teil des „Anton Reiser" spielt, „recht lebhaft Reisers Empfindungen" hatte.[247]

Nicht in erster Linie als Kunsttheoretiker und noch weniger als Mythologe, Reiseschriftsteller oder Sprachforscher hat Moritz auf Wackenroder und Tieck Einfluß ausgeübt. Sie setzen sich mit einem Moritz auseinander, der in der neueren Forschung noch kaum die gebüh-

[246] Der Umstand, daß Wackenroder seinen Freund als Moritz' Zwillingsbruder bezeichnet, ist von der Forschung genugsam hervorgehoben, nie aber geklärt worden, worin denn die Verwandtschaft der beiden nach Wackenroders Meinung besteht. Man klammerte sich zu sehr an sekundäre Zeugnisse wie Köpkes Bericht über Wackenroders und Tiecks Teilnahme an Moritz' kunstgeschichtlichen Vorlesungen und suchte daraus Schlüsse auf Moritz' Einfluß zu ziehen. Rudolf Haym hat auch hier die Richtung des Fragens vorgeschrieben:
„Der enthusiastische, lehrsüchtige Kunst- und Literaturdilettantismus des wunderlichen Mannes (sc. Moritz) zog den Jüngling (sc. Tieck) nicht wenig an; er hörte mit Wackenroder dessen Vorlesungen über Altertümer und Kunstgeschichte, ja, er ähnelte ihm oder ähnelte sich ihm so an, daß Wackenroder ihn Moritzens Zwillingsbruder nennen konnte" (Die Romantische Schule. 5. Aufl. Besorgt v. Oskar Walzel. Berlin 1928, S. 23.).

[247] Tiecks Brief an seine Schwester vom 3. Mai 1793. Mitgeteilt v. Gotthold Klee, in: Forschungen zur deutschen Philologie. Festgabe für Rudolf Hildebrand. Leipzig 1894, S. 186. Vgl. Reiser, S. 393. — Aus dem Brief geht hervor, daß die Freunde in Erfurt der Erinnerung an „Anton Reiser" ganz hingegeben waren. Auf den Spuren Reisers gehen sie auf dem Wall spazieren und besuchen „das Karthäuserkloster vor dem Thore, von dem Reiser so viel erzählt". In Tieck regt sich sogar Reisers akustische Phantasie, die mit dem Klang eines Namens bestimmte lebhafte Vorstellungen verbindet. In dem Klang des Namens Erfurt, schreibt Tieck, „lag von je . . . so etwas fernes, dunkles, Abentheuerliches." (a. a. O., S. 186) Vgl. dazu Reiser, S. 49. Catholy, „Die auditive Grunddisposition der Moritzschen Individualität", a. a. O., S. 69 ff.

rende Beachtung gefunden hat: Es ist der Erfahrungspsychologe[248], der als Biograph im „Anton Reiser" und als Herausgeber (und weitgehend auch Verfasser) des „Magazins zur Erfahrungsseelenkunde" [249] zu uns spricht. Die in diesen Schriften und in der bereits angeführten Abhandlung „Über die bildende Nachahmung des Schönen" von Moritz entwickelte Künstlerpsychologie und ihre Problematik des wahren und falschen Kunsttriebes[250] war Wackenroder sicher nicht gleichgültig, besteht doch eine Haupttendenz der „Herzensergießungen" in der „folgenreichen Verlagerung des Schwergewichts aus dem objektiven Kunstwerk in die Seele des Künstlers".[251] Das ist nun nicht so zu verstehen, als ob es

[248] Vgl. Georg Hinsche, Karl Philipp Moritz als Psychologe. Ein Beitrag zur Geschichte des psychologischen Denkens. Phil. Diss. Halle-Wittenberg, Halle a. S. 1912. — W. Leibbrand, Karl Philipp Moritz und die Erfahrungsseelenkunde. In: Allg. Ztschr. f. Psychiatrie u. ihre Grenzgebiete. 118 Bd. 1941. — Fritz Stemme, Karl Philipp Moritz und die Entwicklung von der pietistischen Autobiographie zur Romanliteratur der Erfahrungsseelenkunde. Phil. Diss., Marburg 1950.

[249] ΓΝΩΘΙ ΣΑΥΤΟΝ oder Magazin zur Erfahrungsseelenkunde als ein Lesebuch für Gelehrte und Ungelehrte. Mit Unterstützung mehrerer Wahrheitsfreunde, hrsg. v. Carl Philipp Moritz. 10 Bände, Berlin 1783—1793. — Mehrere große Partien des „Anton Reiser" hat Moritz hier abgedruckt, ein Zeichen dafür, daß er sie als einen Beitrag zur empirischen Psychologie verstanden wissen wollte. Unter dem Obertitel „Zur Seelennaturkunde" finden sich an folgenden Stellen der Zeitschrift Stücke aus dem psychologischen Roman: 2. Bd. (1784), 1. Stück, S. 76 ff.; 2. Stück, S. 22 ff. 8. Bd. (1791), 1. Stück, S. 11 ff.; 2. Stück, S. 7 ff. (hier die Geschichte des Erfurter Arztes Doktor Sauer und der „Die Leiden der Poesie" überschriebene Abschnitt, in dem die Unechtheit von Reisers Künstlertum erläutert wird); 3. Stück, S. 108 ff. (hier bis S. 110 Wiederholung eines im vorausgehenden Stück bereits abgedruckten Passus aus den „Leiden der Poesie").

[250] August Langen bringt diese Problematik in Zusammenhang mit der Moritz bewegenden übergeordneten Frage nach der Scheidung von Echt und Unecht, wozu auch der Kampf gegen falsche Empfindsamkeit im „Anton Reiser" gehört. (Vgl. Langen, Karl Philipp Moritz' Weg zur symbolischen Dichtung. In: Zeitschrift für Deutsche Philologie. 81. Bd. 1962, S. 188 f.) Wie stark diese Frage auch Wackenroder bewegt hat, zeigt die im Briefwechsel mit Tieck hierüber geführte Diskussion. Wackenroder läßt den Vorwurf der „falschen Empfindung oder Empfindelei" nur dort gelten, wo er sich gegen eine affektierte Empfindung richtet.

„Denn an sich sehe ich nicht ein, warum es nicht möglich sein sollte, b e i   a l l e n   D i n g e n   u n t e r   d e r   S o n n e ,   u n t e r   g e w i s - s e n   U m s t ä n d e n ,   e t w a s   z u   e m p f i n d e n ." (II, 28)

[251] Richard Alewyn, a. a. O., S. 49. Innerhalb des Werks Wackenroders läßt sich wohl eine gewisse Verlagerung von der Betrachtung des Schwergewichts von der Betrachtung des „Künstlercharakters" (I, 96) in den Aufsätzen des Klosterbruders zu einer psychologischen Betrachtung der Kunst als solcher in den ‚Berglingeriana' feststellen. Wir würden aber die Grenzen unseres Themas überschreiten, wollten wir dem im einzelnen nachgehen.

Wackenroder in der Berglinger-Dichtung darauf ankäme, das Innere eines Künstlers psychologisch aufzuklären. Nicht so sehr der Künstler als vielmehr die Kunst wird psychologisch betrachtet. In einem Aufsatz, dessen zweite Titelhälfte die „Seelenlehre der heutigen Instrumentalmusik" (I, 182) lautet, entwickelt Berglinger seine Psychologie der Musik.

Die zahlreichen von uns nachgewiesenen Übereinstimmungen zwischen Reiser und Berglinger dürfen uns nicht dazu verführen, die Künstlerproblematik der beiden zu identifizieren oder Berglinger im Sinne einer unmittelbaren Deszendenz von Reiser abzuleiten. August Langen hat betont, daß Moritz „in die Erörterung und in die dichterische Darstellung des Künstlerproblems einen vorher nicht vorhandenen und nachher seltenen Sonderakzent hineinträgt, das tragische Erlebnis der versagenden Schöpferkraft".[252] Gerade dieses Erlebnis — hier müssen wir Langen widersprechen — ist bei Berglinger nicht anzutreffen. Dennoch behält Langen recht mit der Vermutung: „Eine Einwirkung der Künstlerproblematik bei Moritz auf Wackenroders ‚Berglinger' ist also durchaus denkbar."[253] Die Reflexion des Klosterbruders am Ende der „Herzensergießungen" bestätigt sie.

Es kann uns nach allem, was wir über die Beziehung der Freunde Wackenroder und Tieck zu Moritz ermittelt haben, nicht mehr überraschen, wenn wir denselben Gegensatz von Empfindungs- und Schaffenskraft, unter den Reisers Halbkünstlertum gestellt ist, von unserem Klosterbruder auf Berglingers in seinen inneren Bedingungen und Absichten tief verwandtes Künstlertum übertragen finden — dort nämlich, wo der Klosterbruder, nachdem er seine Lebensbeschreibung geendet hat, die Innenperspektive verläßt und Berglingers Leben und Wesen zu überschauen sucht. Fast im selben Atemzug, in dem der Klosterbruder begeistert Berglinger als einen Künstler feiert, „in dessen harmonischen Werken so geheimnisvolle Schönheit liegt" (I, 150), gibt er einem Zweifel Ausdruck: „Soll ich sagen, daß er (sc. Berglinger) vielleicht mehr dazu geschaffen war, Kunst zu g e n i e ß e n als a u s z u ü b e n ?"[254] In dem Gegensatz von „Kunst genießen" und „Kunst ausüben" erkennen wir die Grundbegriffe der Künstlerpsychologie Moritz' wieder. Der begriffliche Gegensatz von Kunstgenuß und Kunstausübung, den der Klosterbruder hier auf Berglingers Künstlertum anwendet, entspricht dem Moritzschen

---

[252] Langen, a. a. O., S. 188.
[253] Langen, a. a. O., S. 188, Anm. 15. Vgl. hierzu und zum folgenden Schrimpf, a. a. O., S. 405 ff.
[254] Kunst ausüben umfaßt hier natürlich sowohl Komponieren als auch das Reproduzieren eigener und fremder Werke. Ein Kapellmeister des 18. Jahrhunderts muß ausübender Musiker in dieser doppelten Bedeutung sein.

Begriffspaar „Empfindungsvermögen" und „Bildungskraft".[255] Will der
Klosterbruder also, wie Reisers Biograph in dem psychologischen Roman
es tut, Berglingers Künstlertum als eine falsche Tendenz enthüllen? So ist
diese Stelle bisher verstanden worden. Man hat dabei nicht beachtet, daß
der Klosterbruder offenkundig sich selbst widerspräche und der in Berglinger verkörperte Kunstgeist für ihn keineswegs einen „Gegenstand der
höchsten Bewunderung" (I, 151) abgeben könnte, wenn es mit Berglingers Fähigkeiten, musikalische Werke zu schaffen, ebenso stünde wie
mit Reisers dichterischem Vermögen. Nicht im mindesten hat der Klosterbruder die Absicht, uns seinen Freund Berglinger als Opfer eines falschen
Kunsttriebes vorzustellen. Vielmehr bedient er sich der Begriffe der
modernen Künstlerpsychologie seiner Zeit, um die Inkommensurabilität
allen Künstlertums fragend aufzuzeigen. Berglinger ist verschieden von
allen anderen Künstlern, mit denen uns die „Herzensergießungen" bekannt machen. Aber der Unterschied liegt nicht darin, daß diese Kunstwerke geschaffen haben, während sich jenem die Schöpferkraft entzog.
Der Unterschied besteht darin, daß die alten Künstler, unbeirrt von ihren
wenn auch noch so widrigen Lebensumständen und ohne auf die Wirkung
ihrer Werke zu reflektieren, schöpferisch waren, während Berglinger
schafft, um sein Gefühl mitzuteilen, seine Zuhörer in Gefühlswallungen
zu versetzen und in ihrer Begeisterung den eigenen Geist zu genießen. Sooft er nun dieses Ziel verfehlt, wird er auf sich selbst zurückgeworfen, so
daß er an seiner Kunstausübung zu verzweifeln beginnt, auf alle Wirkung
in der Welt verzichten und sich am liebsten in ein musikalisches Innenreich
zurückziehen möchte, in dem er allein oder mit wenigen gleichgestimmten
Seelen vereint, im Schaffen und Ausüben zugleich genießend, sich seiner
Kunst hingeben könnte.

Es ist klar, inwiefern diese Künstlerproblematik Berglingers ähnlich
und inwiefern sie anders gelagert ist als die Anton Reisers. Langen stellt
die im „Reiser" aufgeworfene Frage nach dem wahren und falschen
Kunsttrieb in den geistesgeschichtlichen Zusammenhang des Dilettantis-
musproblems.[256] Berglinger ist kein Dilettant, sondern ein gelernter

---

[255] Vgl. besonders Moritz, Über die bildende Nachahmung des Schönen. DLD.
31, S. 15, 19, 20 ff.
[256] Langen, a. a. O., S. 187 ff. Daß Goethe Moritz unter die Dilettanten gerechnet hätte, mit denen sich sein in Zusammenarbeit mit Schiller 1799 ent-
worfenes Schema über Dilettantismus befaßt (W. A., I. Abt., 47. Bd., S. 299
ff.), scheint uns bei der Wertschätzung, die er für Moritz stets, auch noch
nach dessen Tod, bezeigt hat, wenig wahrscheinlich. Ein Dilettant im Sinne
Goethes ist dadurch charakterisiert, daß er sich immer nur mit halbem Ernst
der Kunst zuwendet,

> „er treibt alles als ein Spiel, als Zeitvertreib, hat meist noch einen
> Nebenzweck, eine Neigung zu stillen, der Laune nachzugehen, und [sie]

genialer Musiker. In Frage gestellt wird sein Schöpfertum erst dadurch,
daß er zu einem nach innen gerichteten, gleichsam körperlosen Künstlertum der Seele neigt. Hierin ist er — zusammen mit Reiser — zu einem
Vorläufer jener romantischen Maler geworden, die in der Nachfolge
Sternbalds „mit Luft in Luft"[257] malen, indem sie in ihrer Phantasie Gemälde entwerfen, die sie nicht zu objektivieren vermögen; zu einem Vorläufer vor allem mancher Künstlergestalten E. T. A. Hoffmanns. In
dessen Erzählung „Der Artushof" begegnet uns ein Godofredus Berk-
linger, der nicht nur dem Namen nach unserem Musiker ähnelt. Er fühlt
sich als ein altdeutscher Maler, malt aber nur noch in seiner Phantasie
und kann seine Bildvisionen nicht von seinem Inneren ablösen. Vor einer
grau grundierten Leinwand sitzend, schildert er sein Gemälde, das jedem
anderen unsichtbar bleibt.[258]

Insofern Berglingers Schaffensproblematik in Unproduktivität zu
enden droht, gleicht er einer solchen romantischen Künstlergestalt. Eigen-

suchen der Rechenschaft gegen die Welt und die Forderungen des Ge-
schmacks dadurch zu entgehen, daß sie bei Erstellung von Kunstwerken auch noch gute Werke zu thun suchen." (W. A., I. Abt., 47. Bd.,
S. 303, Z. 36 ff.)

Das Bestreben des Dilettanten ist also nach Goethe nie rein, sondern stets
mit der Kunst fremden Absichten vermischt. Schwerlich hätte sich demnach
Goethe über einen Dilettanten so geäußert wie über Moritz: „Es ist ein
reiner trefflicher Mann, an dem wir viel Freude haben." (Goethe, Italiäni-
sche Reise. W. A., I. Abt., 30. Bd., S. 227.)

257 „In der Kunst selbst ist dieses Nebeln und Schwebeln, das bloße Gefühle
mit Luft in Luft malt, ohne es zum lebendigen Bilde zu bringen, als ‚Sternbaldisieren' berüchtigt geworden." (Eichendorff, Geschichte der poetischen
Literatur Deutschlands. Neue Gesamtausgabe der Werke und Schriften, Ed.
Gerhart Baumann, 4. Bd., S. 263.) Das Wort „Sternbaldisieren" ist wohl von
Goethe geprägt worden. In J. H. Meyers Aufsatz „Über Polygnots Gemählde", erschienen in der Extra-Beilage zum dritten Quartal der Jenaischen Allgemeinen Litteraturzeitung 1805, wendet sich Goethe in einem
eingeschobenen Passus gegen das „klosterbrudrisirende, sternbaldisirende
Unwesen". Er meint damit aber weniger einen Mangel an künstlerischer
Vergegenständlichung als vielmehr die „neukatholische Sentimentalität" der
Nazarener. (W. A., I. Abt., 48. Bd., S. 121 f.)
258 E. T. A. Hoffmann, Werke, Ed. Georg Ellinger. 5. Tl., S. 185 f. Eine Variante
desselben Motivs, auf Musik bezogen, findet sich bereits in Hoffmanns Erzählung „Ritter Gluck", deren Titelfigur sich so in die Welt Glucks ein-
gelebt hat, daß sie sich selbst für den Meister hält. Von unbeschriebenem
Notenpapier spielt dieser Gluck redivivus die „Armida" ab und überrascht
den Zuhörer noch mit genialen Veränderungen eigener Erfindung. — Zum
Vergleich ließe sich auch „Baron von B." anführen, der sein Violinspiel für
den Gipfel der Kunst hält und dabei nicht einen reinen Ton hervorzubringen vermag. (E. T. A. Hoffmann, Werke, 7. Tl., S. 216.)

tümlich aber und verschieden von seinen romantischen Nachfahren ist an
ihm, daß seine Schaffensproblematik in der Dialektik seines nach gestei-
gertem Gefühlsgenuß süchtigen Schöpfertums beschlossen ist. Sie läßt
Berglingers ursprünglich expansives Streben nach musikalischer Weltdurchdringung ins Gegenteil umschlagen. Die Idee, „ein Künstler müsse
nur für sich allein, zu seiner eigenen Herzenserhebung, und für einen oder
ein paar Menschen, die ihn verstehen, Künstler sein" (I, 147), birgt die
Gefahr, die dem Musiker Berglinger droht: die Gefahr des Rückzugs in
eine nur noch imaginierte Kunst.[259]

Religion und Götzendienst

Das fühlende Herz nennt Berglinger „ein selbständiges verschlossenes göttliches Wesen" (I, 187). In diesen Worten liegt Berglingers religiöses Verhältnis zur Musik beschlossen. Dem Problem „Wackenroders Religion der Kunst"[260] hat bereits Gerhard Fricke eine eingehende Studie ge-
widmet, deren zweiter Teil sich mit „Wesen und Wirkung der musikalischen Kunst bei Wackenroder"[261] beschäftigt. Wir können uns im folgenden zum Teil auf seine Darlegungen stützen, müssen uns aber zuvor mit
einer, wie uns scheint, unzutreffenden Ansicht von Berglingers Musik-
Religion auseinandersetzen, die dem tief zwiespältigen, tief problematischen Wesen Berglingers nicht gerecht wird.

Man hat erkannt, daß Wackenroder im Unterschied zu den Romantikern des Jenaer Kreises nicht darauf abzielt, die Religion zu poetisieren
oder, wie Eichendorff sagt, „die Kirche fast nur als eine grandiose Kunstausstellung"[262] zu betrachten, sondern daß er umgekehrt „in der Kunst
die Religion suchte, Kunst zur Religion zu erheben unternahm".[263] Die
Problematik dieser ästhetischen Religion würde verkannt, wenn man mit
Erich Ruprecht meinte, die Kunst sei für Wackenroder „eigentlich doch
nur Beispiel" für etwas anderes, Dahinterstehendes, worauf sich Wackenroders Aussagen über die Kunst letztlich bezögen, nämlich für die ihn

---

[259] Vgl. Goethe, Maximen und Reflexionen. Ed. Hecker. (Schriften der Goethe-
    Gesellschaft. 21.) Weimar 1907, Nr. 1361: „Das Menschliche, Liebenswür-
    dige, Zarte unter der Form einer imaginierten bildenden Kunst. Kloster-
    bruder, Sternbald."
[260] Fricke, Wackenroders Religion der Kunst. Zuerst in: Festschrift für H.
    Schneider und P. Kluckhohn, Tübingen 1948. Als selbständige Schrift im
    Silva-Verl., Iserlohn 1948. Schließlich in: Fricke, Studien und Interpretatio-
    nen. Frankfurt a. M. 1956, S. 186—213. Hiernach zitieren wir.
[261] Fricke, a. a. O., S. 201.
[262] Eichendorff, Geschichte der poetischen Literatur Deutschlands. Neue Ge-
    samtausgabe der Werke und Schriften, Ed. Baumann, 4. Bd., S. 264.
[263] Fricke, a. a. O., S. 194.

„machtvoll bedrängende Wirklichkeit des wirkenden Geistes".[264] Dergleichen verwaschene Formulierungen sind deshalb gefährlich, weil völlig
unklar bleibt, wer oder was mit diesem „wirkenden Geiste" gemeint sei.
Ist es göttlicher oder menschlicher Geist oder beides oder keines von
beiden, sondern etwas Drittes? Nicht wir fragen so, sondern in Berglinger selbst bricht die Frage auf und mit ihr der Zweifel an der Kunst.
Durch Ruprechts Formulierung wird diese Frage — und damit Fragliches
und Bedenkliches an Berglingers Künstlertum — so verschleiert, daß sie
sich in einer der Berglinger-Dichtung gemäßen Weise nicht mehr stellen
läßt.

Nach Ruprechts Auffassung besteht Berglingers Erleben der Musik
in der Überwältigung durch das „Wirkend-Wirkliche".[265] Worauf stützt
sich diese Deutung? Auf ein Mißverständnis. Ruprecht beschreibt Berglingers Ergriffensein von dem, was sich ihm in der Musik kundtut, folgendermaßen: „Es besteht für die Augenblicke solcher Begeisterung kein
Abstand mehr zum wesenhaft Wirklichen, das als das Wirkende den Er-
griffenen in die eigentliche welt-schaffende und welt-tragende Bewegung
einbegreift."[266] Und nun zitiert er als Beleg für diese seine Deutung aus
Berglingers Aufsatz „Das eigentümliche innere Wesen der Tonkunst": „In
diesen Wellen strömt recht eigentlich nur das reine, formlose Wesen"
(vgl. I, 190). Dieses Zitat ist das Bruchstück eines Satzes von Wackenroder. Es verstümmelt Wackenroders Satz nicht nur, sondern entstellt
auch seinen Sinn. Wackenroder bzw. Berglinger spricht hier keineswegs
von einem „reinen, formlosen Wesen" an sich als einer metaphysischen
Hypostase, die wir mit dem „Wirkend-Wirklichen" Ruprechts identifizieren dürften. Vielmehr spricht Berglinger auch an dieser Stelle lediglich
von Empfindungen, genauer: von dem „reinen, formlosen Wesen . . . der
Empfindungen". So und nur so ist dieser Satz zu verstehen innerhalb des
Gesamtzusammenhangs, in dem er steht. Berglinger hat zuvor das Wesen
aller Dichtung ein „ V e r d i c h t e n der im wirklichen Leben verloren
herumirrenden Gefühle in mannigfaltige, feste Massen" (I, 189) genannt.
Dieses Verdichten geschieht, indem die im gewöhnlichen Leben fremden,
bloß als „eine gelegentliche Zutat" (I, 167) auftretenden und — im Sinne
von Berglingers Ätiologie der Instrumentalmusik (I, 166 f.) — nicht fest
verhafteten Gefühle in jeder Art von Dichtung durch bestimmte Gesetze
in feste Grenzen eingeschlossen werden. Am schärfsten ist die Begrenzung
der Empfindungen in der Tonkunst, weil sie hier „von dem trocknen
wissenschaftlichen Zahlensystem . . . regiert und gelenkt" (I, 189) werden. In ihr schlagen daher die Wellen der Empfindungen am höchsten.

---

[264] Ruprecht, a. a. O., S. 430.
[265] Ruprecht, a. a. O., S. 435.
[266] Ruprecht, a. a. O., S. 431.

„Aber in diesen Wellen strömt recht eigentlich nur das reine, f o r m l o s e
Wesen, der Gang und die Farbe, und auch vornehmlich der tausendfältige
Ü b e r g a n g der Empfindungen" (I, 190).

Es ist völlig klar, daß das Genitiv-Attribut „der Empfindungen" in
gleicher Weise syntaktisch abhängt von „der ... Übergang", „der Gang
und die Farbe" und „das ... Wesen". Was aber will, so verstanden, „das
reine, formlose Wesen ... der Empfindungen" besagen? Nichts anderes
als was wir mit Eggebrecht die Unbestimmtheit der in der Musik strömenden Empfindungen nannten. Deshalb sagt Berglinger in Anschluß an
die zitierte Stelle von der Musik, sie „kennt nicht den Zusammenhang
ihrer Gefühle mit der wirklichen Welt" (I, 190). Das Wort von dem
„... formlosen Wesen ... der Empfindungen" aber greift er sogleich noch
einmal auf, indem er davon spricht, daß die Musik die „... Heerscharen
der P h a n t a s i e " empört, „die die Töne mit magischen Bildern bevöl-
kern, und die formlosen Regungen (!) in bestimmte Gestalten menschlicher Affekten verwandeln" (I, 190). Die „formlosen Regungen" hier
sind ebenso wie das „reine, formlose Wesen" oben den Empfindungen zugeordnet. Unsere Einbildungskraft verwandelt die unbestimmten Regungen der Musik in bestimmte menschliche Empfindungen, die Berglinger
dann sogar im einzelnen aufzuzählen beginnt (I, 190 f.). Weiter ist nichts
gesagt. Der pseudometaphysischen Deutung Ruprechts, der den Text
falsch liest, von der geschichtlichen Stellung der Musikauffassung Wackenroders zu der des Sturm und Drangs nichts zu wissen scheint und das
Wesen und die Problematik von Berglingers religiösem Musikerleben verkennt, ist somit die Grundlage entzogen.

Hinzuzufügen bleibt, daß Ruprechts Schülerin Maria Jacob die
Textstelle ebenso falsch versteht und mißdeutet wie ihr Lehrer. Unter ausdrücklicher Gleichsetzung von Ruprechts „Wirkend-Wirklichem" mit dem
„reinen, formlosen Wesen" sagt sie über Wackenroders Verhältnis zur
Musik:

> „In gläubiger Offenheit naht er sich ihr, sich vom ‚Wirken des wirkend-
> Wirklichen' (Ruprecht: Aufbruch, S. 432), dem ‚reinen formlosen Wesen'
> (I, 190) erfüllen zu lassen, das in ihr strömt".[267]

Und hieran knüpft sie eine Reihe phantasievoller, mit Berglingers Musikanschauung aber nur in einem vagen Zusammenhang stehender Bemerkungen. Sie raunt davon, daß „das ‘reine formlose Wesen' die Urbewe-
gung ist oder unter welchen Vorstellungen sich Wackenroder sonst das
Ewige gibt".[268]

---

[267] Jacob, a. a. O., S. 15.
[268] Jacob, a. a. O., S. 16.

Nun ist freilich das Mißverständnis der Textstelle, auf dem diese Fehldeutungen beruhen, schon recht alt. Bereits Paul Koldewey scheint den Text hier nicht richtig gelesen zu haben. Nachdem er das Zitat etwas verkürzt, aber dem Sinn nach richtig wiedergegeben hat, fährt er fort:

> „Und bei dieser Formlosigkeit, — für W. doch das Höchste, — bringen die Töne ‚alle die wunderbaren, wimmelnden Heerscharen der P h a n t a - s i e ‘ in Empörung.“ [269]

Koldewey bezieht also das „reine, formlose Wesen“ auf die Töne, während doch nach Berglinger die Töne als solche gerade das fest Begrenzende sind, worin die unbestimmten Empfindungen als das an sich Formlose strömen und Wellen schlagen.

Man mag aus diesem Beispiel einer falsch verstandenen Textstelle, an die zwei Interpreten weitreichende Folgerungen geknüpft haben, ersehen, wie sehr Wackenroders Sprache den Leser dazu verführt, über den genauen Wortlaut und das, was eigentlich gesagt wird, hinwegzulesen. Er fühlt sich von einem gleichmäßigen Rhythmus dahingetragen, der dazu verlockt, sich ihm fraglos anzuvertrauen. Die Aussage hat dem Anschein nach immer dasselbe zum Inhalt: ein ewiges Fließen und Wogen von Gefühlen und Phantasien, in das der Fluß der Sprache den Leser hineinzieht, so daß er jegliche Distanz zum Gesprochenen verliert. Auch die im Druck ausgezeichneten Wörter, die zwischendurch auftauchen und einzelnes akzentuieren, sind keine Ruhepunkte. Sie lassen den Leser nicht zur Besinnung kommen, sondern tauchen, kaum in den Blick gefaßt, wieder unter und tragen gleichsam bloß von Wellengipfel zu Wellengipfel. In unserer Textpartie zumal (I, 190, 1.—3. Abs.) sind es solche Wörter, die Bewegungsmäßiges beinhalten. Auch als Substantive nennen sie nichts Statisch-Substantielles. „Formlos“ und „Übergang“ gewähren keinen Halt, sondern verweisen in die Bewegung. „Ursprung“ und „Ziel“ als Orte, wovon Bewegung ausgeht und wo sie zur Ruhe kommt, werden verneint. Das Wort „Regungen“, das im ersten Absatz mit „Ursprung“ und „Ziel“ verknüpft ist, taucht im zweiten wieder auf, hat sich nun aber verändert

---

[269] Koldewey, a. a. O., S. 129. — Mißverständlich ist es, wenn Koldewey ähnlich wie später Ruprecht und Jacob „das reine, formlose Wesen“ aus dem syntaktischen Zusammenhang löst und schreibt: „... und so kommt er (sc. Wackenroder) zu dem romantischen Paradoxon: in der engsten schärfsten Form ‚das reine formlose Wesen‘.“ (a. a. O., S. 132) Berglingers Aussage ist, richtig verstanden, weder typisch romantisch noch paradox. Aber auch nicht scholastisch, wie Tecchi sie paraphrasiert: „... perché nell'ondata dei suoni c'è solo la ‚essenza senza forma‘ “ (Tecchi, Wackenroder. S. 154). Auch Tecchi übersieht die attributive Stellung von „Empfindungen“ zu „Wesen“. Durch seine Übersetzung wird Berglingers Aussage beinahe zu einer scholastischen Formel umgemünzt.

durch die Bestimmung „formlos", die an das „formlose Wesen" erinnert. An dessen Statt und für „Übergang", „Ursprung" und „Ziel" treten jetzt, durch „Gang" und „Farbe" schon angezeigt, „sinnliche Kraft" und „Phantasie" hervor, die nicht weniger als jene Wörter etwas Dynamisches bezeichnen, das den Leser immerzu fortzieht mit „mächtigem Zauber", „magischen Bildern", „gaukelnden Bildern", „magischem Blendwerk". Unvermerkt verwandelt sich so der scheinbar objektive Strom der musikalischen Empfindungen ins Wechselspiel der Phantasie. Halt ist hier nirgends. Man wird gezogen, gelockt, getragen. Das Bild des Flusses, der Quelle und des Meeres steht auch sonst in Berglingers Aufsätzen für Musik und deutet in der Art der Verwendung auf Baudelaires Gedicht „La Musique" voraus: „La musique souvent me prend comme une mer!" „Strömen" und „vorüberziehen" sind die Verben, die am Anfang und am Ende der von uns betrachteten Textpartie stehen. Sie sind Ausdruck der Bewegung, die sich unabsehbar in der Musik vollzieht und die in den musikalischen Aufsätzen sprachlich realisiert wird. Von diesem Sprachduktus vermag der Leser sich kaum zu bewahren und läuft Gefahr, mit Berglinger magisch hingezogen zu werden.

Das Erlebnis der Musik hat für Berglinger von allem Anfang an einen religiösen Charakter. Der Himmel, so berichtet der Biograph, habe den kleinen Joseph so eingerichtet, daß er „immer nach etwas noch Höherem" als der bloßen Gesundheit der Seele trachtete und zum Himmel als zu seinem Ursprung hinaufjauchzen wollte (I, 127 f.). Während seines Besuches in der Residenz lebt er „recht im Himmel" (I, 129). Dieser Himmel ist ihm die Musik, und sie steht zunächst in keinem Gegensatz zu Berglingers religiösem Glauben. Die Kirchenmusik, die Joseph hört, ist Gottesdienst. Sie wirkt auf ihn in der Kirche so, daß er „oft, aus innerer Andacht, demütig auf den Knieen lag"(I, 129 f.). Schon an dieser Stelle erhebt sich für uns freilich die Frage, wovon Berglinger ergriffen wird — von dem religiösen Erlebnis oder von dem der Kunst? Denn in Konzerten hört er „mit eben der Andacht zu, als wenn er in der Kirche wäre" (I, 132). Dem kleinen Joseph ist religiöse Andacht und Andacht zur Musik zunächst eins. Später aber, schon zur Zeit der Lieder an die Heilige Cäcilia (I, 137 f.) und an Gottes Sohn (I, 139), zerbricht die naive Einheit von Musik und Religion. Eine innere Stimme, die im Sinne des Pietismus noch als Stimme Gottes verstanden werden könnte, sagt Berglinger, er sei zu Höherem geboren. Zugleich aber empfindet er die Musik als Versuchung einer fremden, ängstigenden Macht, und sein Gewissen läßt ihm keine Ruhe. Die Musik gerät für Berglinger in ein Zwielicht. Sie behält zwar eine religiöse Bedeutung, aber sie oszilliert von nun an zwischen Göttlichkeit und Dämonie.

Worin beruht für Berglinger die Göttlichkeit der Musik? Zunächst muß gesagt werden — und in diesem allerdings entscheidenden Punkt müssen wir der Auffassung Gerhard Frickes widersprechen[270] —, daß die Wörter „göttlich" und „heilig" bei Wackenroder nicht mit der Entschiedenheit wörtlich zu verstehen sind wie bei Hölderlin. Andererseits dürfen sie bei Wackenroder im Unterschied etwa zu Schiller auch nicht nur in übertragenem Sinn genommen werden. Keineswegs meint Wackenroder damit nur etwas Moralisches. In einem Brief an Tieck spricht er einmal von einem „Turm, der von oben eine göttliche Aussicht hat" (II, 102). Nach einer kleinen Landschaftsbeschreibung endet er den Abschnitt mit dem Satz: „Ich genoß diese Schönheiten in stummer Stille, und hegte allerhand poetische Empfindungen dabei" (II, 102). Schon 1792 klingt also in einer privaten und weniger geformten Äußerung Wackenroders jene Verknüpfung an, die für Berglinger charakteristisch ist, die Verknüpfung von „göttlich", „Schönheit" und „poetische Empfindungen". — Ähnlich steht es mit dem Gebrauch des Wortes „heilig". Wackenroder schreibt an Tieck: „O, auch mir ist das Andenken an unsre Spaziergänge das heiligste, das ich kenne" (II, 17). Und ein andermal: „Ich bitte Dich um unsrer heiligen Freundschaft willen" (II, 191). Das ist, so sehr es auch persönlich empfunden sein mag, zu Wackenroders Zeit bereits klischeehaftes Sprechen. Es kommt aus dem Freundschaftskult der 40er und 50er Jahre. Es ist — mit einem Wort — Klopstock.[271] Um nur irgendein Beispiel zu nennen: In der Ode „An des Dichters Freunde" von 1747 lesen wir:

„Die lezten Stunden, da du uns Abschied nahmst,
Der Abend soll mir festlich und heilig seyn!"[272]

Die pietistische Auffassung von Freundschaft und Liebe als ein von Gott füreinander Bestimmtsein akzentuiert den Gebrauch des Wortes „heilig" in der Ode „An Fanny" (1748):

„Ach, schöne Stunden! traurige schöne Zeit,
Mir immer heilig, die ich mit dir gelebt!"[273]

---

[270] Fricke betont, „daß man Wackenroders religiöse Deutung des künstlerischen Schaffens und Genießens keinesfalls als eine poetisch oder enthusiastisch überhöhende Metapher verstehen darf. Es ging ihm um Religion im wirklichen und strengen Sinn. Wie auch Hölderlin keine metaphorischen, sondern die wirklichen und lebendigen Götter wiederzufinden trachtete." (a. a. O., S. 195) Am Ende seiner Untersuchung sagt Fricke, Wackenroder weise auf Hölderlin voraus. (a. a. O., S. 213)

[271] Vgl. Isabella Papmehl-Rüttenauer, Das Wort HEILIG in der deutschen Dichtersprache von Pyra bis zum jungen Herder. Phil. Diss. Berlin. Weimar 1937, S. 42.

[272] Klopstock, Oden und Elegien. Nach der Ausgabe in vierunddreißig Stücken Darmstadt 1771. Heidelberg 1948, S. 92, V. 217 f.

[273] Klopstock, a. a. O., S. 82, V. 49 f.

Hier aber lesen wir auch bereits: „dein göttliches Herz".[274] Das gemahnt
uns an Berglinger, der das fühlende Herz ein „göttliches Wesen" (I, 187)
nennt. Schon bei Klopstock beginnt „die Beziehung auf das Objektiv-
Heilige, die diesem Wortgebrauch zugrunde lag, ihre primäre Wichtigkeit
zu verlieren. Die Blickrichtung wendet sich vom Objektbereich zum Sub-
jektbereich".[275] Das Wort wird mehr und mehr auf Gemütsbewegungen
überhaupt angewendet. Vor allem die Begeisterung und die Rührung der
empfindenden Seele werden heilig genannt. In der Ode „Fahrt auf der
Zürcher See" (1751) wird die begeisternde Freude, die über das Herz der
Menschen kommt, als Göttin angesprochen:

> „ . . . Da, da kamst du, o Freude!
> Ganz in vollem Maas über uns.
>
> Göttin Freude! du selbst! dich, dich empfanden wir!
> Ja, du warest es selbst, Schwester der Menschlichkeit".[276]

Im Fortgang dieser Subjektivierung beim jungen Wieland sieht „die Emp-
findsamkeit . . . sich selbst als ‚heilig' an, und die ganze Sphäre der Emp-
findungen, der Subjektivität, ist das Hauptanwendungsgebiet von
HEILIG".[277] Aus dieser geschichtlichen Entwicklung ist Berglingers Reli-
gion der Musik zu verstehen. Denn göttlich ist ihm die Musik eben als
Gefühl. Wir finden dieselbe Verknüpfung von „heilig" bzw. „göttlich",
„Schönheit" und „poetische Empfindungen", die wir in Wackenroders
Brief angetroffen haben, in Berglingers musikalischen Aufsätzen wieder.
Berglinger spricht von den „schönsten und göttlichsten Dingen im Reiche
des Geistes" (I, 187), von der „Schönheit und Göttlichkeit der Dinge"
(ebd.) und vom „innersten Heiligtum" (ebd.) und meint damit immer die
Kunst als Gefühlsdestillat. Daher beschränkt sich sein religiöses Verhältnis zur Musik auch nicht auf die zum gottesdienstlichen Gebrauch bestimmte Musik, sondern umfaßt jede Art, auch „Musik zum Tanze"
(I, 173). Seine Musik-Religion ist Hingabe an die unfaßlich und uner-
klärbar in den Tönen strömenden Empfindungen. Der wesentliche Unterschied zu Hölderlin scheint uns darin zu bestehen, daß dieser — seine
geschichtliche Beziehung zu Klopstock und Schiller soll damit nicht ge-
leugnet werden — das Heilige im Walten körperlich anschaubarer Gestalten und Mächte erfährt, nicht in einem subjektiven Gefühlsstrom wie
Berglinger. Für diesen sind die musikalischen Gefühle „Seelenmysterien"
(I, 193), und seine Kunst ist ihm eine „Gottheit für m e n s c h l i c h e
Herzen" (I, 194), weil sie den geheimen Gefühlsstrom der Seele vor-

---

[274] Klopstock, a. a. O., S. 83, V. 92.
[275] Papmehl-Rüttenauer, a. a. O., S. 50.
[276] Klopstock, a. a. O., S. 72, V. 27—30.
[277] Papmehl-Rüttenauer, a. a. O., S. 66.

strömt. Berglingers Religion der Musik steht Klopstock und der Empfindsamkeit des jungen Wieland weit näher als Hölderlin.

Die Vergöttlichung der Musik ist nun allerdings auch ein Charak-
teristikum der späteren Romantik. Wir wissen, welches Ausmaß sie vor
allem in Bettinas Beethovenkult angenommen hat. Da finden wir wie in
den ,Berglingeriana' die Unbegreiflichkeit der Musik betont. „Das Unbegreifliche ist immer Gott", schreibt Bettina in „Goethes Briefwechsel mit
einem Kinde" und fährt fort: „Da Musik unbegreiflich ist, so ist sie gewiß
Gott".[278] Wie Berglinger unterscheidet Bettina zwischen diesem Unbegreiflichen und dem wissenschaftlich Faßbaren der Musik, wenn sie Goethe
folgendermaßen anredet: „Du wirst wohl gerne Deine Studien und er-
rungenen Begriffe aufgeben gegen ein solches, alles heiligende Geheimnis
des göttlichen Geistes in der Musik".[279] Doch der Gegensatz ist hier keine
quälende Antithese, er wird kaum ernst genommen. Wenig später ruft
Bettina Goethe zu: „Lerne nur verstehen, — Du wirst um so mehr Dich
wundern über das Unbegreifliche". Beethoven selbst legt Bettina Aussagen
in den Mund, die an Berglinger zumindest anklingen: Wem Beethovens
Musik „sich verständlich macht, der muß frei werden von all dem Elend,
womit sich die andern schleppen".[280] „Da will der Geist zu schrankenloser
Allgemeinheit sich ausdehnen, wo alles in allem sich bildet zum Bett der
G e f ü h l e , die aus dem einfachen musikalischen Gedanken entspringen,
und die sonst ungeahnt verhallen würden; d a s ist Harmonie, d a s spricht
sich in meinen Symphonieen aus".[281] Und endlich: „So vertritt die Kunst
allemal die Gottheit, und das menschliche Verhältnis zu ihr ist Religion,
was wir durch die Kunst erwerben, das ist von Gott, göttliche Eingebung,
die den menschlichen Befähigungen ein Ziel steckt, was er erreicht".[282]
Hierin können wir in romantischer Weiterbildung die eine Seite von
Berglingers Religion der Musik wiedererkennen. Was hier aber völlig
fehlt, ist der Umschlag ins Gegenteil, der alles dies wieder in Frage stellt
und, was als Religion sich gibt, als Götzendienst entlarvt.

Berglinger fühlt sich bald einer göttlichen Macht anheimgegeben, bald
von einer dämonischen Macht verführt. Er erfährt durch die Musik eine
ungeheure Steigerung seines inneren Lebens. Sie versetzt alle Kräfte seiner
Seele in Aufruhr und erweckt unbekannte, ungeahnte Empfindungen. Er
spürt, wie sie ihn über alles irdische Treiben erhebt und himmelwärts entführt: „Keine Flamme des menschlichen Busens steigt höher und gerader

[278] Bettina von Arnim, Goethes Briefwechsel mit einem Kinde. Mit einer Einl.
v. Franz Brümmer. Leipzig o. J., S. 201.
[279] Bettina von Arnim, a. a. O., S. 202.
[280] Bettina von Arnim, a. a. O., S. 354.
[281] Bettina von Arnim, a. a. O., S. 355 f.
[282] Bettina von Arnim, a. a. O., S. 357.

zum Himmel auf als die Kunst! Kein Wesen verdichtet so die Geistes-
und Herzenskraft des Menschen in sich selber, und macht ihn so zum selbständigen menschlichen Gott!" (I, 275) Aber ist solcher Aufstieg über alles
menschliche Maß nicht freche Selbstüberhebung? Entstammt diese Erregung von Seelenkräften, die in keinem Zusammenhang mit der wirklichen Welt stehen, göttlicher Begeisterung oder dämonischem Zauber?

Das Zweideutige jener Macht, von der Berglinger sich überwältigt
fühlt, hat sich schon in den Liedern des kleinen Joseph bemerkbar gemacht. In dem Aufsatz über das Wesen der Tonkunst tritt es immer deutlicher als Magie hervor. Jenes unschuldig scheinende Spiel unübersehbar
ineinander strömender Empfindungen, als welches Berglinger die Musik
erfährt, beruht auf einem auch die Phantasie empörenden Zauber, der
„gaukelnde Bilder eines magischen Blendwerks" (I, 190) erregt. Da ist
nicht eine von Gott geschenkte Erleuchtung oder Begeisterung, sondern
die Seele wird zur Bühne eines dämonischen Schauspiels, eines Spuks. Berglinger beschreibt gegen Ende dieses Aufsatzes eines jener „göttlichen großen Symphoniestücke (von inspirierten Geistern hervorgebracht), worin
... eine ganze Welt, ein ganzes Drama menschlicher Affekten ausgeströmt ist" (I, 192). Nichts in dieser Beschreibung läßt an göttliche Offenbarung denken. Ein chaotischer Tanz unheimlich verselbständigter Empfindungen hebt an, die eine „lebensvolle Welt" vorspiegeln, aber schließlich „ins unsichtbare Nichts" verschwinden (I, 193). In der zurückbleiben-
den Leere der Musik nachlauschend, beginnt Berglinger zu zweifeln, ob
sich in der musikalischen Ekstase die Seele zu Gott erhebe oder ob sie
nur im immanenten Selbstgenuß der eigenen Seligkeit aufgehe:

> „Ja, jeden Augenblick schwankt unser Herz bei d e n s e l b e n Tönen, ob
> die tönende Seele kühn alle Eitelkeiten der Welt verachtet, und mit edlem
> Stolz zum Himmel hinaufstrebt — oder, ob sie alle Himmel und Götter
> verachtet, und mit frechem Streben nur einer einzigen irdischen Seligkeit
> entgegendringt." (I, 193 f.)

Eine „orakelmäßig-zweideutige Dunkelheit" waltet hier. Statt in der
Musik ein Abbild der göttlichen Ordnung der Welt zu sehen, vergleicht
Berglinger ihre Regungen dem Tanz der „unbekannten, rätselhaften
Zaubergöttinnen des Schicksals" (I, 193).

In der Fron einer Zaubergöttin weiß Berglinger sich, als er den letzten Brief schreibt. Ein Dämon, sein „böser Geist" (I, 275), hat ihn durch
sein Kunstgefühl über die anderen Menschen erhoben. Jetzt ist er ein Ver-
lassener, Ausgestoßener. Abgründe öffnen sich zwischen ihm und der
„Welt der andern, bessern Menschen", in die er nicht zurückkann:

> „... ich liege hingestreckt, verstoßen, und komme mir im Dienste meiner
> Göttin — ich weiß nicht wie — wie ein törichter, eitler Götzendiener vor."
> (I, 275)

Die Göttlichkeit der Musik hat sich ins Gegenteil verkehrt. Berglinger ist das Opfer seines Idols geworden. Als etwas tief Anrüchiges, tief Zweifelhaftes hat sich die Musik seiner bemächtigt und ihn in die äußerste Ferne nicht nur von der Welt der Menschen, sondern auch von Gott gezogen. Was Berglinger in dieser Lage ausspricht, klingt wie ein ohnmächtiger Widerruf seines Lebens:

> „Ich fühl', ich fühl' es bitterlich, daß ich nicht verstehe, nicht vermag, ein wohltätiges, gottgefälliges Leben zu führen." (I, 277)

Erlösung und Schuld

In der „Angst einer zweifelvollen Stunde" (I, 274) ist Berglinger die Musik zur Verdammnis geworden — sie, die ihm gegenüber dem gewöhnlichen Treiben der Menschen immer als das Edlere, Höhere erschien und zu der er sich von Gott auserwählt glaubte (vgl. I, 136). Die Kunst verdichtet zwar „die Geistes- und Herzenskraft des Menschen in sich selber, und macht ihn so zum selbständigen menschlichen Gott" (I, 275). Aber gerade deshalb findet Berglinger in der Kunst nicht Gott, sondern nur seine sich selbst genießenden Empfindungen. Dies ist der quälende Widersinn, von dem Berglingers Seele zerrissen wird. Und aus dieser Qual kann ihn wieder nur eines befreien: die Musik. Auch dieser Zirkel erweist den antithetischen Grundzug von Berglingers Wesen. In dem Aufsatz über das Wesen der Tonkunst ist es Berglinger tief zweifelhaft geworden, ob seine Kunst ihn zu Gott erhebe oder nur in die „irdische Seligkeit" selbstsüchtigen Gefühlsgenusses verstricke. Dennoch endet Berglinger den Aufsatz mit der Anrufung der Musik als einer „Gottheit für m e n s c h - l i c h e Herzen" (I, 194) und mit der Bitte, sie möge ihn emporheben und von allem Zweifel erlösen:

> „Kommt, ihr Töne, ziehet daher und errettet mich aus diesem schmerzlichen irdischen Streben nach Worten, wickelt mich ein mit Euren tausendfachen Strahlen in Eure glänzende Wolken, und hebt mich hinauf in die alte Umarmung des alliebenden Himmels!" (I, 194)

Der Anklang an Goethes „Ganymed", ob nun gewollt oder unbewußt, ist höchst bezeichnend. Hier wie dort, beim jungen Goethe wie bei Berglinger, geht es darum, aus allen Schranken der irdischen Existenz befreit zu werden, sich völlig einem göttlichen Wesen — den innersten Kräften der Natur bzw. der Macht der Musik — hinzugeben und in der seligen Vereinigung mit ihm der Erlösung teilhaftig zu werden. Gerhard Fricke hat bereits darauf hingewiesen, daß in Wackenroders Religion der Kunst jener Bereich, den in der christlichen Theologie die Worte Sünde, Schuld

und Vergebung bezeichnen, völlig zurücktritt.[283] Die Erlösung, die Berglinger sucht, ist nicht Erlösung von der Sünde, sondern Erlösung aus den
Beschränkungen dieser irdischen Welt.

Das Thema der Erlösung des Menschen durch die Musik treffen wir
in allen Schriften an, die der Klosterbruder als Nachlaß seines Freundes
in den „Phantasien über die Kunst" herausgegeben hat. Es steht programmatisch am Eingang der musikalischen Aufsätze Joseph Berglingers,
dichterisch gestaltet in dem „wunderbaren morgenländischen Märchen von
einem nackten Heiligen" (I, 156).

Im Hinblick auf das Märchenschaffen der Romantiker könnten wir
dieses Märchen vielleicht am ehesten den Märchen Novalis' zuordnen,
etwa der Erzählung von Hyazinth und Rosenblütchen oder dem Märchen
Klingsohrs. Aber es ist, auch wenn wir seine wesentlichen Elemente, das
„Rad der Zeit" und den nackten Heiligen und sein wahnsinnig scheinendes
Treiben, als bildliche Einkleidungen eines lehrhaften Sinnes auslegen, doch
gegenständlicher als Novalis' abstrakte und allegorische Märchen. Das
Geschehen ist in eine geheimnisvolle Ferne, in das Morgenland als die
„Heimat alles Wunderbaren" (I, 156) verlegt. Es spielt in keiner bestimmten geschichtlichen Zeit. Dadurch unterscheidet es sich besonders von
E. T. A. Hoffmanns Märchenerzählungen, die das Wunderbare gerne aus
der zeitgenössischen bürgerlichen Alltagswelt hervorgehen lassen.[284] Daß
es von Brentanos handlungsreichen, mit witzigen und phantastischen Details brillierenden Märchen grundverschieden ist, braucht nicht weiter ausgeführt zu werden. Bliebe noch die unheimliche, bald bezaubernde, bald
grauenerregende Traumwelt der Tieckschen Märchen zum Vergleich übrig.
Aber gegenüber einem Märchen wie „Der blonde Eckbert", dessen Vorgängen ein durchgehender logischer Zusammenhang fehlt, das unserem nach
Ursache und Folge fragenden Verstand immer wieder den Halt entzieht
und mit konträren Stimmungen frei zu spielen scheint,[285] liest sich der
Erlösungsmythos von dem nackten Heiligen wie ein nachrechenbares

---

[283] Fricke, a. a. O., S. 199.
[284] E. T. A. Hoffmann wendet sich in den Gesprächen der Serapions-Brüder
ausdrücklich gegen die Lebensferne des orientalischen Märchens:

> „Sonst war es üblich, ja Regel, alles, was nur Märchen hieß, ins Mor-
> genland zu verlegen und dabei die Märchen der Dschehezerade zum
> Muster zu nehmen. Die Sitten des Morgenlandes nur eben berührend,
> schuf man sich eine Welt, die haltlos in den Lüften schwebte und vor
> unsern Augen verschwamm." (E. T. A. Hoffmanns Werke, Ed. Georg
> Ellinger. 7. Tl., S. 85.)

[285] Vgl. Emil Staiger, Ludwig Tieck und der Ursprung der deutschen Romantik. In: Die neue Rundschau, 71. Jg. 1960, S. 606 ff.

Exempel, das Berglinger sich ausgedacht hat, um seine Lehre von der erlösenden Macht der Musik daran zu erweisen. Romantisch mutet uns in Berglingers Märchen freilich manches an, das sei nicht in Abrede gestellt. Man könnte eine Analogie entdecken zwischen der Erlösung des Heiligen und der Heraufführung eines neuen goldnen Zeitalters, wozu in Klingsohrs Märchen die umständlichen Anstalten getroffen werden. Die Sommernacht, in der der nackte Heilige vom Rad der Zeit erlöst wird, hält wie eine mondbeglänzte Zaubernacht Tieckscher Stimmungskunst unseren Sinn gefangen.[286] Aber genügen dergleichen oberflächliche Entsprechungen, um dem Märchen einen „paradigmatischen Charakter" zuzuerkennen, kraft dessen es der Einführung in die deutsche Romantik „in besonderer Weise zu dienen vermag"?[287] Dürfen wir es als das erste romantische Märchen betrachten?[288] Von derlei vorgefaßten Meinungen sind die Interpreten des Berglinger-Märchens bisher ausgegangen, so als seien sie selbstverständlich und bedürften keiner Begründung. Pflegt denn aber das Märchen in der Blütezeit der Romantik im Orient, dem Schauplatz von „Tausendundeine Nacht" zu

---

[286] In der Darstellung der Mondnacht hat Koldewey (a. a. O., S. 118) Anklänge des Märchens an „Das grüne Band" von Tieck (Schriften, 8. Bd., S. 304 f.) nachgewiesen.

[287] Günter Kühnlenz, Wackenroders „Wunderbares morgenländisches Märchen von einem nackten Heiligen" im Deutschunterricht der Prima. In: Die pädagogische Provinz. 12. Jg. 1958, S. 199.

[288] Diese Auffassung gibt Marianne Thalmann zu erkennen, indem sie in ihrem Buch über das Märchen der Romantik das Wackenroder-Märchen als erstes behandelt. Ihre Darstellung beginnt mit dem Satz:

> „In den Anfängen der romantischen Märchendichtung liegt ein vereinzeltes kleines Märchen aus einem Buch, das mit der Jahreszahl 1797, aber ohne Verfassernamen, erschienen war und durch seine Kunstfrömmigkeit Goethes unbegrenzte Abneigung erwarb." (Thalmann, Das Märchen und die Moderne. Zum Begriff der Surrealität im Märchen der Romantik. Stuttgart 1961, S. 9.)

Will Thalmann damit sagen, Wackenroders Märchen sei 1797 in den „Herzensergießungen" erschienen? Dann widerspricht sie kurz darauf sich selbst, wenn sie behauptet, das Märchen vom nackten Heiligen stehe „in der von Ludwig Tieck besorgten Ausgabe als Nummer 3 in den Zyklus ‚Aufsätze über die Musik' eingereiht" (ebd.). Irreführend ist auch diese Behauptung. Tatsächlich ist Wackenroders Märchen von Tieck in den „Phantasien über die Kunst" 1799 zum ersten Mal veröffentlicht worden, und zwar als erstes Stück in deren zweitem Abschnitt. Tiecks Märchen „Der blonde Eckbert" hingegen ist 1796 entstanden und bereits 1797 im ersten Band der „Volksmährchen herausgegeben von Peter Leberecht" erschienen. Weder der Abfassungs- noch der Erscheinungszeit nach ist das Wackenroder-Märchen das erste romantische Märchen, — eine Tatsache, die für seine literaturgeschichtliche Einordnung so wenig belanglos ist wie seine Stellung am Eingang der ‚Berglingeriana' für seine Interpretation innerhalb der Berglinger-Dichtung.

spielen? — Die Romantiker brauchten kein fernes „Land der unbegrenzten
Möglichkeiten",[289] um das Wunderbare darin anzusiedeln.[290] Für den
Romantiker gibt es „eine Art, das gewöhnlichste Leben wie ein Mährchen
anzusehn", und umgekehrt kann er sich „mit dem Wundervollsten, als
wäre es das Alltäglichste, vertraut machen".[291]

Im romantischen Märchen herrscht das sich absolut setzende Gemüt.
Anders das Märchen der Aufklärung. Es muß, soll es vor der Vernunft
bestehen können, eine Wahrheit ausdrücken. Ein lehrreicher Satz muß ihm
zugrundeliegen. Sein orientalisches Gewand, das sich in Frankreich so
großer Beliebtheit erfreute, daß hinter den orientalischen Märchen sogar
die contes de Fées zurücktreten mußten, dient grundsätzlich nur der Einkleidung dieser Wahrheit, obwohl es sich im Einzelfall mehr oder weniger
verselbständigen kann. Der aufgeklärte Märchenerzähler begleitet in
Deutschland das wunderbare Geschehen bisweilen sogar mit skeptischen
Erwägungen, ob dergleichen denn möglich und glaubhaft sei.[292] Mochte
auch das spätere 18. Jahrhundert die orientalischen Stoffe in Märchen und
Prosaerzählungen größeren Umfangs vor allem deshalb lieben, weil sie
die Möglichkeit boten, sich an der Darstellung des Erotischen und Grausigen zu ergötzen, so gibt sich das orientalische Märchen der Aufklärung

---

[289] Richard Benz, Märchen-Dichtung der Romantiker. Mit einer Vorgeschichte.
Gotha 1908, S. 26. — Wir verdanken diesem Buch wesentliche Hinweise
zum Verständnis des Märchens der Aufklärung. Wackenroders Märchen
wird darin jedoch nicht erwähnt.

[290] Daß die Geisteswelten des nahen und fernen Orients im Denken der Romantiker, insbesondere im Zusammenhange mit der Idee der Uroffen-
barung, einen wichtigen Platz einnehmen, bedarf innerhalb unseres Themas
keiner Erörterung. Nicht belanglos für die literaturgeschichtliche Stellung
von Wackenroders Märchen ist hingegen der Umstand, daß die romantische
Dichtung im Gegensatz zur Literatur der Aufklärung kein orientalisches
Genre kennt. Diese Feststellung würde durch den Hinweis auf dichterische
Jugendarbeiten von Novalis wie das Erzählungsfragment „Giasar und
Azora" eher bestätigt als widerlegt. Denn Novalis' Anfänge stehen insgesamt der Dichtung des Rokoko und Wieland noch sehr nahe. Selbst für
die Gestalt der Gefangenen Zulima, in der dem jungen Heinrich von Ofterdingen zum ersten Mal die geheimnisvolle Welt des Orients begegnet, hat
eine poetische Figur aus der orientalischen Dichtung der Aufklärung, nämlich die Titelheldin aus Johann Georg Jacobis 1782 anonym erschienener
Erzählung „Neßir und Zulima" Pate gestanden. Wenn dann das Märchen
der Spätromantik von der Mitte der 20er Jahre des 19. Jahrhunderts an —
z. B. bei Hauff — wieder zu orientalischen Schauplätzen zurückkehrt, so
äußert sich darin das Bedürfnis eines aufkommenden Realismus, sich seiner
in der Aufklärung liegenden Voraussetzungen zu versichern und an deren
literarische Tradition anzuknüpfen.

[291] Ludwig Tieck, Schriften. 4. B., Berlin 1828, S. 129.

[292] Vgl. Benz, a. a. O., S. 22 f.

doch immer den Anschein, als sei es ihm um die pädagogische Wirkung der Belehrung und Besserung seiner Leser zu tun.

Die Tradition des morgenländischen Märchens ist zu Wackenroders Zeit noch durchaus lebendig.[293] Auch Tieck dichtet in diesem Genre. In „Nadir. Ein Mährchen", dem Mittelstück des Idylls „Almansur" (1790), hatte Wackenroder einen aus dem Geist der Emfindsamkeit genährten Seitensproß dieser literarischen Gattung vor sich. Dem Jüngling Almansur, der, von seinem Unglück übermannt — sein Freund ist ihm gestorben und seine Geliebte hat sich mit einem anderen vermählt — der Welt den Rücken kehren will und bei einem greisen Einsiedler Trost und Zuflucht sucht, wird darin die Lehre erteilt, „daß der Mensch da sei, um in Gesellschaft glücklich zu leben".[294]

Die Tradition des orientalischen Märchens der Aufklärung muß unsere Blickrichtung bestimmen, wenn wir Berglingers „morgenländisches Märchen" betrachten. Diese Tradition berechtigt, ja nötigt uns, nach der Lehre zu fragen, die das Märchen, folgt es der für die Gattung geltenden Regel, zu erteilen hat. Wenden wir uns mit dieser Frage nun der Einleitung des Märchens zu, so erhalten wir einen ersten Hinweis auf die eigentümliche Stellung, die Berglingers Märchen zu der Tradition einnimmt, der es entstammt. Der Erzähler des Märchens spricht hier in reflektierender Weise, so wie dies beim Märchen der Aufklärung gegen Ende üblich ist, wo der Bericht in die Moral einmündet. Hat Berglinger etwa die Moral seines Märchens an den Anfang gestellt? Aber kein aufgeklärter Leser des 18. Jahrhunderts dürfte sich bereit gefunden haben, das, was diese Einleitung lehrt, als einen lehrreichen wahren Satz anzuerkennen. Die Skepsis, mit der der didaktische Märchenerzähler der Aufklärung an übernatürlichen Ereignissen Kritik übt, wird hier zur Skepsis des Märchenerzählers gegenüber dem Selbstvertrauen des kritischen Verstandes.[295]

---

[293] Vgl. die Bibliographie bei Benz, a. a. O., S. 224 ff.

[294] Ludwig Tieck, Schriften, 8. Bd., Berlin 1828, S. 273.

[295] Der Hinweis auf Parallelen aus Tiecks „William Lovell" liegt nahe. Man denke etwa an das Ende des bekannten Briefes an Rosa:

> „Alles unterwirft sich meiner Willkür, jede Erscheinung, jede Handlung kann ich nennen, wie es mir gefällt; die lebendige und leblose Welt hängt an den Ketten, die mein Geist regiert, mein ganzes Leben ist nur ein Traum, dessen mancherlei Gestalten sich nach meinem Willen formen." (Tieck, Schriften, 6. Bd., S. 179.)

Uns kommt es indessen mehr darauf an, die Bedeutung der Einleitung des Berglinger-Märchens angesichts der Tradition des orientalischen Märchens im 18. Jahrhundert zu klären. Daß sich gerade in der orientalischen Erzählung gegen Ende des Jahrhunderts Zweifel am Weltbild der Aufklärung melden, beweist uns Tiecks Abdallah. Es scheint, als ob in den orientalischen

Der orientalische Geist und unser Verstand werden gegeneinander ausgespielt. Dieser hält die nackten Heiligen des Morgenlandes, von denen uns das Märchen einen vorführen wird, für wahnsinnig. Jener verehrt sie als „die wunderlichen Behältnisse eines höhern Genius, der aus dem Reiche des Firmaments sich in eine menschliche Gestalt verirrt hat, und sich nun nicht nach Menschenweise zu gebärden weiß"(I, 156). Jener ist mit dem Übernatürlichen und Wunderbaren vertraut. Dieser „eine Wundertinktur, durch deren Berührung alles was existiert, nach unserm Gefallen verwandelt wird" (ebd.).

Der Märchenerzähler stellt, ehe er zu erzählen beginnt, den Zuhörer vor die Alternative, in der Haltung des orientalischen Geistes sich Rätseln und Wundern gläubig hinzugeben oder die beliebigen Einfärbungen seines Verstandes für Wahrheit zu nehmen. Ein aufgeklärter Zuhörer vermag das eine so wenig wie das andere. Er wird, noch ehe das Märchen selbst anhebt, aus dem Kreis des Märchenpublikums ausgeschlossen.

Worin die Leistung dieser Einleitung besteht, ist von der Forschung bisher übersehen worden. Sie übernimmt die Gepflogenheit des aufklärerischen Märchenerzählers, nach der Wahrheit und Glaubwürdigkeit der Vorgänge zu fragen und aus ihnen eine Lehre abzuleiten, und überwindet sie zugleich. Berglingers Märchen steht noch in der Tradition des orientalischen Märchens der Aufklärung, setzt sich aber von Anfang an davon ab, indem es eine andere Haltung des Publikums zur Märchenwahrheit voraussetzt, — zu einer Märchenwahrheit, die nicht mehr in einer Moral besteht. Das ist etwas anderes als die „unorthodoxe Frage: Reicht der Verstand näher an die Wahrheit heran als die Einbildungskraft"?[296] Der neue Anspruch, den dieses Märchen an seine Leser stellt, wird durch die Erzählweise erhärtet: Das Märchengeschehen selbst wird ohne Reflexion, ohne eine erklärende Bemerkung erzählt, und umsonst wartet der aufgeklärte Leser auf eine Moral.

Diese schlicht berichtende oder beschreibende, nirgends aber erörternde oder deutende Erzählweise hat dazu geführt, daß, so drastisch auch die Leiden des nackten Heiligen und so eindeutig seine Erlösung von

Märchen und Erzählungen die Aufklärung sich schließlich selbst aufhöbe. Omar gibt Abdallah die philosophische Unterweisung:

> „Aber unsre Wahrheit findet eine Felsenmauer vor sich, an die sie vergebens mit allen Kräften anrennt, — wir sind in einem ehernen Gewölbe eingeschlossen, wir sehen nichts, was wirklich ist, die schimmernden Gestalten, die wir wahrzunehmen glauben, sind nichts, als der Widerschein von uns selbst im glatten Erze, — o schon viele Wesen stürzten mit Ohnmacht von diesen Schranken zurück, — und starben." (Tieck, Schriften, 8. Bd., S. 6 f.)

[296] Marianne Thalmann, a. a. O., S. 10.

diesen Leiden dem Leser in den zwei kontrastierenden Hauptteilen des Märchens vor Augen geführt werden, dennoch einzelne Motive und Vorgänge des Märchens die widersprechendsten Deutungen gefunden haben.[297]

Ein Hauptmotiv ist das Rad der Zeit. Berglinger erzählt von einem orientalischen Heiligen, der Tag und Nacht keine Ruhe hatte, „ihm dünkte immer, er höre unaufhörlich in seinen Ohren das R a d d e r Z e i t seinen sausenden Umschwung nehmen" (I, 157). Die anderen Menschen vernehmen nichts davon. Der nackte Heilige aber ist dem Rad der Zeit schutzlos preisgegeben. „Er konnte vor dem Getöse nichts tun, nichts vernehmen, die gewaltige Angst, die ihn in immerwährender Arbeit anstrengte, verhinderte ihn, irgend etwas zu sehen und zu hören, als wie sich mit Brausen, mit gewaltigem Sturmwindssausen das fürchterliche Rad drehte und wieder drehte, das bis an die Sterne und hinüber reichte" (I, 157). Er fühlt sich von dem Rad der Zeit fortgezogen und will ihm „mit der ganzen Anstrengung seines Körpers zu Hilfe kommen . . . , damit die Zeit ja nicht in die Gefahr komme, nur einen Augenblick stillzustehen" (ebd.).

Die Interpreten des Berglinger-Märchens sind sich darin einig, daß das Rad der Zeit in seiner gegenständlichen Bedeutung und als Motiv der Erzählung der Deutung bedarf. Was ist, so fragen sie, damit gemeint? Und wie ist das absonderliche Verhalten des Heiligen zu verstehen, sein Leiden am Rad der Zeit und endlich seine Befreiung davon? Unser Thema, das die Berglinger-Dichtung als Ganzes zum Gegenstand hat, erfordert, daß wir, den Kreis dieser das Märchen betreffenden Fragen überschreitend, auch die Stellung untersuchen, die dieses Motiv innerhalb des weiteren Kreises der Berglinger-Vita und der ‚Berglingeriana' einnimmt. Die übergeordnete Frage nach dem Zusammenhang des Märchens mit dem Leben und den übrigen Schriften seines fiktiven Verfassers bestimmt die Richtung unserer Untersuchung. Sie ist uns überdies ein Kriterium für die Einzelantworten, die auf die oben gestellten Detailfragen bisher gegeben worden sind. Wir versuchen zunächst, die verschiedenen Deutungen des Rades der Zeit auf ihre Stichhaltigkeit zu prüfen und den Sinn des Bildes genauer zu fassen.

---

[297] Zu den Untersuchungen, mit denen wir uns im folgenden auseinanderzusetzen haben, gehören außer den bereits genannten von Thalmann und Kühnlenz folgende Beiträge von Kohlschmidt: Nihilismus der Romantik, S. 163—168; Der Dichter vor der Zeit, S. 44—46; Bemerkungen zu Wakkenroders und Tiecks Anteil an den „Phantasien über die Kunst", S. 91 bis 97; Der junge Tieck und Wackenroder, S. 42. (Nähere Angaben s. Literaturverzeichnis!) Heranzuziehen ist ferner die an früherer Stelle genannte ältere Arbeit von Hilbert, Die Musikästhetik der Frühromantik, S. 144—146.

Günter Kühnlenz gründet sein Verständnis des Rades der Zeit auf eine bestimmte Auslegung der Wörter „Arbeit" (I, 157 Z. 6), „arbeitende Angst" (I, 157 Z. 15 f.), und „Geschäft" (I, 159 Z. 3). Diese Vokabeln schließen seiner Meinung nach aus, daß das Rad der Zeit den „Naturzyklus meine, der den vorchristlichen Menschen in seinem Bann halte".[298] Wenn es im Märchen heißt, daß den Heiligen „die gewaltige Angst... in immerwährender Arbeit anstrengte" (I, 157), so sei damit „ein ganz konkreter Tatbestand angesprochen: die moderne Arbeitswelt, wie sie durch Kapitalismus, Industrialisierung und Mechanisierung geschaffen wurde, von einem hochempfindlichen Künstler in schauerlicher Vision ihrer letzten Möglichkeiten gesehen".[299] Eine „Metaphysizierung dieser Arbeit, das beflissen propagierte 'Arbeitsethos'"[300] komme darin zum Ausdruck, daß das Rad „bis an die Sterne und hinüber" reicht (I,157). Im Zusammenhang dieser Deutung spricht Kühnlenz sogar von Rentnerneurose und Herzinfarkt.[301]

Kühnlenz ist in seiner auf Unterrichtszwecke abgestellten Interpretation bestrebt, dem Märchen eine gesellschaftskritische Aktualität zuzuschreiben. Dabei mißversteht er aber die Wörter „Arbeit", „arbeiten" und „Geschäft". Um aus Fügungen wie „die gewaltige Angst, die ihn (sc. den Heiligen) in immerwährender Arbeit anstrengte" (I, 157) und „seine arbeitende Angst" (ebd.) keine falschen Schlüsse zu ziehen, müssen wir beachten, daß „arbeiten" in der Goethezeit in übertragenem Sinn soviel heißen kann wie „in starker Bewegung sein". In „Dichtung und Wahrheit" berichtet Goethe, er habe Fritz Jacobi zu einem Zeitpunkt kennengelernt, da in seinem Inneren alles in Bewegung gewesen sei. Jacobi war nach Goethes Worten der erste, den er „in dieses Chaos hineinblicken ließ, er, dessen Natur gleichfalls im Tiefsten arbeitete".[302] Dem kunstliebenden Klosterbruder ist dieser Sprachgebrauch natürlich geläufig. Er schreibt über Piero di Cosimo, der Berglingers rasendem Heiligen insofern gleicht, als die Leute ihn „für einen höchst verwirrten, und beinahe wahnsinnigen Kopf ausgaben" (I, 73), daß „sein Gemüt immer in unruhiger Arbeit war" (I, 71). Diese von Kühnlenz verkannte Bedeutung, die mit „heftig bewegt sein" umschrieben werden könnte, haben „Arbeit" und „arbeiten" an den angeführten Stellen des Märchens, wo sie mit „Angst" verbunden

---

[298] Kühnlenz, a. a. O., S. 200.
[299] Ebd.
[300] Ebd.
[301] Kühnlenz, a. a. O., S. 201.
[302] Goethe, W. A., I. Abt., 28. Bd., S. 289.

sind.[303] — Auch die Bedeutung des Wortes „Geschäft" im Sprachgebrauch des 18. Jahrhunderts scheint Kühnlenz nicht zu kennen. Berglingers nackter Heiliger begreift nicht, wie es den in das Getriebe des Rades der Zeit verwickelten Menschen „möglich sei, noch etwas anders zu treiben, ein t a k t l o s e s Geschäft vorzunehmen" (I, 159). „Geschäft" hat hier natürlich nicht die enge Bedeutung „unternehmen handels- oder gewerbetreibender",[304] von der Kühnlenz wohl ausgeht, wenn er diesen Passus folgendermaßen interpretiert: „ . . . alle G e s c h ä f t i g k e i t innerhalb des schonungslos rationalisierten Produktion-Konsum-Zirkels führt lediglich dazu, den Menschen an wirklich sinnerfüllter T ä t i g k e i t zu hindern".[305] Das Wort „Geschäft" kann im 18. Jahrhundert durchaus eine von höchstem Sinn erfüllte Tätigkeit bezeichnen. Dichten ist für Hölderlin sein „liebes Geschäfft".[306] In dem Märchen bezieht sich „taktloses Geschäft" auf die Tätigkeiten des Kräutersammelns und Holzfällens, die mit dem taktmäßigen Drehen des Rades kontrastieren. — Bedeutungsgeschichtliche Mißverständnisse bilden also die Grundlage für Kühnlenz' abwegige Meinung, in Berglingers Märchen sei die industrielle Gesellschaft vorausgeahnt und kritisiert.

Mit dem Bestreben, das Märchen in einen aktuellen Bezug zu stellen, folgte Kühnlenz, wenn auch unbewußt — er nimmt nirgends zur Wackenroder-Forschung Stellung —, einer Tendenz, die bereits der Deutung Werner Kohlschmidts ihre Richtung gab. Kohlschmidt nimmt das Märchen als einen Beleg für „die negative Seite der Romantik", für die uns die „Kulturkrise unserer Tage"[307] den Blick geöffnet habe. In beiden Deutungen wirkt sich eine kulturkritische Einstellung zur Gegenwart aus.

---

[303] Die Bedeutung „angestrengt tätig zu sein" hat „arbeiten" in dem Märchen an einer Stelle, wo es heißt:
> „ . . . und dann drehte und arbeitete er wieder noch heftiger, daß sein Schweiß auf die Erde floß" (I, 158).
Auf diese Stelle stützt sich Kühnlenz' Deutung jedoch nicht. Sie bietet dafür auch keine Grundlage.

[304] Vgl. das Grimmsche Wörterbuch, 4. Bd., 1. Abt., 2. Tl., Sp. 3820.

[305] Kühnlenz, a. a. O., S. 202.

[306] Vgl. den bereits angeführten Brief vom Januar 1799, in dem Dichter beklagt, daß ihn die Beschäftigung mit der Philosophie vom Dichten abgezogen habe:
> „ . . . und mein Herz seufzte bei der unnatürlichen Arbeit, nach seinem lieben Geschäffte". (Hölderlin, Große Stuttgarter Ausgabe, Bd. 6,1, S. 311.)
In ähnlichem Sinn sagt Berglinger an einer Stelle, wo er den Kunstbegeisterten mit dem Priester vergleicht, einem solchen Mann sei „das, worauf die andern Menschen nicht Zeit genug verwenden können . . . zum schönen Geschäfte gemacht" (I, 172).

[307] Kohlschmidt, Nihilismus der Romantik, S. 157.

Während sich aber Kühnlenz an das sekundäre Motiv der Arbeit hält, um im Rad der Zeit ein Sinnbild der modernen Arbeitswelt zu entdecken, gibt der Interpretation Kohlschmidts das zentrale Motiv der Zeit das Stichwort. Er faßt das Rad der Zeit als Ausdruck eines „Nihilismus der Zeitangst"[308] auf. Die „totale Zeitangst"[309], deren Opfer der Heilige sei, komme aus der Problematik des ästhetischen Genusses. Das Ich, das im Kunsterlebnis den einzigen Halt suche und sich der Erfahrung eines „unendlichen Wechsels von erfüllten und enttäuschten Augenblicken" aussetze, gerate „zwangsweise in eine nihilistische Zeitbeziehung".[309]

Kohlschmidt verflicht das Märchen allzu eng mit Berglingers Leben. Berglinger leidet allerdings unter der Vergänglichkeit des musikalischen Genusses, der immer wieder durch das gewöhnliche Leben unterbrochen wird. Dies gilt jedoch keineswegs für den nackten Heiligen des Märchens. Hier ist es umgekehrt: In das Leben des Heiligen, der, einem ewigen Einerlei verfallen, von Anfang an nichts als das sich drehende Rad der Zeit hört, bricht befreiend die Musik ein. Einen Wechsel von ästhetisch erfüllten und leeren Augenblicken gibt es für den Heiligen nicht. Unterbricht er einmal sein Drehen am Rad der Zeit, so ergreift ihn Verzweiflung über sein qualvolles Dasein. Er hat nicht wie Berglinger ein musikalisches Genußleben zu verantworten.

Das Märchen gibt uns keinen Anhaltspunkt dafür, daß das Leiden des Heiligen ein vom ästhetischen Erlebnis bedingter Nihilismus der Zeitangst ist. Wenn wir mit Kohlschmidt das Heiligenleben mit dem musikalischen Leben Joseph Berglingers vermischen, heben wir die Eigenständigkeit des morgenländischen Märchens innerhalb der Berglinger-Dichtung völlig auf. Die Identifizierung einer erdichteten Figur mit ihrem Urheber, die die Wackenroder-Forschung vielfach irregeführt hat, ist auch im fiktionsimmanenten Bereich nicht unbedenklich. Die Stufen der Fiktion dürfen von der Interpretation nicht eingeebnet, sondern müssen als Träger von Bedeutung berücksichtigt werden. Die Vermischung Berglingers mit der Figur des nackten Heiligen hat zur Folge, daß die Erlösung des Heiligen und der ganze zweite Teil des Märchens abgewertet oder abgelehnt werden. Denn wenn der Heilige eine Selbstdarstellung Berglingers ist, dann muß er wie Berglinger unerlöst bleiben. Kühnlenz nennt die Erlösung des Heiligen einen „in seiner angestrengten Harmlosigkeit ebenso verblüffenden wie rührenden Versuch, die alles heilende Macht von Liebe und Musik aufzuzeigen",[310] und konstatiert einen „schroffen Stilbruch"[311] zwischen den beiden Teilen des Märchens. Vorsichtiger gibt

---

[308] Kohlschmidt, a. a. O., S. 163.
[309] Kohlschmidt, a. a. O., S. 164.
[310] Kühnlenz, a. a. O., S. 203.
[311] Kühnlenz, a. a. O., S. 202.

Kohlschmidt zu bedenken, daß die Erlösung durch die Musik „in Wirklichkeit keine Durchbrechung des Zirkels"[312] von ästhetischem Genuß und Ernüchterung ist, wobei er irrtümlich voraussetzt, es gebe für den Heiligen einen solchen Zirkel.

Nur Marianne Thalmann läßt die Erlösung des Märchenhelden gelten.[313] Zugleich wendet sie sich entschieden gegen Kohlschmidts Auslegung des Rades der Zeit als Ausdruck eines Nihilismus der Zeitangst und einer „existentiellen Verdichtung nihilistischer Langeweile".[314] Der Heilige ist ihr „ein Fremdling in der Zeit".[315] Wackenroder habe in dem Märchen „die Welterkenntnis des musischen Menschen an seinem Verhältnis zu Raum und Zeit zu erfassen versucht".[316] Das Rad der Zeit sei der „Leerlauf der Gewöhnlichkeiten", aus dem nur der romantische Künstler-Heilige erlöst werden könne. „Der Heilige ist kein Opfer. Das Wackenrodersche Märchen endet mit der Himmelfahrt des musischen Menschen, der die Einförmigkeit der Erde immer wieder hinter sich läßt und aus der Zeitlichkeit ins Außerzeitliche tritt, wohin ihm die Zünftigen nicht folgen können".[317]

Wir müssen gegen Thalmanns Deutung ähnlich wie gegen diejenige Kohlschmidts einwenden, daß sie das Verhältnis Berglingers zu seinem Märchenhelden mehr verschleiert als klärt. Und das zentrale Bild des Rades der Zeit erhält auch hier keine befriedigende Auslegung. Ist das Rad der Zeit nun die „tägliche Betriebsamkeit, die alles versklavt"[317] oder eine das Weltall umfassende kosmische Erscheinung? Heißt es von ihm nicht in dem Märchen, daß es „bis an die Sterne und hinüber reichte" (I, 157)? Daß das Rad der Zeit einen kosmischen Zustand bezeichnet, entgeht auch Talmann nicht. Sie deutet das zu Beginn ihrer Interpretation an, wenn sie schreibt: „Aber die Erde lebt innerhalb der Zeit. Sie tickt mit der Unermüdlichkeit einer Uhr".[318] Dann aber tritt diese wichtige Einsicht hinter der Deutung des Rades der Zeit als „Tretmühle des Menschseins"[319] allzu stark zurück. Beide Erklärungen stehen beziehungslos nebeneinander. Sie in einen sinnvollen Zusammenhang zu bringen, kann erst gelingen, wenn sich die Interpretation um die geschichtliche Herkunft des Bildes kümmert.

Isoliert betrachtet, gemahnt uns das Bild des Rades der Zeit zunächst an das Rad der Fortuna, das den Menschen und alles, was unter dem

---

[312] Kohlschmidt, a. a. O., S. 165.
[313] Thalmann, a. a. O., S. 14.
[314] Kohlschmidt, a. a. O., S. 165. Vgl. Thalmann, a. a. O., S. 13.
[315] Thalmann, a. a. O., S 14.
[316] Thalmann, a. a. O., S. 13.
[317] Thalmann, a. a. O., S. 15.
[318] Thalmann, a. a. O., S. 10.
[319] Thalmann, a. a. O., S. 11.

Monde lebt, willkürlich bald in schwindelnde Höhe erhebt, bald in die Tiefe reißt.[320] Koldewey scheint das Bild so aufgefaßt zu haben. Er sagt, der Beginn des Vorberichts von Tiecks „Wundersame(r) Liebesgeschichte der schönen Magelone und des Grafen Peter aus der Provence" stehe „zweifellos in Verbindung mit dem Märchen vom nackten Heiligen".[321] In jenem Vorbericht spricht ein Dichter zu uns, der „alte Töne" erneuern will, der eine „uralte Geschichte"[322] zu erzählen sich anschickt und gleich mit dem ersten Satz an die alte Vorstellung des Schicksalsrades anknüpft:

> „Ist es dir wohl schon je, vielgeliebter Leser, so recht traurig in die Seele gefallen, wie betrübt es sei, daß das rauschende Rad der Zeit immer weiter drehe, und daß bald das zu unterst gekehrt wird, was ehemals hoch oben war?"[323]

Daß Tiecks Erzähler hier tatsächlich unter dem Einfluß von Berglingers Märchen steht, scheint uns unwahrscheinlich. Die Ähnlichkeit ist keineswegs so groß, daß wir auf eine Entlehnung schließen dürften. Denn zum Bild des Rads der Fortuna, das sein festes literarisches Gepräge hat, gehört das Auf und Ab, der Wechsel von Erhebung und Sturz, „daß bald das zu unterst gekehrt wird, was ehemals hoch oben war".[323] Dieses Merkmal fehlt dem Rad der Zeit in Berglingers Märchen. Nicht der Wechsel von Erhebung und Sturz, sondern die Unaufhaltsamkeit und Einförmigkeit des „sausenden Umschwungs" (I, 157) bannen den Heiligen, so daß er nichts anderes mehr vernimmt und nur noch das ungeheure Rad dreht. Das Grelle, das die Darstellung des monströsen Rades und der Leiden des Heiligen bestimmt, ist dem in die Vergangenheit sich zurückträumenden Dichter, der im Vorbericht der „Magelone" zu uns spricht, ganz fremd. Das Exzessive, Orgiastische und Monströse gehört aber zur Eigenart des Orients, wie er in den morgenländischen Märchen und Erzählungen des

---

[320]

> „Fortunae rota volvitur
> descendo minoratus
> alter in altum tollitur
> nimis exaltatus;
> rex sedet in vertice,
> caveat ruinam,
> nam sub axe legimus,
> ‚Hecubam' reginam."

(Carmina Burana. Lateinische und deutsche Lieder und Gedichte einer Handschrift des XIII. Jahrhunderts aus Benedictbeuern. Hrsg. v. J. A. Schmeller. 3. Aufl., Breslau 1894, S. 47.)

[321] Koldewey, a. a. O., S. 149.

[322] Tiecks Werke. Erster Teil. Hrsg. v. J. Minor. (Deutsche National-Litteratur, hrsg. v. Joseph Kürschner. 144. Bd., 1. Abt.) S. 58.

[323] Tiecks Werke, 1. Tl., S. 57.

18. Jahrhunderts dargestellt wird.[324] Wenn wir vom Atmosphärischen des Textes ausgehen, werden wir uns zuerst in diesem literarischen Bereich nach Parallelen zur Bildwelt des Berglinger-Märchens umsehen. Und schon in Tiecks „Abdallah" finden wir eine Stelle, die, wenn auch in anderer Verknüpfung, die wesentlichen Elemente des Bildes enthält.

Abdallahs Verderber Omar spricht zu seinem Eleven von den Veränderungen, die die Nacht im Innern der Menschen hervorbringt. Dem Weisen verstummt dann

> „das dumpfe verworrne Getöse der Zeitlichkeit, er vernimmt den Gang der ewigen Naturgesetze, die Kleidung fällt von der Endlichkeit ab und er sieht mit anbetendem Schauder die unendlichen Kräfte durch einander weben und die Räder im ewigen Schwung sich drehen." [325]

Wir vernachlässigen das syntaktische Gefüge des Satzes und isolieren die Elemente, die eine Beziehung zwischen der Stelle im „Abdallah" (A) und dem Rad der Zeit in Berglingers Märchen (B) herstellen. Daß in B von Rädern, in A dagegen von einem Rad, einmal auch von einem „großen Räderwerk" (I, 158 Z. 5) die Rede ist, begründet keinen wichtigen Unterschied. In A drehen sich die Räder „in ewigem Schwung", in B fühlt der Heilige am Pochen seines Herzens, daß „das große Räderwerk in seinem ewigen Gange" ist (I, 158). Mit dem Bild des Rades ist, wenn auch jeweils verschieden, der Sinn von Zeit und Zeitlichkeit verknüpft. Das „Getöse der Zeitlichkeit" in A entspricht dem „Fortsausen der Zeit" (I, 158) in B. Hier wie dort wird die Zeit akustisch wahrgenommen. Die charakteristischen Epitheta in A sind „dumpf" und „verworren". Sie sind syntaktisch unmittelbar mit „Getöse" verbunden. In B wird die Zeit als akustisches Phänomen überwiegend durch Substantiva und Participia praesentis vergegenwärtigt: „Getöse", „Brausen", „Sturmwindsausen", „Fortsausen", „Fortrollen"; „brüllend", „tobend". Daneben bezeichnen die Adjektive „einförmig", „taktmäßig" die Art des Tönens, womit die Bewegung der Zeit sich über den Gehörsinn des Heiligen bemächtigt.

---

[324] Man denke an ein Werk wie William Beckfords ursprünglich in französischer Sprache erschienenen — Frankreich ist ja das Ursprungsland dieser Literatur (vgl. Benz, a. a. O., S. 20 ff.) — „Conte Arabe", der 1781 unter dem Titel „Vathek" in Paris herauskam. Die artistisch kalkulierte Darstellung des Grausigen ist hier allerdings bereits zu einer äußersten Verfeinerung gediehen, so daß ihr thematisches Material — das verbotene Trachten nach geheimem Wissen; der Kampf der wohlmeinenden und der verderblichen Dämonen um die Seelen; die Prachtentfaltung und die Unersättlichkeit in sinnlichen und blutrünstigen Ausschweifungen; nicht zu vergessen die angehängte Moral — spielerisch verfügend, in diesem Buch sich selbst parodiert.

[325] Tieck, Schriften, 8. Bd., S. 60.

Von diesem Bestand von Anklängen aus läßt sich nun ein aufschlußreicher Unterschied feststellen. Die Zeit wird in A wie in B rein akustisch wahrgenommen, nicht aber das Drehen des Räderwerks. In B können wir nur aus akustischen Sinnesdaten das Wesen des Rades bestimmen. In A hingegen tritt das Drehen der Räder visuell in Erscheinung. Der Weise „sieht ... die unendlichen Kräfte durch einander weben und die Räder im ewigen Schwung sich drehen". Der „Gang der ewigen Naturgesetze", das Durcheinanderweben der „unendlichen Kräfte" und der „ewige Schwung" der Räder — diese mannigfaltigeren, teils durch den Gehörs-, teils durch den Gesichtssinn gewonnenen Bestimmungen erläutern sich gegenseitig.

Wir würden das Bild der sich drehenden Räder im „Abdallah" wohl zu eng auslegen und vor allem ginge uns zu viel an sinnlicher Anschauung und an Nebenbedeutung verloren, wollten wir es als Darstellung des unaufhörlichen Wirkens der Naturgesetze[326] auffassen. Gleichwohl ist diese Bedeutung offensichtlich in ihm enthalten. Wir wollen auch nicht diesen Sinn auf das „Rad der Zeit" des Berglinger-Märchens übertragen, obwohl das immerhin möglich ist: Die Befreiung des Heiligen aus seiner irdischen Hülle (I, 161) ist eine Befreiung vom determinierenden Naturgesetz. Und keineswegs folgern wir aus dem Vergleich, daß Wackenroders morgenländisches Märchen das Bild des Rades der Zeit aus Tiecks „Abdallah" entlehnt habe und folglich das von Koldewey angenommene Abhängigkeitsverhältnis umzukehren wäre. Durch den Vergleich haben wir lediglich die gemeinsame Grundvorstellung näher kennengelernt, die dem Passus aus „Abdallah" wie auch dem zentralen Bildkomplex des Berglinger-Märchens zugrundeliegt.

Unsere Untersuchung von Berglingers morgenländischem Märchen im Hinblick auf die orientalische Erzählungs- und Märchenliteratur des 18. Jahrhunderts in Frankreich und Deutschland hat ergeben, daß jenes vom ersten Satz an gegen die Aufklärung Stellung nimmt. Die Auseinandersetzung mit der Aufklärung setzt sich in anderer Weise in dem Märchen selbst fort. Das monströse Rad der Zeit, das den Heiligen martert, ist ein verzerrtes Abbild des Modells, nach dem das aufgeklärte 18. Jahrhundert sich die Welt vorstellt. Das Rad der Zeit ist aus der Vorstellung der Welt als Uhr hervorgegangen.

---

[326] Die Bedeutung des Naturgesetzes in „Abdallah" müßte im Rahmen einer Interpretation der gesamten Erzählung dargelegt werden. Es kommt Omar darauf an, Abdallahs Glauben an seine Freiheit und moralische Verantwortlichkeit zu erschüttern und ihn dahin zu bringen, daß er bekennt:
„Mein Wille sinkt im Triebwerk des Ganzen unter und mit der Tugend ist das Laster zugleich gestorben, ich bin ein abgerißnes Blatt, das der Wirbelwind in die Lüfte wirft." (Tieck, Schriften, 8. Bd., S. 18.)

Das Zeitalter der Aufklärung denkt sich die Welt unter dem Bild einer wohleingerichteten Uhr. Daß das Uhrwerk zum Modell für das Weltbild der Aufklärung wurde, ist wohl auf Leibniz zurückzuführen.[327] Doch brauchte, wer sich im 18. Jahrhundert die Welt als Uhr dachte, nicht Leibniz oder Wolff gelesen haben. Der gebildete Bürger eignete sich das Weltbild der Aufklärung in der Fassung an, die es durch Johann Christoph Gottscheds „Gesamte Weltweisheit" erhalten hatte.[328] In diesem Werk spricht Gottsched dort, wo er das Wesen der Welt erklärt, von der Methode, mechanisch zu philosophieren. Sie erfordert, die Welt als eine Maschine zu betrachten, deren Veränderungen „nach der Art ihrer innerlichen Zusammenstzung"[329] und nach festen Gesetzen der Bewegung erfolgen:

> „Wer nun die Welt als eine solche Maschine ansieht und alle Begebenheiten und Teile derselben aus der Art ihrer Zusammensetzung und nach den Gesetzen der Bewegung zu erklären sucht, der p h i l o s o p h i r t m e - c h a n i s c h. Man sieht daher was zu einem mechanischen Weltweisen in der Naturlehre gehöret, und wie viele sich vergebens diesen Titel anmaßen, wenn sie die natürlichen Dinge aus lauter verborgenen Kräften der Geister oder gar von einem allgemeinen Weltgeiste herleiten wollen."[329]

Nicht ganz zu Unrecht dürfte der Weise aus Tiecks „Abdallah", der nach Omars Worten „den Gang der ewigen Naturgesetze" vernimmt und sieht, wie „die Räder im ewigen Schwung sich drehen",[330] den Namen eines mechanischen Weltweisen beanspruchen, wenn er auch als ein später Abkömmling der mechanischen Philosophen des 18. Jahrhunderts bereits eine verdächtige Neigung verrät, sich einem nächtlich-schauerlichen Durcheinanderwirken der Kräfte des Alls hinzugeben. Unmittelbar im Anschluß an die zitierte Stelle kommt nun Gottsched auf jene Art von Maschinen zu sprechen, die in ihrer ursprünglichen Sinngestalt die wesentlichen Elemente des Rades der Zeit — sein Drehen und, damit verbunden, die Bewegung der Zeit — noch ohne depravierende Bedeutung enthalten:

> „Weil die Welt eine Maschine ist, so hat sie in soweit mit einer U h r eine Ähnlichkeit: Und wir können uns daher zur Erläuterung hier im kleinen dasjenige deutlicher vorstellen, was dort im großen statt findet."[331]

---

[327] Leibniz gebraucht das Bild zweier gleichgerichteter Uhren, um das Prinzip des psychophysischen Parallelismus zu erläutern.

[328] Gottscheds zweibändiges Werk „Erste Gründe der gesamten Weltweisheit" erschien 1733—34 in Leipzig.

[329] Johann Christoph Gottsched, Ausgewählte Stücke aus den ersten Gründen der gesamten Weltweisheit aus den Jahren 1733 und 1734. In: Deutsche Literatur in Entwicklungsreihen. Reihe Aufklärung, hrsg. v. F. Brüggemann, 2. Bd. Das Weltbild der deutschen Aufklärung, Leipzig 1930, S. 201.

[330] Tieck, Schriften, 8. Bd., S. 60.

[331] Gottsched, a. a. O., S. 201.

Die Welt als Uhr: an dieses Sinnbild hält sich auch noch die spätere
Romantik, wenn sie in Heidelberg den Uhrmacher BOGS ins Treffen
schickt, um die Aufklärung und ihren Träger, den Bürger, satirisch zu
überwinden. Die Uhr ist in dieser Satire das schlechthin bürgerliche Requi-
sit und zugleich die Gestalt, die die Erde und das Leben angenommen
haben, seitdem sie aus dem Besitz des Menschen in den des Bürgers über-
gegangen sind. Am Beginn seiner autobiographischen Selbstbekenntnisse
sagt der Uhrmacher BOGS über den allgemeinen Zustand des Lebens:

> „Nachdem meine Vorfahren bereits so lange das Leben unter Händen
> gehabt, ist es mir, Gott sey Dank, schon in der Gestalt einer wohleingerich-
> teten Uhr überkommen, welche so in der Ordnung ist, daß Jeder, der
> ihren Ketten und Rädern sich nicht drehend anschließt, gekettet und ge-
> rädert wird." [332]

Das einzige, was den im übrigen von soliden bürgerlichen Grundsätzen
eingenommenen Uhrmacher BOGS anficht, ist die Musik[333], eine Macht,
die den Uhr-Zustand der Welt überwindet. Am Grabe eines erschlagenen
Uhrmachergesellen wird BOGS Zeuge einer Leichenpredigt, die, von
einem Abgesandten der neuen romantischen Clique gehalten, die ver-
sammelten Uhrmacher beinahe dazu bringt, von Staat und Bürgertum
abzufallen. Denn der Romantiker ruft dem Toten ins Grab nach, er hätte,
statt Uhren zu machen, „die Ewigkeit außer der Zeit" suchen, „die Ewigkeit der Idee in die Zeit als Musik" bringen sollen.[334] Damals erwirbt sich
BOGS das Verdienst, die Uhrmacher bei Verstand gehalten zu haben.
BOGS selbst aber wird in einem ihm von der bürgerlichen Gesellschaft
zur Bewährung verordinierten Konzert von der Musik völlig hingerissen
und gerät außer sich. Auf seine Weise erlebt er die musikalische Himmelfahrt, die dem Heiligen des Berglinger-Märchens zuteil wird:

> „Mir aber knackte es im Genicke als ich wieder zu Sinnen kam, denn es war
> mir gewesen, als hebe mich der musikalische Zauber mit beiden Händen an

---

[332] Entweder wunderbare Geschichte von BOGS dem Uhrmacher, wie er zwar
das menschliche Leben längst verlassen, nun aber doch, nach vielen musikalischen Leiden zu Wasser und zu Lande, in die bürgerliche Schützengesellschaft aufgenommen zu werden Hoffnung hat, oder die über die Ufer
der badischen Wochenschrift als Beilage ausgetretene Konzert-Anzeige,
nebst des Herrn BOGS wohlgetroffenem Bildnisse und einem medizinischen
Gutachten über dessen Gehirnzustand. [Heidelberg] 1807, S. 7. — Die anonym erschienene Satire ist von Clemens Brentano und Joseph Görres gemeinsam verfaßt.

[333] Die „Geschichte von BOGS" ist von der Berglinger-Dichtung stark beeinflußt. Die Ansichten des Uhrmachers über die Göttlichkeit und Reinheit
der Töne (BOGS, S. 13) decken sich mit Wackenroder I, 186. Vgl. auch Günther Müller in: Joseph Görres, Gesammelte Schriften, hrsg. im Auftrage
der Görresgesellschaft von Wilhelm Schellberg. 3. Bd., Köln 1926, S. 498.

[334] BOGS, S. 8.

den Schläfen empor, wie mein Großvater that, da ich noch Knabe war, um mir die lieben Engel zu zeigen, wie er sagte, bei welchem ich aber nie dergleichen gesehen." [335]

Die Aufklärung hat das Leben der Welt zum mechanischen Gang einer Uhr und das Leben des einzelnen Menschen zu einem Rad darin gemacht: das ist das Urteil einer Zeit, die in der von ihrem Schöpfer unabhängigen, ihren immanenten Gesetzen folgenden Weltmaschine nicht mehr die sinnvolle Einrichtung zu bewundern vermag. Dem fühlenden Herzen ist die Weltenuhr nun etwas Fremdes, ja Unheimliches und Bedrohliches. Das Weltbild der Aufklärung ist für Wackenroder und den jungen Tieck gegen Ende des 18. Jahrhunderts noch in Kraft, aber es wird in dieser Spätzeit seines Optimismus und seiner Rationalität entkleidet. Der Ablauf der Naturgesetze, wie ihn der mechanische Philosoph Gottscheds kennt, ist dem Tieckschen Weisen ein Durcheinanderweben unendlicher Kräfte, die alles, auch den Menschen,[336] beherrschen. Und die optimistische Freude an der weisen Einrichtung der Welt weicht dem Grauen und Entsetzen vor dem ewigen Einerlei des Drehens und Gedrehtwerdens.

Damit ist unsere ideengeschichtliche Interpretation des Rades der Zeit ans Ziel gelangt. Sie mußte den Bereich des Märchens und die Berglinger-Dichtung überhaupt überschreiten, um das Bild des Rades der Zeit der motivgeschichtlichen Reihe „Maschine", „Räderwerk", „Uhr" anzugliedern und seinen geistesgeschichtlichen Sinn zu fassen, den die Interpreten des Berglinger-Märchens bisher nicht verstanden haben.[337] Mit der Klä-

---

[335] BOGS, S. 22.

[336] Der Fatalismus der romantischen Schicksalstragödie und das Automaten-Motiv stehen mit der Auflösung des Weltbildes der Aufklärung in engem Zusammenhang.

[337] Daß sich auch für Thalmann an das Bild des Rades der Zeit die Assoziation einer Uhr knüpft, beweisen paraphrasierende Stellen ihrer Interpretation:

„Aber die Erde lebt innerhalb der Zeit. Sie tickt mit der Unermüdlichkeit einer Uhr." (a. a. O., S. 10.)

„In der Tretmühle der Wiederholungen und gebunden an die Drehung des Uhrzeigers fehlt uns Menschen die Ruhe, ‚zu handeln, zu wirken und zu schaffen' " (a. a. O., S. 12).

Aber Thalmann unterläßt es, nach dem Ursprung und nach dem geistesgeschichtlichen Sinn des Bildes zu fragen.

Dagegen will Kühnlenz anhand des Bildes „Gemeinsamkeiten und Unterschiede zwischen Klassik und Romantik" (a. a. O., S. 206) aufzeigen. Dazu unternimmt er es, das „Bild des ‚Rades der Zeit' sowie das eng damit verwandte des ‚Uhrwerks' . . . in seiner Gestaltung bei Schiller und bei Novalis zu untersuchen." (ebd.) Anhand einiger Beispiele legt er den Gebrauch von „Rad" und „Uhrwerk" von Schillers frühen Gedichten bis zu den Briefen „Über die ästhetische Erziehung des Menschen" dar, ohne indessen zu bemerken, daß es sich dabei überall um die Auseinandersetzung mit dem

rung des motiv- und geistesgeschichtlichen Zusammenhanges ist jedoch
noch keine ausreichende Interpretation des Rades der Zeit und seiner Bedeutung innerhalb des Märchens, geschweige denn des Märchens im ganzen gegeben. Wir nehmen unsere ursprüngliche Frage nach dem Wesen
des wahnsinnig scheinenden Heiligen wieder auf und fragen erneut nach
seinem Leiden und seiner Erlösung, wobei wir, ohne den Heiligen mit
Berglinger vorschnell zu identifizieren, auf die motivische Verflechtung des
Märchens mit der übrigen Berglinger-Dichtung achten wollen.

Die Beziehung des Märchenhelden zu Berglingers eigenem Sein und
Wesen wird durch einzelne Motive erhellt, die das Märchen mit Berglingers übrigen Schriften verknüpfen. Das Hauptmotiv des Märchens kehrt
mit wörtlichen Anklängen in dem letzten, zweifelvollen Brief Berglingers
wieder. Da heißt es:

> „Es ist ein so göttlich Streben des Menschen, zu schaffen, was von keinem
> gemeinen Z w e c k und N u t z e n verschlungen wird — was, unabhän-
> gig von der Welt, in eignem Glanze ewig prangt, — was von keinem
> Rade des großen Räderwerks getrieben wird, und keines wieder treibt."
> (I, 275)

Das Bild des Räderwerks ist hier zunächst nicht mit dem Aspekt von Zeit
oder Zeitlichkeit versehen. Es wird dadurch erläutert, daß „gemeiner
Zweck und Nutzen", „Welt" und „großes Räderwerk" einander gleichgeordnet sind und für Berglinger einen Gegensatz zu seiner Kunst bilden.
Inwiefern „gemeiner Zweck und Nutzen" und „Welt" für Berglinger zu-
sammenhängen, ist uns bereits bekannt. Vom Prinzip des Zwecks und
Nutzens beherrscht stellt sich Berglinger die bürgerliche Welt dar, die ihm
zuerst durch seinen auf Ausübung eines praktischen Berufs dringenden
Vater repräsentiert wird. Schlechthin als die Welt erscheint sie ihm in dem
Bild des großen Räderwerks. Das Prinzip der Nützlichkeit und Zweck-
haftigkeit ist ein Aspekt des bürgerlichen Weltbilds der Aufklärung, den
auch das Modell der Weltenuhr bietet. Insofern wird unsere geistesgeschichtliche Interpretation des Rades der Zeit durch den Berglinger-Brief
bestätigt, der Sinn des Bildes aus Berglingers konkreter Situation nur ge-

Weltmodell der Aufklärung handelt. In Verkennung dieses Zusammenhangs
führt Kühnlenz das Bild des Rades der Zeit bei Wackenroder auf einen
unmittelbaren Einfluß des sechsten der „Briefe über die ästhetische Erziehung des Menschen" zurück:

> „Aber außer Wackenroder ist von den Frühromantikern auch Novalis
> aufs stärkste von jenem Brief Schillers beeinflußt" (a. a. O., S. 207).

Als einzigen Beleg bei Novalis führt Kühnlenz eine Stelle aus dem Aufsatz
„Die Christenheit oder Europa" an, wo das Bild einer Uhr überhaupt nicht
gebraucht, sondern die Welt mit einer Mühle verglichen wird. Vgl. S. 195,
Anm. 356.

nauer bestimmt. Der Gang des Räderwerks, als welches Berglinger die
von Zweck und Nutzen beherrschte Welt erfährt, bekommt nun aber
auch noch die dem Rad der Zeit eigene Bedeutung eines einförmigen Zeit-
umlaufs, wenn Berglinger in demselben Brief den Bildsinn des Räderwerks weiter ausführt:

> „Und wenn ich nun die Botschaften höre: wie unermüdet sich dicht um mich
> her die Geschichte der Menschenwelt mit tausend wichtigen, großen Din-
> gen lebendig fortwälzt — wie da ein rastloses Wirken der Menschen ge-
> geneinander arbeitet, und jeder kleinen Tat in dem gedrängten Gewühl
> die F o l g e n , gut und böse, wie große Gespenster nachtreten — ach! und
> dann das Erschütterndste — wie die erfindungsreichen Heerscharen des
> Elends dicht um mich herum Tausende mit tausend verschiedenen Qualen
> in Krankheit, in Kummer und Not zerpeinigen, wie, auch außer den ent-
> setzlichen Kriegen der Völker, der blutige Krieg des Unglücks überall auf
> dem ganzen Erdenrund wütet, und jeder Sekundenschlag ein scharfes
> Schwert ist, das hier und dort blindlings Wunden haut und nicht müde
> wird, daß tausend erbarmenswürdig um Hilfe schreien! — —" (I, 276)

So hört Berglinger das Rad der Zeit sich drehen. Die einförmige Zeitbewegung des Räderwerks ist der Gang der „Geschichte der Menschenwelt"
als eine unaufhörliche Folge des Gegeneinanderwirkens der Menschen (das
Thema des nützlichen Tätigseins in einer von Zweck und Nutzen bestimmten Welt ist hierin in seiner Umkehrung enthalten) und des menschlichen Elends in seinen zahllosen Formen (damit klingt das Thema des
Helfens und Heilens an). Das Bild des Rades der Zeit vereinigt auf
Grund der ihm aus seiner geschichtlichen Herkunft, der Weltauslegung
der Aufklärung, zukommenden Grundbedeutung diese sich gegenseitig
überlagernden und durchdringenden Aspekte, die wir erst dann voll-
ständig wahrnehmen, wenn wir die Berglinger-Dichtung als eine Einheit
betrachten.

Daß Berglingers letzter Brief und das Märchen als Teile eines Dich-
tungskreises von sich aus aufeinander bezogen sind und unser Verfahren,
sie zu wechselseitiger Erläuterung zu konfrontieren, berechtigt ist, ergibt
sich schon daraus, daß Berglinger in diesem Brief unmittelbar auf den
Heiligen seines Märchens hinweist und sein scheinbar wahnsinniges Treiben deutet. Berglinger hat den Brief „mit einem hochbetrübten Gemüt,
und in der Angst einer zweifelvollen Stunde" (I, 274) geschrieben. Es
dünkt ihm ein verbotenes Tun, sich einer selbstgenügsamen Kunstausübung und einem selbstsüchtigen Kunstgenuß hinzugeben, wo alles vom
unaufhaltsamen Gang des Räderwerks mitgerissen wird. Berglinger zweifelt an der Berechtigung und am Sinn seiner Kunst, und dennoch bleibt
er „mitten in diesem Getümmel ... ruhig sitzen" und gibt sich seinen
Kunstfreuden hin, den „lüsternen, schönen Akkorden", dem „schönen
wollüstigen Scherz [Schmerz?] der Musik" (I, 277). Wie Berglingers

Künstlergemüt bei dem Gedanken an das Elend der Menschheit in Angst
gerät, so ist auch der Heilige des Märchens von Angst gezeichnet. „Eine
zitternde Angst flog durch alle seine Nerven, wenn er nur ein einziges
Mal versuchen wollte, den schwindligten Wirbel zu unterbrechen."
(I, 159) Er vermag nicht wie Berglinger ruhig zu bleiben, sondern wird
von seiner „gewaltigen Angst" (I, 157) dazu getrieben, das Rad der Zeit
zu drehen. Seine qualvolle Teilnahme an dem geschichtlichen Getriebe
der Menschenwelt, das von dem immer gleichen Widerstreit der Zwecke
und des Elends pausenlos wie das All von mechanischen Naturgesetzen in
Gang gehalten wird, — dieses Mitleiden des Heiligen an der allgemeinen
Qual des Lebens erläutert nun Berglinger, wenn er an den Klosterbruder
schreibt:

> „In solcher Angst begreif' ich es, wie jenen frommen aszetischen Märtyrern
> zu Mute war, die, von dem Anblicke der unsäglichen Leiden der Welt
> zerknirscht, wie verzweifelnde Kinder ihren Körper lebenslang den aus-
> gesuchtesten Kasteiungen und Pönitenzen preisgaben, um nur mit dem
> fürchterlichen Übermaße der leidenden Welt ins Gleichgewicht zu kommen."
> (I, 277)

Der Gedanke des Gleichgewichts zwischen dem Ich und der Welt spielt
auch sonst eine Rolle in Berglingers musikalischen Schriften. Den Ursprung der Musik führt Berglinger auf das Bedürfnis wilder Nationen
zurück, ein Gleichgewicht zwischen ihrer Gemütsverfassung und der
äußeren Welt herzustellen (I, 182). Der Heilige will durch sein wahn-
witziges Treiben mit der leidenden Welt ins Gleichgewicht kommen. Ihn
peinigt das Wissen, daß die Menschheit in endlosen Qualen umgetrieben
wird. Die Empfindung des allgemeinen Leidens läßt ihm keine Ruhe, so
daß er von dem allgemeinen Umtrieb mitgerissen wird und die Leiden
der Menschen durch sein Mitleiden noch vermehrt. In der Selbstpreisgabe
an das geschichtliche Getriebe der Menschenwelt besteht sein Martyrium
und seine Heiligkeit.

Die Heiligkeit des nackten Heiligen ist von so exzessiver Art, daß
sie ihn sogar zu den gräßlichsten Verbrechen hinreißt. Er fällt in seinem
Rasen harmlose Wanderer an, die zu ihm kommen, und wer in seiner
Nähe sich mit alltäglichen Arbeiten abgibt, statt seine Bewegung nachzuahmen, wird von dem Wütenden erschlagen (I, 158). Das „Übermaß
seiner Empfindung" (II, 136) für die qualvoll umgetriebene Menschenwelt
führt ihn zu diesen Verbrechen.[338] Er kann nicht dulden, daß jemand das
Gleichgewicht der Qualen stört und lebt, als sei er nicht dem Räderwerk

---

[338] In dem an früherer Stelle (vgl. oben S. 105 f.) angeführten Brief Wacken-
roders vom Spätherbst des Jahres 1792 ist das Thema des ersten Teils des
Märchens bereits umrissen. Vgl. Koldewey, a. a. O., S. 116 f. Alewyn, a. a. O.,
S. 56, Anm. 12.

des Ganzen verhaftet, als spüre er nichts von dem Weltleid, das sich mit jedem Umschwung im Räderwerk der Weltenuhr erneuert. Wo alles vom Rad der Zeit umgetrieben wird, ist es nicht erlaubt, noch irgendein „t a k t l o s e s " Geschäft vorzunehmen (I, 159).

Wir haben bereits angedeutet, inwiefern die Figur des nackten Heiligen ein dichterisches Abbild Berglingers und inwiefern sie ein Gegenbild zu ihm darstellt. Berglinger hat sich von früh an dem zu entziehen gesucht, was das Leiden des Heiligen ausmacht. Er konnte die Qualen der Welt „wie sie ist" (I, 136) nicht ertragen. Er ist vor ihnen in die Musik geflüchtet, die alle Leiden heilen soll. Er selbst müßte die Leiden der Welt auf sich nehmen, die er der Märchenfigur stellvertretend aufgebürdet hat. Aber statt dessen läßt er sich von der Musik in eine Sphäre seliger Selbstgenügsamkeit entführen:

> „... oh, so schließ' ich mein Auge zu vor all dem Kriege der Welt — und ziehe mich still in das Land der Musik, als in das L a n d d e s G l a u b e n s , zurück, wo alle unsre Zweifel und unsre Leiden sich in ein tönendes Meer verlieren — wo (...) alle Angst unsers Herzens durch leise Berührung auf einmal geheilt wird." (I, 164)

Die Erlösung, deren Berglinger durch die Musik teilhaftig zu werden glaubt, besteht in dieser ihrer heilenden Kraft. Sie heilt alle Leiden der in das Irdische verstrickten Seele, indem sie sie in einen Zustand unerklärbarer Euphorie emporhebt, der den Musikberauschten mit einer „gewissen erhabenen und ruhigen Wehmut auf die ganze wimmelnde Welt" (I, 131) herabschauen läßt. Sie befreit von allen Fragen und Zweifeln, die die Seele schwindeln machen, und scheint einen Halt zu gewähren in der Ungesichertheit alles Irdischen. Und diese allerdings kann kaum tiefer erfahren werden als von Berglinger, vor dessen Augen sich „die Dinge der Welt verändern" (I, 141). An seiner „Kunst, der Großen, Beständigen" (I, 181), sucht er sich festzuhalten, in sie sich zu retten:

> „Wohl dem, der, wann der irdische Boden untreu unter seinen Füßen wankt, mit heitern Sinnen auf luftige Töne sich retten kann, und nachgebend mit ihnen bald sanft sich wiegt, bald mutig dahertanzt, und mit solchem lieblichen Spiele seine Leiden vergißt!" (I, 165)

Nicht von ungefähr steht dieser Satz unter der Überschrift „Die Wunder der Tonkunst". Denn ein Wunder dünkt Berglinger die Erlösung aus Elend und Unsicherheit, die die Musik vollbringt. Wenn Berglinger die Musik als den Gegenstand seiner Religion „das Land des Glaubens" (I, 164) und die Hingabe an sie einen „schönen Glauben" (I, 165) nennt, so bedarf es zu diesem Glauben keines Willensaktes von seiten des Gläubigen. Von sich aus läßt die Musik alle Zweifel verstummen und errichtet „in der Seele des Menschen das Land der heiligen Ruhe" (I, 165).

Auch den Heiligen des Märchens verlangt nach Ruhe, obschon nicht nach einer der Selbstvergessenheit und Entrücktheit. In schönen Mondnächten weint er darüber, „daß das Sausen des mächtigen Zeitrades ihm nicht Ruhe lasse, irgend etwas auf Erden zu tun, zu handeln, zu wirken und zu schaffen" (I, 159). Er möchte also wie die gewöhnlichen Menschen, die das Rad der Zeit nicht hören, „ein t a k t l o s e s Geschäft" (I, 159) vornehmen können. Aber dies ist nur sein erster Wunsch, der einem anderen, stärkeren Platz macht. Wie Berglinger nach Musik dürstet, so fühlt der Heilige „eine verzehrende Sehnsucht nach unbekannten schönen Dingen" (ebd.). Daß auch die Sehnsucht des Heiligen musikalischer Natur ist, spricht aus seinem Bemühen, „sich aufzurichten und Hände und Füße in eine sanfte und ruhige Bewegung zu bringen" (ebd.). Wir werden nicht so weit gehen, den Heiligen mit Thalmann für eine Künstlergestalt zu halten.[339] Aber soviel ist klar, daß Berglinger in seinen Märchenheiligen die eigene Sehnsucht nach dem schönen Leben in der Musik hat eingehen lassen. In dem Heiligen ist diese Sehnsucht noch ein unsicheres Tasten. „Er suchte etwas B e s t i m m t e s , U n b e k a n n -t e s , was er ergreifen und woran er sich hängen wollte" (ebd.). Er sucht, was der von den Wundern der Tonkunst Gestillte gefunden hat, wenn er ausruft:

> „Das ist's, was ich meine! — Nun hab' ich's gefunden! Nun bin ich heiter und froh!" (I, 165)

Berglinger und der Heilige sind deutlich aufeinander bezogene Gestaltungen desselben Problems. Beide erfahren die Wirklichkeit als das Einerlei des Getriebes der Weltenuhr, beide fühlen die Sehnsucht nach schönem Leben in einem dieser Welt enthobenen Bereich, beide aber auch die innere Nötigung, sich dem tätigen Leben und dem Elend der Welt hinzugeben. Sogar einen bestimmten Augenblick im Leben des kleinen Joseph könnte man in dem orientalischen Märchen nachgebildet finden. Hier heißt es: Der Heilige „wollte sich außerhalb oder in sich vor sich selber retten, aber vergeblich!" (I, 159) Das erinnert uns an Berglingers Flucht in die Residenz, das Reich der Musik. Bei der Darstellung der Fluchtszene berichtet der Klosterbruder von Joseph: Er „weinte immerfort, und er lief, als wollte er seinen Tränen entlaufen" (I, 140).

Der Heilige kann sich nicht entrinnen. Dem Rad der Zeit verhaftet, harrt er aus, bis ihm widerfährt, was Berglinger, sein Dichter, nur als flüchtigen Rausch „einzelner schöner Stunden" (I, 155) erlebt: die Erlösung durch die Musik. Für den nackten Heiligen vermag die Musik den Bann des taktmäßig fortsausenden Rades der Zeit aufzuheben und den in die irdische Körperwelt verzauberten Genius, die reine Innerlichkeit

---

[339] Thalmann, a. a. O., S. 13.

der Seele, aus der Gebundenheit an die Welt der Zwecke und des Elends zu befreien.

Eine Verwandlung der Welt bereitet den Eintritt der Musik vor. In schönen Mondnächten löst der Heilige sich für Augenblicke vom Umschwung des Rades. Schönheit wird dem Heiligen zum Quietiv.[340] Er fühlt sich, wenn auch nur für eine kurze Pause, nicht mehr im allgemeinen Getriebe der Welt mit umgetrieben, aber seine Verzweiflung steigt, da er seine Qual erkennt, ohne sich helfen zu können. Die Schönheit der Mondnächte steigert sein Schönheitsverlangen, seine „verzehrende Sehnsucht nach unbekannten schönen Dingen" (I, 159), ohne es zu stillen. Bei seiner Erlösung aber wird nun die visuelle Schönheit einer Mondnacht zum Raum, worin dem Heiligen ein Schönes anderer Art begegnet. Die Adjektive „wunderschön" (I, 159, letzte Zeile) und „schön" (I, 160, Z. 13) stehen am Anfang und am Ende des Textabschnitts, worin die Mondnacht, in der die Erlösung sich vollzieht, dargestellt ist. Es sind hier, bei der Darstellung des Raums der Erlösung, nur scheinbar ungenaue, in Wirklichkeit aber die sinntragenden Vokabeln.

Im ersten Teil des Märchens herrschte allein das akustisch Wahrnehmbare. In einer Orgie von Geräuschen gab das Rad der Zeit sich kund. Die Szenerie — eine „abgelegene Felsenhöhle, der ein kleiner Fluß vorüberströmte" (I, 156) — war nur angedeutet. Jetzt tritt Visuelles stärker hervor. Aber dies Anschaubare ist ohne feste Konturen. Der „beschirmende Schild" des Firmaments, die „goldenen Zierden" der Sterne, der Mond, der „von den hellen Wangen seines Antlitzes ein sanftes Licht" strahlt (I, 160) — das alles sind zwar in sich traditionell verfestigte Bilder, sie stimmen jedoch nicht zu einem einheitlichen Gesamtbild zusammen, es sei denn, man wollte sich das Antlitz des Mondes als ein Porträt auf dem mit Sternen dekorierten Schild des Himmels vorstellen. Aber das ist unmöglich, weil der Mond nicht als Bild eines Antlitzes, sondern als Antlitz selbst und wie die in seinem Licht sich badende Erde personifi-

---

[340] Wir lehnen uns hier bewußt an die Terminologie Schopenhauers an, der in seinem Hauptwerk (Die Welt als Wille und Vorstellung, 1. Bd., § 68) wie Berglinger in seinem Märchen das Wesen des Heiligen in dem Mitleiden der unendlichen Qualen der Welt erblickt. Der Heilige eignet sich nach Schopenhauer „den Schmerz der ganzen Welt" zu:

„Ihm ist kein Leiden mehr fremd. Alle Quaalen Anderer, die er sieht und so selten zu lindern vermag, alle Quaalen, von denen er mittelbar Kunde hat, ja die er nur als möglich erkennt, wirken auf seinen Geist, wie seine eigenen." (Arthur Schopenhauers sämtliche Werke, hrsg. v. Paul Deussen. 1. Bd., München 1911, S. 447.)

Auf das Verhältnis von Schopenhauers Philosophie der Musik zu Wackenroder können wir hier nicht eingehen.

ziert vorgestellt ist. Nicht im Anschaubaren, sondern im Stimmungshaften ergeben die Teilbilder eine Einheit: Eine Aura der Beruhigung und Lösung geht von dem dunkelblauen, „weit übergebreiteten, beschirmenden Schilde" des Himmels wie auch von dem „sanften Licht" aus, das der Mond von seinen Wangen strahlt. An den einzelnen Gegenständen der Landschaft läßt sich eine Tendenz zur Entkörperung feststellen:

> „Die Bäume hingen in dem zauberhaften Schein wie wallende Wolken auf ihren Stämmen, und die Wohnungen der Menschen waren in dunkle Felsengestalten und dämmernde Geisterpaläste verwandelt." (I, 160)

„Zauberhafter Schein", „dunkel", „dämmernd": Helligkeitsqualitäten bieten sich dar, während die Konturen ihrer Substrate verschwimmen. Die Konsistenz der Welt ist in bewegliche Lichterscheinungen aufgelöst, die bereit sind, sich mit Tönen zu verbinden.[341] Zugleich wird die Landschaft zum Raum der Seele.[342] Innen und Außen vereinen sich, das Auge gesellt sich dem Stern, die Seele findet sich in dem ihr verwandten Element des fließenden Lichts wieder. Sonst in Berglingers musikalischen Schriften ist es der „Spiegel der Töne", worin das menschliche Herz sich selber fühlt (I, 189). Hier im Märchen spiegeln sich die Seelen der Menschen in dem „himmlischen Scheine der Mondnacht" (I, 160).

In diesem entgrenzten Landschaftsraum sind die Naturgesetze — im Sinngefüge des Märchens dem Bereich der von Zweck und Nutzen beherrschten Welt zugeordnet — außer Kraft. Ein Nachen, in dem zwei Liebende sich der Höhle des Heiligen nähern, fährt nicht, wie Thalmann fälschlich schreibt, „den Fluß hinunter"[343], sondern „den Fluß herauf" (I, 160), ohne daß es dazu eines Ruderschlags bedürfte. All das ist indessen noch Vorspiel der Erlösung. Diese vollzieht sich erst, als in die fließende Landschaft die Liebenden vereint ihre Gefühle ergießen. Die Verben „vorüberströmen", „zerfließen", „wogen", „wallen", „auf- und niederwallen", „schwimmen" bezeichnen die unbegrenzte Bewegung, zu

---

[341] In romantischen Synästhesien wird das körperlose, flukturierende Element des Lichts gern mit dem der Töne vertauscht: „Durch die Nacht, die mich umfangen, / Blickt zu mir der Töne Licht." (Clemens Brentano, Gesammelte Schriften, hrsg. v. Christian Brentano. 7. Bd., Frankfurt 1852, S. 234.) Vgl. auch Ernst Glöckner, Studien zur romantischen Psychologie der Musik, besonders mit Rücksicht auf die Schriften E. T. A. Hoffmanns. Phil. Diss., München 1909, pass., bes. S. 25 und 29.

[342] Wenn es in dem Märchen heißt:

> „Die Menschen, nicht mehr vom Sonnenglanze geblendet, wohnten mit ihren Blicken am Firmamente, und ihre Seelen spiegelten sich schön in dem himmlischen Scheine der Mondnacht" (I, 160),

so gemahnt uns das bereits an Novalis' „Hymnen an die Nacht".

[343] Thalmann, a. a. O., S. 12.

der sich die entkörperten Dinge des Raumes und die Gefühle der Liebenden verbinden. Diese Gefühle aber, die in „uferlosen Strömen" (ebd.)
aus den Liebenden hervorgehen, durchdringen die Welt als Musik und
Gesang, und mit dem ersten Tone „war dem nackten Heiligen das
sausende Rad der Zeit verschwunden" (I, 161). Zugleich ist der Heilige
von seinem Körper befreit. Sein Genius gibt sich einer vom tönenden
Gefühlsstrom der Liebenden sympathisch durchdrungenen und bewegten Welt hin, und seine „unbekannte Sehnsucht" (I, 161) ist gestillt.

Die Darstellung der Himmelfahrt des Heiligen führt Motive des
Märchens zu Ende und knüpft es dabei an die übrige Berglinger-Dichtung.
Wenn wir lesen, wie der Genius entschwebt, werden wir an den kleinen
Joseph erinnert, dem beim Anhören von Musik ist, wie wenn seine Seele
„losgebunden vom Körper wäre, und freier umherzitterte, oder auch als
wäre sein Körper mit zur Seele geworden" (I, 132). Die Aufschwungsgebärde des Heiligen ist uns an Berglinger begegnet, als der Klosterbruder
von dem Entstehen seiner letzten Komposition sprach. „Endlich riß er
sich mit Gewalt auf, und streckte mit dem heißesten Verlangen die Arme
zum Himmel empor" (I, 149), hieß es damals. Von dem befreiten Genius
wird gesagt: Er „streckte die schlanken Arme sehnsuchtsvoll zum Himmel empor" (I, 161). — Auch das zentrale Motiv aus dem ersten Teil des
Märchens wird durch die Erlösungsszene zu Ende geführt. Das Getöse des
Rades der Zeit ist vor der Gefühlsmusik der Liebenden verstummt. An
seiner Stelle erklingt, während der Genius sich im All verliert, „in einem
hellstrahlenden himmlischen Ton" (I, 162) die Harmonie der Sphären.

„Das Ende des Märchens kehrt ganz kurz in den Anfang zurück."[344]
Das Märchen bewahrt sein orientalisches Kostüm. Wir werden daran
erinnert, wo sich die wunderbare Erlösung begeben hat: im Morgenland,
der „Heimat alles Wunderbaren" (I, 156).

Man hat den Vorgang der Erlösung des Märchenheiligen bisher
anders verstehen wollen. Unter Berufung auf Schellings Philosophie der
Kunst, die das Wesen der Musik im Rhythmus erblickt, deutete Werner
Hilbert das Märchen in dem Sinn, als überwinde hier die Musik das „an
sich bedeutungslose und quälende Fortschreiten in der Zeit durch den
Rhythmus, der die rein zeitliche Sukzession in eine bedeutungsvolle verwandelt."[345] Das klingt plausibel, und die Forschung hat sich dieser Meinung angeschlossen.[346] Indessen gibt Hilbert selbst zu, daß er es mit
Wackenroders Text nicht allzu genau nimmt. Er sagt, fast sei er „ver-

---

[344] Thalmann, a. a. O., S. 12 f.
[345] Hilbert, a. a. O., S. 145.
[346] Vgl. Kluckhohn, Das Ideengut der deutschen Romantik. 3. Aufl. Tübingen
1953, S. 170 f.

sucht, Wackenroder ins Wort zu fallen und für ‚Töne' — ‚Rhythmus'
einzusetzen, denn zweifellos ist der Sinn der Erzählung, zu zeigen, wie
Rhythmus der Musik — die Verwandlung des endlosen Kreises in sinnvolle Sukzession — die endlos fließnde Zeit (das ‚tempus aequabiliter
fluit' Newtons), überwindet."[347] Unsere Interpretation hat gezeigt, daß
das Rad der Zeit mehr und anderes meint als nur die einförmig verflie-
ßende Zeit, die nach Kohlschmidt in der „nihilistischen Langeweile"[348]
erfahren wird. Der Heilige wird durch die Töne nicht bloß von der Zeit,
sondern von einer dem Getriebe der Zwecke und des Elends verfallenen
körperlichen Welt befreit. Das zu vollbringen, ist der Rhythmus nach
Berglingers Musikanschauung nicht geschickt. Für Berglinger liegt das
Wesentliche der Musik, „ihr eigentlicher Sinn und ihre Seele" (I, 186),
niemals in objektiven, meßbaren oder wenigstens erklärbaren Gegebenheiten wie Folge der Intervalle, Harmonik, Klangfarbe, Lautstärke,
Rhythmus oder gar Takteinteilung, — das Taktmäßige eignet dem
grauenhaften Mechanismus des Weltgetriebes. Die objektiven Gegebenheiten bringen in die Musik denselben Zwiespalt, der zwischen seelischer
Innerlichkeit und äußerer Realität besteht. Durch ihr Objektives kann
die Musik zwar überhaupt erst in der Welt wirken, aber Erlösung kommt
nicht von ihm. Die „ätherische Musik" (I, 160), die aus dem Nachen der
Liebenden zum Himmel aufsteigt, wird nicht mittels gewöhnlicher Instrumente hervorgebracht. Es heißt:

> „... süße Hörner, und ich weiß nicht, welche andre zauberische Instru-
> mente zogen eine schwimmende Welt von Tönen hervor" (I, 160).

Wie sollten die zwei Liebenden in ihrem Boot diese Hörner und die
anderen „zauberischen Instrumente" spielen, wobei sie ihr Hauptgeschäft, ihr Gefühl vereint ausströmen zu lassen, nicht vernachlässigen
dürften und überdies noch singen müßten? Denn auch Gesang erklingt,
aber es wird nicht gesagt, daß die Liebenden singen. Sie musizieren nicht,
sondern sie fühlen. Und da, wie wir eingehend erörtert haben, Musik für
Berglinger wesentlich Gefühl ist, kann hier im Märchen das Gefühl der
Liebenden, das die Welt durchdringt und erfüllt, Musik sein. Was er-
lösend erklingt, ist „der Liebe Ton" (I, 161).

Berglinger hat das Märchen zur Zeit seiner Lehrjahre in der bischöflichen Residenz gedichtet (vgl. I, 155). Er hat darin die Erfüllung gedichtet, die ihm in Wirklichkeit versagt war, hat seine Sehnsucht nach
Erlösung den Worten anvertraut, während ihn die Musik unerlöst ließ, —
unerlöst lassen mußte, da er sich der Einöde der Welt von allem Anfang
an entzog. Er hat die Musik als Halt und Erlösung ergriffen, aber was

---

[347] Hilbert, a. a. O., S. 146.
[348] Kohlschmidt, a. a. O., S. 165.

sie ihm gewährt, sind nur Augenblicke des Vergessens und dämonische Exaltationen. „Alle die Unbegreiflichkeiten, die unser Gemüt bestürmen, und die die Krankheiten des Menschengeschlechtes sind, verschwinden vor unsern Sinnen" (I, 165), schreibt Berglinger und ist sich dabei selbst bewußt, daß solches Vergessen keine Fragen und Zweifel löst. Sein „schöner Glaube" (I, 165) ist keine religiöse Glaubensgewißheit. Es ist ein Glaube ohne Offenbarung:

> „,Und wie? Werden hier Fragen uns beantwortet? Werden Geheimnisse uns offenbart?' — Ach nein! aber statt aller Antwort und Offenbarung werden uns luftige, schöne Wolkengestalten gezeigt, deren Anblick uns beruhigt, wir wissen nicht wie." (I, 164 f.)

In diesen Wolkengestalten, fährt Berglinger fort, „begrüßen und umarmen (wir) fremde Geisterwesen, die wir nicht kennen, als Freunde", und wenig später fügt er noch hinzu:

> „Nur ein solcher ist der Weg zur allgemeinen, umfassenden Liebe, und nur durch solche Liebe gelangen wir in die Nähe göttlicher Seligkeit." (I, 165 f.)

Aber gleicht diese Liebe jener erlösenden im Märchen? Steht es mit ihr nicht so wie mit all den von der Musik erregten Gefühlen?

> „Es scheinen uns diese Gefühle, die in unserm Herzen aufsteigen, manchmal so herrlich und groß, daß wir sie wie Reliquien in kostbare Monstranzen einschließen, freudig davor niederknieen, und im Taumel nicht wissen, ob wir unser eignes menschliches Herz, oder ob wir den Schöpfer, von dem alles Große und Herrliche herabkommt, verehren." (I, 167)

Insgeheim weiß Berglinger, daß er in der Musik nur sein eigenes Herz verehrt und daß jene fremden Geisterwesen nichts anderes sind als „Bewegungen unsers Gemüts ..., in goldne Wolken luftiger Harmonieen eingekleidet" (I, 167 f.).

In den Bewegungen des eigenen Gemüts sucht Berglinger Erlösung. Mit jener „allgemeinen, umfassenden Liebe", von der er spricht, umfaßt er bloß sich selbst, gelangt er nur scheinbar „in die Nähe göttlicher Seligkeit", tatsächlich bloß zur immanenten Seligkeit seines Herzens. In dem Brief, den wir zur Interpretation des Märchens herangezogen haben, wirft Berglinger sich vor, daß sein schöner Glaube an die Kunst „ein täuschender, trüglicher Aberglaube" ist (I, 276). Denn er vergöttlicht die eigene Innerlichkeit. Von solchem Zweifel an der Kunst heimgesucht, überfällt ihn um so schmerzlicher die Vision der leidenden Welt, die ihn rings umgibt. Er hört ihre Hilferufe und Schmerzensschreie, sein „verweichlichtes Künstlergemüt gerät in Angst, weiß nicht zu antworten, schämt sich zu fliehen, und hat zu retten keine Kraft" (I, 277 f.). Gepeinigt von dem Bewußtsein seines Versagens und seiner Schuld, sucht er erneut Erlösung in der Musik, und sie schenkt ihm, wenn nicht Erlösung, so doch Augenblicke der Stillung und des Vergessens.

> „Was hilft's aber, wenn ich mitten in diesen entsetzlichen Zweifeln an der Kunst und an mir selber krank liege — und es erhebt sich eine herrliche Musik — ha! da flüchten alle diese Gedanken im Tumulte davon, da hebt das lüsterne Ziehen der Sehnsucht sein altes Spiel wieder an; da ruft und ruft es unwiderstehlich zurück, und die ganze kindische Seligkeit tut sich von neuem vor meinen Augen auf." (I, 278)

Berglinger bleibt im Zirkel seiner Subjektivität verfangen. Und so steigert sich sein Schuldbewußtsein. Sein schönes Leben in der Musik wird ihm zur Verdammnis. Erlösung wäre für ihn, wenn es ihm gelänge, aus diesem Zirkel auszubrechen. Vielleicht dürfen wir seine Heimreise zu dem kranken Vater als einen solchen Ausbruch deuten. Die wortlose Versöhnung mit seinem Vater ist ja zugleich Rückkehr in das wirkliche Leben und Annahme dessen, was es ihm auferlegt. Aber auch diese ernste, nicht musikalisch-ästhetische Versöhnung ist ja nur auf dem Grund der tiefsten Selbstentzweiung möglich. Überwältigt von seinem Schuldbewußtsein wird Berglinger „von Allem bis ins Innerste zerrissen" (I, 148).

Die Unheilbarkeit von Berglingers Schuldbewußtsein kommt nicht allein aus der Erkenntnis, daß er gegenüber den Forderungen der Wirklichkeit versagt hat. Sie kommt tiefer noch aus dem zweideutigen Wesen und aus der moralischen Anrüchigkeit der Musik selbst.

In seiner Lobpreisung der Wunder der Tonkunst ruft Berglinger aus:

> „Wahrlich, es ist ein unschuldiges, rührendes Vergnügen, an Tönen, an reinen Tönen sich zu freuen! Eine kindliche Freude!" (I, 164)

Für unschuldig gilt Berglinger die Musik, weil ihre Regungen keinen Zusammenhang mit dem wirklichen Leben kennen. Entsprechend scheint ihm auch die Seligkeit des ihr hingegebenen Herzens gerade deshalb unschuldig, weil die Musik die subjektiven Gefühle ihre Bezogenheit auf die Wirklichkeit durchbrechen und rein, d. h. unbefleckt vom Schlamm des Irdischen, „wie in einem jenseitigen Leben in verklärter Schönheit" (I, 188) hervorgehen läßt. Auf der Losgelöstheit von allem Irdischen beruht für Berglinger die Unschuld der Töne und die Reinheit der Musik. Dem Vorwurf des Vaters, die Kunst sei unmoralisch und verderblich, scheint mit dem Hinweis auf diese ihre Unschuld der Grund entzogen. Und doch verstrickt gerade die weltfremde Reinheit der Musik Berglinger in Schuld. Aus der kontaminierenden Berührung mit dem Leben flüchtet er sich in eine unerlaubte Unschuld und feiert, losgelöst von allem Wirklichen, seine Versöhnung mit der Welt:

> „Wenn andre sich mit unruhiger Geschäftigkeit betäuben, und von verwirrten Gedanken, wie von einem Heer fremder Nachtvögel und böser

Insekten, umschwirrt, endlich ohnmächtig zu Boden fallen; — oh, so tauch'
ich mein Haupt in dem heiligen, kühlenden Quell der Töne unter, und die
heilende Göttin flößt mir die Unschuld der Kindheit wieder ein, daß ich
die Welt mit frischen Augen erblicke, und in allgemeine, freudige Versöhnung zerfließe." (I, 164)

Auf dieser scheinbar wiedergewonnenen Unschuld und illusorischen Einheit mit der Welt beruht Berglingers schuldhaftes Verhalten zur Wirklichkeit.

Was nun aber das „eigentümliche innere Wesen" der Musik angeht,
auf deren erlösende Unschuld sich Berglinger beruft, so treffen die Vorwürfe des alten Arztes in einem viel tieferen und umfassenderen Sinn, als
er selbst weiß, auf sie zu:

> „Sie ist die einzige Kunst, welche die mannigfaltigsten und widersprechend-
> sten Bewegungen unsers Gemüts auf d i e s e l b e n schönen Harmonieen
> zurückführt, die mit Freud' und Leid, mit Verzweiflung und Verehrung in
> gleichen harmonischen Tönen spielt." (I, 168)

Damit ist gesagt, daß die Unschuld der Musik nichts ist als eine völlige
Gleichgültigkeit gegen Gut und Böse. Sie regt die widersprechendsten Gefühle und Phantasiebilder auf und spielt mit ihnen allen in „wahnsinniger
Willkür" (I, 193), wie Berglinger es in seiner Beschreibung einer Symphonie gegen Ende des Aufsatzes über das Wesen der Tonkunst darstellt. Die
erlösende Unschuld der Musik, die Berglinger in „Die Wunder der Tonkunst" gepriesen hat, ist hier höchst anrüchig geworden. Berglinger sieht
die „mannigfaltigen, menschlichen Affekten, wie sie, gestaltlos, zu eigner
Lust, einen seltsamen, ja fast wahnsinnigen pantomimischen Tanz zusammen feiern, wie sie mit einer furchtbaren W i l l k ü r , gleich den unbekannten, rätselhaften Zaubergöttinnen des Schicksals, frech und frevelhaft durcheinander tanzen" (I, 193). Und da spricht Berglinger selbst das
Wort aus, das die Unschuld der Musik in ihrer Fragwürdigkeit entlarvt:

> „Und eben diese f r e v e l h a f t e U n s c h u l d , diese furchtbare, orakel-
> mäßig-zweideutige Dunkelheit, macht die Tonkunst recht eigentlich zu einer
> Gottheit für m e n s c h l i c h e Herzen." (I, 194)

Entsprechend schreibt Berglinger in seinem letzten Brief, in dem er den
Kult dieser amoralischen Göttin als Selbstvergötzung des eigenen Herzens
enthüllt:

> „Ich erschrecke, wenn ich bedenke, zu welchen tollen Gedanken mich die
> frevelhaften Töne hinschleudern können, mit ihren lockenden Sirenenstim-
> men und mit ihrem tobenden Rauschen und Trompetenklang." (I, 278 f.)

Die Behauptung, Wackenroder habe „bewiesen, daß die Kunst nicht
nur für den Schaffenden, sondern auch für den Empfangenden der hohe

und alleinige Inhalt eines Lebens sein kann" [349], scheint uns von hier aus recht unangebracht. Genau das Gegenteil hat Wackenroder durch die Gestalt des Musikers Joseph Berglinger dichterisch bewiesen: Wer sich allein der Kunst hingibt und in ihr Erlösung vom Leben sucht, fällt in Schuld und Verdammnis. Es stimmt zu der Dialektik von Berglingers Wesen, daß sein Schuldbewußtsein seinem Verlangen nach Erlösung entspringt, — dem Verlangen nach jener Seligkeit, die er aus der „frevelhaften Unschuld" der Musik zieht. Berglinger durchschaut diesen Zusammenhang und deckt ihn vor sich selber auf, ohne doch den Zirkel sprengen zu können. Wenn in späterer Zeit dem Bürger der Künstler überhaupt moralisch anrüchig erscheint — ein Thema, das noch Thomas Mann in dem langen Gespräch Tonio Krögers mit Lisaweta Iwanowna abgehandelt hat —, so ist es Berglinger gegeben, die Moral des Künstlers, seine Haltung zu den im gewöhnlichen Leben geltenden Wertungen, aus der Dialektik seines Wesens heraus mit zwei Sätzen gründlich zu erhellen:

> „Der Weltweise betrachtet seine Seele wie ein systematisches Buch, und findet Anfang und Ende, und Wahrheit und Unwahrheit getrennt in bestimmten Worten. Der Künstler betrachtet sie wie ein Gemälde oder Tonstück, kennt keine feste Überzeugung, und findet alles schön, was an gehörigem Orte steht." (I, 279)

Diese Worte spricht freilich nicht mehr der gottbegeisterte Künstler, sondern der als Götzendiener der Kunst dahinter erschienen ist: der Ästhet.

3. Berglinger und die Schöpfung

Die Naturanschauung des Klosterbruders und Berglingers

Unsere Untersuchung wendet sich zuletzt der Stellung Berglingers zur Welt im ganzen zu. Soweit es sich dabei um die soziale Welt handelt, haben wir bereits in einem früheren Abschnitt der Arbeit Berglingers Selbstentzweiung aufgezeigt, in die ihn der Widerstreit zwischen Kunstgefühl und sozialem Gewissen ebenso bringt wie der Antagonismus zwischen der Isolierung mit sich und seiner Kunst und dem Streben, durch die Kunst auf die Menschen zu wirken und sich ihrer Seelen zu bemächtigen. Auch Berglingers Verhältnis zur Welt im ganzen ist durch sein Leben in der Musik, durch seine musikalische Existenz bestimmt. Diese aber hat, wie wir sahen, im Lauf seines Lebens eine Wandlung erfahren. Der religiöse Glaube an die Musik als an eine himmlische Macht, durch die Gott sich den Menschen und in Sonderheit dem Künstler mitteilt, ist geschwunden. In seinem letzten Brief wirft Berglinger sich Aberglauben

---

[349] Benz, Die Welt der Dichter und die Musik, S. 61.

und Götzendienst vor. Bis dahin freilich war Berglingers musikalisches Leben trotz der Zweideutigkeit der Musik, die bisweilen mehr dämonische als göttliche Wesenszüge trug, nicht bloß ästhetische, sondern zugleich religiöse Existenz. In einem früheren Brief hat Berglinger bekannt, er schulde die eine Hälfte seines Verdienstes „der Göttlichkeit der Kunst, der ewigen Harmonie der Natur, und die andre Hälfte dem gütigen Schöpfer, der uns diesen Schatz anzuwenden Fähigkeit gab" (I, 145). Die Göttlichkeit der Musik wird hier also mit der von Gott begründeten Harmonie der Natur in Beziehung gebracht. Diese Anschauung entspricht noch völlig der Kunstfrömmigkeit des Klosterbruders, der verkündigt, daß Gott durch die zwei wunderbaren Sprachen der Natur und der Kunst zu uns spreche und uns so an dem „Unsichtbaren, das über uns schwebt" (I, 64), teilnehmen lasse.

Es ist nun höchst bezeichnend, daß diese Anschauung von einer göttlich-harmonischen Natur keineswegs die ganzen Herzensergießungen trägt. Schon der kunstliebende Klosterbruder, bei dem von einer Krise der religiösen Kunstauffassung und einer Auflösung der religiösen in die bloß ästhetische Existenz nicht die Rede sein kann, steht der Natur im Grunde fremd gegenüber. Obwohl er sie als jene Sprache preist, durch die Gott sich dem Gemüt unmittelbar offenbart (I, 65), vermag er sich ihr nicht im selben Maße hinzugeben wie der Kunst:

„Wir wissen nicht, was ein Baum ist; nicht, was eine Wiese, nicht, was ein Felsen ist; wir können nicht in unserer Sprache mit ihnen reden; wir verstehen nur u n s untereinander." (I, 66)

Diesem Bewußtsein, von der Natur ausgeschlossen zu sein, im Werk eines Frühromantikers zu begegnen, muß seltsam anmuten, wenn man bedenkt, daß der Künstler zu keiner Zeit in die Natur so sich einfühlte und sich mit ihr eins fühlte wie in der Romantik. Beruht doch die romantische Naturlyrik wesentlich auf der Voraussetzung der Einheit von gemüthaftem Innenleben und dem inneren Leben der Natur, der Zusammenstimmung von Natur und Mensch. Die Natur spricht zum Menschen, erweckt in ihm Klänge und Bilder, wie andererseits der in die Natur sich einfühlende Mensch das Lied weckt, das in allen Dingen schläft.[350] — Auch Wackenroders Klosterbruder fühlt sich von den Dingen der Natur angesprochen und innerlich bewegt, denn es hat „der Schöpfer in das Menschenherz eine solche wunderbare Sympathie zu diesen Dingen gelegt, daß sie demselben auf unbekannten Wegen, Gefühle, oder Gesinnungen, oder wie man es nennen mag, zuführen" (I, 66). Aber diese

---

[350] Vgl. Paul Böckmann, Klang und Bild in der Stimmungslyrik der Romantik. In: Gegenwart im Geiste. Festschrift für Richard Benz. Hamburg 1954, S. 103 ff.

prästabilierte Sympathie[351] hindert nicht, daß dem Klosterbruder die Sprache der Natur ähnlich wie Hamann „abgebrochenen Orakelsprüchen aus dem Munde der Gottheit" (I, 69) gleicht. Sie bleibt nicht nur rätselhaft im Sinne des rational nicht Aufschließbaren, sondern fremd als das ganz Andere, das nicht Kunst, nicht menschliche Empfindung ist. Nur von Gott, ihrem Schöpfer, möchte man vielleicht sagen, daß er „wohl die ganze Natur oder die ganze Welt auf ähnliche Art, wie wir ein Kunstwerk, ansehen möge" (I, 69).

Die Natur ist Kunstwerk Gottes. Sie ist auf ihre Weise aber auch selbst eine Künstlerin.

> „Die Natur, die ewig emsige Arbeiterin, fertigt mit immer geschäftigen Händen Millionen Wesen allen Geschlechtes, und wirft sie ins irdische Leben hinein. Mit leichtem, spielendem Scherze mischt sie, ohne hinzusehn, die Stoffe, wie sie sich nun schicken mögen, auf mannigfache Weise zusammen, und überläßt jedes Wesen, das ihrer Hand entfällt, seiner Lust und seiner Qual." (I, 70)

Wir fragen uns, ob unter einem solchen Aspekt die Natur noch Sprache Gottes sein kann. Wird sie nicht zu einem selbständigen Wesen, das wie aus einer überdimensionalen Kunstwerkstatt Gebilde in die Welt setzt, unbekümmert, willkürlich und mit derselben frivolen Unschuld, die Berglinger im Walten der Musik erblickt? Wir finden ein ähnliches Bild der Natur in Toblers Fragment „Die Natur" niedergelegt: „Sie baut immer und zerstört immer und ihre Werkstatt ist unzugänglich."[352] „Sie ist die einzige Künstlerin: aus dem simpelsten Stoffe zu den größten Kontrasten."[353] „Sie spritzt ihre Geschöpfe aus dem Nichts hervor, und sagt ihnen nicht, woher sie kommen und wohin sie gehen."[354] Den Welterscheinungen wird hier vom Klosterbruder im Sinne Goethes „ein unerforschliches, unbedingtes, humoristisches, sich selbst widersprechendes Wesen zum Grunde gedacht".[355]

Der anthropomorphen Züge, die die Natur als „ewig emsige Arbeiterin" (I, 70) in den „Herzensergießungen" noch trägt, wird sie von der Naturanschauung des Klosterbruders in die „Phantasien über die Kunst" entkleidet. Das Gefühl der Fremdheit der Natur steigert sich zum Bewußtsein eines unheimlichen, unnahbar fürchterlichen Waltens, dem alle Kreatur unterworfen ist. Erneut stellt sich eine Verwandtschaft des Klosterbruders mit Berglinger heraus:

---

[351] Vgl. S. 92, Anm. 85.
[352] Goethes Werke, Hamburger Ausgabe, 13. Bd., S. 45.
[353] Ebd.
[354] Goethes Werke, a. a. O., S. 46.
[355] Goethe an den Kanzler v. Müller, a. a. O., S. 48.

„Jenes gewaltsame Auf- und Niederwallen der irdischen Dinge — daß sich
das Hohe zum Hohen gesellt, und die Flächen und Tiefen verwahrlost ver-
gehen — erscheint mir nicht anders als der eigentümliche, geheimnisvolle
Pulsschlag, das furchtbare, unverständliche Atemholen des Erdgeschöpfs."
(I, 125)
Dieser Ton ist uns aus Berglingers Märchen bekannt.

Überall sieht der Klosterbruder die Natur vom Blickpunkt der Kunst
aus. Sie soll für die Bewegung des Gemüts dasselbe leisten wie die Kunst.
Aber die Natur im ganzen, die Schöpfung, vermag das fühlende Gemüt
nicht zu ergreifen, und selbst ihre einzelnen Dinge erschließen sich dem
hingegebenen Gemüt nicht so wie ein Kunstwerk. Das große Weltgeschöpf
bleibt verschlossen. Dennoch hält der Klosterbruder an der Analogie
zwischen der großen Natur und der Kunst fest. Worin sie übereinkom-
men, ist letztlich jenes furchtbare, willkürliche Walten, von dem Berglinger die Musik durchherrscht findet. Nur wird es vom Klosterbruder
unbedingt bejaht (vgl. I, 125), während Berglinger es in der Musik als
frevelhaft verdammt.

Die Naturanschauung Berglingers ist anderer Art als die des Klosterbruders. Nicht nur büßt die Natur wie die Musik für jenen ihre ursprüngliche Heiligkeit und Harmonie ein. Unter dem Bild des Rades der Zeit
gibt sich die Welt als ein unaufhörlich fortsausendes Getriebe, das alles
mit sich reißt. Gott ist fern von seinem Werk, das kein lebendiges Erd-
geschöpf ist, sondern eine Maschine, die sich selbsttätig und mechanisch
bewegt und erhält.

Die Wendung von der organischen Naturauffassung des Klosterbruders zu der mechanischen Berglingers ist im Grunde eine Rückwendung zum rationalistischen Weltbild des Deismus, der das Jahrhundert
der Aufklärung prägte, wenn auch der Optimismus dieser Weltanschauung, der Glaube an eine prästabilierte Harmonie daraus entschwunden
ist und nur die Erfahrung einer leeren, mechanischen Welt zurückblieb.
Daß Wackenroder diese Erfahrung mit Tieck teilt, haben wir bereits
gesehen.[356] Daß er aber die organische Naturauffassung dem Kloster-

---

[356] Vgl. oben S. 175 f. — Novalis umschreibt in seinem Aufsatz „Die Christenheit oder Europa" (1799) die mechanistische Entleerung der Welt, die sich
in der Aufklärung vollzogen habe, auf eine verwandte Weise. Sie „machte
die unendlich schöpferische Musik des Weltalls zum einförmigen Klappern
einer ungeheuren Mühle, die vom Strom des Zufalls getrieben und auf ihm
schwimmend, eine Mühle an sich, ohne Baumeister und Müller und eigentlich ein echtes Perpetuum mobile, eine sich selbst mahlende Mühle" ist. Das
Bild einer Mühle war wohl im 18. Jahrhundert als Modell der Welt ebenso
populär wie das einer Uhr, denn Gottsched verwendet in seinen „Ersten
Gründen der gesamten Weltweisheit" die Mühle als Beispiel einer Maschine
und nennt die Welt „gleichfalls eine solche Maschine" (Gottsched, a. a. O.,
S. 201). — Vgl. auch S. 179 f., Anm. 337.

bruder und die depravierte mechanistische Berglinger zuteilt, darf uns
nicht zu dem Schluß verführen, als wolle er in seinem Werk die eine durch
die andere überwinden. Beide sind nur Bestandteile des poetischen Mate-
rials, das er jeweils „an gehörigem Orte" (I, 279) einsetzt, um daraus die
kontrastierenden Welten seiner Figuren zu bilden.

Harmonie und Willkür

Berglingers Anschauung von der Welt und dem Leben des Menschen
und seine Musikauffassung entsprechen einander sehr genau. Wir begegnen in den ‚Berglingeriana' der alten Lehre, daß die Gesetze der musikalischen Harmonie in der Ordnung der Welt begründet seien. Die Auffassung von der Musik als einer Kunst, die auf Gesetzmäßigkeit und
Harmonie beruht, steht jedoch in einer unauflöslichen Spannung zu Berglingers unmittelbarem Musikerleben. Er erfährt das innere Wesen der
Musik als gesetzlose Herrschaft von Gefühlen und die Phantasie erregen-
den Affekten. Derselbe Widerspruch gibt Berglingers Weltbild seine
innere Spannung. Wohl spricht er zu dem Klosterbruder einmal von der
„ewigen Harmonie der Natur" (I, 145), aber er empfindet den Gang der
Welt nirgends unmittelbar als eine göttliche Ordnung, sondern als einen
eintönigen mechanischen Kreislauf, und das Leben der Menschen sieht er
der Willkür eines unbegreiflichen Schicksals ausgesetzt.

Inwiefern für Berglinger in der Musik Gefühl und Wissenschaft einander widerstreiten, haben wir in einem früheren Abschnitt unserer Arbeit
zu zeigen versucht.[357] Zu diesem Widerstreit kommt es dadurch, daß
Berglinger das Wesen der Musik im Gefühl erblickt. Gegenüber den formlos strömenden Seelenregungen erscheint ihm der wissenschaftlich faßbare
Stoff der Musik als ein „Maschinenwerk" (I, 183 u. 184). An der traditionellen Auffassung festhaltend, spricht er zwar von dem „einzigen
wundervollen Dreiklang" (I, 145) und von der „festen, weisheitsvollen
Ordnung" (I, 183), worauf die Musik sich gründe. Aber diese Ordnung
stellt sich ihm bei näherem Zusehen als ein „elendes Gewebe von Zahlenproportionen" (I, 166) heraus, und er vergleicht das wissenschaftliche
Maschinenwerk der Musik mit einem „künstlichen Webstuhle für gewirkte Zeuge" (I, 184). Entfremdet sich dem innermusikalischen Gefühls-
leben Berglingers die objektive Form der Musik zu einem Maschinenwerk, so erstarrt ihm die fühllose Welt zu einem Mechanismus. Er überträgt auf die Natur das Bild des Webstuhls, indem er von dem „Gewebe
der Welt" (I, 171) und von dem „verwirrten Wust und Geflecht des irdischen Wesens" (I, 167) spricht. Die wechselseitige Abhängigkeit und Ein-

---

[357] Vgl. bes. S. 132—136.

heit von Natur- und Kunstanschauung läßt sich auch an dem Märchen aufzeigen, obwohl dem nackten Heiligen hier widerfährt, wovon Berglinger nur an dieser Stelle seiner Schriften und offenbar nicht aus eigenem Erleben spricht: Der erlöste Genius vernimmt, als er sich zum Himmel aufschwingt, den Klang der harmonia mundi. Die Voraussetzungen, unter denen im Märchen die Welt zu klingen anhebt, findet Berglinger in seinem wirklichen Leben nie verwirklicht. Der Zustand der Welt hat nämlich in dem Augenblick, da dem erlösten Heiligen die Sphärenharmonie ertönt, dieselbe Beschaffenheit angenommen, die Berglingers musikalische Gefühlsästhetik von einem Tonstück fordert. Erst dann kommt ein „unnennbar-köstliches Werk" zustande, wenn „Gefühl und Wissenschaft so fest und unzertrennlich ineinander hangen, wie in einem Schmelzgemälde Stein und Farben verkörpert sind" (I, 185 f.). In dem Märchen muß das Gefühl der Liebenden das Universum durchdringen, um den nackten Heiligen vom Rad der Zeit zu erlösen und die harmonia mundi erklingen zu lassen. Wie das „trockne wissenschaftliche Zahlensystem" (I, 189) der Musik muß die Natur in schönem Gefühl geschmolzen und in den Zustand eines musikalischen Gefühlsstromes übergeführt sein, ehe sie göttliche Harmonie hervorzubringen vermag. Ihren fühllosen Gang vernimmt der Heilige als eine fortsausende Mechanik, und Berglinger bestätigt dieses Weltgefühl seiner poetischen Figur, wenn er in dem von uns noch zu behandelnden „Fragment aus einem Briefe" (I, 178) von dem „unaufhörlichen, eintönigen Wechsel der Tausende von Tagen und Nächten" (I, 181 f.) spricht.

Einen objektiven, wissenschaftlichen Zugang findet Berglinger weder zur harmonischen Gesetzmäßigkeit seiner Kunst — er spricht von einem „Orakelgesetz des Systems" (I, 186) — noch zum Naturgesetz, auf das er jene gründen möchte. Die eigentümliche Verkehrung, in der uns die alte Anschauung von der Ordnung und Harmonie des Weltalls, deren Abbild die musica humana sei, in den Schriften Berglingers begegnet, ist um so aufschlußreicher, als der Gedanke der harmonia mundi nicht nur der Musikauffassung des Barock durchaus gemäß ist.[358] Auch die Romantik hat sich dieses Gedankens wieder bemächtigt, und noch Schopenhauers Philosophie der Musik gründet sich auf die bis zu den Pythagoreern zurückreichende Anschauung von der einheitlichen Gesetzmäßigkeit der Musik und des Kosmos.[359] Als Beleg für die romantische Ausformung dieser Idee sei ein Abschnitt aus einem Fragment Johann Wilhelm Ritters angeführt, der von Erkenntnissen der Physik ausgehend, ganz anders als Berglingers nackter Heiliger auf gedanklich-spekulativem Weg zu einer Anschauung der Musik des Alls kommt:

[358] Vgl. oben S. 116 f.
[359] Vgl. oben S. 125.

„Töne entstehen bei Schwingungen, die in gleichen Zeiten wiederkehren. Die halbe Zahl der Schwingungen in der nämlichen Zeit gibt den Ton eine Oktave tiefer, der vierte Teil zwei Oktaven usw. Zuletzt kommen Schwingungen heraus, die einen Tag, ein Jahr, ein ganzes Menschenleben dauern. Vielleicht sind diese von großer Wichtigkeit. Die Umdrehung der Erde um ihre Achse zum Beispiel mag einen bedeutenden Ton machen, das ist die Schwingung ihrer inneren Verhältnisse, die dadurch veranlaßt ist; der Umgang um die Sonne einen zweiten, der Umlauf des Mondes um die Erde einen dritten usw. Hier bekommt man die Idee von einer kolossalen Musik, von der unsere kleine gewiß nur eine sehr bedeutende Allegorie ist. Wir selbst, Tier, Pflanze, alles Leben mag in diesen Tönen begriffen sein. Ton und Leben werden hier eins." [360]

Berglingers Welt- und Musikanschauung und sein Lebensgefühl scheinen eine solche harmonische Sicht nicht zuzulassen. Sie würde der Musik ihre Zweideutigkeit nehmen und die Einheit von Musk und Welt auf dem Grunde einer göttlichen Ordnung herstellen. Indessen bestimmt für Berglinger gerade Ordnungs- und Gesetzlosigkeit das innere Wesen der Tonkunst. Wo er sich davon Rechenschaft ablegt, sind „Zauber" und „Willkür" die Vokabeln, die er immer wieder gebraucht. Wenn „der leeren Stille sich auf einmal, aus freier Willkür, ein schöner Zug von Tönen entwindet, und als ein Opferrauch emporsteigt" (I, 163), dann beginnt eine Welt von Affekten sich zu regen, und „alle die tönenden Affekten werden von dem trocknen wissenschaftlichen Zahlensystem, wie von den seltsamen wunderkräftigen Beschwörungsformeln eines alten furchtbaren Zauberers, regiert und gelenkt" (I, 189). Das innermusikalische Leben läßt die gegensätzlichsten Affekte sich miteinander verbinden. Berglinger spricht von der „wahnsinnigen Willkür, womit in der Seele des Menschen Freude und Schmerz, Natur und Erzwungenheit, Unschuld und Wildheit, Scherz und Schauder sich befreunden, und oft plötzlich die Hände bieten" (I, 193). Und beides, Zauber und Willkür, zusammenfassend, vergleicht er das innermusikalische Leben mit dem wirklichen Leben der Menschen. Er sieht in der Musik die menschlichen Affekte „mit einer furchtbaren W i l l k ü r , gleich den unbekannten, rätselhaften Zaubergöttinnen des Schicksals, frech und frevelhaft durcheinander tanzen" (I, 193). Das innermusikalische Leben und das wirkliche Leben der Menschen sind gleichermaßen von dämonischer Willkür bestimmt, und hierin — nicht auf Grund einer gesetzmäßigen Harmonie — entsprechen Musik und Leben einander. Mit derselben Willkür herrschen die gegensätzlichen Affekte der Musik und das unbegreifliche Schicksal über die Seele. Die Analogie, die zwischen Musik und Leben im Zeichen einer „furchtbaren Willkür" (I, 193) besteht, wird von Berglinger unmißver-

---

[360] Ritter, Fragmente aus dem Nachlaß eines jungen Physikers. Ausgew. v. Friedrich v. der Leyen. (Insel-Bücherei. 532.) Insel-Verlag 1946, S. 45.

ständlich ausgesprochen, wo er jene Menschen tadelt, die sich nicht den verschiedenen Arten der Musik mit derselben Unbedingtheit hinzugeben bereit sind. Berglinger scheint es natürlich, das „in der Welt der K u n s t " (I, 171) waltende Schicksal zu bejahen, weil eine Betrachtung des „Gewebes der Welt" zeigt,

> „daß das Schicksal seinen Weberspul nur so hin oder so hin zu werfen braucht, um in denselben Menschenseelen im Augenblick ein Lustspiel oder Trauerspiel hervorzubringen." (I, 171)

Wie Berglingers Musik- und Weltanschauung sich ineinander spiegeln, so sind das chaotische Lebensgefühl des Musikers und seine Weise, Musik zu erleben, aufeinander abgestimmt. Auch an dem Widerspruch von Harmonie und Willkür, den Leben und Kunst für Berglinger gleichermaßen in sich tragen, erweist sich die Einheit der Berglinger-Dichtung.

Sein und Schein

Je fragwürdiger und zwiespältiger Berglinger die Musik wird, desto mehr offenbart sich ihm eine geheime Verwandtschaft zwischen ihr und der Welt. Die Kluft, die zwischen Berglingers schönem Reich des objektlosen musikalischen Gefühls, seiner musikalischen Scheinwelt, und der grauenerregenden wirklichen Welt besteht, wird dadurch nicht überwunden. Aber das Leben in der Welt des schönen Scheins entwirklicht auch die wirkliche Welt. Sie erscheint dem Musiker allenthalben vieldeutig und von schwankendem Bestand. Sie ist in unaufhörlicher Veränderung begriffen, es gibt in ihr keine Sicherheit (vgl. I, 141). Bisweilen verliert sie für Berglinger völlig ihre Eigenständigkeit und löst sich in ein Beliebiges auf, das immer anders ist, je nachdem, wie er es sieht. Sind doch „alle Dinge in der Welt so oder anders, nachdem wir sie so oder anders betrachten" (I, 156). Die Welt des schönen Scheins, in der Gut und Böse, Wahres und Falsches nicht getrennt sind, sondern alles schön ist, „was an gehörigem Orte steht" (I, 279), vermag sich auf solche Weise die Wirklichkeit zu assimilieren. Überdies saugt der musikalische Rausch der Phantasie die Wirklichkeit in sich auf, und so ergibt sich schließlich jene Weltdurchdringung, die, ihrerseits ein Korrelat zu Berglingers Weltflucht, sich auf ein Weltverhältnis gründet, das vom musikalisch-ästhetischen Schein bestimmt ist. „Daß mein Geist die Welt durchklinge, / Sympathetisch sie durchdringe, / Sie berausch' in Phantasei! — " (I, 138): diese Bitte an die Heilige Cäcilia hat sich solchermaßen an Berglinger erfüllt.

Die Musik aber verliert dabei ebenfalls ihre Eigenständigkeit und Jenseitigkeit. Sie kann auf die Dauer kein Land des Glaubens sein, in dem Berglinger beständigen Halt und Ruhe fände, sondern sie wird „ganz

ein Bild unsers Lebens: — eine rührend kurze Freude, die aus dem Nichts
entsteht und ins Nichts vergeht — die anhebt und versinkt, man weiß
nicht warum: — eine kleine fröhliche grüne Insel, mit Sonnenschein, mit
Sang und Klang — die auf dem dunkeln, unergründlichen Ozean
schwimmt" (I, 163).

Berglingers ästhetischer Existenz löst sich das Sein in Ungewißheit,
Flüchtigkeit und Scheinhaftigkeit auf. Er vermag nichts mehr zu er-
greifen. Sein letzter Brief enthält eine verzweifelte Klage über diesen
Seinsverlust. Selbst den plötzlichen Einbruch der Wirklichkeit mit Elend,
Krankheit, Krieg und Unglück vermag er nicht mehr ernst zu nehmen:

> „Und mitten in diesem Getümmel bleib' ich ruhig sitzen, wie ein Kind auf
> seinem Kinderstuhle, und blase Tonstücke wie Seifenblasen in die Luft:
> — obwohl mein Leben ebenso ernsthaft mit dem Tode schließt." (I, 276 f.)

Hier kommt dem Musiker das Leben wieder als das ganz andere zum Bewußtsein, das sich fordernd und drohend jenseits der Kunst als der Welt
des schönen Scheines erhebt. Bisweilen aber ist ihm gerade das Unwirkliche
und Scheinhafte seiner Kunst Abbild des Lebens. Denn das Leben wird
vom ästhetisch Existierenden nicht ernstgenommen, ergriffen und gelebt,
sondern interesselos aus der Perspektive des schönen Scheins wie ein
Schauspiel betrachtet und genossen:

> „ ‚Ist nicht . . . das ganze Leben ein schöner Traum? eine liebliche Seifen-
> blase? Mein Tonstück desgleichen.'" (I, 164)

Das traumhafte ästhetische Leben, das Berglinger in der Kunst und
durch die Kunst führt, entleert die Dinge ihres eigentlichen Gehalts. Im
Tonwerk spiegelt der ästhetisch Existierende seine selbstgenügsamen Empfindungen wider, die keine wirklichen Gefühle sind, sondern Schemen
ohne Bezug zum Leben. Die Kunst-Religion löst sich ihm in Aberglauben
und in Anbetung der eigenen Subjektivität auf. Das Leben aber verflüchtigt sich zu einem Spiel und die Welt verwandelt sich in ein ästhetisches
Gebilde, das aus dem Ungewissen aufsteigt, in bunten Farben schillert
und plötzlich verschwunden ist.

Was bleibt, ist das Gemüt, das in der Kunst sich selbst empfindet
und durch sie das Reale in schönen Schein verwandelt. Dabei aber tritt
nun der Schein an die Stelle des Bleibenden, des Seins. Denn in ihm bewahrt sich das Leben, das in Wirklichkeit unaufhörlich hinschwindet.
Schein und Sein tauschen ihre Rollen. Für diese Verwandlung von Sein
in Schein und Schein in Sein gibt Berglinger ein abgründiges Beispiel:

> „Wenn mir ein Bruder gestorben ist, und ich bei solcher Begebenheit des
> Lebens eine tiefe Traurigkeit gehörig anbringe, weinend im engen Winkel
> sitze, und alle Sterne frage, wer je betrübter gewesen als ich, — dann, —
> indes hinter meinem Rücken schon die spottende Zukunft steht, und über

den schnell vergänglichen Schmerz des Menschen lacht, — dann steht der Tonmeister vor mir, und wird von all dem jammervollen Händeringen so bewegt, daß er den schönen Schmerz daheim auf seinen Tönen nachgebärdet, und mit Lust und Liebe die menschliche Betrübnis verschönert und ausschmückt, und so ein Werk hervorbringt, das aller Welt zur tiefsten Rührung gereicht." (I, 169)

Der Musiker gewinnt aus dem Leben ein Gefühlsdestillat. Er schafft in der Musik dichteres, wirklicheres Leben als das gewöhnliche, diffuse, in dem die Gefühle nur flüchtige Begleiterscheinungen sind. Seine Kunst hält er daher für „den dichten Kern der Welt", während er „das gemeine wirkliche Leben nur für eine elende, zusammengeflickte Nachahmung, für die schlechte umschließende Schale ansieht" (I, 278). Der Faszination seiner musikalischen Scheinwelt verfallen, könnte Berglinger in die Worte des Genius in Hofmannsthals „Vorspiel zur Antigone des Sophokles" einstimmen: „. . . hier ist Wirklichkeit, und alles andre / ist Gleichnis und ein Spiel in einem Spiegel." [361] Soll die ständig vom Nichtsein bedrohte Wirklichkeit, sollen unsere wirklichen, aber allzeit wandelbaren Gefühle vor der Vergänglichkeit gerettet werden, so müssen sie gerade in einen Zustand des Nicht-wirklich-seins, in die beständigere Welt des schönen Scheins übergeführt werden. Die Paradoxie dieses Vorgangs zu bezeichnen, bedient sich Berglinger fast derselben Formel, mit der der Klosterbruder die medizinische Passion des alten Berglinger charakterisiert hat. Wir erinnern uns: „Lust" und „jammervolle menschliche Gebrechen und Krankheiten" (I, 128) sind da eine zwiespältige Verbindung eingegangen. Berglinger sagt nun vom Künstler und also von sich selbst, daß er „mit Lust und Liebe die menschliche Betrübnis verschönert und ausschmückt" (I, 169). Das mumifizierte Sein wird im Schein aufgehoben, während es selbst vergeht.

> „Ich aber, wenn ich längst das angstvolle Händeringen um meinen toten Bruder verlernt habe, und dann einmal das Werk seiner (sc. des Tonkünstlers) Betrübnis höre, — dann freu' ich mich kindlich über mein eignes, so glorreich verherrlichtes Herz, und nähre und bereichere mein Gemüt an der wunderbaren Schöpfung." (I, 169)

Damit steht das Bild des lüsternen Einsiedlers vor uns, der sich an seiner Phantasie berauscht und an der Phantasie zugrunde geht, wie es Berglinger in seinem letzten Brief zeichnet. Einen lüsternen Einsiedler nennt Berglinger da den Künstler, weil er schamlos und zum Zwecke unfruchtbaren Selbstgenusses „die menschlichen Gefühle, die fest auf der Seele gewachsen sind, verwegen aus den heiligsten Tiefen dem mütterlichen Boden entreißt, und mit den entrissenen, künstlich zugerichteten Gefühlen

---

[361] Hugo von Hofmannsthal, Gesammelte Werke in Einzelausgaben. Dramen I. 1953, S. 280 f.

frevelhaften Handel und Gewerbe treibt, und die ursprüngliche Natur des Menschen frevelhaft verscherzt." (I, 278) Der Künstler vergeht sich an der Ordnung der Natur, indem er das wirkliche Gefühl in schönen Schein überführt, diesen als das Wahre und Bleibende betrachtet und so dem Schein jene ontische Dignität verleiht, die der Wirklichkeit abhanden kommt.

Noch in einer anderen Hinsicht ist jenes Kompositionsbeispiel, das den Rollentausch zwischen Sein und Schein demonstriert, aufschlußreich. Es erhellt den Zirkel, in dem sich die ästhetische Existenz bewegt. Der Tod des Bruders wird von Berglinger in dem Beispiel als eine Gelegenheit wahrgenommen, ein Gefühl „gehörig anbringe(n)" (I, 169) zu können. Das erinnert an eine Stelle in Berglingers letztem Brief, wo es heißt, der Künstler finde „alles schön, was an gehörigem Orte steht" (I, 279). Diese Einstellung des Musikers ist nicht auf dem Bereich der Kunst beschränkt, sondern bestimmt sein Leben und sein Verhältnis zur Welt überhaupt. Der Tod des Bruders schmerzt ihn, aber zugleich genießt er seinen „schönen Schmerz" (I, 169). Es ist dem ästhetisch Lebenden nicht mehr möglich, das Ernste ernst zu nehmen. Während er sich seiner Traurigkeit hingibt, hebt ihn das Bewußtsein der Vergänglichkeit seines Gefühls bereits darüber hinaus. Das Leben löst sich von ihm ab und wird zu einem Spiel, in dem er, Spieler und Zuschauer in einer Person, nur noch gehörige Posen einnimmt. Doch kann er nicht umhin, das Spiel völlig zu spielen, denn der Tod ist nicht schöner Schein, sondern furchtbar wirklich. Er ist über den Tod seines Bruders zu Tode betrübt, und hat dabei das heimliche Bewußtsein, daß dies zu einer Rolle gehört, deren ihn die Zukunft schon zu entkleiden beginnt. Er leidet und leidet zugleich nicht, weil er über seinen Schmerz immer schon hinaus ist, ihn auf seine ästhetische Richtigkeit prüft und wie ein musikalisches Gefühl genießt. In der Haltung, die Berglinger hier beschreibt, erkennen wir den Ausgangspunkt jener romantischen Ironie, von der Kierkegaard sagt, es sei ihr „mit nichts ernst, sofern es ihr mit keinem Etwas ernst ist".[362] Sie ist nicht Ironie im Sinn Friedrich Schlegels, ist kein poetologisches Prinzip[363], sondern Konsequenz der ästhetischen Lebensform.

[362] Sören Kierkegaard, Über den Begriff der Ironie. Mit ständiger Rücksicht auf Sokrates. Dt. v. Hans Heinrich Schaeder. München, Berlin 1929, S. 226.
[363] Von der praktischen Ironie als einem Element der ästhetischen Lebensform, die wir am Ausgang des 18. Jahrhunderts in der Berglinger-Dichtung und in anderer Weise vor allem in Tiecks „William Lovell" antreffen, ist die poetische Ironie als ein formales Darstellungsverfahren mancher Romantiker zu unterscheiden. Zur ersteren vgl. Fritz Brüggemann, Die Ironie als entwicklungsgeschichtliches Moment. Ein Beitrag zur Vorgeschichte d. dt. Romantik. Jena 1909; zur letzteren Ingrid Strohschneider-Kohrs, Die romantische Ironie in Theorie und Gestaltung (Hermaea. N. F. Bd. 6). Tübingen 1960.

Noch mitten in der Selbstanklage und Zerknirschung, aus der er seinen letzten Brief an den Klosterbruder schreibt, lebt Berglinger ironisch. Er zweifelt an sich und an der Kunst und kann doch seine eigene Not nicht ernst nehmen, da er weiß: „... wenn ich mitten in diesen entsetzlichen Zweifeln an der Kunst und an mir selber krank liege — und es erhebt sich eine herrliche Musik — ha! da flüchten alle diese Gedanken im Tumulte davon, da hebt das lüsterne Ziehen der Sehnsucht sein altes Spiel wieder an" (I, 278). Berglinger nimmt im Zustand der Reue den neuen Sündenfall vorweg. Fast könnte man mit Kierkegaard sagen: „... er bereut ästhetisch, nicht moralisch. Er ist im Augenblick der Reue ästhetisch über seine Reue hinaus und prüft, ob sie poetisch richtig ist." [364] Aus dem Zirkel des ästhetischen Lebens gibt es für Berglinger keinen Ausweg:

> „Ich komme ewig mit mir selbst nicht auf festes Land. Meine Gedanken überwälzen und überkugeln sich unaufhörlich, und ich schwindle, wenn ich Anfang und Ende und bestimmte Ruhe erstreben will. Schon manchesmal hat mein Herz diesen Krampf gehabt, und er hat sich willkürlich, wie er kam, wieder gelöst, und es war am Ende nichts als eine Ausweichung meiner Seele in eine schmerzliche Molltonart, die am gehörigen Orte stand."
>
> (I, 279)

Berglinger endet den Brief mit der resignierenden Erkenntnis des Zirkels, in dem die ästhetische Existenz sich dreht: „So spott' ich über mich selbst — und auch dies Spotten ist nur elendes Spielwerk." (I, 279) Die unendlichen Selbstbespiegelungen der älteren Romantiker — Friedrich Schlegels „Ich genoß nicht bloß, sondern ich fühlte und genoß auch den Genuß" [365] — kündigen sich bei ihm an.

„Ach! daß eben seine h o h e P h a n t a s i e es sein mußte, die ihn aufrieb?": so klagt der Klosterbruder am Ende seiner Darstellung von Berglingers musikalischem Leben (I, 150). Berglinger vernichtet mit seiner Phantasie nicht nur die Wirklichkeit, indem er Schein und Sein willkürlich vertauscht. Er ruiniert damit zugleich sein Leben. Berglinger selbst wird in dem ständigen Übergang von Sein in Schein und Schein in Sein aufgerieben. Denn ist erst die Welt zu schönem Schein entwirklicht, dann nimmt der Rausch der Phantasie immer wieder ein jähes Ende. Es erfolgt der Umschlag in die Ernüchterung. Die wirkliche Welt dringt auf Berglinger ein, bis sie von dem Musiker alsbald wieder zu schönem Schein verklärt wird.

---

[364] Kierkegaard, a. a. O., S. 238.
[365] Friedrich Schlegel, Dichtungen. Hrsg. u. eingel. v. Hans Eichner. (Kritische Friedrich-Schlegel-Ausgabe. 1. Abt., 5. Bd.) München, Paderborn, Wien, Zürich 1962, S. 8.

„Und wenn mir nun der Anblick des Jammers in den Weg tritt, und Hilfe fordert, wenn leidende Menschen, Väter, Mütter und Kinder, dicht vor mir stehen, die zusammen weinen und die Hände ringen, und heftiglich schreien vor Schmerz — das sind freilich keine lüsternen schönen Akkorde, das ist nicht der schöne wollüstige Scherz [Schmerz?] der Musik, das sind herz-zerreißende Töne, und das verweichlichte Künstlergemüt gerät in Angst, weiß nicht zu antworten, schämt sich zu fliehen, und hat zu retten keine Kraft. Er quält sich mit Mitleid — er betrachtet unwillkürlich die ganze Gruppe als ein lebendig gewordenes Werk seiner Phantasie, und kann's nicht lassen, wenn er sich auch in demselben Momente vor sich selber schämt, aus dem elenden Jammer irgend etwas Schönes und kunstartigen Stoff heraus-zuzwingen." (I, 277 f.)

Der Zirkel des ästhetischen Lebens ist wieder geschlossen. Von neuem fließen Sein und Schein ineinander, und der Künstler fährt fort, durch die Phantasie Welt und Leben ästhetisch aufzuheben.

Es bedarf kaum der Erwähnung, welche Gefahren aus einer solchen Haltung dem Geist der Romantik erwuchsen, der darauf ausgeht, alles Sein zu poetisieren, und, wie Jean Paul sagt, aus gesetzloser Willkür „lieber ichsüchtig die Welt und das All vernichtet, um sich nur freien Spiel-Raum im Nichts auszuleeren".[366] Für uns gilt es einzusehen, daß die späteren Kämpfe und Krisen der Romantiker kein Abfall von dem in Wackenroder angeblich rein entsprungenen Wesen der Romantik sind, wie behauptet worden ist. Vielmehr liegt schon im Ursprung der Romantik, wenn wir ihn bei Wackenroder aufsuchen, ihre Zwiespältigkeit und Problematik. Doch hat nicht erst Wackenroder die ästhetische Lebensform geschaffen. Sagt uns doch Karl Philipp Moritz: „Wir alle sind im Grunde unsers Herzens kleine N e r o n e n , denen der Anblick eines brennen-den Roms, das Geschrei der Fliehenden, das Gewimmer der Säuglinge gar nicht übel behagen würde, wenn es so, als ein S c h a u s p i e l , vor unserm Blick sich darstellte." [367] Wackenroders literaturgeschichtliche Be-deutung liegt in der Art, wie er das Thema des ästhetischen Lebens am Beginn der Romantik nicht nur theoretisch formuliert, sondern in seiner Berglinger-Dichtung gestaltet und es in seiner inhärenten Dialektik ent-faltet hat. Daß das Problem des ästhetischen Lebens, das den seiner Phantasie hörigen Menschen im Zirkel der Fluktuation von Schein und Sein aufreibt, von Tiecks William Lovell und Wackenroders Berglinger bis zum Ausgang der Romantik erhalten bleibt, — während es dann erst wieder am Ende des 19. Jahrhunderts in der Dichtung auftaucht —, kann

---

[366] Jean Paul, Sämtliche Werke. Hist.-krit. Ausgabe. 1. Abt., 11. Bd., Wei-mar 1925, S. 22.
[367] Moritz, Schriften zur Ästhetik und Poetik. Hrsg. v. Hans Joachim Schrimpf. (Neudrucke deutscher Literaturwerke, N. F. 7.) Tübingen 1962, S. 56.

uns ein Brief verdeutlichen, der, fast viereinhalb Jahrzehnte nach Wackenroders Tod, noch wie mit Berglingers Stimme zu uns spricht. Clemens Brentano schreibt am 18. April 1842 an Sophie von Schweitzer: „O mein Kind! wir hatten nichts genährt als die Phantasie, und sie hatte uns theils wieder aufgefressen."[367a]

Weltverklärung und Weltangst

In Berglingers Verhältnis zur sozialen Welt, zur Welt der Musik und zur Wirklichkeit überhaupt hat sich überall jener antithetische Grundzug dargestellt, der Berglingers Wesen bestimmt. Zuletzt war es allerdings kein Auseinanderbrechen in Gegensätze, worin der antithetische Grundzug sich äußerte, sondern ein Ineinanderübergehen von solchem, was wesensmäßig getrennt ist: der dialektische Rollentausch zwischen Sein und Schein. Berglinger lebt sein musikalisch-ästhetisches Leben in einer von der Phantasie bestimmten Welt des schönen Scheins[368], unter dessen Aspekt ihm auch die Wirklichkeit im ganzen, die Schöpfung schlechthin erscheint. Er verhält sich zu ihr als Zuschauer, durchdringt sie mit der Kraft seiner Gefühle und betrachtet sie „als ein lebendig gewordenes Werk seiner Phantasie" (I, 278). In dieser Haltung begegnet uns Berglinger auch in dem „Fragment aus einem Briefe" (I, 178—181), das der Klosterbruder unter den Nachlaßschriften des Musikers in seinen „Phantasien über die Kunst" veröffentlicht hat. Wir stellen die Betrachtung dieses Brieffragments an das Ende unserer Arbeit, weil es die Gestalt des Musikers noch einmal in besonderer Weise beleuchtet. Schon in seinem äußeren Aufbau läßt es das Prinzip der Antithese erkennen, das der gesamten Berglinger-Dichtung ihr Gepräge gibt. Ähnlich wie Berglingers Lebensgeschichte und sein „wunderbares morgenländisches Märchen von einem nackten Heiligen" gliedert es sich in zwei kontrastierende Teile. Zu dem Märchen bildet es ein Gegenstück: es klingt motivlich daran an, verlegt aber die musikalische Verklärung, die der zweite Abschnitt des Märchens gestaltet, in den ersten Teil und läßt dann den Umschlag ins Düstere folgen (I, 180 Z. 8 ff.). Die Harmonie des ästhetischen Scheins zerfällt und macht jenem Zustand der Welt Platz, den im Märchen das Drehen des Rades der Zeit bezeichnet. Berglinger führt uns in

---

[367a] Brentano, Gesammelte Schriften. 9. Bd., Frankfurt a. M. 1855, S. 423.
[368] Die Bedeutung von Begriffen wie „schöner Schein" und „Spiel" in der Ästhetik Kants und Schillers bleibt insofern außerhalb unserer Fragestellung, als es bei Berglinger nicht um eine Kunsttheorie sondern um eine Lebensproblematik geht. Von dieser scheinen Zeiten eines Spätsubjektivismus wie das ausgehende 18. und das späte 19. Jahrhundert besonders belastet zu sein. Alewyn hat bereits darauf hingewiesen (a. a. O., S. 52), daß Schnitzler, der junge Hofmannsthal und Thomas Mann Parallelen bieten.

dem Brieffragment in einer konkreten Situation seines Lebens den dialektischen Umschlag von Weltverklärung in Weltangst vor.

Es handelt sich um eine novellistisch erzählte Begebenheit aus der Zeit der Lehrjahre Berglingers in der fürstbischöflichen Residenz. Berglinger berichtet seinem geistlichen Freund von einem Abendspaziergang an einem Festtag im Sommer. Außerhalb der Tore der Residenzstadt vernimmt er eine Musik, die ihn verlockt, ihr nachzugehen. Er wird von den Tönen in einen öffentlichen Garten geleitet. Französische Gartenkunst bietet sich seinen Augen dar mit „Hecken, Alleen und bedeckten Gängen, mit Rasenplätzen, Wasserbecken, kleinen Springbrunnen und Taxuspyramiden dazwischen" (I, 178). Wir lesen gleichsam eine Prosaauflösung der Verse, die Hofmannsthal fast hundert Jahre später als Prolog zu Schnitzlers „Anatol" geschrieben hat: „Hohe Gitter, Taxushecken, / Wappen nimmermehr vergoldet...", und auch die Jahreszahl, die der Prolog angibt, könnte als Briefdatum zutreffen: „siebzehnhundertsechzig".[369] Was uns aber mehr noch an Hofmannsthal gemahnt, ist die Perspektive, die in Berglingers Brieffragment wie in den Versen Loris' herrscht: alles erscheint als ein Spiel. Theaterspiel gibt in dem „Prolog zu dem Buch ‚Anatol'" das tertium comparationis ab zwischen dem Gebaren der Damen und Kavaliere des Rokoko, die in der Szenerie eines französischen Gartens um eine flüchtig aufgeschlagene Bühne agieren, und unserem eigenen Leben, der „Komödie unsrer Seele"[370], die uns in „Anatol" vorgeführt wird. In Berglingers Brieffragment ist die Vorstellung des Spiels, die das ganze Prosastück durchzieht, mehrfach gebrochen und abgewandelt. Zunächst dominiert das Spiel der Musikanten, deren Musik die Atmosphäre des Gartens erfüllt. Um sie als Mittelpunkt bewegt sich eine Menge Menschen, und mitten unter diesen ergeht sich Berglinger, sein Herz den Tönen der Tanzmusik hingegeben, die von den Musikanten auf Blasinstrumenten hervorgebracht wird. „Sie füllten die ganze Luft mit den lieblichen Düften ihres Klanges an, und alle Blutstropfen jauchzten in meinen Adern." (I, 178) Berglingers Geist gerät, wie Wackenroder in einem Brief an Tieck von sich sagt, in eine „gewisse Tätigkeit..., die durch die Musik angeregt und erhalten wird" (II, 11 f.). Seine „Gedanken und Phantasieen werden gleichsam auf den Wellen des Gesanges entführt", und er denkt „über Musik als Ästhetiker" nach (II, 12). Er reflektiert über die Tanzmusik. Sie spricht am deutlichsten zu ihm und ist ihm „die eigentlichste, die älteste und u r s p r ü n g l i c h e Musik" (I, 179).

[369] Hugo von Hofmannsthal, Gesammelte Werke in Einzelausgaben. Gedichte und lyrische Dramen. 1952, S. 43.
[370] Hofmannstahl, a. a. O., S. 44.

Während er so sinnt, findet sich vor seinen Augen das Menschengewimmel, so verschieden es auch nach Alter und Stand ist, in Harmonie
und Heiterkeit zusammen, — „jene Heiterkeit meine ich, da alles in der
Welt uns natürlich, wahr und gut erscheint, da wir im wildesten Gewühle
der Menschen einen schönen Zusammenhang finden, da wir mit reinem
Herzen alle Wesen uns verwandt und nahe fühlen, und gleich den Kindern die Welt wie durch die Dämmerung eines lieblichen Traumes erblicken" (I, 168). Dieses Zitat, das Berglingers Seelenlage an jenem „köstlichen Abend" (I, 178) kommentiert, von dem das Brieffragment Nachricht gibt, haben wir dem Aufsatz „Die Wunder der Tonkunst" entnommen. Hier nun, in dem Brieffragment, führt Berglinger uns ähnlich wie
in seinem Märchen unmittelbar vor, wie das Wunder sich vollzieht.

Das Menschengewimmel, das Berglinger beschreibt, ist noch nicht der
bedrohlich anmutende Menschenstrom, der sich in Grillparzers Erzählung „Der arme Spielmann" zum Volksfest auf die Brigittenau hinaus-
wälzt, aber es ist auch nicht mehr jene höfische Rokokogesellschaft, mit
deren wohleinstudiertem Spiel Hofmannsthals Prolog die Agonien und
Episoden der Gesellschaft des ausgehenden 19. Jahrhunderts vergleicht.
Es ist bürgerliches Volk des 18. Jahrhunderts, das sich hier in verschiedenen Ständen und Altersstufen repräsentiert: Handwerker, Kaufleute,
„vornehme junge Herren"; ganze Familien; Kinder; Jugend, Greise. Sie
alle aber stimmen „zur Harmonie des Vergnügens zusammen" (I, 179).
Der „schöne Zusammenhang" (I, 168), durch den Berglinger sie untereinander und sich mit ihnen verbunden fühlt, umfaßt auch die Natur. Sie ist
in die allgemeine Harmonie mit einbezogen, und um dieser heiteren
Harmonie willen begeht Berglinger bzw. Wackenroder sogar die kleine
Unfolgerichtigkeit, nachträglich die Vorstellung des Frühlingshaften ins
Bild zu bringen, obwohl er anfangs von einem „warmen Sommerabend"
(I, 178) gesprochen hat. Die alles vereinende Harmonie verlangt, daß
„die muntersten, lustigsten Frühlingstöne" aus den Blasinstrumenten her-
vorkommen, „so frisch wie das junge Laub, das sich aus den Zweigen der
Bäume hervordrängt" (I, 178).

Aus Berglingers Märchen ist uns der Zusammenhang von Musik und
Verklärung und Harmonie der Welt bekannt. Dort war eine Verklärung
der Welt der Erlösung des Heiligen durch die Musik der Liebenden vor-
hergegangen, und nachdem die Töne die in Lichterscheinungen aufgelöste
fließende Landschaft durchdrungen hatten, war dem himmelwärts ent-
schwebenden Heiligen die Harmonie der Sphären erklungen. In dem
öffentlichen Garten aber — das wird in dem Brieffragment von Berglinger unverhüllt ausgesprochen — ist es der Blick des von den Tönen
trunkenen Musikers, dem „diese ganze lebendige Welt in einen Licht-

schimmer der Freude aufgelöst" erscheint. Wie in dem Märchen durchdringen sich auch hier Licht und Töne:[371]

> „...die Oboen- und Hörnertöne schienen mir wie glänzende Strahlen
> um alle Gesichter zu spielen, und es dünkte mich, als säh' ich alle Leute
> bekränzt oder in einer Glorie gehen." (I, 179)

Damit hat die musikalische Weltverklärung ihren Höhepunkt erreicht. Der schöne Schein hat alles sich anverwandelt. Durch Berglingers
Phantasie ist die Welt ästhetisch entwirklicht. In der Erinnerung an dieses Erlebnis erzählt Berglinger dem Klosterbruder:

> „Mein Geist, verklärt durch die Musik, drang durch alle die verschiedenen
> Physiognomieen bis in jedes Herz hinein, und die wimmelnde Welt um mich
> her kam mir wie ein Schauspiel vor, das ich selber gemacht, oder wie ein
> Kupferstich, den ich selber gezeichnet: so gut glaubte ich zu sehen, was jede
> Figur ausdrücke und bedeute, und wie jede das sei, was sie sein sollte."
> (I, 179 f.)

Das Spiel der Töne hat dem Musiker die Welt zum Bild und Schauspiel
verklärt. Eben jene Verklärung der Welt zum „lebendig gewordenen
Werk seiner Phantasie" (I, 278) ist eingetreten, die Berglinger veranlaßt,
in allem Künstlertum etwas tief Anrüchiges und Verbotenes zu erblicken.
Das Bild des Künstlers, das Berglinger in seinem letzten Brief entwirft,
ist ein Spiegelbild seiner selbst an jenem verklärten Lustort: „Das ist's,
daß der Künstler ein Schauspieler wird, der jedes Leben als Rolle betrachtet, der seine Bühne für die echte Muster- und Normalwelt, für den
dichten Kern der Welt, und das gemeine wirkliche Leben nur für eine
elende, zusammengeflickte Nachahmung, für die schlechte umschließende
Schale ansieht." (I, 278)

Auf die ästhetische Weltverklärung folgt der Sturz in die Weltangst.
Unter dem Einbruch der Nacht verfliegt der schöne Schein, der alles verklärt hat; „...die ganze, zuvor so lebendige Natur war in ein leises
Fieber melancholischer Wehmut aufgelös't." (I, 180) Berglingers Phantasie sinkt mit dem Verstummen der Musik in sich zusammen. Die Harmonie löst sich auf. Vom ästhetischen Rausch nachvibrierend, geht die Natur
aus dem Zustand des schönen Scheins in einen anderen über. Dennoch
wird auch jetzt von Berglinger das Bild des Schauspiels zunächst beibe-
halten, ja sogar noch erweitert. Das Schauspiel, das die Menschen vor
Berglingers Augen aufführten, ist vorüber. Auf der Szene des öffentlichen Gartens wird es dunkel, die Bühne leert sich:

> „Das Schauspiel der Welt war für diesen Tag zu Ende, — meine Schau-
> spieler nach Hause gegangen, — der Knäuel des Gewühls für heute ge-
> löst." (I, 180)

[371] Vgl. oben S. 186 f.

An die Stelle jenes Spiels, das Berglingers Phantasie inszeniert hat, tritt das große Weltspiel, von Gott regiert, von seinen Geschöpfen ausgeführt.

> „Denn Gott hat die lichte, mit Sonne geschmückte Hälfte seines großen Mantels von der Erde weggezogen, und mit der andern schwarzen Hälfte, worin Mond und Sterne gestickt sind, das Gehäuse der Welt umhängt, — und nun schliefen alle seine Geschöpfe in Frieden." (I, 180)

Indessen wird das traditionelle Bild des Theatrum mundi[372], das hier, wenn auch nur undeutlich, noch durchscheint, sogleich völlig verändert. Mit dem großen Welttheater Calderons hat es kaum mehr etwas gemein. Seinen Sinn und seine Würde erhält das Weltspiel durch göttlichen Ratschluß und Auftrag. Gott ist Meister und Lenker des Spiels. Bei Berglinger tritt nun aber im folgenden die Vorstellung eines Gottes, der das Spiel in Szene gesetzt hat, auffallend zurück. Das Bild des Spiels selbst, das bisher allen in dem Brieffragment dargestellten Vorgängen zugrundelag, scheint aufgegeben. Berglinger spricht statt dessen von einem sich endlos in die Zukunft erstreckenden Wechsel. An Stelle des großen Welttheaters, in dem die Menschen die ihnen von einem persönlichen Gott aufgetragene Rolle spielen, wütet ein beständiger Kampf, in den nur der Wechsel der Tageszeiten eine mechanische Ordnung bringt:

> „Freude, Schmerz, Arbeit und Streit, alles hatte nun Waffenstillstand, um morgen von neuem wieder loszubrechen: — und so immer fort, bis in die fernsten Nebel der Zeiten, wo wir kein Ende absehen. —" (I, 180)

Es ist, als hörte Berglinger das Rad der Zeit seinen eintönigen Umschwung nehmen. Dann aber taucht die Spiel-Vorstellung mit einer neuen Variante wieder auf. Das Bild des Welttheaters ist jedoch völlig verwandelt, ja verkehrt:

> „Ach! dieser unaufhörliche, eintönige Wechsel der Tausende von Tagen und Nächten, — daß das ganze Leben des Menschen und das ganze Leben des gesamten Weltkörpers nichts ist als so ein unaufhörliches, seltsames Brettspiel solcher weißen und schwarzen Felder, wobei am Ende keiner gewinnt als der leidige Tod, — das könnte einem in manchen Stunden den Kopf verrücken." (I, 180 f.)

Wer spielt dieses „unaufhörliche, seltsame Brettspiel"? Wie kann überhaupt die ewige Wechseldauer eines mechanischen Weltprozesses, der „unaufhörliche, eintönige Wechsel der Tausende von Tagen und Nächten", als ein Spiel verstanden werden?

---

[372] Zu Herkunft und Geschichte der Theatrum-mundi-Metapher vgl. Ernst Robert Curtius, Europäische Literatur und lateinisches Mittelalter. 3. Aufl. Bern u. München (1961), S. 148 ff.

Solange diese Fragen nicht geklärt sind, ist gegenüber einer Kritik, wie Koldewey sie an dem Prosastück geübt hat[373], Zurückhaltung angebracht. Zu Beginn seiner kurzen Untersuchung des Brieffragments stellt Koldewey fest: „Das Fragment aus einem Briefe Joseph Berglingers hat etwas Konstruiertes und sieht deshalb aus, als wenn Tieck es verfaßt hätte."[374] Nun läßt sich aber nicht leugnen, daß Tieck es eindeutig Wackenroder zugeschrieben hat, und überdies räumt Koldewey sogar ein: „... die Art, wie einzelne Gedanken geäußert werden, ist durchaus Wackenrodersch".[375] Daß es sich in dem Brieffragment um bewußte dichterische Konstruktion eines dialektischen Umschlags handelt, hat Koldewey richtig erkannt. Er vermag sie jedoch nicht zu würdigen, da er übersehen hat, daß diese Dialektik überhaupt ein Grundzug von Berglingers Wesen und zugleich ein formales Gestaltungsprinzip der Berglinger-Dichtung im ganzen ist. Koldeweys Abwertung einer poetischen Konstruktion dieser Art entspringt dem populären Vorurteil, ein Dichter, und zumal ein romantischer, müsse aus der Tiefe des Unbewußten schaffen. Von derlei Vorurteil wollen wir uns nicht abhalten lassen, die von Koldewey angezweifelte Konsequenz und Einheitlichkeit[376] der Konstruktion noch einmal klar herauszustellen.

Das Gerüst der Konstruktion des Prosastückes bildet eine Abfolge von Spielvorstellungen. Es beginnt mit dem Spiel der Töne, das Berglingers Geist verklärt hat. Dem Musikberauschten hat sich die Natur in schönen Schein aufgelöst und der öffentliche Garten zur Szenerie eines Schauspiels verwandelt, in dem ein Menschengewimmel sich zur heiteren Harmonie aufeinander abgestimmter Rollen zusammenfindet. Mit dem Verklingen der Musik unter dem Einbruch der Nacht verfliegt der schöne Schein. Berglinger sucht sich den Rausch des ästhetischen Zustands zu bewahren. Es gelingt ihm jedoch nicht, durch die Ausdehnung der Spielvorstellung — er spricht von dem „Schauspiel der Welt" (I, 180) — und durch die Reminiszenz an den alten platonisch-christlichen Theatrum-mundi-Gedanken den Umschlag aus der euphorischen Weltverklärung in die Weltangst zurückzuhalten. Die Reminiszenz bleibt zu schwach, um sich durchzusetzen. Doch selbst im Sturz in die Weltangst gibt Berglinger seine ästhetische Weltsicht nicht auf. Während er indessen zuvor von „Schauspiel" (I, 180 Z. 3 u. 17), „Szene" (I, 180 Z. 9) und von „Schauspielern" (I, 180 Z. 18) gesprochen hat, nennt er nun das „ganze Leben des Menschen" und das „ganze Leben des gesamten Weltkörpers" — beides ist als der „unaufhörliche, eintönige Wechsel der Tausend von

---

[373] Koldewey, a. a. O., S. 123 f.
[374] Koldewey, a. a. O., S. 123.
[375] Ebd.
[376] Vgl. Koldewey, a. a. O., S. 124, letzter Absatz.

Tagen und Nächten" dasselbe — ein „unaufhörliches, seltsames Brett-spiel". Das Gerüst der Konstruktion geht also durch das ganze Prosa-stück. Die letzte Variante der Spielvorstellung entwickelt sich jedoch nicht aus der vorigen, und insofern könnte man allerdings von einem Bruch sprechen. Dieser Bruch im sprachlichen Bildbereich der Spielvorstellungen, der dennoch die Einheit der Konstruktion wahrt, ist indessen nur die Entsprechung des Umschlags von Weltverklärung in Weltangst.

Das Bild des Brettspiels in der in Frage stehenden Textstelle kann nicht aus der platonisch-christlichen Vorstellung eines Theatrum mundi abgeleitet werden. Der Stelle liegt ein Wort des Heraklit zugrunde. Es lautet: αἰὼν παῖς ἐστι παίζων, πεσσεύων· παιδὸς ἡ βασιληίη. Hermann Diehls übersetzt: „Die Lebenszeit ist ein Knabe, der spielt, hin und her die Brettsteine setzt: Knabenregiment!"[377] Was das Wort αἰών in frühgriechischer Zeit und was es insbesondere bei Heraklit bedeutet, braucht hier nicht erörtert zu werden.[378] Wackenroder versteht unter Äon „das ganze Leben des Menschen und das ganze Leben des gesamten Weltkörpers". Beide sind eins, nämlich nichts als „so ein unaufhörliches, seltsames Brettspiel solcher weißen und schwarzen Felder". Das abschätzige „so ein", verstärkt noch durch „solcher", mag uns an jene Briefstelle erinnern, wo Wackenroder seine Abscheu vor dem Kartenspiel ausdrückt (II, 27). Indessen ist doch der Ton nun ungleich düsterer. Eine dialektische Spannung durchzieht den Satz. „Tage" und „Nächte", „Leben des Menschen" und „Leben des gesamten Weltkörpers", „weiße und schwarze Felder" stehen einander gegenüber. Die Satzbewegung aber gipfelt in dem Wort „Tod". Ein Vergleich mit dem Wortlaut des Heraklit-Fragments zeigt, daß Wackenroder zugleich erweitert und gekürzt hat. Er übersetzt nur αἰών . . . πεσσεύων, denkt dabei aber nicht sowohl an den Vollzug des Spiels als an die Anlage des Spielbretts. Freilich dürfen wir daraus keine weitgehenden Schlüsse ziehen, da wir nicht wissen, wo und in welcher Form Wackenroder das Heraklit-Fragment kennengelernt hat.[379] Auf-

---

[377] Die Fragmente der Vorsokratiker. Griech. u. dt. v. Hermann Diels. 6. verb. Aufl. hrsg. v. Walther Kranz. 1. Bd. (Berlin-Grunewald 1951), S. 162.

[378] Eine Übersicht über die verschiedenen Auffassungen des Fragments gibt Eduard Zeller, Die Philosophie der Griechen in ihrer geschichtlichen Ent-wicklung. 1. Tl., 2. Hälfte. 6. Aufl. hrsg. v. Wilhelm Nestle, Leipzig 1920, S. 807—809. Vgl. ferner W. Nestle, Philologus 64 (1905), S. 373 ff.

[379] Das Fragment ist an zwei Stellen überliefert. In der zitierten Form bei Hippolytus, Refutatio omnium haeresium IX, 9. Ferner bei Lukian (vgl. Diels' Ausgabe der Vorsokratiker, 22 C 5). Mit Hippolytus' Widerlegung aller Häresien hat Wackenroder sich gewiß nicht beschäftigt. Lukian war zwar im 18. Jahrhundert beliebt und wurde besonders in Wielands Über-setzung viel gelesen, ob aber von Wackenroder, ist ganz ungewiß. Aus seinen Briefen jedenfalls geht nichts dergleichen hervor, und A. Gillies

fallend ist aber auf jeden Fall, daß bei Wackenroder fehlt, was den Äon bei Heraklit erst mit einem Brettspiel in Verbindung bringt, nämlich das Bild eines spielenden Kindes. Ein moderner Dichter hat — im Vorüber- gehen sei darauf hingewiesen — dieses Bild Heraklits fast wörtlich über- nommen. In Gottfried Benns Gedicht „Melancholie" lesen wir:

> „... der Äon träumt, der Äon ist ein Knabe,
> der mit sich selbst auf einem Brette spielt"[380].

Am Ende von Berglingers Brieffragment ist sowohl die christliche Gottes- vorstellung — Gott als Meister des Theatrum mundi — wie auch die Vorstellung des spielenden Knaben fallengelassen. Es fehlt der Spielende, der über Sinn und Wert des Spieles entscheidet. Wie der Heilige in Berg- lingers Märchen unaufhörlich den eintönigen Umschwung des Rades der Zeit vernimmt, so erfährt der Musiker selbst im Zustande der Weltangst den Gang des Lebens und der Welt als den einförmigen Wechsel der Tage und Nächte, die wie weiße und schwarze Felder eines Spielbretts aufein- anderfolgen. Mit der agonalen Vorstellung des Spiels verbindet Berg- linger die des Krieges. Auf den Feldern dieses Welt- und Lebensspieles, die eigentlich Schlachtfelder sind, tobt jener täglich mit einem Waffen- stillstand endende und täglich von neuem losbrechende Krieg von „Freude, Schmerz, Arbeit und Streit" (I, 180), den Berglinger in seinem letzten Brief ausführlicher beschreibt (I, 276). Und in diesem Krieg zer- stört das monströse Spiel sich selbst.

> „Aber man muß durch den Wust von Trümmern, worauf unser Leben zer- bröckelt ist, mit mutigem Arm hindurchgreifen, und sich an der K u n s t , der Großen, Beständigen, die über alles hinweg bis in die Ewigkeit hin- ausreicht, mächtiglich festhalten, — die uns vom Himmel herab die leuchtende Hand bietet, daß wir über dem wüsten Abgrunde in kühner Stellung schweben, zwischen Himmel und Erde! — — —." (I, 181)

Das letzte Wort des Brieffragments gilt der Kunst. Sie bestimmt die Per- spektive, aus der Berglinger alle Dinge sieht. Sie verklärt die Welt zum harmonisch heiteren Schauspiel und zum Kunstwerk, und sie entleert die Welt zu einem absurden Brettspiel, das in einem „Wust von Trümmern" endet. Man hat aus den Tönen des Grauens, die im Märchen und in dem Brieffragment anklingen, darauf geschlossen, daß Wackenroder mit

(Wackenroder's apprenticeship to literature: his teachers and their influ- ence. In: German Studies, presented to H. G. Fiedler. Oxford 1938) er- wähnt Lukian nicht unter Wackenroders Lektüre. Möglich, daß Wacken- roder das Heraklit-Fragment schon in seiner Gymnasialzeit kennengelernt hat.

[380] Benn, Gesammelte Werke in vier Bänden, hrsg. v. Dieter Wellershoff. Bd. 3: Gedichte (Wiesbaden 1960), S. 304.

seinem Berglinger in Nihilismus und Verzweiflung endet.[381] Dieser Nihilismus — wenn anders wir eine bestimmte Haltung Berglingers so nennen dürfen — wird jedoch nur dann richtig verstanden, wenn man zugleich seine Gegenseite sieht. Nihilistische Weltangst und religiöse Kunstbegeisterung, wie sie auch noch in dem Schlußwort des Brieffragments durchbricht, sind die beiden entgegengesetzten Ausschlagemöglichkeiten von Berglingers ästhetischer Existenz. Deren eigentliches Wesen kommt in jener Haltung zum Vorschein, die Berglinger ein Schweben nennt — „daß wir über dem wüsten Abgrunde in kühner Stellung schweben, zwischen Himmel und Erde" — wenn es auch immer nur für Augenblicke gelingen kann, die Antithesen solchermaßen in der Schwebe zu halten.

Die Problematik der ästhetischen Existenz bestimmt das Wesen des Musikers Joseph Berglinger. Wir können Kohlschmidt nicht beistimmen, wenn er eine bestimmte Seite dieser Problematik aus dem Einfluß Tiecks auf Wackenroder erklären will. Kohlschmidt meint: „Das Offenbarwerden nihilistischer Konsequenzen bei Wackenroder (w e n n wir es hier[382] mit einem unverfälschten Wackenroder-Stück zu tun haben) ist ohne Zweifel der Wirkung Tiecks zuzuschreiben." [383] Diese Behauptung sucht Kohlschmidt mit dem Hinweis auf Tiecks „William Lovell" zu stützen. In der Tat ähnelt Lovells wüstes Leben zwar nicht dem äußeren Ablauf nach, aber doch in manchen seelischen Bedingungen dem musikalischen Leben Joseph Berglingers. Auch Lovells Verhältnis zur Welt gründet im Gefühl — freilich nicht im musikalischen, nicht im Kunstgefühl. Seine Lebensform ist Enthusiasmus. Er überläßt sich völlig seinen enthusiastischen Gefühlen, deren er nie sicher sein kann. Unersättlich im Gefühlsgenuß, ist er den Schwankungen und Umschlägen seiner Empfindungen haltlos preisgegeben. Im beständigen Wechsel von Entzückung und Ernüchterung verfällt sein Dasein dem Augenblick. Die Agilität seiner Gefühle und seine subjektivistische Philosophie lösen die Wirklichkeit in ein Beliebiges auf, und seine Phantasie treibt damit willkürlich ihr Spiel: „Ach, meine Träume sind mehr wert als die Wirklichkeit." [384] Das Leben wird ihm ein Schattenspiel, der Mensch eine Marionette. Aber wir brauchen nur einen kleinen Abschnitt aus einem seiner Briefe zu lesen, um wahrzunehmen, wie anders als in der Berglinger-Dichtung bei aller Ähn-

---

[381] Fricke, a. a. O., S. 205 u. 209 f. — Kohlschmidt, Nihilismus der Romantik, S. 164.
[382] Gemeint ist primär das Märchen, inzwischen aber hat Kohlschmidt in seinen neueren Beiträgen zur Wackenroderforschung neben dem Märchen und dem Brief auch das Brieffragment Berglingers Wackenroder abgesprochen und Tieck zugeschrieben. Vgl. oben S. 7 f.
[383] Kohlschmidt, a. a. O., S. 165 f.
[384] Tieck, Schriften. Bd. 7, Berlin 1828, S. 199.

lichkeit der Problematik verwandte seelische Situationen hier dargestellt sind. Nehmen wir als Beispiel jene Stelle, die Fritz Brüggemann den „locus classicus für den Stand der enthusiastischen Empfindung im William Lovell" [385] genannt hat:

> „Man fühlt sich gewissermaßen in eine solche Lage versetzt, wenn man seiner Phantasie erlaubt, zu weit auszuschweifen, wenn man alle Regionen der Begeisterung durchfliegt, — wir geraten endlich in ein Gebiet so excentrischer Gefühle, — indem wir gleichsam an die letzte Gränze alles Empfindbaren gekommen sind, und die Phantasie sich durch hundertmalige Exaltationen erschöpft hat, — daß die Seele endlich ermüdet zurückfällt: alles umher erscheint nun in einer schaalen Trübheit, unsre schönsten Hoffnungen und Wünsche stehen da, von einem Nebel dunkel und verworren gemacht, wir suchen mißvergnügt den Rückweg nach jenen Extremen, aber die Bahn ist zugefallen, und so befällt uns endlich jene Leerheit der Seele, jene dumpfe Trägheit, die alle Federn unsers Wesens lahm macht" [386].

Der hier spricht, ist in die Problematik eines ausschweifenden Gefühlslebens verwickelt, aber in anderer Weise als Berglinger. Das äußert sich schon durch die Art des Sprechens. Solche angestrengten Reflexionen suchen wir vergeblich in der Berglinger-Dichtung. Schon ihre Man-Form ist der bestimmteren Sprache Berglingers fremd. Der junge Berglinger spricht in persönlichen Bekenntnissen aus, was er erfährt und erduldet. Er spricht es so schlicht aus, daß man nur allzu oft über das Bedenkliche des Ausgesagten hinweggelesen hat. Der kindlich und träumerisch anmutenden Unmittelbarkeit Berglingers gegenüber ist Lovell von einer schillernden Reflektiertheit, die sofort den problematischen Charakter des Helden enthüllt.

Lovells exzentrische Gefühle und Exaltationen der Phantasie kristallisieren sich nicht zu einer jenseitigen Welt der Kunst, noch gehen sie davon aus. Die Kunst spielt in Lovells Leben nur eine Nebenrolle. Woran er sich entflammt und womit er sein Gefühl nährt, sind seine Freunde, seine Geliebten, ist auch die Natur, ist die Welt, in der er täglich lebt. Sie wird durch die enthusiastische Lebensform Lovells ähnlich wie durch Berglingers Kunstgefühl ästhetisch entleert, die natürliche Beziehung zu ihr wird zerstört und durch eine ästhetische ersetzt. Aber eine andere Lebensform von verpflichtender Kraft gibt es für Lovell überhaupt nicht. Auf ein Leben wie das nüchterne und kalte des alten Burton oder das mittelmäßige, mit seinen vorteilhaften Illusionen sich betrügende Eduard Burtons kann Lovell nur mit Verachtung blicken. Stürzt er nun aus der Höhe des enthusiastischen Gefühls, so erfährt er zwar eine lähmende Leere, aber sein ästhetischer Immoralismus wappnet ihn gegen jegliche Ge-

---

[385] Brüggemann, a. a. O., S. 6.
[386] Tieck, Schriften, Bd. 6, S. 129. Vgl. Brüggemann, a. a. O., S. 348 f.

wissensnot mit Zynismus und läßt an Stelle von Weltangst nur Mißver-
gnügen in ihm aufkommen. Kein Konflikt unvereinbarer Forderungen
spaltet seine Seele. Tiecks Roman fehlt eine innere, den Handlungsab-
läufen zugrundeliegende Spannung, wie sie in der Berglinger-Dichtung
durch die Konstellation der Gegenwelten Kunst und Leben zustande-
kommt. Erst diese Konstellation aber, die für die gesamte Romantik und
weiter bis zu Thomas Mann und Hofmannsthal so folgenreich sein sollte,
erst die Polarität von Kunst und Leben erzeugt das Spannungsfeld, in
dem Berglinger dem Konflikt zwischen ethischer und ästhetischer Existenz
erliegt.

Es geht nicht an, Berglingers ästhetischen Nihilismus, eine Konsequenz seines Kunstenthusiasmus und seines Lebens in musikalischen Gefühlen und Phantasien, als einen Zusatz „vom Geist des ‚Lovell'" [387] zu
betrachten. Was in der Berglinger-Dichtung an „William Lovell" anzuklingen scheint[388], ist weder auf literarischen Einfluß noch auf den persönlichen Umgang Wackenroders mit Tieck unmittelbar zurückzuführen.
Vielmehr müssen wir, wenn wir über die Herkunft von Berglingers Nihilismus etwas ausmachen wollen, die Berglinger-Dichtung an jene geschichtliche Entwicklungslinie anschließen, auf der „William Lovell" seinen Ort
von Brüggemann bereits angewiesen bekam. Nicht erst die Romantik ist
für die nihilistischen Tendenzen der Berglinger-Dichtung verantwortlich
zu machen. In ihr kommt jene seelengeschichtliche Problematik noch einmal zum Ausdruck, die, aus der Empfindsamkeit stammend, ihre erste
große Gestaltung in Goethes „Werther" gefunden hat und nun, am Ende
des 18. Jahrhunderts, in ihre Endphase eingetreten ist. Das entscheidend
Neue bei Wackenroder liegt, so will uns scheinen, nicht in dieser Problematik des subjektivistischen Gefühlsmenschen an sich, sondern darin, daß
er sie an einem Künstler darstellt und durch diese Verbindung ein Thema
anschlägt, das nach ihm von Romantikern in Erzählungen und Romanen
immer wieder aufgenommen, durchgeführt und variiert werden sollte.

In Goethes „Werther" ist zum ersten Mal die Schauspielmetapher als
Symbol für die Leere und Sinnlosigkeit menschlichen Lebens gebraucht.
Werther schreibt an Lotte:

> „Wenn Sie mich sähen, meine Beste, in dem Schwall von Zerstreuung! wie
> ausgetrocknet meine Sinne werden; nicht Einen Augenblick der Fülle des
> Herzens, nicht Eine selige Stunde! nichts! nichts! Ich stehe wie vor einem
> Raritätenkasten, und sehe die Männchen und Gäulchen vor mir herum-
> rücken, und frage mich oft, ob es nicht optischer Betrug ist. Ich spiele mit,

[387] Kohlschmidt, a. a. O., S. 167.
[388] Vgl. Koldewey, a. a. O., S. 208. Eine engere Anlehnung Wackenroders an
„William Lovell" hat Koldeweys Quellenuntersuchung nicht nachweisen
können.

vielmehr, ich werde gespielt wie eine Marionette, und fasse manchmal meinen Nachbar an der hölzernen Hand und schaudre zurück." [389]

Wir zitieren zum Vergleich noch einmal ein Stück von Berglinger:

> „Wenn ich aber das Gewebe der Welt unbefangen betrachte, so sehe ich, daß das Schicksal seinen Webspul nur so hin oder so hin zu werfen braucht, um in denselben Menschenseelen im Augenblick ein Lustspiel oder Trauerspiel hervorzubringen." (I, 171)

An beiden Stellen liegt eine ästhetische Betrachtung der Welt vor, und hier wie dort ist das Bild des Spiels Ausdruck der Abhängigkeit des Menschen von einer über ihn verfügenden Maschinerie, sei es nun von der Mechanik seiner inneren Antriebe, sei es vom Webspul eines willkürlich mit ihm umspringenden Schicksals. Die ästhetische Sicht ist aber bei Berglinger vertieft und durch das Kunsterlebnis zu einer totalen geworden, denn er fährt fort:

> „Daher scheint es mir natürlich, daß ich auch in der Welt der K u n s t mich und mein ganzes Wesen ihrem waltenden Schicksale willig hingebe." (I, 171)

Amor fati — aber bezogen auf die Kunst. Denn hier waltet ein Schicksal ähnlich wie im wirklichen Leben: Beide Bereiche fließen ineinander.

Was schließlich den dialektischen Umschlag anbelangt, den wir bei Berglinger festgestellt haben, so läßt sich auch hierfür bereits im „Werther" eine Parallele finden. Berglingers Brieffragment ließ uns den Umschlag von musikalischer Weltverklärung in Weltangst beobachten. Werther widerfährt es, daß die Fülle des Gefühls, womit er das Leben der Natur zu umfassen strebt, sich verflüchtigt oder versiegt:

> „... wie faßte ich das alles in mein warmes Herz, fühlte mich in der überfließenden Fülle wie vergöttert, und die herrlichen Gestalten der unendlichen Welt bewegten sich allbelebend in meiner Seele." [390]

So schreibt Werther in Erinnerung an seine enthusiastische Selbsthingabe an die Natur. Dann aber heißt es in demselben Brief:

> „Es hat sich vor meiner Seele wie ein Vorhang weggezogen, und der Schauplatz des unendlichen Lebens verwandelt sich vor mir in den Abgrund des ewig offnen Grabs. Kannst du sagen: Das i s t ! da alles vorübergeht? da alles mit der Wetterschnelle vorüberrollt, so selten die ganze Kraft seines Daseins ausdauert, ach! in den Strom fortgerissen, untergetaucht und an Felsen zerschmettert wird? Da ist kein Augenblick, der nicht dich verzehrte und die Deinigen um dich her, kein Augenblick, da du nicht ein Zerstörer bist, sein mußt."

---

[389] Goethe, W. A., 1. Abt., Bd. 19, S. 96 f.
[390] Goethe, W. A., 1. Abt., Bd. 19, S. 74 f.

Die Wörter „Vorhang" und „Schauplatz" deuten darauf hin, daß Werthers „tiefe reine Empfindung"[391] bereits ähnlich wie Berglingers musikalisches Gefühl die Welt ästhetisch verklärt hat. Und diese Vision einer unendlichen Zerstörung, die Werther in der Natur wahrnimmt, nachdem der Umschlag sich vollzogen hat — kommt sie nicht Berglingers Bild einer unaufhörlichen Auseinandersetzung alles Irdischen, bei der „keiner gewinnt als der leidige Tod" (I, 181), sehr nahe?

Der letzte Satz dieses Briefes weist über Berglingers Nihilismus hinaus:

> „Und so taumle ich beängstigt. Himmel und Erde und ihre webenden Kräfte um mich her: Ich sehe nichts als ein ewig verschlingendes, ewig wiederkäuendes Ungeheuer."

Solcher Weltsicht begegnen wir erst wieder 30 Jahre später. Im selben Jahr, da Jean Paul seine „Vorschule der Ästhetik" herausgibt, in deren § 2 er die „poetischen Nihilisten" behandelt, erscheint anonym ein Roman mit dem Titel „Nachtwachen. Von Bonaventura". Der Held dieses Romans, ein ehemaliger Schuster und Poet, nun aber Nachtwächter und in dieser Stellung am Rande der bürgerlichen Gesellschaft Repräsentant romantischen Künstlertums, teilt in der Mitte des Buches den „Prolog des Hanswurstes zu der Tragödie: der Mensch" mit, die ein durch Selbstmord verschiedener Dichter verfaßt hat. Darin heißt es:

> „Es ist Alles Nichts und würgt sich selbst auf und schlingt sich gierig hinunter, und eben dieses Selbstverschlingen ist die tückische Spiegelfechterei als gäbe es Etwas, da doch wenn das Würgen einmal inne halten wollte eben das Nichts recht deutlich zur Erscheinung käme, daß sie davor erschrecken müßten"[392].

Mit dem Anfang dieses Satzes, der dem ewig verschlingenden und wiederkäuenden Ungeheuer Werthers den Namen des Nichts gibt, korrespondiert ein anderer Satzanfang aus der vorletzten Nachtwache: „Es ist Alles Rolle."[393] Der Nachtwächter nimmt die Haltung eines Zuschauers ein, und alles, wovon er spricht, sieht er als ein Schauspiel, als Maske und Rolle an. Während aber Berglinger als Zuschauer in jenem öffentlichen Garten die Welt unter der Vorstellung eines Schauspiels in schönen Schein hüllt, geht es dem Nachtwächter darum, alle Teilnehmer an dem Weltspiel ihrer Rollen und Masken zu entkleiden. Nicht ästhetische Verklärung, sondern Entlarvung ist der Grundvorgang der Nachtwachen. Berglinger sucht aus dem Schlachtfeld der Welt, die in einem unendlichen

---

[391] Goethe, W. A., 4. Abt., Bd. 2, S. 171.
[392] Nachtwachen. Von Bonaventura. Hrsg. v. Hermann Michel. (Deutsche Literaturdenkmale des 18. u. 19. Jahrhunderts. 133.) Berlin 1904, S. 75.
[393] Nachtwachen, S. 120.

Krieg sich selbst vernichtet, Zuflucht in der Kunst. Sein Kunstgefühl, das
sein dem natürlichen Leben von Anfang an entfremdetes Weltverhältnis
bestimmt, führt ihn zu einer Ästhetisierung der Wirklichkeit. Es versetzt
ihn zuweilen in einen Zustand, in dem er nichts mehr ernst zu nehmen
vermag, in den Zustand eines ästhetischen Nihilismus. Der Nachtwächter
dagegen vertritt mit der Rigorosität des radikalen Satirikers einen pro-
grammatischen Nihilismus.[394] Er betreibt die Entlarvung der Wirklichkeit, um hinter ihren Masken das dauernd sich selbst verschlingende
Nichts aufzusuchen. Er will, wie er in der letzten Nachtwache sagt, „er-
grimmt in das Nichts schauen, und Brüderschaft mit ihm machen".[395]

---

[394] Kohlschmidt, a. a. O., S. 176.
[395] Nachtwachen, S. 142.

IV. Schluß

Unsere Untersuchung desjenigen Teils von Wackenroders Werk, der den Musiker Joseph Berglinger zum Mittelpunkt hat, stand unter einer zweifachen Fragestellung. Wir versuchten, die am Ende der „Herzens-ergießungen" von dem kunstliebenden Klosterbruder erzählte Lebens-geschichte des Musikers und die der Fiktion nach von diesem verfaßten und von jenem herausgegebenen musikalischen Schriften Wackenroders als eine dichterische Einheit zu begreifen. Nächst dem ging es uns darum, die in dieser Dichtung zur Sprache kommenden Probleme, womit Wacken-roder das musikalische Leben des Kapellmeisters beschwert hat, in ge-schichtlicher Beziehung zu erörtern und Anhaltspunkte daraus zu gewin-nen, die uns die geschichtliche Stellung von Wackenroders literarischem Schaffen genauer bestimmen ließen.

Unter dem Zugriff einer biographisch-positivistisch oder ideenge-schichtlich orientierten Forschung zerfallen die von Berglinger handeln-den bzw. von dem Klosterbruder ihm als Verfasser zugeschriebenen Schriften Wackenroders in autobiographische Bekenntnisse und in musik-theoretische Darlegungen. Aber ein Biograph Wackenroders könnte aus den paar Seiten der Berglinger-Vita und aus den Briefen Berglingers kaum Material für seine Darstellung gewinnen, wenn er sich nicht auf andere Zeugnisse stützen würde, die ihm den biographischen Bezug des einen oder anderen Motivs erst entschlüsseln. Rein als Selbstdarstellung genommen, hält das „merkwürdige musikalische Leben des Tonkünstlers Joseph Berglinger" jedenfalls keinen Vergleich aus mit autobiographi-schen Romanen des 18. Jahrhunderts wie der Lebensgeschichte Jung-Stillings oder Moritz' „Anton Reiser". Was nun die musikalischen Schrif-ten Wackenroders betrifft, so läßt sich aus ihnen zwar der eine oder andere Gedanke herauslösen, der in der Musikästhetik des 18. oder 19. Jahrhunderts eine Rolle spielt. Aber verglichen mit dem, was wir aus Büchern Ph. E. Bachs oder Joh. Joach. Quantz' an musikalischer Belehr-ung gewinnen, verglichen mit der Fülle von Nachrichten, die wir von Burney, von Abt Vogler oder auch von Joh. Fr. Reichardt über das Musikleben des 18. Jahrhunderts erhalten, verglichen selbst mit den kun-digen musikästhetischen Erörterungen und Erläuterungen italienischer

Opern, die Wilh. Heinse in seiner „Hildegard von Hohenthal" niedergelegt hat, ganz zu schweigen von den musikalischen Schriften romantischer
Musikerdichter wie E. T. A. Hoffmann oder Rob. Schumann — damit verglichen nimmt sich doch recht bescheiden aus, was Wackenroder dem
Musikwissenschaftler, Musikhistoriker oder -ästhetiker bietet: statt objektiver Darlegungen bloß unverbindliche Phantasien, Gefühle und Ideen,
worin nicht einmal ein Bezug auf ein bestimmtes Werk der Musikgeschichte des 18. Jahrhunderts ausgemacht werden kann.

Im Mittelpunkt unserer Arbeit stand nicht Wackenroders Leistung
als Autobiograph oder als Musiktheoretiker, sondern seine Leistung als
Dichter. Wir haben den von uns untersuchten Bereich von Wackenroders
Werk nicht nur als eine stofflich-thematische, sondern formal-dichterische
Einheit aufgefaßt. Und diese Auffassung erwies sich nicht nur als mög-
lich sondern als nötig. Die motivlichen Beziehungen, Anspielungen und
Anklänge, die zwischen der Lebensgeschichte Berglingers und seinen Auf-
sätzen, zwischen seinen Aufsätzen und seinen Briefen, zwischen seinen
Briefen und seinem Märchen bestehen, bleiben einer isolierenden Betrach-
tung der einzelnen Stücke verborgen. Ein Stück wie das Märchen er-
schließt sich aber erst, wenn die Interpretation sich diese wechselseitigen
Verweisungen zunutze macht und es weder völlig isoliert noch mit der
Lebensgeschichte vermischt, sondern auf den Ort achtet, den es innerhalb
der gesamten Berglinger-Dichtung einnimmt.

Unsere Auffassung erlaubte es, die verschiedenen Stücke als Teile
einer Dichtung miteinander zu konfrontieren. Dabei zeigte sich, daß der
Grundkonflikt, der Konflikt zwischen Seele und Welt, gleichermaßen die
Lebensgeschichte und die Schriften des Musikers Joseph Berglinger bestimmt. Darin liegt die stofflich-thematische Einheit der Berglinger-
Dichtung. Die innere Spannung dieser thematischen Konstellation ist
formal an dem antithetischen Gepräge der Dichtung ablesbar. Die Lebensbeschreibung, das Märchen und das Brieffragment gleichen sich im äußeren Aufbau darin, daß sie je aus zwei kontrastierenden Teilen bestehen.
Beide Komponenten aber, der Grundkonflikt als stofflich-thematische
Einheit und das formale antithetische Gepräge der Dichtung, gründen in
ihrem Helden, dem Musiker Joseph Berglinger. Er dient seinem Urheber
Wackenroder nicht bloß als ein Sprachrohr für autobiographische Bekenntnisse und für seine Anschauungen über Musik. Wackenroder hat ihn
primär als eine dichterische Gestalt konzipiert. Der Konflikt zwischen
Innerlichkeit und Welt, Phantasie und Wirklichkeit, Kunst und Leben ist
das Schicksal dieses poetischen Ich.

Alle Teile der Dichtung, nicht nur die Lebensbeschreibung und die
Briefe, sind Darstellungen von Berglingers musikalischem Leben. Die

Berglinger-Vita des Klosterbruders und die Aufsätze des Musikers verhalten sich zueinander nicht wie eine Biographie zu den wissenschaftlichen Abhandlungen des Biographierten: Die Biographie stellt das Leben einer Person dar, deren wissenschaftliche Aussagen völlig unabhängig von diesem Leben Allgemeingültigkeit beanspruchen. So ist es in der Berglinger-Dichtung nicht. Berglingers Lebensgeschichte ist die Geschichte seines Geistes, die aus einer Innenperspektive erzählt wird, wie wenn Berglinger selbst von sich spräche. Seine musikalischen Aufsätze aber „verschmähen die neutrale Haltung und anonyme Form einer wissenschaftlichen Abhandlung".[1] Sie beanspruchen keine wissenschaftliche Allgemeingültigkeit. Das besagt schon die Benennung „Phantasien über die Kunst der Musik" (I, 155), die der Klosterbruder den musikalischen Schriften gegeben hat. Auch in den Aufsätzen spricht immer jenes poetische Ich, das wir in der Lebensbeschreibung des Klosterbruders „innerlich kennen gelernt" (I, 126) haben. Berglingers musikalische Aufsätze sind der Abdruck eines Ich, das „in dem Spiegel der Töne" sich selber kennen lernt (I, 189). Das gilt auch noch dort, wo Berglinger eine allgemeine Aussage wagt, die über den Ausdruck subjektiver Gefühle, Phantasien und Ideen hinauszugehen scheint. Auch dann spricht er nur aus seinem Innersten, wie er einmal ausdrücklich betont:

„Und so erkühn' ich mich denn, aus meinem Innersten den wahren Sinn der Tonkunst auszusprechen" (I, 187).

Alle die verschiedenen Teile der Berglinger-Dichtung sind Darstellungen innerer Situationen eines isolierten Ich, das im Bann der Musik steht. Musik vermag sich zwar nicht in Dichtung zu verwandeln. Sein vergebliches Streben, „die Worte zu Tönen zu zerschmelzen" (I, 194), nennt Berglinger mit Recht töricht. Aber indem hier die Musik — nicht ein bestimmtes Tonstück, sondern Musik als Kunst — Gegenstand und Thema einer Dichtung geworden ist, ist die Berglinger-Dichtung Kunst über Kunst. Von dieser Seite zeigt sie sich als ein romantisches Werk. In solchen Potenzierungen gefiel sich die Romantik.

Was die Berglinger-Dichtung an neuen und zukunftsweisenden Ideen und Problemen enthält und welchen literarischen und geistesgeschichtlichen Traditionen sie zuzuordnen ist, haben wir zu klären versucht. Berglingers musikalischer Gefühlskult und die damit zusammenhängenden Probleme und Konflikte reichen weit in die Empfindsamkeit der 50er und 60er Jahre des 18. Jahrhunderts zurück. Die liebevolle Pflege auch schmerzlicher Gefühle, der das Saitenspiel in dem Gedicht „Das Clavier" von Fr. Wilh. Zachariä dient, ist eine der geschichtlichen Voraussetzungen

[1] Alewyn, a. a. O., S. 48.

der Berglinger-Dichtung. Andererseits ist dem Kapellmeister jene ästhetische Verzweiflung Baudelaires schon nicht mehr fremd, die — Gipfel
schmerzlich-süßen musikalischen Selbstgenusses — im Meer der Musik
sich bespiegelt.[2] Nach ihrem geschichtlichen Ort befragt, erweist sich die
Berglinger-Dichtung als ein Zwischenglied zwischen Empfindsamkeit und
Romantik. Sie bezeichnet den Wendepunkt, an dem der aus der Empfindsamkeit herrührende Spätsubjektivismus die romantische Kunst- und
Künstlerproblematik hervortreibt. Dies ist Berglingers seelengeschichtliche
Situation. Doch ist die geistesgeschichtliche Bedeutung dieser Gestalt
damit noch nicht ausreichend bezeichnet. Das Künstlerproblem, wie es
hier aufgeworfen ist, weist über die Romantik hinaus und macht die
Berglinger-Dichtung zu einer Vorläuferin einer Reihe von Dichtungen des
späten 19. Jahrhunderts, in denen von neuem das Problem des ästhetischen Lebens gestaltet wird.

Der gemeinempfindsame Konflikt zwischen Innerlichkeit und Welt
wandelt sich am Ende des 18. Jahrhunderts zur Problematik der ästhetischen Existenz. So bekundet er sich in dem musikalischen Leben Joseph
Berglingers. Es wäre nun zu fragen, welche Bedeutung dieser Problematik,
die wir uns nur an einer Künstlergestalt vergegenwärtigt haben, für das
Gesamtwerk Wackenroders und für das Schaffen des jungen Tieck zukommt. Die Frage nach der Auffassung von Kunst und Künstlertum bei
Wackenroder und beim jungen Tieck wäre von hier aus neu zu stellen.

Wir haben in unserer Untersuchung bewußt darauf verzichtet, Berglinger mit Wackenroder zu identifizieren. Wir wollten der Gefahr entgehen, das naive Wackenroder-Bild, das bis heute noch nicht überwunden
ist, in die Deutung der Gestalt Berglingers hineinzutragen. Statt dessen
schien es uns, um mit Alewyn zu sprechen, „richtiger, in die herrschende
Vorstellung von dem milden und sanften Jüngling Wackenroder endlich
einmal ein paar schärfere Züge hineinzuzeichnen".[3] Ob sich freilich dieser
in seinem Leben so Verschlossene auf dem einzig gangbaren Weg, dem
Weg über sein Werk, hinreichend aufschließen läßt, bleibt uns fraglich
genug. Eine tiefe Skepsis vor allen Ausdeutungen der Gestalt Wackenroders muß gerade den ankommen, der sich an Berglingers Worte hält:
„... der Verstand des Menschen ist eine Wundertinktur, durch deren Berührung alles was existiert, nach unserm Gefallen verwandelt wird."
(I, 156) Was für ein Licht wirft dieser Satz auf den Interpreten?

Wackenroder verbirgt sich hinter mancherlei Masken. Berglinger und
der Klosterbruder sind nicht die einzigen. Ist es ihm doch gelungen,

---

[2] Charles Baudelaire: La Musique. In: Baudelaire, Oeuvres complètes. Bibliothèque de la Pléiade (1961), S. 65.
[3] Alewyn, a. a. O., S. 58, Anm. 15.

selbst hinter einer an ihm so befremdlich anmutenden wie der eines auf
nützliche Belehrung bedachten aufgeklärten Berliner Bildungsreisenden
auf Nicolais Spuren[4] zu verschwinden. Diese Rolle spielt er in seinen
Reisebriefen seinem Vater gegenüber. Doch gehört wohl auch eine
proteushafte Ungreifbarkeit zu dem, der ästhetisch existiert.[5] So mag es
nicht ganz unangebracht sein, auf Wackenroders elbisches Wesen jene
Verse anzuwenden, die fast hundert Jahre nach ihm aus einer verwandten
Seelenhaltung Arthur Schnitzler schrieb:

> „... Ein Sinn
> Wird nur von dem gefunden, der ihn sucht.
> Es fließen ineinander Traum und Wachen,
> Wahrheit und Lüge. Sicherheit ist nirgends.
> Wir wissen nichts von andern, nichts von uns;
> Wir spielen immer, wer es weiß, ist klug."[6]

---

[4] Auf Friedrich Nicolais „Beschreibung einer Reise durch Deutschland und
die Schweiz, im Jahre 1781" (Berlin u. Stettin 1783) bezieht sich Wackenroder in beifälligem Sinn in seinem Reisebericht vom 23. Juli 1793. Er
beschreibt das Gebaren der an einem Hochamt im Bamberger Dom teilnehmenden Gläubigen und stellt nicht ohne Befriedigung fest: „Hier habe
ich recht deutlich bestätigt gefunden, wovon Nicolai erzählt" (Wackenroder, Reisebriefe. Hrsg. v. Heinrich Höhn, Berlin o. J., S. 125).

[5] Selbstbezeugungen eines ästhetischen Lebens finden wir in Wackenroders
Briefen an Tieck (vgl. Anm. S. 52). Dieser bestätigt unsere Beobachtung in
einem Brief an Bernhardi, worin er von Wackenroder schreibt: „... — man
zeige ihm das, was er jetzt verachtet, von einer reizenden, von einer
poetisch s c h ö n e n Seite, und er wird schwächer sein, als die, die er itzt
verachtet." (Zitiert nach Koldewey, a. a. O., S. 110.) Das gemahnt uns wieder an Berglingers letzten Brief, worin es heißt, der Künstler „findet alles
schön, was an gehörigem Orte steht" (I, 279).

[6] Arthur Schnitzler, Gesammelte Werke. Berlin 1912. II. Abt., 2. Bd., S. 57.

Literaturverzeichnis

I. Quellen

Arnim, Bettina von, Goethes Briefwechsel mit einem Kinde. Mit e. Einl. v. Franz Brümmer. Leipzig o. J.

Baudelaire, Charles, Oeuvres complètes. Texte établi et annoté par Yves Gérard le Dantec. Éd. révisée, complétée et présentée par Claude Pichois. (Bibliothèque de la Pléiade. 1/7.) Paris 1961.

Benn, Gottfried, Gedichte. (Benn: Gesammelte Werke in vier Bänden. Hrsg. v. Dieter Wellershoff. 3.) (Wiesbaden 1960).

Bonaventura [Pseud.], Nachtwachen. Von Bonaventura. Hrsg. v. Hermann Michel. (Dt. Litteraturdenkmale d. 18. u. 19. Jh's. 133.) Berlin 1904.

Brentano, Clemens, u. Joseph Görres, Entweder wunderbare Geschichte von Bogs dem Uhrmacher, wie er zwar das menschliche Leben längst verlassen, nun aber doch, nach vielen musikalischen Leiden zu Wasser und zu Lande, in die bürgerliche Schützengesellschaft aufgenommen zu werden Hoffnung hat, oder die über die Ufer der badischen Wochenschrift als Beilage ausgetretene Konzert-Anzeige nebst des Herrn BOGS wohlgetroffenem Bildnisse und einem medizinischen Gutachten über dessen Gehirnzustand. [Heidelberg] 1807.
—, Gesammelte Schriften. Hrsg. v. Christian Brentano. 9 Bde. Frankfurt a. M. 1852—1855.

Eberhard, Johann August, Über den sittlichen Werth der Empfindsamkeit. In: Über den Werth der Empfindsamkeit besonders in Rücksicht auf die Romane. Halle 1786, S. 117—142.

Eichendorff, Joseph Freiherr von, Neue Gesamtausgabe der Werke und Schriften in vier Bänden. (Hrsg. v. Gerhart Baumann in Verb. m. Siegfried Grosse.) 4 Bde. Stuttgart (1957—1958).
—, Werke in vier Teilen. Hrsg. m. Einleitungen u. Anmerkungen versehen v. Ludwig Krähe. (Goldene Klassiker-Bibliothek.) Berlin, Leipzig, Wien, Stuttgart o. J.

Goethe, Johann Wolfgang von, Maximen und Reflexionen. Nach d. Handschriften d. Goethe- u. Schiller-Archivs hrsg. v. Max Hecker. (Schriften d. Goethe-Ges. 21.) Weimar 1907.
—, Werke. Hrsg. im Auftr. d. Großherzogin Sophie von Sachsen. Weimar 1887—1920. — Zitiert: W. A.

Gottsched, Johann Christoph, Ausgewählte Stücke aus den ersten Gründen der gesamten Weltweisheit aus den Jahren 1733 und 1734. In: Das Weltbild der deutschen Aufklärung. (Dt. Lit. Sammlg. literar. Kunst- u. Kulturdenkmäler in Entwicklungsreihen. Reihe Aufklärung, hrsg. v. Fritz Brüggemann. 2.) Leipzig 1930, S. 196—219.

Heinse, Wilhelm, Sämmtliche Werke. Hrsg. v. Carl Schüddekopf. 10 Bde. Leipzig 1902—1925.

Herder, Johann Gottfried, Sämmtliche Werke. Hrsg. von Bernhard Suphan. 33 Bde. Berlin 1877—1903.

Hoffmann, Ernst Theodor Amadeus, Werke in 15 Teilen. Auf Grund d. Hempelschen Ausg. neu hrsg., m. Einl. u. Anm. versehen v. Georg Ellinger. (Goldene Klassiker-Bibliothek.) Berlin, Leipzig, Wien, Stuttgart o. J.

Hofmannsthal, Hugo von, Gesammelte Werke in 12 Einzelausgaben. Hrsg. v. Herbert Steiner. Dramen 1, Frankfurt a. M. 1953. Gedichte und lyrische Dramen, Stockholm 1946.

Jung-Stilling, Johann Heinrich, Johann Heinrich Jung's (genannt Stilling) Lebensgeschichte oder dessen Jugend, Jünglingsjahre, Wanderschaft, Lehrjahre, häusliches Leben und Alter. Eine wahrhafte Geschichte von ihm selbst erzählt. (Für d. Deutsche Bibliothek hrsg. v. Hanns Holzschuher.) 2 Bde. Berlin o. J.

Kierkegaard, Sören, Über den Begriff der Ironie. Mit ständiger Rücksicht auf Sokrates. Dt. v. Hans Heinrich Schaeder. München u. Berlin 1929.
—, Entweder — Oder. Übers. v. Christoph Schrempf. Zsgef. hrsg. v. Fritz Droop. Mit Einf. v. Max Bense. (Sammlung Dieterich. 40.) Wiesbaden o. J.

Klein, Johann Gottlieb, Erinnerungen an Christoph Benj. Wackenroder, Königl. Preuß. geh. Krieges-Rath und erstem (!) Justiz-Bürgermeister zu Berlin. Berlin 1809.

Klischnig, Karl Friedrich, Anton Reiser. Ein psychologischer Roman. Fünfter und letzter Theil. Erinnerungen aus d. zehn letzten Lebensjahren meines Freundes Anton Reiser. Als e. Beitr. z. Lebensgesch. d. Herrn Hofrath Moritz. Berlin 1794.

Klopstock, Friedrich Gottlieb, Oden und Elegien. Nach d. Ausg. in 34 Stücken Darmstadt 1771. (Hrsg. v. W. Bulst.) (Editiones Heidelbergenses. 12.) Heidelberg 1948.

Köpke, Rudolf, Ludwig Tieck. Erinnerungen aus d. Leben d. Dichters nach dessen mündl. u. schriftl. Mittheilungen. 2 Tle. Leipzig 1855.

Liszt, Franz, Berlioz und seine Haroldsymphonie. In: Neue Zeitschr. f. Musik. 43 (1855) S. 25—32. 37—46. 49—55. 77—84. 89—97.

Miller, Johann Martin, Siegwart. Eine Klostergeschichte. Neue verb. Ausg. Karlsruhe 1782.

Moritz, Karl Philipp [Hrsg.], ΓΝΩΘΙ ΣΑΥΤΟΝ oder Magazin zur Erfahrungsseelenkunde als ein Lesebuch für Gelehrte und Ungelehrte. Mit Unterstützung mehrerer Wahrheitsfreunde hrsg. v. Carl Philipp Moritz. 10 Bde. Berlin 1783—1793.
—, Andreas Hartknopf. Eine Allegorie. Berlin 1786.

—, Launen und Phantasien. Hrsg. v. Carl Friedrich Klischnig. Berlin 1796.

—, Über die bildende Nachahmung des Schönen. (Hrsg. v. Sigmund Auerbach.) (Deutsche Litteraturdenkmale d. 18. u. 19. Jh's. 31.) Heilbronn 1888.

—, Anton Reiser. Ein psycholog. Roman. (11. bis 17. Tsd.) (Bibliothek d. Romane.) ([Wiesbaden] 1959). — Zitiert: Reiser.

—, Schriften zur Ästhetik und Poetik. Hrsg. v. Hans Joachim Schrimpf. (Neudrucke dt. Literaturwerke. N. F. 7.) Tübingen 1962.

Novalis, Das dichterische Werk. (Novalis: Schriften. Die Werke Friedrich von Hardenbergs. Hrsg. v. Paul Kluckhohn u. Richard Samuel. 2., nach den Hss. erg., erw. u. verb. Aufl. in 4 Bden. 1.) Stuttgart (1960).

—, Werke, Briefe, Dokumente. Hrsg. v. Ewald Wasmuth. 4 Bde. Heidelberg 1953—1957.

Reichardt, Johann Friedrich [Hrsg.], Deutschland. 4 Bde. Berlin 1796.

—, Musikalisches Kunstmagazin. 2 Bde. Berlin 1782—1791.

—, Leben des berühmten Tonkünstlers Heinrich Wilhelm Gulden, nachher genannt Guglielmo Enrico Fiorino. 1. Tl. Berlin 1779. (Mehr nicht erschienen.)

Rilke, Rainer Maria, Sämtliche Werke. (Hrsg. v. Rilke-Archiv in Verb. m. Ruth Sieber-Rilke, besorgt durch Ernst Zinn.) (Wiesbaden). Bd. 1: Gedichte. 1. Tl. 1955. Bd. 2: Gedichte. 2. Tl. 1956.

Ritter, Johann Wilhelm, Fragmente aus dem Nachlaß eines jungen Physikers. Ausgew. v. Friedrich von der Leyen. (Insel-Bücherei. 532.) (11.—20. Tsd. [Wiesbaden]) 1946.

Schiller, Friedrich von, Briefe. Hrsg. u. m. Anm. vers. v. Fritz Jonas. Krit. Gesamtausg. 7 Bde. Stuttgart, Leipzig, Berlin, Wien [1892—1896].

—, Werke, Nationalausg. Begr. v. Julius Petersen. Hrsg. im Auftr. d. Nationalen Forschungs- und Gedenkstätten d. klass. dt. Lit. in Weimar (Goethe- u. Schiller-Archiv) u. d. Schiller-Nationalmuseums in Marbach v. Lieselotte Blumenthal u. Benno v. Wiese. Weimar 1943 ff.

Schlegel, August Wilhelm, Sämmtliche Werke. Hrsg. v. Eduard von Böcking. 12 Bde. Leipzig 1846—1847.

Schlegel, Friedrich, Dichtungen. Hrsg. u. eingel. v. Hans Eichner. (Kritische Friedrich-Schlegel-Ausgabe. Hrsg. v. Jean-Jacques Anstett u. Hans Eichner. I. Abt. Krit. Neuausg., Bd. 5.) München, Paderborn, Wien, Zürich 1962.

Schnitzler, Arthur, Gesammelte Werke. I. Abt. Die erzählenden Schriften. II. Abt. Die Theaterstücke. Berlin 1912.

Schopenhauer, Arthur, Sämtliche Werke. Hrsg. v. Paul Deussen. Bd. 1—6. 9—16. München 1911—1942.

Schubart, Christian Friedrich Daniel, C. F. D. Schubart's, des Patrioten, gesammelte Schriften und Schicksale. (Hrsg. v. Ludwig Schubart.) 8 Bde. Stuttgart 1839—1840.

Tieck, Ludwig, Letters of Ludwig Tieck hitherto unpublished. 1792—1853. Collected and edited by Edwin H. Zeydel, Percey Matenko, Robert Herndon Fife. (The Modern Language Association of America. General Series.) New York, London 1937.

—, Tiecks Reise von Berlin nach Erlangen 1793, von ihm selbst berichtet. Mitgeteilt v. Gotthold Klee. In: Forschungen z. dt. Philologie. Festgabe f. Rudolf Hildebrand. Leipzig 1894, S. 180—190.

—, Schriften. 28 Bde. Berlin 1828—1854.

—, Franz Sternbalds Wanderungen. Eine altdeutsche Geschichte. (Frühromantische Erzählungen. 1. Dt. Lit. Sammlg. literar. Kunst- u. Kulturdenkmäler in Entwicklungsreihen. Reihe Romantik, hrsg. v. Paul Kluckhohn. 1.) Leipzig 1933. — Zitiert: Sternbald.

—, Franz Sternbalds Wanderungen. Studienausg. Mit 16 Bildtaf. Hrsg. v. Alfred Anger. (Reclams Universal-Bibl. 8715—21.) Stuttgart (1966).

—, Ludwig Tieck an Bernhardi. [Brief aus Erlangen. Juli 1793.] In: Aus dem Nachlaß Varnhagen's von Ense. Briefe von Chamisso [u. a.]. 1. Leipzig 1867, S. 191—239.

—, u. Wilhelm Heinrich Wackenroder, Tieck und Wackenroder. Hrsg. v. Jacob Minor. (Dt. National-Litteratur. Hrsg. v. Joseph Kürschner. 145.) Berlin u. Stuttgart o. J.

—, Werke. 1. u. 2. Tl. Hrsg. v. Jacob Minor. (Dt. National-Litteratur. Hrsg. v. Joseph Kürschner. 144.) Berlin u. Stuttgart o. J.

Wackenroder, Wilhelm Heinrich, u. Ludwig Tieck, Herzensergießungen eines kunstliebenden Klosterbruders. Berlin 1797.

—, Herzensergießungen eines kunstliebenden Klosterbruders. Mit einer Einl. v. Oskar Walzel. Leipzig 1921.

—, Herzensergießungen eines kunstliebenden Klosterbruders. Hrsg. v. Hans Heinrich Borcherdt. München 1949.

—, Herzensergießungen eines kunstliebenden Klosterbruders, together with Wackenroder's contributions to the Phantasien über die Kunst für Freunde der Kunst. Ed. by Alexander Gillies. 2nd ed. (Blackwell's German Texts.) Oxford 1966.

—, Phantasien über die Kunst für Freunde der Kunst. Hrsg. v. Ludwig Tieck. Hamburg 1799.

Wackenroder, Wilhelm Heinrich, Phantasien über die Kunst, von einem kunstliebenden Klosterbruder. Hrsg. v. Ludwig Tieck. Neue, veränd. Aufl. Berlin 1814.

—, Reisebriefe. Mit Abb., einer Einf. u. Erl. hrsg. v. Heinrich Höhn. Berlin o. J.

—, Werke und Briefe. Hrsg. v. Friedrich von der Leyden. 2 Bde. Jena 1910.

—, Werke und Briefe. (Hrsg. v. Lambert Schneider.) Heidelberg 1967. (Erg. Neudr. d. Ausg. Berlin 1938.)

Wagner, Richard, Gesammelte Schriften und Dichtungen. 10 Bde. Leipzig 1871 bis 1883.

Wieland, Christoph Martin, Sympathien. In: Wieland: Poetische Jugendwerke. Hrsg. v. Fritz Homeyer. (Wielands Gesammelte Schriften. Hrsg. v. d. Dt. Komm. d. Preuß. Akad. d. Wiss. I. Abt., 2. Bd., 2. Tl.) Berlin 1909, S. 446 bis 495.

Zachariä, Friedrich Wilhelm, Poetische Schriften. Neue, rechtmäßige, v. d. Verf. selbst durchges. Aufl. 2 Tle. Braunschweig 1772.

II. Darstellungen

Alewyn, Richard, Wackenroders Anteil. In: The Germanic Review 19 (1944) S. 48—58.

—, Die Empfindsamkeit und die Entstehung der modernen Dichtung. (Eigenbericht über einen Vortrag.) In: Zeitschr. f. Ästhetik u. allg. Kunstwiss. 26 (1932) S. 394 f.

—, Brentanos ‚Geschichte vom braven Kasperl und dem schönen Annerl'. In: Gestaltprobleme der Dichtung. Hrsg. v. Richard Alewyn, Hans-Egon Hass, Clemens Heselhaus. Bonn 1957, S. 143—180.

—, Nachwort. In: Ludwig Tieck, Werke in einem Band. (Hrsg. v. Peter Plett. Campe Klassiker. Hamburg 1967.) S. 933—938.

Ayrault, Roger, La genèse du romantisme allemand. Situation spirituelle de l'Allemagne dans la deuxième moitié du XVIIIᵉ siècle. 2 Bde. Paris 1961.

Becking, Gustav, Zur musikalischen Romantik. In: Deutsche Vierteljahrsschr. f. Literaturwiss. u. Geistesgesch. 2 (1924) S. 581—615.

Benz, Richard, Märchen-Dichtung der Romantik. Mit einer Vorgesch. Gotha 1908.

—, Die deutsche Romantik. Gesch. einer geistigen Bewegung. 3. Aufl. Leipzig 1937.

—, Die Welt der Dichter und die Musik. (2., veränd. u. erw. Aufl. d. Werkes: Die Stunde der deutschen Musik, 2.) Düsseldorf 1949.

Borcherdt, Hans Heinrich, Der Roman der Goethezeit. Urach u. Stuttgart 1949.

Brion, Marcel, L'Allemagne romantique. Kleist, Brentano, Wackenroder, Tieck, Caroline von Günderode. Paris (1962).

Brüggemann, Fritz, Die Ironie als entwicklungsgeschichtliches Moment. Ein Beitr. z. Vorgesch. d. dt. Romantik. Jena 1909.

Büchner, Anton, Wackenroder und die Musik. In: Die Musik. Halbmonatsschr. m. Bildern u. Noten 11 (1911—1912) S. 323—333.

Burger, Heinz Otto, Deutsche Aufklärung im Widerspiel zu Barock und „Neubarock". In: Germanisch-romanische Monatsschr. N. F. 12 (1962) S. 151 bis 170.

—, Eine Idee, die noch in keines Menschen Sinn gekommen ist. Ästhet. Religion in dt. Klassik u. Romantik. In: Stoffe, Formen, Strukturen. Studien z. dt. Lit. Hrsg. v. Albert Fuchs u. Helmut Motekat. Hans Heinrich Borcherdt z. 75. Geburtstag. München (1962), S. 1—20.

Catholy, Eckehard, Karl Philipp Moritz und die Ursprünge der deutschen Theaterleidenschaft. Tübingen 1962.

Cœuroy, André, Musique et littérature. Études de musique et de littérature comparées. Paris 1923.

Dammann, Rolf, Zur Musiklehre des Andreas Werckmeister. In: Archiv f. Musikwiss. 11 (1954) S. 206—237.

Dessoir, Max, Karl Philipp Moritz als Ästhetiker. Phil. Diss. Berlin. Naumburg 1889.

Eggebrecht, Hans Heinrich, Das Ausdrucks-Prinzip im musikalischen Sturm und Drang. In: Deutsche Vierteljahrsschr. f. Literaturwiss. u. Geistesgesch. 29 (1955) S. 323—349.

Fricke, Gerhard, Wackenroders Religion der Kunst. In: Fricke: Studien und Interpretationen. Ausgew. Schriften z. dt. Dichtung. Frankfurt a. M. (1956), S. 186—213.

Fritzell, John, The Hermit in German Literature. (From Lessing to Eichendorff.) (University of North Carolina Studies in the Germanic Languages and Literatures. 30.) Chapel Hill (1961).

Georgiades, Thrasybulos, Musik und Rhythmus bei den Griechen. Zum Ursprung d. abendländ. Musik. (Rowohlts dt. Enzyklopädie. 61.) Hamburg 1958.

Gilg-Ludwig, Ruth, Heinses „Hildegard von Hohenthal". Phil. Diss. Zürich. Frankfurt/M-Höchst 1951.
—, Die Musikauffassung Wilhelm Heinses. In: Schweizerische Musikzeitung 91 (1951) 437—444.

Gillies, Alexander, Wackenroder's Apprenticeship to Literature: His Teachers and Their Influence. In: German Studies, presented to H. G. Fiedler. Oxford 1938, S. 187—216.

Gladow, Gudrun, Größe und Gefahr der Wackenroder-Tieckschen Kunstanschauung. In: Zeitschr. f. dt. Bildung 14 (1938) S. 162—169.

Glöckner, Ernst, Studien zur romantischen Psychologie der Musik, besonders mit Rücksicht auf die Schriften E. T. A. Hoffmanns. Phil. Diss. München 1909.

Goldschmidt, Hugo, Die Musikästhetik des 18. Jahrhunderts und ihre Beziehungen zu seinem Kunstschaffen. Zürich u. Leipzig 1915.

Goldstein, Ludwig, Moses Mendelssohn und die deutsche Ästhetik. (Teutonia. Arbeiten z. german. Philologie. 3.) Königsberg 1904.

Gregor, Joseph, Die deutsche Romantik aus den Beziehungen von Musik und Dichtung. W. H. Wackenroder. In: Sammelbände d. Intern. Musikgesellsch. 10 (Leipzig 1908—1909) S. 505—532.

Gülzow, Erich, Wackenroder. Beiträge z. Gesch. d. Romantikers. Stralsund 1930.

Gundolf, Friedrich, Romantiker. Neue Folge. Berlin-Wilmersdorf 1931.

Hammer, Dorothea, Die Bedeutung der vergangenen Zeit im Werk Wackenroders unter Berücksichtigung der Beiträge Tiecks. Phil. Diss. Frankfurt a. M. 1961.

Hartmann, Hans, Kunst und Religion bei Wackenroder, Tieck und Solger. Phil. Diss. Erlangen. Solingen 1916.

Haym, Rudolf, Die romantische Schule. Ein Beitr. z. Gesch. d. dt. Geistes. 5. Aufl. Besorgt v. Oskar Walzel. Berlin 1928.

Hilbert, Werner, Die Musikästhetik der Frühromantik. Fragment einer wiss. Arbeit. Remscheid (1911).

Hinsche, Georg, Karl Philipp Moritz als Psychologe. Ein Beitr. z. Gesch. d. psycholog. Denkens. Phil. Diss. Halle-Wittenberg. Halle a. S. 1912.

Huizinga, Johan, Homo Ludens. Vom Ursprung d. Kultur im Spiel. (Rowohlts dt. Enzyklopädie. 21.) Hamburg (1956).

Jacob, Maria, Die Musikanschauung im dichterischen Weltbild der Romantik. Aufgezeigt an Wackenroder u. Novalis. Phil. Diss. [Masch. schr.] Freiburg i. B. 1946 (1949).

Jost, Walter, Von Ludwig Tieck zu E. T. A. Hoffmann. Studien z. Entwicklungsgesch. d. romant. Subjektivismus. (Deutsche Forschungen. 4.) Frankfurt a. M. 1921.

Katz, Moritz, Die Schilderung des musikalischen Eindrucks bei Schumann, Hoffmann und Tieck. Phil. Diss. Gießen. Leipzig 1910.

Kayser, Wolfgang, Das sprachliche Kunstwerk. Eine Einführung in d. Literaturwiss. 5. Aufl. Bern u. München (1959).

Kluckhohn, Paul, Die Auffassung der Liebe in der Literatur des 18. Jahrhunderts und in der deutschen Romantik. Halle a. S. 1922.
—, Das Ideengut der deutschen Romantik. 3. Aufl. (Handbücherei d. Deutschkunde. 8.) Tübingen 1953.

Kohlschmidt, Werner, Bemerkungen zu Wackenroders und Tiecks Anteil an den „Phantasien über die Kunst". In: Philologia Deutsch. Festschr. z. 70. Geburtstag v. Walter Henzen. Bern 1965, S. 89—99.
—, Der Dichter vor der Zeit. Zur Problematik d. Zeitbewußtseins seit d. Romantik. In: Kohlschmidt: Dichter, Tradition und Zeitgeist. Gesammelte Studien z. Literaturgesch. Bern u. München (1965), S. 35—53.
—, Nihilismus der Romantik. In: Kohlschmidt: Form und Innerlichkeit. Beiträge z. Gesch. u. Wirkung d. dt. Klassik u. Romantik. München (1955), S. 157—176.
—, Der junge Tieck und Wackenroder. (Vorabdr. eines Kapitels aus Kohlschmidt: Geschichte der deutschen Literatur. 3. Stuttgart 1967.) In: Die Deutsche Romantik. Poetik, Formen u. Motive. Hrsg. v. Hans Steffen. (Kleine Vandenhoeck-Reihe. 250 S.) Göttingen 1967, S. 30—44.
—, Wackenroder und die Klassik. Versuch einer Präzisierung. In: Kohlschmidt: Dichter, Tradition und Zeitgeist. Bern u. München (1965), S. 83—92. (Zuerst erschienen in: Unterscheidung und Bewahrung. Festschr. f. Hermann Kunisch z. 60. Geburtstag. Berlin 1961, S. 175—184.)

Koldewey, Paul, Wackenroder und sein Einfluß auf Tieck. Phil. Diss. Göttingen. Altona (1903).

Korff, Hermann August, Geist der Goethezeit. 3. Tl. Frühromantik. 3. Aufl. Leipzig 1956.

Kühnlenz, Günter, Wackenroders „Wunderbares Märchen von einem nackten Heiligen" im Deutschunterricht der Prima. In: Die pädagogische Provinz 12 (1958) S. 199—209.

Kunisch, Hermann, Freiheit und Bann — Heimat und Fremde. In: Eichendorff heute. Hrsg. v. Paul Stöcklein. München (1960), S. 131—164.

Langen, August, Karl Philipp Moritz' Weg zur symbolischen Dichtung. In: Zeitschr. f. dt. Philologie 81 (1962) S. 169—218 u. 402—440.

—, Der Wortschatz des deutschen Pietismus. Tübingen 1954.

Lauppert, Albert von, Die Musikästhetik Wilhelm Heinses. Zugleich eine Quellenstudie z. Hildegard von Hohenthal. Phil. Diss. Greifswald 1912.

Leitl-Zametzer, Ursula, Der Unendlichkeitsbegriff in der Kunstauffassung der Frühromantik bei Fr. Schlegel und W. H. Wackenroder. Phil. Diss. [Masch. schr.] München 1955.

Lippuner, Heinz, Wackenroder/Tieck und die bildende Kunst. Grundlegung d. romant. Ästhetik. Zürich 1965.

Lohmann, Gustav, Wackenroder. In: Die Musik in Geschichte und Gegenwart. Allg. Enzyklopädie. d. Musik 14 (Kassel 1967) Sp. 54—62.

Minder, Robert, Un poète romantique allemand: Ludwig Tieck 1773—1853. (Publications de la Faculté des Lettres de l'Université de Strasbourg. 72.) Paris 1936.

Mittenzwei, Johannes, Das Musikalische in der Literatur. Ein Überblick v. Gottfried von Straßburg bis Brecht. Halle 1962.

Moos, Paul, Die Philosophie der Musik von Kant bis Eduard von Hartmann. Ein Jahrhundert dt. Geistesarbeit. 2., erg. Aufl. Stuttgart, Berlin, Leipzig 1922.

Müller, Günther, Die Bedeutung der Zeit in der Erzählkunst. Bonner Antrittsvorlesung. (Wissenschaft d. Zeit.) Bonn 1947.

Nelle, Elisabeth, Das Bild des Arztes bei Wackenroder, Novalis, Hoffmann und Tieck. Ein Beitr. z. Geschichte d. romantischen Medizin. Med. Diss. [Masch. schr.] Freiburg i. B. 1965. — Diese Dissertation konnte für die vorliegende Arbeit nicht eingesehen werden.

Neuburger, Paul, Die Verseinlage in der Prosadichtung der Romantik. (Palaestra. Untersuchungen u. Texte aus d. dt. u. engl. Philologie. 145.) Leipzig 1924.

Obenauer, Karl Justus, Die Problematik des ästhetischen Menschen in der deutschen Literatur. München 1933.

Papmehl-Rüttenauer, Isabella, Das Wort HEILIG in der deutschen Dichtersprache von Pyra bis zum jungen Herder. Phil. Diss. Berlin. Weimar 1937.

Preußner, Eberhard, Die bürgerliche Musikkultur. Ein Beitr. z. dt. Musikgesch. d. 18. Jh's. Hamburg (1935).

Rasch, Wolfdietrich, Goethes Torquato Tasso. Die Tragödie d. Dichters. Stuttgart (1954).

Proskauer, Paul F., The phenomenon of alienation in the work of K. Ph. Moritz, W. H. Wackenroder and in 'Nachtwachen' von Bonaventura. Phil. Diss. Columbia Univ. 1966. DA 27 (1966) 460 A. — Diese Dissertation konnte für die vorliegende Arbeit nicht eingesehen werden.

Riedel, Herbert, Musik und Musikerlebnis in der erzählenden deutschen Dichtung. (Abhandlungen z. Kunst-, Musik- u. Literaturwiss. 12.) Bonn 1959.

Rietschel, Olga, Der Mönch in der Dichtung des 18. Jahrhunderts (einschl. d. Romantik). Phil. Diss. Leipzig. Würzburg 1934.

Romantik. Ein Zyklus Tübinger Vorlesungen. Hrsg. v. Theodor Steinbüchel. Tübingen u. Stuttgart 1948. — Zitiert: Romantik.

Ruprecht, Erich, Der Aufbruch der romantischen Bewegung. München 1948.

Sanford, David Bruce, Wackenroder and Tieck: The aesthetic breakdown of the Klosterbruder ideal. Phil. Diss. Univ. of Minnesota 1966. DA 28 (1967) 642 A. — Diese Dissertation konnte für die vorliegende Arbeit nicht mehr eingesehen werden.

Santoli, Vittorio, L. Tieck e W. H. Wackenroder (a proposito de concetto dell'arte). In: La Cultura. Rivista mensile di filosofia, lettere, arte 5 (1925 bis 1926) S. 63—68.

Schäfke, Rudolf, Geschichte der Musikästhetik in Umrissen. 2. Aufl. m. einem Vorwort v. Werner Korte. Tutzing 1964.

Schönewolf, Karl, Ludwig Tieck und die Musik. Ein Beitrag z. Gesch. d. dt. Romantik. Phil. Diss. [Masch.schr.] Marburg 1923.

Schoolfield, George C., The Figure of the Musician in German Literature. (University of North Carolina Studies in the Germanic Languages and Literatures. 19.) Chapel Hill (1956).

Schrimpf, Hans Joachim, W. H. Wackenroder und K. Ph. Moritz. Ein Beitr. z. frühromant. Selbstkritik. In: Zeitschr. f. dt. Philologie 83 (1964) S. 385 bis 409.

Schultz, Franz, Klassik und Romantik der Deutschen. 2 Bde. 2., durchges. Aufl. (Epochen d. dt. Lit. Geschichtl. Darstellungen 4, 1.2.) Stuttgart 1952.

Serauky, Walter, Die musikalische Nachahmungsästhetik im Zeitraum von 1700 bis 1850. (Universitas-Archiv. Eine Sammlung wiss. Untersuchungen u. Abhandlungen. 17.) Münster i. W. 1929.

Sorgatz, Heimfried, Musiker und Musikanten als dichterisches Motiv. Eine Studie z. Auffassung u. Gestaltung d. Musikers in d. erzählenden Dichtung vom Sturm u. Drang bis z. Realismus. (Literarhistorisch-musikwiss. Abhandlungen. 6.) Würzburg-Aumühle 1939.

Staiger, Emil, Ludwig Tieck und der Ursprung der deutschen Romantik. In: Die neue Rundschau 71 (1960) S. 596—622.

—, Das Problem des Stilwandels. In: Euphorion. Zeitschr. f. Literaturgesch. 4. F., 55 (1961) S. 229—241.

Stemme, Fritz, Karl Philipp Moritz und die Entwicklung von der pietistischen Autobiographie zur Romanliteratur der Erfahrungsseelenkunde. Phil. Diss. [Masch.schr.] Marburg 1950.

Stöcker, Helene, Zur Kunstanschauung des 18. Jahrhunderts. Von Winckelmann bis zu Wackenroder. (Palaestra. 26.) Berlin 1904.

Strich, Fritz, Deutsche Klassik und Romantik oder Vollendung und Unendlichkeit. Ein Vergleich. 3. veränd. u. wesentl. verm. Aufl. München 1928.

—, Die Mythologie in der deutschen Literatur von Klopstock bis Wagner. 2 Bde. Halle a. S. 1910.

Strohschneider-Kohrs, Ingrid, Die romantische Ironie in Theorie und Gestaltung. (Hermaea. Germanist. Forschungen. N. F. 6.) Tübingen 1960.

Sulger-Gebing, Emil, Wackenroder. In: Allgemeine deutsche Biographie 40 (Leipzig 1896) S. 444—448.

Tecchi, Bonaventura, Wackenroder. Firenze 1927. — Dt. Übers. v. Claus Riessner. Bad Homburg v. d. H. (1962).

Thalmann, Marianne, Das Märchen und die Moderne. Zum Begriff d. Surrealität im Märchen d. Romantik. (Urban-Bücher. 53.) Stuttgart (1961).

Tiegel, Eva, Das Musikalische in der romantischen Prosa. (Analysen ausgewählter romant. Prosawerke, in Verb. m. einem einleitenden Überblick über die romant. Musikästhetik.) Phil. Diss. Erlangen. Coburg 1934.

Unger, Rudolf, Zur seelengeschichtlichen Genesis der Romantik. In: Nachrichten von der Gesellschaft der Wissenschaften zu Göttingen aus dem Jahre 1930. Phil.-hist. Kl. (Berlin 1930) S. 311—344.

Verwey, Albert, Wilhelm Heinrich Wackenroder. In: Verwey, Europäische Aufsätze. Aus d. Holländ. übertr. v. Hilde Telschow. Leipzig 1919, S. 63 bis 87.

Walzel, Oskar, Die Sprache der Kunst. In: Jahrb. d. Goethe-Ges. 1 (Weimar 1914) S. 3—62.

Aus der Welt des Barock. Dargest. v. Richard Alewyn [u. a.] Stuttgart (1957).

Werckmeister, Wilhelm, Der Stilwandel in deutscher Dichtung und Musik des 18. Jahrhunderts. (Neue dt. Forschungen. Abt. Musikwiss. 4.) Berlin 1936.

Wiedemann-Lambinus, Margarete, Die romantische Kunstanschauung Wackenroders und Tiecks. In: Zeitschr. f. Ästhetik u. allg. Kunstwiss. 32 (1938) 26—45.

Wiora, Walter, Die Musik im Weltbild der deutschen Romantik. In: Beiträge zur Geschichte der Musikanschauung im 19. Jahrhundert. Hrsg. v. Walter Salmen. (Studien z. Musikgesch. d. 19. Jahrh. 1.) Regensburg 1965, S. 11 bis 50.

Wüstling, Fritz, Tiecks William Lovell. Ein Beitr. z. Geistesgesch. d. 18. Jh's. (Bausteine z. Gesch. d. neueren dt. Lit. 7.) Halle a. S. 1912.

Zeydel, Edwin H., The Relation of K. P. Moritz's Anton Reiser to Romanticism. In: The Germanic Review 3 (1928) S. 295—327.

—, Ludwig Tieck, the German Romanticist. A Critical Study. Princeton 1935.

Register

Vorbemerkung: Das Register umfaßt Personennamen, Schlagwörter und Titelstichwörter mit folgenden Einschränkungen: Nur einmal erwähnte und im Zusammenhang des Buches unwichtige Namen sind nicht aufgenommen. Bei den Schlagwörtern wurde auf Rückweise für Synonyme und auf gegenseitige Verweisungen weitgehend verzichtet. Titelstichwörter sind nur für Quellenschriften ausgeworfen, auf die mehrmals eingegangen wurde und deren Verfasser mit mehreren Werken zu berücksichtigen war.
Alle Zahlen sind Seitenangaben. Auf Anmerkungen wird durch Seitenzahlen in Kursive verwiesen.

QUELLEN UND FORSCHUNGEN ZUR SPRACH- UND KULTUR-
GESCHICHTE DER GERMANISCHEN VÖLKER

Neue Folge

Groß-Oktav. Ganzleinen

Ethik und Ethos bei Grillparzer

Denkerische Bemühung und dramatische Gestaltung

Von BERND BREITENBRUCH

VI, 215 Seiten. 1965. DM 34,—. Band 18

Jakob Bidermanns „Belisarius"

Edition und Versuch einer Deutung

Von HARALD BURGER

VIII, 222 Seiten. 1966. DM 42,—. Band 19

Stil und Bedeutung des Gesprächs im Werke Jeremias Gotthelfs

Von ALFRED REBER

XII, 191 Seiten. 1967. DM 32,—. Band 20

Christian Wolffs Metaphysik
und die zeitgenössische Literatur- und Musiktheorie:
Gottsched, Scheibe, Mizler

Im Anhang: Neuausgabe zweier musiktheoretischer Traktate
aus der Mitte des 18. Jahrhunderts

Von JOACHIM BIRKE

XII, 107 Seiten. 1966. DM 28,—. Band 21

Getica

Untersuchungen zum Leben des Jordanes und zur frühen Geschichte der Goten

Von NORBERT WAGNER

XII, 280 Seiten. 1967. DM 54,—. Band 22

Textkritische Studien
zum Welschen Gast Thomasins von Zerclaere

Von FRIEDRICH WILHELM VON KRIES

X, 174 Seiten. 1967. DM 48,—. Band 23

Walter de Gruyter & Co · Berlin 30

QUELLEN UND FORSCHUNGEN ZUR SPRACH- UND KULTUR-
GESCHICHTE DER GERMANISCHEN VÖLKER

Neue Folge

Groß-Oktav. Ganzleinen

Studien zu den starken Verbalabstrakta des Germanischen
Von ROBERT HINDERLING
VIII, 181 Seiten. 1967. DM 48,—. Band 24

Johann Wilhelm von Stubenberg (1619—1663)
und sein Freundeskreis
Studien zur österreichischen Barockliteratur protestantischer Edelleute
Von MARTIN BIRCHER
XIV, 340 Seiten. 4 Tafeln. 1968. DM 64,—. Band 25

Hölderlins Elegie „Brod und Wein"
Die Entwicklung des hymnischen Stils in der elegischen Dichtung
Von JOCHEN SCHMIDT
VIII, 229 Seiten. 1968. DM 42,—. Band 26

Studien zum historischen Essay
und zur historischen Porträtkunst
an ausgewählten Beispielen
Von ANDREAS FISCHER
XII, 229 Seiten. 1968. DM 36,—. Band 27

Literatentum, Magie und Mystik
im Frühwerk Hugo von Hofmannsthals
Von MANFRED HOPPE
VIII, 140 Seiten. 1968. DM 32, —. Band 28

Der junge Hebbel
Zur Entstehung und zum Wesen der Tragödie Hebbels
Von WOLFGANG WITTKOWSKI
XII, 309 Seiten. 1969. DM 48,—. Band 29

Walter de Gruyter & Co · Berlin 30